JN441104

東洋古典譯註叢書 28

譯註 通鑑節要 3

成 百 曉 譯註

傳統文化研究會

國譯委員

譯　註　成百曉

潤　文　朴勝珠·金容美·裵美貞
出　版　權永順
校　正　姜雲淑

東洋古典譯註叢書를 발간하면서

우리의 古典國譯事業은 민족문화 진흥의 기초사업으로 1960년대부터 政府 支援으로 古文獻 現代化 작업을 추진하여 많은 成果를 거두었다. 당시 이 사업 추진의 先行課題로 東洋古典이라 일컬어지는 중국의 基本古典을 먼저 飜譯하여야 한다는 學界의 주장이 있어 왔음에도 불구하고 우리 고전이 아니라는 일부의 偏狹한 視角과 財政 事情 등으로 인하여 배제되어 왔다.

전통적으로 중국의 기본고전은 우리 歷史와 함께 숨쉬며 각종 교육기관의 教科書로 활용됨은 물론이고 지식인들의 必讀書가 되어 왔으며, 우리 文化의 基底에 자리잡고 거의 모든 방면의 體系와 根幹을 형성하여 왔다. 그래서 학문연구의 기본서 역할을 해 왔을 뿐만 아니라 오늘날에도 우리의 國學徒 및 東洋學 研究者들에게 같은 역할을 하고 있음은 주지의 사실이다. 그럼에도 불구하고 中國古典은 우리 것이 아니라 하여 專門機關의 飜譯對象에 포함하지 않음으로써 대부분 原典에서의 직접 번역이 아닌 重譯이나 拔萃譯의 방식이 주를 이루면서 教養水準으로 出版되어 왔다.

오늘날 東洋三國 중에서 우리의 東洋學 연구가 가장 부진한 이유는 東洋基本古典에 대한 폭넓은 이해의 부족과 漢文古典 讀解力의 저하에 기인함을 우리는 솔직히 인정하여야 한다. 따라서 이들 중국고전에 대한 신뢰할 만한 國譯이 이루어지는 것이 한국학 연구를 촉진시키는 시급한 先行課題라 할 수 있다.

이에 韓國學 및 東洋學의 연구와 古典現代化의 基盤構築을 위해서는 전문기관으로 하여금 동양고전을 단기간에 각 분야의 專門 研究者와 漢學者가 상호협동하여 연구번역하여 飜譯의 傳統性과 效率性, 研究의 專門性을 높일 수 있도록 政策的 配慮가 있어야 한다.

이에 本會에서는 元老 및 中堅 漢學者와 斯界의 專攻者로 하여금 協同研究飜譯하여 공부하는 사람들이 믿고 引用하거나 깊이 있는 註釋 등을 활용할 수 있게 하고, 知識人들의 教養을 증진시켜 줄 수 있는 東洋古典의 國譯書 간행을 지속적으로 추진해 왔다. 근래에 다행히 이 사업에 대하여 각계 지도층의 폭넓은 이해와 지원에 힘입어 2001년도부터 國庫補助를 받아 東洋古典譯註叢書를 간행하게 되었다. 이를 계기로 우리 先學의 註釋과 見解를 반영하는 등 국역사업의 內實을 기하게 되었음을 이 자리를 빌어 衷心으로 감사드리며, 아울러 國譯에 參與하신 관계자 여러분의 勞苦에 깊은 謝意를 표한다.

끝으로 우리의 이러한 작업은 오랜 역사 위에 축적된 先賢들의 業績과 現代學問을 이어주는 튼튼한 架橋와 礎石이 되어 진정한 韓國學과 東洋學 발전에 기여할 것을 굳게 믿으며, 21세기를 우리 文化의 世紀로 열어 가는 밑거름이 되도록 우리의 力量을 本 事業에 경주하고자 한다. 江湖諸賢의 부단한 관심과 지원을 기대해 마지않는다.

社團法人 傳統文化硏究會 會長 李 啓 晃

凡 例

1. 本書는 東洋古典譯註叢書 ≪通鑑節要≫ 중 제3책이다.
2. 本書는 가장 善本으로 보이는 甲寅字本 ≪少微家塾點校附音通鑑節要≫(國立中央圖書館 所藏本, 刊年未詳)를 底本으로 하되 木版本 ≪少微家塾點校附音通鑑節要≫(高麗大學校 圖書館 所藏本 및 서울大學校 奎章閣 所藏本)를 참고하였다. 이 책은 眉山 史炤가 音釋하고 鄱陽 王逢이 輯義하고 京兆 劉剡이 增校한 것이다.
3. 本書는 甲寅字本 ≪少微家塾點校附音通鑑節要≫를 底本으로 하되 현재 春坊本 ≪通鑑節要≫가 流行되고 있음을 감안하여 溫公의 史評은 本文과 같이 大字로 표기하였으며 기타 史論은 글자 크기를 약간 줄였다. 그리고 底本의 史評 외에 ≪二十史略≫의 史評을 추가하여 '〔史略 史評〕'이라고 표시하였다.
4. 底本에는 연도별로 干支를 陰刻하고 별행하지 않았으나 本書에서는 이를 別行하고 괄호 속에 西紀 연도를 표시하였다. 또 ≪資治通鑑≫은 〈漢記〉의 平帝 元始 5년 다음에 王莽 居攝元年으로 바로 표시하였으나 本書는 增校에 "옛날에는 王莽으로 햇수를 기록하였는데, 지금 물리쳐 바로잡았다.〔舊以王莽紀年 今黜而正之〕"고 註를 단 다음 3년 동안 孺子 嬰으로 표시하고 王莽을 뒤에 붙였으므로 本書는 이 체재를 따랐다.
5. 原文은 이해를 돕기 위해 懸吐하고 특별한 音이나 어려운 한자는 ( ) 안에 音을 병기하였다.
6. 飜譯은 原義에 充實하도록 노력하였다. 다만 難解한 부분은 意譯, 또는 補充譯을 하였다.
7. ≪資治通鑑≫은 원래 司馬光이 황제의 명령을 받고 지어 올린 것이므로 論評에 자신의 의견을 아뢰면서 모두 '臣光曰'이라고 하였으나 本 譯書에서는 특별한 경우를 제외하고는 대부분 '臣'이라 하지 않고 '나'라고 해석하였으며, 기타 史家의

論評 역시 이와 같이 하였다.

8. 註釋은 原註와 釋義 및 附註를 현토하고 해석하되 글자의 간단한 訓이나 音은 모두 싣지 않았다. 頭註는 底本의 상단에, 原註와 釋義는 原文의 중간에 小字雙行으로, 附註는 卷末에 실려 있는데, 본서에서는 이를 모두 문단이 끝나는 곳에 함께 실었으며, 아울러 ≪通鑑要解≫도 참고하여 실었음을 밝혀 둔다.
9. 오늘날 흔히 사용하는 成語나 故事는 ≪通鑑節要≫에서 유래한 것이 많다. 이에 독자들이 이용하기에 편리하도록 成語와 故事를 뽑아 책의 말미에 해설과 함께 부록하였고, 原文에는 字句 위에 강조점을 찍어 표시하였다.
10. 本書는 독자의 이해를 돕기 위해 圖表를 첨부하였는바, 歷代帝王傳授總圖는 江鎔의 序文 앞에 싣고 각 시대에 해당하는 世系圖와 地圖는 책의 말미에 부록하였다.
11. 본서에 사용된 주요 符號는 다음과 같다.

“ ” : 對話, 각종 引用

‘ ’ : 再引用, 强調

「 」 : ‘ ’ 안에서 再引用

( ) : 原文 중의 괄호는 漢字의 音, 同字(통용자), 俗字의 正字
번역문 중의 괄호는 간단한 註釋

≪ ≫ : 書名, 出典

〈 〉 : 篇章節名, 作品名, 補充譯, 원문의 補充字

〔 〕 : 원문의 倂記, 音이 다른 漢字, 註釋 표시

{ } : 원문의 衍文　例) 非{吏而得與}吏比者

*) : 補註

※ : 題目註

( )〔 〕 : (誤字)〔正字〕　例) 然(則)〔而〕餓死臺城

단 史論이나 註釋 등에는 誤字가 많은 바, 이를 모두 표시할 경우 보기에 불편하므로 일부는 별도로 표시하지 않고 곧바로 수정하였음을 밝혀 둔다.

參考圖書

〔原 典〕

≪文白對照 資治通鑑輯覽≫ 1-36冊 文白對照御批歷代通鑑輯覽編委會 編 馬建石 主編 國際文化出版公司 2002

≪文白對照全譯 資治通鑑≫ 全3冊 張宏儒 沈志華 主編 改革出版社 1991

≪詳密註釋 通鑑諺解≫ 學民文化社 1992

≪集註 通鑑節要1·2≫ 金都鍊 編註 亞細亞文化史 1982·1986

≪標點索引 少微通鑑節要≫ 뿌리문화사 1999

≪綱目續麟≫ 文淵閣四庫全書 第323冊 史部81 臺灣商務印書館 1984

≪綱目訂誤≫ 文淵閣四庫全書 第323冊 史部81 臺灣商務印書館 1984

≪大事記≫ 呂祖謙 撰 文淵閣四庫全書 第324冊 史部82 臺灣商務印書館 1984

≪史記≫ 司馬遷 撰 中華書局 1999

≪史記集解≫ 文淵閣四庫全書 第245-246冊 史部3-4 臺灣商務印書館 1984

≪史記索隱≫ 文淵閣四庫全書 第246冊 史部4 臺灣商務印書館 1984

≪史記正義≫ 文淵閣四庫全書 第247-248冊 史部5-6 臺灣商務印書館 1984

≪少微家塾點校附音通鑑節要≫ 高麗大學校 圖書館 所藏本

≪少微家塾點校附音通鑑節要≫ 서울大學校 奎章閣 所藏本

≪御批資治通鑑綱目≫ 朱熹 撰 聖祖 批 文淵閣四庫全書 第689-692冊 史部447-450 臺灣商務印書館 1984

≪二十史略≫ 民昌文化社 1990

≪資治通鑑≫ 胡三省 音注 中華書局 1992〔제5판〕

≪資治通鑑綱目≫ 朱熹 撰 國立中央圖書館 所藏本

≪資治通鑑綱目集覽鐫誤≫ 瞿佑 撰 韓國學中央硏究院 1980

≪資治通鑑綱目訓義≫ 思政殿 訓義 國立中央圖書館 所藏本

≪資治通鑑釋文≫ 史炤 撰 臺灣商務印書館 1980

≪資治通鑑地理今釋≫ 吳熙載 撰 江蘇書局 1882

≪資治通鑑訓義≫ 思政殿 訓義 國立中央圖書館 所藏本

≪通鑑釋文辯誤≫ 胡三省 撰 文淵閣四庫全書 第312冊 史部70 臺灣商務印書館 1984
≪通鑑五十卷詳節要解≫ 九淵禪師 著 國立中央圖書館 所藏本
≪通鑑地理通釋≫ 王應麟 撰 文淵閣四庫全書 第312冊 史部70 臺灣商務印書館 1984
≪漢書≫ 班固 撰 中華書局 2002
≪後漢書≫ 范曄 撰 中華書局 1996
≪漢書補註≫ 王先謙 補注 王雲五 主編 臺灣商務印書館 1968
≪後漢書集解≫ 王先謙 集解 臺灣商務印書館 1968

〔譯 書〕

≪國譯 資治通鑑≫ 加藤繁・公田連太 共譯 註 景仁文化社 1996
≪新譯 通鑑≫ 趙洙翼 弘新文化史 1989
≪懸吐完譯 通鑑節要1≫ 金都鍊 鄭珉 譯註 傳統文化硏究會 1995
≪史記註譯≫ 王利器 三秦 1997
≪資治通鑑全譯≫ 李國祥 等 主編 貴州人民出版社 1994
≪通鑑節要1≫ 李忠九 譯註 뿌리출판사 1993
≪通鑑節要 天・地・人≫ 金忠烈 譯解 三省出版社 1987
≪漢書全譯≫ 劉華淸 貴州人民出版社 1994

〔辭 典〕

≪中國歷代官制大辭典≫ 呂宗力 主編 北京出版社 1994
≪資治通鑑大辭典 上・下≫ 施丁・沈志華 共譯 吉林人民出版社 1994
≪漢書辭典≫ 倉修良 山東敎育出版社 1996
≪史記辭典≫ 倉修良 主編 山東敎育出版社 1991

〔索引 및 年表〕

≪漢書人名索引≫ 魏連科 編 中華書局 1979
≪漢書及補注綜合引得≫ 洪業 等 編纂 上海古籍出版社 1988
≪漢書人表考≫ 梁玉繩 撰 臺灣商務印書館 1968
≪史記索引≫ 李曉光・李波 主編 中國廣播電視出版社 1989
≪史記人名索引≫ 鍾華 編 中華書局 1977
≪春秋戰國異辭≫ 陳厚耀 撰 文淵閣四庫全書 第403冊 史部161 臺灣商務印書館 1984

目 次

東洋古典譯註叢書를 발간하면서
凡 例
參考圖書

卷之十二 漢 紀 中宗孝宣皇帝 上 / 11
卷之十三 漢 紀 中宗孝宣皇帝 下 / 70
卷之十四 漢 紀 孝元皇帝 / 116
孝成皇帝 / 135
孝哀皇帝 / 159
孝平皇帝 / 168
卷之十五 漢 紀 孺子嬰 / 178
淮陽王 / 192
卷之十六 東漢紀(後漢紀) 世祖光武皇帝 上 / 221
卷之十七 東漢紀 世祖光武皇帝 下 / 287

〔附 錄〕
故事成語・熟語 / 370
漢王室 世系圖 / 392
東漢時期圖 / 393
≪通鑑節要 3≫ 參考資料 / 394

通鑑節要 卷之十二

漢 紀

中宗孝宣皇帝※ 上 初名은 **病已**러니 **後改名詢**하니 **武帝曾孫**이요 **衛太子孫**이요 **史皇孫子**라 **在位二十五年**이요 **壽四十二**라

中宗孝宣皇帝는 처음 이름은 病已였는데 뒤에 이름을 詢으로 고쳤으니, 武帝의 증손이고 衛太子의 손자이고 史皇孫의 아들이다. 재위가 25년이고 壽가 42세이다.

※ 信賞必罰하야 吏稱民安하니 可謂中興하야 侔德商周라 然이나 刑名繩下하야 德敎不純하니 漢家之元氣索(삭)矣니라

功이 있는 자에게 賞을 분명히 주고 罪가 있는 자에게 형벌을 반드시 주어서 관리들이 직책을 수행하고 백성들이 편안하였으니, 中興하여 商나라와 周나라에 德을 견줄 만하다고 이를 수 있다. 그러나 刑名으로 아랫사람들을 다스려서 德敎가 순수하지 못하니, 漢나라의 元氣가 삭막해졌다.

【戊申】 本始元年이라

本始 元年(무신 B.C.73)

大將軍光이 **稽首歸政**하니 **上**이 **謙讓不受**하고 **諸事**를 **皆先關白**[1]**光然後**에 **奏御**[2]하다 **自昭帝時**로 **光黨親**이 **連體根據於朝廷**이러니 **及昌邑王廢**에 **光權**이 **益重**이라 **每朝見**(현)에 **上**이 **虛己斂容**하야 **禮下之已甚**이러라 〈出霍光本傳〉

대장군 霍光이 머리를 조아리고 정권을 돌려주니, 上이 겸양하여 받지 않

고 모든 일을 모두 霍光에게 먼저 보고한 뒤에야 임금에게 아뢰게 하였다. 昭帝 때부터 霍光의 黨과 친척들이 조정에서 몸통을 연결하고 뿌리를 박고 있었는데, 昌邑王이 폐위되자 霍光의 권력이 더욱 중해졌다. 매번 조회에서 뵐 적에 上은 자신을 겸허히 하고 용모를 가다듬어서 예우하고 낮춤이 너무 심하였다. - ≪漢書 霍光傳≫에 나옴 -

1)〔頭註〕皆先關白 : 關은 由也니 如行者之有關津也라
 關은 경유함이니,〈경유하여 허락을 받는 것이〉 길 가는 자에게 關門과 나루터가 있는 것과 같은 것이다.
2)〔頭註〕奏御 : 皆進也라
 奏와 御는 모두 올림이다.

○ 初에 上官桀이 與霍光爭權이러니 光旣誅桀에 遂遵武帝法度하야 以刑罰로 痛繩群下[1]하니 由是로 俗吏皆尙嚴酷以爲能이로되 而河南太守丞黃霸 獨用寬和爲名이라 上이 在民間時에 知百姓苦吏急迫이러니 聞霸持法平하고 乃召爲廷尉正[2]하야 數決疑獄하니 庭中이 稱平[3]이러라〈出黃霸本傳〉

예전에 上官桀이 霍光과 권력을 다투었는데, 霍光이 上官桀을 죽이자, 마침내 武帝의 법도를 따라서 형벌로써 아랫사람들을 통절하게 다스리니, 이 때문에 俗吏들이 모두 엄하고 혹독함을 숭상해서 이것을 유능함으로 삼았으나 河南太守의〈屬縣인 淮陽縣〉丞 黃霸만은 홀로 너그러움과 온화함으로써 이름이 났다. 上이 민간에 있을 때에 관리들이 급하게 다그침에 백성들이 고통을 당하는 것을 알았는데, 黃霸가 法을 집행하기를 공평히 한다는 말을 듣고는 마침내 불러서 廷尉正을 삼아 의심스러운 옥사를 자주 결단하게 하니, 廷尉의 안이 공평하다고 칭찬하였다. - ≪漢書 黃霸傳≫에 나옴 -

1)〔釋義〕痛繩群下 : 痛은 切也요 繩은 治也니 如繩約物然하야 不使跌宕也라 群下는 卽百司庶府라
 痛은 통절함이고 繩은 다스림이니, 노끈으로 물건을 묶듯이 하여 질탕하지 않게 하는 것이다. 群下는 바로 百司와 여러 府이다.
2)〔釋義〕廷尉正 : 正은 長官也라

廷尉正의 正은 長官이다.

3) 〔釋義〕 庭中稱平 : 庭中은 庭(廷)尉之中也요 稱平은 謂稱美其持法輕重適中이라
庭中은 廷尉의 안이고, 稱平은 그가 법을 집행함에 輕重이 알맞음을 칭찬함을 이른다.

【己酉】 二年이라

本始 2년(기유 B.C.72)

夏에 **詔曰 孝武皇帝躬仁誼(義), 厲威武**하사 **功德**이 **茂盛**이어늘 **而廟樂**[1])이 **未稱**하니 **朕甚悼焉**하노니 **其與列侯, 二千石, 博士**로 **議**하라 **群臣**이 **皆曰 如詔**라호되 **獨夏侯勝曰 武帝雖有攘四夷廣土境之功**이나 **然多殺士衆**하고 **竭民財力**하야 **奢泰無度**하야 **無德澤於民**하니 **不宜爲立廟樂**이니이다 **於是**에 **丞相御史劾奏**호되 **勝**이 **非議詔書**하고 **毁先帝**하니 **不道**요 **及丞相長史**[2])**黃霸 阿縱勝**하야 **不擧劾**이라하야 **俱下獄**하다 **有司遂請尊孝武帝廟**하야 **爲世宗廟**하다

여름에 詔書를 내리기를 "孝武皇帝가 仁義를 몸소 행하고 威武를 힘써서 功德이 훌륭한데도 宗廟의 음악이 갖추어지지 못하였으니, 짐은 매우 서글퍼한다. 列侯와 二千石과 博士들과 상의하라." 하였다. 여러 신하들이 모두 명령대로 따르겠다고 하였으나 오직 夏侯勝만은 말하기를 "武帝가 비록 四夷를 물리치고 국경을 넓힌 공이 있으나 군사들을 많이 죽이고 백성들의 재물과 힘을 고갈시켜 사치함이 한이 없어서 백성들에게 은택이 없으니, 종묘의 음악을 제정해서는 안 됩니다." 하였다. 이에 丞相과 御史가 탄핵하여 아뢰기를 "夏侯勝이 詔書를 비방하고 先帝를 훼방하니 무도하며, 丞相長史 黃霸가 夏侯勝에게 아첨해서 잘못을 들어 탄핵하지 않았다." 하여 모두 下獄하였다. 有司가 마침내 孝武皇帝의 사당을 높일 것을 청하여 世宗廟라 이름하였다.

1) 〔附註〕 廟樂 : 高祖廟에 奏武德文始五行之舞하고 孝文廟에 奏昭德文始五行之舞하고 孝武廟에 奏盛德文始五行之舞라 武德舞者는 象武以除亂也니 舞執干戚이라 孝景이 采武德以爲昭德하야 以尊太宗廟하고 孝宣이 采昭德以爲盛德하야 以尊

(廟樂)〔世宗〕廟라 文始舞者는 本舜韶舞也니 舞執羽籥이라 高祖更名曰文始라하니 以示不相襲也라 五行舞者는 本周舞也니 冠冕衣服을 法五行이라 秦始皇이 更(경)名曰五行이라 文始五行舞는 則諸帝廟에 皆奏之라

高祖의 사당에는 武德舞・文始舞・五行舞를 연주하고, 孝文帝의 사당에는 昭德舞・文始舞・五行舞를 연주하고, 孝武帝의 사당에는 盛德舞・文始舞・五行舞를 연주하였다. 武德舞는 武로써 亂을 제거함을 형상한 것이니, 춤출 때에 방패와 도끼를 잡는다. 孝景帝가 武德舞를 채택하여 昭德舞를 만들어서 太宗(文帝)의 사당을 높였고, 孝宣帝가 昭德舞를 채택하여 盛德舞를 만들어서 世宗(武帝)의 사당을 높였다. 文始舞는 본래 舜임금의 韶舞이니, 춤출 때에 꿩의 깃털과 피리를 잡는다. 高祖가 이름을 文始라고 바꾸었으니, 이는 서로 인습하지 않음을 보인 것이다. 五行舞는 본래 周나라의 춤이니, 冠冕과 衣服에 五行의 色을 본받았다. 秦始皇이 五行이라고 이름을 바꾸었다. 文始舞와 五行舞는 모든 황제의 사당에 다 연주하였다.

2)〔通鑑要解〕長史：長史는 令丞尉之通稱이라

長史는 令・丞・尉의 통칭이다.

○ 夏侯勝, 黃霸既久繫에 霸欲從勝受尚書어늘 勝이 辭以罪死한대 霸曰 朝聞道면 夕死라도 可矣라하니 勝이 賢其言하야 遂授之할새 繫再更(경)冬호되 講論不怠러라 〈出夏侯勝傳〉

夏侯勝과 黃霸가 오랫동안 옥에 갇혀 있었는데, 黃霸가 夏侯勝에게 ≪尚書≫를 배우고자 하자, 夏侯勝은 죽을 죄를 지었다는 이유로 사양하였다. 黃霸가 말하기를 "아침에 道를 들으면 저녁에 죽어도 좋다."라고 하니, 夏侯勝이 그의 말을 훌륭하게 여겨서 마침내 傳授하였다. 겨울을 두 번 날 동안 옥에 갇혀 있었는데, 강론하기를 게을리 하지 않았다. - ≪漢書 夏侯勝傳≫에 나옴 -

【庚戌】 三年이라

本始 3년(경술 B.C.71)

霍光의 夫人顯이 欲貴其小女成君이러니 會에 許后當娠病이라 女醫淳于衍者

는 霍氏所愛라 嘗入宮侍疾이러니 顯이 使衍因投毒藥하야 以飮(임)皇后하니 有頃에 遂加煩懣崩하다 〈出許皇后傳〉

霍光의 부인 顯이 그의 어린 딸인 成君을 귀하게 만들고자 하였는데, 마침 許皇后가 임신하여 병을 앓았다. 女醫 淳于衍이라는 자는 霍氏가 총애하는 사람이었다. 일찍이 궁중에 들어가 許皇后의 병을 간호하였는데, 顯이 淳于衍을 시켜 기회를 틈타 독약을 투여하여 皇后에게 마시게 하니, 얼마 후 마침내 煩懣症(가슴이 답답한 증세)이 심해져서 별세하였다. －≪漢書 外戚傳≫에 나옴－

○ 冬에 匈奴單于自將數萬騎하고 擊烏孫하야 頗得老弱欲還이러니 會에 天大雨雪하야 一日에 深丈餘라 人民畜産이 凍死하고 還者不能什一이라 於是에 丁令(零)[1]은 乘弱하야 攻其北하고 烏桓[2]은 入其東하고 烏孫은 擊其西하니 凡三國所殺이 數萬級이요 馬數萬匹이요 牛羊이 甚衆하야 匈奴大虛弱이러라 其後에 漢이 出三千餘騎하야 爲三道하야 竝入匈奴하야 捕虜得數千人還하니 匈奴終不敢取當[3]하야 滋欲鄕(嚮)和親[4]하야 而邊境이 少事矣러라 〈出匈奴傳〉

겨울에 匈奴 單于가 스스로 수만 명의 기병을 거느리고 烏孫을 공격하여 자못 노약자를 사로잡아 돌아가려 하였는데, 마침 하늘에서 함박눈이 크게 내려 하루 만에 깊이가 한 길이 넘게 쌓이니, 人民과 가축이 얼어 죽고 돌아간 자가 10분의 1도 못 되었다. 이에 丁令은 匈奴의 약한 틈을 타고서 그 북쪽을 공격하고, 烏桓은 그 동쪽을 침입하고, 烏孫은 그 서쪽을 공격하니, 무릇 세 나라에서 흉노의 목을 벤 것이 수만 명이요 말이 수만 필이요 소와 양이 매우 많았다. 이로 말미암아 匈奴가 크게 허약해졌다. 그 뒤에 漢나라가 3천여 명의 기병을 내어 세 길로 나누어 함께 匈奴로 쳐들어가서 수천 명을 포로로 잡아 돌아오니, 匈奴가 끝내 감히 보복할 수가 없자, 더욱 漢나라와 和親하고자 해서 변경에 일이 적게 되었다. －≪漢書 匈奴傳≫에 나옴－

1)〔釋義〕丁令：北狄種名이니 在康居北하니 去匈奴庭接習水七千里라

丁令은 북쪽 오랑캐 種族의 이름이니 康居의 북쪽에 있었는 바, 匈奴의 조정인 接習水와는 7천 리가 떨어져 있다.

2) 〔釋義〕 烏桓 : 其先은 東胡也라 續漢書*)曰 漢初에 匈奴冒頓이 破東胡한대 其餘衆이 退保烏桓山하고 因爲號焉이라 其俗이 無常居하고 男女悉髡頭하고 爲輕便이라

烏桓은 그 전에는 東胡였다. 司馬彪의 ≪續漢書≫에 이르기를 "漢나라 초기에 匈奴 冒頓이 東胡를 격파하자, 남은 무리들이 후퇴하여 烏桓山을 확보하고 인하여 烏桓이라 이름하였다. 풍속이 일정한 거처가 없고 남녀가 모두 머리를 깎았으며 몸이 가볍고 날래다." 하였다.

*) 續漢書 : 晉나라 司馬彪가 撰한 것으로 총 80권이었으나 전해지지 않는다. 현존 ≪後漢書≫의 八志는 ≪續漢書≫에서 취하여 보충한 것이다.

3) 〔頭註〕 匈奴終不敢取當 : 取當은 報其直(值)也라

取當은 그 값을 갚는 것이다.

4) 〔釋義〕 滋欲鄕和親 : 滋는 益也요 鄕은 讀曰嚮(向)이라

滋는 더욱이고, 鄕은 嚮으로 읽는다.

○ **是歲**에 **潁川太守趙廣漢**이 **爲京兆尹**하다 **潁川俗**에 **豪桀(傑)**이 **相朋黨**이러니 **廣漢**이 **爲**缿筩(항통)[1]하야 **受吏民投書**하야 **使相告**訐(알)하니 **於是**에 **更**(경)**相怨咎**하야 **姦黨**이 **散落**하고 **盜賊**이 **不得發**이라 **尤善爲鉤距(距)**[2]하야 **以得事情**하야 **閭里銖兩之姦**을 **皆知之**러라 **長安少年數人**이 **會窮里空舍**하야 **謀共劫人**이러니 **坐語未訖**에 **廣漢**이 **使吏捕治**하야 **具服**하니 **其發姦擿(摘)伏**이 **如神**[3]이라 **京兆政清**하니 **吏民**이 **稱之不容口**하고 **長老**는 **傳以爲自漢興**으로 **治京兆者莫能及**이라하더라 〈出本傳〉

이 해에 潁川太守 趙廣漢이 京兆尹이 되었다. 潁川의 풍속에 호걸들이 서로 朋黨을 지었는데, 趙廣漢이 缿筩(건의함)을 만들어 관리와 백성들의 투서를 받아 서로 고자질하게 하니, 이에 번갈아 서로 원망하고 꾸짖어서 간사한 무리들이 해산되고 도적들이 나오지 못하였다. 더욱이 鉤距(정탐)를 잘하여 事情을 찾아내어서 마을의 소소한 부정까지도 모두 알았다. 長安의 소년 몇

명이 궁벽한 마을의 빈집에 모여서 함께 사람을 겁박할 것을 모의하였는데, 앉아서 채 말을 끝내기도 전에 趙廣漢이 관리로 하여금 체포하여 죄를 다스리게 해서 사실을 모두 自服(자백)하니, 간악함을 적발하고 숨겨진 것을 들추어냄이 귀신과 같았다. 그리하여 京兆의 정사가 깨끗해지니, 관리와 백성들이 칭찬하여 입으로 다 말하지 못하였고 長老들은 전하여 이르기를 "漢나라가 일어난 이후로 京兆를 다스린 자 중에 그를 따를 자가 없다."고 하였다. - ≪漢書 趙廣漢傳≫에 나옴 -

1) 〔原註〕 缿筩 : 缿은 音項이요 筩은 音同(통)이라 〔釋義〕 缿은 若今盛錢藏甁이니 爲小孔하야 可入而不可出이요 筩은 斷竹也니 如今官受密事筩也라 或缿或筩에 皆爲此制而用受書라

〔原註〕 缿은 음이 항이고, 筩은 음이 통이다. 〔釋義〕 缿은 지금의 돈을 담는 벙어리 저금통과 같으니, 작은 구멍을 만들어 들어갈 수는 있으나 나올 수는 없게 한 것이요, 筩은 대나무를 잘라놓은 것이니 지금의 관청에서 은밀한 일을 받아들이는 통(건의함)과 같은 것이다. 혹 병이나 혹 통에 모두 이 제도를 만들어 투서를 받은 것이다.

2) 〔釋義〕 鉤距 : 鉤는 致也요 距는 閉也니 使對者無疑하야 若不問而自知하야 衆莫覺所由以閉니 其術이 爲鉤距也라 毛氏曰 鉤距는 如釣鉤之有距니 呑之則順이요 吐之則逆이라 使人入其術中而不能出하야 以鉤索其隱情也라 〔頭註〕 鉤距者는 設欲知馬價인댄 先問狗하고 已問羊이면 又問牛하고 然後及馬하야 參伍其價하야 以類相準이면 則知馬之貴賤하야 不失實矣라

〔釋義〕 鉤는 드러냄이고 距는 닫음이니, 대답하는 자로 하여금 의심함이 없게 해서 마치 묻지 않고도 저절로 알아 무리들이 어디로부터 그 방법을 막아야 할지 깨닫지 못하게 하는 것이니, 그 방법이 鉤距이다. 毛氏가 말하기를 "鉤距는 낚싯바늘에 갈고리가 있는 것과 같으니, 이것을 삼키면 순하게 들어가고 뱉으려고 하면 걸리는 것이다. 사람으로 하여금 그 술책 속으로 들어가면 빠져나오지 못하게 해서 숨겨진 사실을 찾아내는 것이다." 하였다. 〔頭註〕 鉤距는 가령 말 값을 알려고 하면 우선 개 값을 묻고, 이미 양 값을 물었으면 또다시 소 값을 물어서 그런 뒤에 말 값에 미쳐 그 값을 이리저리 대비하여 서로 맞춰보면 말 값의 비싸고 쌈을 알 수 있어서 실제를 잃지 않는 것이다.

3) 〔釋義〕 發姦擿伏如神 : 發은 謂動發之也요 姦은 宄也라 擿은 挑요 伏은 隱也니

謂爲姦而隱匿者를 必爲摘罰之也라
發은 동하여 발함을 이르고, 姦은 간사함이다. 擿은 도출함이고 伏은 숨겨짐이니, 간사한 짓을 하고서 감추는 자들을 반드시 적발하여 처벌함을 이른다.

【辛亥】 四年이라

本始 4년(신해 B.C.70)

春에 **立霍光女**하야 **爲皇后**하다

봄에 霍光의 딸을 세워 皇后로 삼았다.

【壬子】 地節元年이라

地節 元年(임자 B.C.69)

于定國이 **爲廷尉**하다 **定國**이 **決疑平法**하야 **務在哀鰥寡**하고 **罪疑從輕**하야 **加審愼之心**하니 **朝廷**이 **稱之曰 張釋之爲廷尉**에 **天下無寃民**[1]이러니 **于定國**이 **爲廷尉**에 **民自以不寃**[2]이라하더라 〈出本傳〉

于定國이 廷尉가 되었다. 于定國은 의심스러운 옥사를 결단하고 법을 공평히 적용하여 힘씀이 홀아비와 과부를 불쌍히 여김에 있었고, 죄가 의심스러운 것은 가벼운 쪽을 따라서 살피고 신중히 하는 마음을 더하니, 조정이 칭찬하기를 "張釋之가 廷尉가 되자 천하에 원통해하는 백성이 없었는데, 于定國이 廷尉가 되자 〈그의 관대하고 공평함에 힘입어〉 백성들이 스스로 원통해하지 않는다." 하였다. - ≪漢書 于定國傳≫에 나옴 -

1) 〔通鑑要解〕 無寃民 : 言決罪皆當也라
원통해하는 백성이 없다는 것은 죄를 결단함이 모두 합당함을 말한 것이다.

2) 〔頭註〕 民自以不寃 : 言知其寬平하야 皆無寃枉之慮也라
백성들이 스스로 원통해하지 않았다는 것은 백성들이 于定國의 너그럽고 공평함을 알아서 모두 억울해할 염려가 없음을 말한 것이다.

【癸丑】 二年이라

地節 2년(계축 B.C.68)

春에 **霍光**이 **薨**하다 ○ **上**이 **思報大將軍德**하야 **乃封光兄孫山**하야 **爲樂平侯**하야 **使以奉車都尉**로 **領尙書事**하다 **魏相**이 **奏封事**[1]**言**호되 **春秋**에 **譏世卿**[2]하고 **惡宋三世(爲)〔無〕大夫**[3]하니 **今光死**에 **子復爲右將軍**[4]하고 **兄子秉樞機**[5]하고 **昆弟諸壻據權勢**하야 **在兵官**하야 **驕奢放縱**하니 **宜有以損奪其權**하고 **破散陰謀**하야 **以全功臣之世**하소서 **又故事**에 **諸上書者 皆爲二封**하야 **署其一曰副**어든 **領尙書者 先發副封**하야 **所言**이 **不善**이면 **屛去不奏**러니 **相**이 **復因許伯**하야 **白去副封**[6]하야 **以防壅蔽**한대 **帝善之**하야 **詔相給事中**[7]하고 **皆從其議**하다 〈出本傳〉

봄에 霍光이 죽었다.

○ 上은 大將軍 霍光의 은덕에 보답할 것을 생각해서 마침내 霍光의 형의 손자인 霍山을 봉하여 樂平侯로 삼아 奉車都尉로서 尙書의 일을 겸하게 하였다. 魏相이 封事를 올려 말하기를 "≪春秋≫에 대대로 卿이 됨을 비판하였고, 宋나라에 3대 동안 大夫가 없음을 미워하였습니다. 지금 霍光이 죽자, 아들이 다시 右將軍이 되고 형의 아들이 중요한 기관을 관장하고, 형제와 여러 사위들이 권세를 점거하여 병권을 맡는 관직에 있어서 교만하고 사치하며 방종하니, 마땅히 그 권력을 줄이고 빼앗으며 음모를 깨뜨려 흩어서 功臣의 世家를 온전히 해야 할 것입니다." 하였다. 또 故事에 글을 올리는 자들은 모두 상소를 두 벌 작성하여 그중 하나에 '副封'이라고 쓰면 尙書를 관장하는 자가 먼저 副封(副本)을 꺼내어 보고 말한 내용이 좋지 않으면 물리치고 아뢰지 않았는데, 魏相이 다시 許伯을 인하여 副封을 없애어 군주의 총명을 가리는 일을 막을 것을 아뢰자, 황제가 이를 좋게 여겨 魏相을 給事中에 임명하고 모두 그의 의논을 따랐다. - ≪漢書 魏相傳≫에 나옴 -

1)〔釋義〕奏封事 : 漢舊儀에 密奏皁囊封板이라 故曰封事라

漢나라의 옛 儀式에 검은 주머니로 봉함하여 은밀히 아뢰었기 때문에 封事라 하였다.

2)〔釋義〕譏世卿 : 王氏曰 公羊傳隱三年에 尹氏卒하니 尹氏者는 何오 天子之大夫也라 其稱尹氏는 何오 譏世卿이니 世卿은 非禮也라 註云 世卿者는 父死子繼也라 貶去名者니 氏者는 起其世也니 若曰世世尹氏也라 禮에 公卿大夫士 皆選賢而用之요 不當世爲니 其秉政久면 必奪君之威權이라

王氏(王幼學)가 말하였다. "≪春秋公羊傳≫ 隱公 3年條에 '尹氏가 죽었으니, 尹氏는 누구인가? 천자의 大夫이다. 尹氏라고 칭한 것은 어째서인가? 대대로 卿이 됨을 비판한 것이니, 대대로 卿이 됨은 禮가 아니다.' 하였다. 註에 이르기를 '世卿은 아버지가 죽으면 아들이 계승하는 것이다. 폄하하여 이름을 뺀 것이니, 氏는 그 代를 시작하는 것인 바, 대대로 尹氏가 卿이 되었다고 말한 것과 같다. 禮에 公卿·大夫·士는 모두 어진 이를 가려서 등용해야 하고 대대로 시켜서는 안 되니, 정권을 잡은 지 오래되면 반드시 군주의 위엄과 권력을 빼앗게 된다.' 하였다."

3)〔釋義〕惡宋三世無大夫 : 王氏曰 公羊傳僖二十五年에 宋殺其大夫하니 何以不名고 宋三世無大夫하니 三世內娶故라 註云 三世는 謂慈父(보)王臣處臼也라 內娶는 大夫女也라 言無大夫者는 禮에 不臣妻之父母하니 國內皆臣하야 無娶道라 宋以內娶故로 公族以弱하고 妃黨益强하야 卒生簒弑라 故로 君子疾惡之니라〔頭註〕爲는 恐當作無라 慈父는 襄公名也요 王臣은 成公名也요 處臼는 昭公名也라

〔釋義〕王氏가 말하였다. "≪春秋公羊傳≫ 僖公 25年條에 '宋나라가 그 大夫를 죽였으니, 어째서 이름을 쓰지 않았는가? 宋나라는 3대 동안 大夫가 없었으니, 3대 동안 나라 안에서 장가들었기 때문이다.' 하였다. 註에 이르기를 '3대는 慈父와 王臣과 處臼를 이른다. 나라 안에서 장가들었다는 것은 宋나라 임금이 大夫의 딸을 취한 것이다. 大夫가 없다고 말한 것은 禮에 妻父母를 신하로 삼지 않으니, 나라 안이 모두 신하여서 장가드는 도가 없기 때문이다. 그런데 宋나라가 나라 안에서 장가들었기 때문에 公族은 약해지고 后妃의 黨은 더욱 강성해져서 마침내 簒奪하고 弑害하는 일이 생겼다. 그러므로 군자가 미워한 것이다.' 하였다."

〔頭註〕'爲'는 마땅히 '無'자가 되어야 할 듯하다. 慈父는 襄公의 이름이고, 王臣은 成公의 이름이고, 處臼는 昭公의 이름이다.

4)〔頭註〕子復爲右將軍 : 子는 名禹라

〈霍光의〉 아들은 이름이 禹이다.

5) 〔通鑑要解〕 兄子秉樞機 : 兄子子는 恐孫字之誤라 霍山은 是去病之孫이니 今言兄子는 誤矣라

兄子의 子는 孫자의 誤字인 듯하다. 霍山은 바로 霍去病의 손자이니, 이제 형의 아들이라고 말한 것은 잘못이다.

6) 〔釋義〕 相……白去副封 : 相은 謂魏相이요 許伯*)은 卽許廣漢이라 按魏相이 先嘗因許伯하야 奏封事러니 今又因以建白上前而除(其)〔去〕副本이라

相은 魏相을 이르고, 許伯은 바로 許廣漢이다. 魏相이 먼저 일찍이 許伯으로 인하여 封事를 올렸는데, 지금 또다시 인하여 上의 앞에서 건의하여 副本을 없앤 것이다.

*) 許伯 : 伯이라고 칭한 것은 그를 높인 것이다.

7) 〔譯註〕 給事中 : 관명으로 겸직이었는데, 궁중의 일을 맡았기 때문에 이름한 것이다.

○ **帝興于閭閻**하야 **知民事之艱難**이러니 **霍光**이 **旣薨**에 **始親政事**하야 **厲精爲治**하야 **五日**에 **一聽事**하니 **自丞相以下**로 **各奉職奏事**하야 **敷奏其言**이어든 **考試功能**하고 **侍中尙書功勞當遷**과 **及有異善**이어든 **厚加賞賜**하야 **至于子孫**히 **終不改易**1)하니 **樞機**2)**周密**하고 **品式備具**하야 **上下相安**하야 **莫有苟且之意**러라 〈出本紀〉

황제가 閭閻에서 일어나 民事(농사)의 어려움을 알았는데, 霍光이 죽자 처음으로 직접 정사를 다스려서 정신을 가다듬어 정치를 하여 5일 만에 한 번 정사를 다스리니, 丞相으로부터 이하가 각각 직책을 받들어 수행하고 일을 아뢰어서 말을 상주하면 功과 재능을 考試하고, 侍中과 尙書로서 공로가 있어 승진시켜야 할 자와 특별히 잘한 일이 있으면 賞賜를 후하게 주어 자손에 이르기까지 끝내 고치거나 바꾸지 않으니, 중요한 국정이 주도면밀하고 법식이 갖추어져서 상하가 서로 편안하여 구차한 뜻이 없었다. - ≪漢書 宣帝記≫에 나옴 -

1) 〔釋義〕 侍中尙書……終不改易 : 王氏曰 謂賞賜逮及子孫耳요 非謂侍中尙書至子孫

不改易이라

王氏가 말하였다. "賞으로 하사하는 것이 자손에게 미침을 말했을 뿐이고, 侍中과 尙書를 자손에 이르도록 바꾸지 않았음을 말한 것은 아니다."

2)〔通鑑要解〕樞機：尙要之官이니 謂領尙書事也라

樞機는 중요한 관직이니, 尙書의 일을 관장함을 이른다.

及拜刺史守相에 **輒親見問**하야 **觀其所由**하고 **退而考察所行**하야 **以質其言**하야 **有名實不相應**이어든 **必知其所以然**이러라 **嘗稱曰 庶民所以安其田里而亡(無)嘆息愁恨之心者**는 **政平訟理也**니 **與我共此者**는 **其惟良二千石**[1]**乎**인저 **以爲太守**는 **吏民之本**이니 **數**(삭)**變易**이면 **則下不安**하고 **民知其將久**면 **不可欺罔**하야 **乃服從其敎化**라 **故**로 **二千石**이 **有治理效**면 **輒以璽書勉勵**하야 **增秩賜金**하고 **或爵至關內侯**[2]라가 **公卿缺**이면 **則選諸所表**하야 **以次用之**[3]하니 **是故**로 **漢世良吏 於是爲盛**하야 **稱中興焉**이러라 〈出循吏傳〉

刺史와 太守, 國相을 임명할 때에 번번이 직접 만나 보고 물어서 그 연유한 바를 관찰하고, 물러가서는 행하는 바를 고찰하여 그 말을 質正해서 名과 實이 서로 부응하지 않는 자가 있으면 반드시 그 所以然을 알았다. 일찍이 말하기를 "서민들이 田里를 편안히 여기고 탄식하거나 근심하고 한하는 마음이 없는 까닭은 정치가 공평하고 송사가 잘 다스려지기 때문이니, 나와 함께 이를 수행할 자는 오직 훌륭한 二千石일 것이다. 太守는 관리와 백성의 근본이니 자주 바꾸면 아랫사람들이 편안하지 못하고, 백성들이 그가 장차 오래 재임할 것임을 알면 속일 수가 없어서 마침내 그 교화에 복종할 것이다." 하였다. 그러므로 二千石 중에 잘 다스린 공적이 있으면 그때마다 親書로써 권면하여 품계를 올려 주고 금을 하사하며, 혹 작위를 내려 關內侯에 이르게 하였다가 公卿 중에 결원이 있으면 표창한 사람들 중에서 가려 뽑아 차례대로 등용하니, 이로 말미암아 漢代의 훌륭한 관리들이 이때에 많아서 中興이라 일컬어졌다. - ≪漢書 循吏傳≫에 나옴 -

1)〔釋義〕良二千石：良은 循良也요 二千石*[1]은 謂郡守, 諸侯王相이라 漢官儀云 二千

石俸은 月百二十斛*2)이요 又有眞二千石하야 月百五十斛이라 如淳曰 律에 二千石俸은 月萬六千이요 眞二千石은 月二萬이라 按是二萬㪷면 則是眞二千石也*3)라

良은 백성들의 뜻을 따르는 良吏이고, 二千石은 郡守와 諸侯王의 相을 이른다. ≪漢官儀≫에 이르기를 "二千石의 봉급은 매월 120斛이고, 또 眞二千石이 있어서 매월 150斛이었다." 하였다. 如淳이 말하기를 "법률에 二千石의 봉급은 매월 1만 6천이고, 眞二千石은 매월 2만이다." 하였다. 살펴보건대 매월 2만 㪷면 이는 眞二千石이다.

＊1) 二千石：漢代에 관리의 등급을 俸祿의 多寡에 따라 정한 명칭으로, 比二千石・二千石・眞二千石・中二千石의 4등급이 있었는 바, 比二千石은 매월 100石, 二千石은 매월 120石, 眞二千石은 매월 150石, 中二千石은 매월 180石을 받았다.

＊2) 斛：糧食을 헤아릴 때에 쓰는 量詞로, 古代에는 10斗를 1斛이라 하였다.

＊3) 按是二萬㪷 則是眞二千石也：이 내용은 ≪史記索隱≫에 나오는 바, 원래 '按是二萬㪷 則二萬斗亦足二千石也'로 되어 있는 바, 잘못 인용한 것으로 보인다.

2)〔譯註〕關內侯：關內에 있는 제후를 이른다. 顔師古가 말하기를 "侯라는 명칭은 있어도 京畿 안에 거처하기 때문에 封土는 없다." 하였다.

3)〔釋義〕選諸所表 以次用之：選用嘗蒙增秩賜金進爵所旌表者라

일찍이 품계를 올려 주고 금을 하사해 주며 관작을 승진시켜 旌表했던 자를 선발하여 등용한 것이다.

〔新增〕唐仲友曰 宣帝時에 雖有循吏[1]나 酷吏亦不少라 循吏는 只是數人이니 皆緣宣帝德意薄故로 名歸良吏니 若文帝時엔 豈可勝紀리오 正如詩之風雅[2]니라 又曰 緣帝長於民間이라 故로 知民疾苦하고 緣在民間하야 知官吏欺(弊)〔蔽〕와 賞罰不明이라 故로 綜核名實하야 信賞必罰하고 緣知民間愁歎은 由吏不良이라 故로 選良二千石하니 〈此良吏所以盛也라 然이나 宣帝雜霸任刑하니 一時能吏 皆以嚴治로 承帝意向이로되 惟王成黃霸龔遂召信臣朱邑이 有德遜之風이라 文帝吏는 不入循吏酷吏傳하니라〉

唐仲友가 말하였다.

"宣帝 때에 비록 循吏가 있었으나 酷吏 또한 적지 않았다. 循吏는 다만 몇 명뿐이었으니, 이는 모두 宣帝의 덕스러운 뜻이 부족하였기 때문에 이름이 良吏로 돌아간 것이니, 만약 文帝 때라면 循吏를 어찌 이루 다 기록할 수 있

었겠는가. 바로 ≪詩經≫의 風雅와 같은 것이다."

또 말하였다.

"宣帝는 民間에서 生長하였기 때문에 백성들의 고통을 알았고, 民間에 있어서 官吏들이 속이고 賞罰이 분명하지 못함을 알았기 때문에 名과 實을 조사하여 賞을 분명히 내리고 罰을 반드시 내렸으며, 백성들이 근심하고 탄식함은 지방관이 선량하지 못해서임을 알았기 때문에 훌륭한 二千石을 선발하였으니, 이는 良吏가 많아지게 된 이유이다. 그러나 宣帝는 霸道를 섞어 쓰고 형벌에 맡기니, 한때의 유능한 관리들이 모두 엄하게 다스리는 것으로 황제의 意向을 맞추었으나 오직 王成, 黃霸, 龔遂, 召信臣, 朱邑만이 德과 겸손한 遺風이 있었다. 文帝의 관리들은 循吏傳과 酷吏傳에 들지 않았다."

1)〔頭註〕循吏 : 循은 順也니 上順公法하고 下順民情也라
循은 순히 따름이니, 위로는 公共한 법을 따르고 아래로는 백성들의 實情을 따르는 것이다.

2)〔譯註〕宣帝時……正如詩之風雅 : 循吏는 백성들의 뜻을 따라 다스리는 지방관을 이른다. ≪詩經≫의 風은 正風인 周南·召南과 變風인 列國風이 있으며, 雅 역시 正小雅와 變小雅가 있는 바, 正은 바른 것이고 變은 바르지 못한 것이다. 文帝 때에는 循吏가 적고 宣帝 때에는 循吏가 많았으니, 이는 德化가 지극하면 굳이 循吏를 칭찬할 필요가 없고 德化가 부족하면 循吏가 유명해지기 때문이다. 文帝 때에 循吏가 적었던 것은 실제로 循吏가 없었던 것이 아니라 德化가 지극하여 굳이 循吏를 칭찬할 필요가 없기 때문이니, ≪詩經≫의 風雅에 비유하면 正風인 周南·召南는 매우 훌륭하여 굳이 칭찬할 필요가 없는 것과 같고, 宣帝 때에 循吏가 많았던 것은 실제로 循吏가 많았던 것이 아니라 德化가 부족하기 때문에 循吏가 유명한 것이니, 循吏는 變風 중의 아름다운 것이고 酷吏는 變小雅의 풍자시와 같으므로 말한 것이다.

【甲寅】 三年이라

地節 3년(갑인 B.C.67)

春에 詔曰 有功不賞하고 有罪不誅면 雖唐虞라도 不能以化天下라 今膠東相

王成이 勞來[1)]不怠하야 流民自占[2)]이 八萬餘口요 治有異等之效하니 其賜成爵關內侯하고 秩中二千石[3)]하라 未及徵用하야 會病卒官이러니 後에 詔使丞相御史로 問郡國上計長史守丞以政令得失[4)]한대 或對言前膠東相成이 僞自增加하야 以蒙顯賞하니 其後에 俗吏多爲虛名云이러라 〈出成本傳〉

봄에 조서를 내리기를 "功이 있어도 상을 주지 않고 죄가 있어도 처벌하지 않으면 비록 堯·舜이라도 천하를 교화할 수 없다. 지금 膠東王의 相인 王成이 백성들을 위로하고 오게 하기를 게을리 하지 않아서 流民들이 스스로 호적에 이름을 登載한 것이 8만여 명이고 治績에 월등한 공로가 있으니, 王成에게 關內侯의 작위를 하사하고 품계가 中二千石이 되게 하라." 하였다. 王成은 미처 등용되기도 전에 마침 병으로 관청에서 죽었는데, 뒤에 명하여 丞相과 御史로 하여금 郡國의 上計하는 長史와 守丞(郡守의 관속)에게 政令의 잘잘못을 가지고 묻게 하자, 혹자가 대답하기를 "전에 膠東王의 相인 王成이 허위로 스스로 인구수를 늘려서 후한 상을 받으니, 그 뒤에 俗吏들이 대부분 虛名을 취했다." 하였다. - ≪漢書 王成傳≫에 나옴 -

1) 〔釋義〕 勞來 : 謂慰勉而招延之라 〔通鑑要解〕 來는 古作倈하니 答其勤曰勞요 撫其至曰來라
〔釋義〕 勞來는 위로하고 권면하여 불러서 맞이함을 이른다. 〔通鑑要解〕 來는 옛날에는 倈로 썼으니, 노고에 보답함을 勞라 하고 이르는 자들을 어루만짐을 來라 한다.

2) 〔釋義〕 流民自占 : 韻會에 {載}隱度(탁)戶口하야 來附本業曰自占이라하고 漢書註에 自隱度口數而著(착)名籍也라
≪古今韻會擧要≫에 "호구를 은밀히 헤아려 本業(농업)에 와서 속하는 것을 自占이라 한다." 하였고, ≪漢書≫의 註에 "스스로 인구수를 은밀히 헤아려 이름을 장부에 기록하는 것이다." 하였다.

3) 〔釋義〕 秩中二千石 : 中은 滿也라 漢制에 九卿已上秩은 一歲滿二千斛이라 漢官儀云 中二千石俸은 月百八十斛이라
中은 滿이다. 漢나라 제도에 九卿 이상의 품계는 〈녹봉이〉 1년에 滿 2천 斛이었다. ≪漢官儀≫에 이르기를 "中二千石의 녹봉은 매월 180斛이다." 하였다.

4)〔釋義〕詔使丞相……政令得失：王氏曰 郡使守丞과 國使長史 皆一物也라 故總言〈郡〉國上計長史守丞이라 凡郡國이 皆掌治民하야 常以春에 行所主縣하야 勸民農桑하고 振救乏絶하며 秋冬에 遣無害吏하야 案訊諸囚하고 論課殿最하며 歲盡에 遣詣京師(土)〔上〕計하니 上計*)者는 奉上戶口錢穀之數也라

王氏가 말하였다. "郡의 使인 守丞과 國의 使인 長史는 모두 똑같은 지위이다. 그러므로 郡國의 上計하는 長史와 守丞이라고 총괄하여 말한 것이다. 무릇 郡國은 백성들을 다스리는 일을 모두 관장하여, 항상 봄에는 관할하는 縣을 순행하여 백성들에게 農桑을 권장하고 궁핍한 자들을 진휼하고 구제하며, 가을과 겨울에는 백성들에게 폐해를 끼치지 않는 관리를 보내어 여러 죄수들을 살펴 조사하고 考課의 殿最를 논하며, 연말에 京師에 보내어 上計하게 하니, 上計는 戶口와 錢穀의 數를 받들어 올리는 것이다."

*) 上計：地方官이 연말에 境內의 戶口, 賦稅, 盜賊, 獄訟 등의 항목을 장부로 만들어 아전을 보내어 보고하여 朝廷에 아뢰면 이에 의거하여 성적을 考課하는데 이것을 上計라 한다.

胡氏管見曰 甚哉라 事之難乎核實也여 史稱宣帝有名實不相應者면 必知其所以然이라호되 而王成以僞增流民으로 蒙顯賞하니 自是로 俗吏多爲虛名하야 而綜核名實之政이 其疵多矣라 惟夫人君이 不篤實而好名일새 於是에 在下者靡然從風하야 爲欺爲罔하야 實則聚斂而名曰理財用이라하고 實則掊克而名曰抑兼幷이라하고 實則開邊而名曰討不庭이라하고 實則尙同而名曰一衆志라하고 移囚於外舍而奏囹圄空하고 水旱不以聞而稱大有年하고 諫諍路絶則曰無事可言이라하고 賢才盡廢則曰野無遺伏이라하니 人君이 樂其名良是也하야 而不知虛僞成風하고 矯詐成俗하야 朝廷內外가 歸於一虛하야 而天下之理亂矣니라

胡氏(胡寅)의 ≪讀史管見≫에 말하였다.

"심하다, 일의 실상을 조사하기 어려움이여. 역사책에 宣帝는 이름과 실상이 서로 맞지 않음이 있으면 반드시 그 所以然을 알았다고 말하였으나 王成이 流民의 數를 거짓으로 부풀려 올림으로써 후한 상을 받으니, 이로부터 俗吏들이 대부분 빈 이름(부풀린 명성)을 만들어서 이름과 실상을 따지는 政事에 하자가 많았다.

人君이 독실하지 않고 이름을 좋아하였으므로 이에 아래에 있는 자들이 바람 부는 대로 쓰러지는 풀처럼 따라서 欺罔을 하여 실제로는 苛斂誅求를 하면서 理財를 한다고 이름하고, 실제로는 收奪을 하면서 兼幷을 억제한다고 이름하고, 실제로는 변경을 개척하면서 조정에 오지 않는 자들을 토벌한다고 이름하고, 실제로는 같음을 숭상하면서 여러 사람의 마음을 통일한다고 이름하고, 죄수를 外舍에 옮겨 놓고는 감옥이 텅 비었다고 아뢰고, 水災와 旱害를 제때에 아뢰지 않고는 큰 풍년이 들었다고 칭하고, 간쟁하는 길이 끊기면 말씀드릴 만한 일이 없다고 말하고, 현자와 인재가 다 폐출되면 초야에 버려진 賢者와 숨은 인재가 없다고 말하니, 人君이 그 이름이 참으로 아름다움을 좋아해서 허위의 풍속이 이루어짐을 알지 못하여 기만하는 풍속이 이루어져서 朝廷과 內外가 전부 허위로 돌아가 천하의 다스려짐이 혼란하게 되는 것이다."

丞相韋賢이 **以老病**으로 **乞骸骨**[1])이어늘 **賜黃金百斤**과 **安車駟馬**하야 **罷就第**하니 **丞相致仕 自賢始**러라 **以魏相**으로 **爲丞相**하다 〈出本傳〉

승상 韋賢이 늙고 병들었다 하여 致仕를 청하자, 황금 100斤과 安車와 駟馬를 하사하여 관직에서 물러나 집으로 가게 하니, 승상의 致仕가 韋賢으로부터 시작되었다. 魏相을 승상으로 삼았다. -《漢書 韋賢傳》에 나옴 -

1) 〔譯註〕 乞骸骨 : 乞身과 같은 말로, 신하가 벼슬하게 되면 몸을 나라에 바치기 때문에 辭職하거나 致仕를 청하는 말로 쓰이는 바, 곧 고향에 돌아가 해골을 묻게 함을 이른다.

○ **霍氏驕侈縱橫**[1])이라 **上**이 **頗聞霍氏毒殺許后而未察**이러니 **乃徙光諸壻**하야 **收其印綬**하고 **諸領羽林**[2])**及兩宮**[3])**衛將**[4])**屯兵**을 **悉易**하야 **以所親許史**[5]) **子弟**로 **代之**하다 〈出霍光傳〉

霍氏가 교만하고 사치하며 방종하고 제멋대로 행동하였다. 上은 霍氏가 許后를 독살하였다는 말을 들었으나 아직 살피지 못했는데, 마침내 霍光의 여러 사위들을 좌천시켜 그 印綬를 거두고 羽林軍을 거느린 자들과 두 궁의 호위병을 거느린 衛將들을 모두 바꾸어서 자신과 친한 許氏와 史氏의 자제로 대신하게 하였다. - ≪漢書 霍光傳≫에 나옴 -

1) 〔原註〕 縱橫 : 縱은 放縱也요 橫은 恣橫也라
縱은 방종함이고, 橫은 멋대로 행함이다.

2) 〔譯註〕 羽林 : 禁軍의 명칭으로, 천자를 호위하고 보살피는 임무를 맡은 군대인바, 羽林은 깃〔羽〕처럼 많고 숲〔林〕처럼 많다는 뜻이다.

3) 〔譯註〕 兩宮 : 未央宮과 長樂宮을 가리킨다.

4) 〔頭註〕 兩宮衛將 : 光兩女壻니 范明友爲未央宮衛尉하고 鄧廣漢爲長樂宮衛尉하니라
霍光은 두 사위가 있었으니, 范明友는 未央宮의 衛尉가 되고 鄧廣漢은 長樂宮의 衛尉가 되었다.

5) 〔頭註〕 所親許史*) : 衛太子納史良娣하야 生子進하니 號史皇孫이라하고 皇孫納王夫人하야 生子病已하니라
衛太子가 史良娣를 맞아들여 아들 進을 낳으니 號를 史皇孫이라 하였고, 史皇孫이 王夫人을 맞아들여 아들 病已를 낳았다.

*) 許史 : 許氏와 史氏로 皇帝의 외척이다.

○ 初에 孝武之世에 徵發이 煩數(삭)하니 百姓이 貧耗하고 窮民이 犯法하야 姦軌(宄)不勝이라 於是에 使張湯 趙禹之屬으로 條定法令할새 作見知故縱監臨部主之法[1]하야 緩深故之罪[2]하고 急縱出之誅하니 其後에 姦猾이 巧法하야 轉相比況[3]하야 禁罔(網)이 寖密하고 律令이 煩苛하야 文書盈於几閣하니 典者不能徧睹라 是以로 郡國承用者駁하야 或罪同而論異하고 姦吏因緣爲市[4]하야 所欲活則傅(附)生議하고 所欲陷則予死比[5]하니 議者咸寃傷之러라 〈出刑法志〉

처음 孝武帝 때에 징발이 번거롭고 잦으니, 백성들이 貧耗(가난)하고 곤궁한 백성들이 법을 범하여 간사함을 이루 다 말할 수가 없었다. 이에 張湯과 趙禹의 무리로 하여금 法令을 조목별로 정할 때에 見知故縱法과 監臨部主法을 만들어서 獄吏가 죄인을 각박하게 다스리거나 고의로 죄에 빠뜨린 죄는 완화해 주고 죄인을 풀어 준 죄는 준엄하게 하니, 그 뒤에 간사한 자들이 법

을 교묘히 농간하여 돌려 가며 서로 준례로 삼아 禁網이 점점 치밀해지고 律令이 번거롭고 까다로워져서 〈죄인을 다루는〉 문서가 책상에 가득하니, 주관하는 자가 두루 다 볼 수가 없었다. 이 때문에 郡國에서 받들어 적용하는 자들이 난잡하여 혹은 죄가 같은데도 論罪가 다르고 간악한 獄吏들이 이로 인하여 장사하듯이 〈돈을 받고 흥정하여〉 살려 주고자 하면 살려 주는 의논에 붙이고 죽음에 빠뜨리고자 하면 죽이는 事例에 넣으니, 의논하는 자들이 모두 원통해 하고 서글퍼하였다. - ≪漢書 刑法志≫에 나옴 -

1) 〔釋義〕 作見知故縱監臨部主之法：人有犯法에 或見或知而不擧告를 爲故縱이요 而所監臨部主 亦有罪幷連坐也라

타인이 법을 범했을 적에 이것을 혹 보았거나 혹 알면서도 고발하지 않는 것을 故縱이라 하며, 〈監臨部主는 관할하의 하급 관서나 부하가 부정을 저질렀을 경우〉 감독하는 部主도 죄에 함께 연좌되는 것이다.

2) 〔釋義〕 緩深故之罪：時에 武帝欲急刑하야 吏深害及故入人罪者를 皆寬緩之라 〔通鑑要解〕 吏之深害人과 及故入人於罪之罪를 皆緩之면 則是急刑也라

〔釋義〕 당시에 武帝가 형벌을 준엄하게 하고자 하여 옥리들이 법을 까다롭게 적용하여 죄인을 각박하게 해치거나 고의로 사람을 죄에 빠뜨린 죄를 모두 너그럽게 용서해 준 것이다. 〔通鑑要解〕 옥리들이 사람을 각박하게 해치거나 고의로 사람을 죄에 빠뜨린 것을 모두 완화해 주었다면 이는 형벌을 준엄하게 한 것이다.

3) 〔釋義〕 比況：比는 例也요 況은 譬擬也라 記王制篇에 疑獄은 比以成之라한대 註云 已行故事曰比라하니라

比는 事例이고, 況은 비유하는 것이다. ≪禮記≫ 〈王制篇〉에 "의심스러운 옥사는 비슷한 사례를 들어 이룬다." 하였는데, 註에 "이미 행한 故事를 比라 한다." 하였다.

4) 〔釋義〕 姦吏因緣爲市：王氏曰 姦詐之吏 旁緣弄法受財를 若市賈交易이라

王氏가 말하였다. "간사한 옥리가 빙자하여 법을 농간해서 재물을 받기를 시장에서 장사꾼이 물건을 팔듯이 하는 것이다."

5) 〔釋義〕 死比：與死例相比況也라

死比는 죽이는 事例와 서로 비슷하게 하는 것이다.

廷尉史路溫舒上書曰 陛下初登至尊하시니 **宜改前世之失**하시고 **正始受命**

之統하사 滌煩文, 除民疾하야 以應天意하소서 臣聞秦有十失[1)]에 其一이 尙存하니 治獄之吏是也라 夫獄者는 天下之大命也라 死者는 不可復生이요 絶者는 不可復屬이니이다 書曰 與其殺不辜론 寧失不經[2)]이라하니 今治獄吏則不然하야 上下相敺(驅)하야 以刻爲明[3)]하야 深者는 獲公名[4)]하고 平者는 多後患[5)]이라 故로 治獄之吏 皆欲人死는 非憎人也요 自安之道 在人之死일새니 太平之未洽는 凡以此也니이다 俗語曰 畫(획)地爲獄이라도 議不入[6)]하고 刻木爲吏라도 期不對[7)]라하니 此는 皆疾吏之風이요 悲痛之辭也라 唯陛下省(생)法制, 寬刑罰하시면 則太平之風을 可興於世하리이다 上이 善其言하다 〈出溫舒本傳〉

廷尉史 路溫舒가 글을 올려 아뢰기를 "폐하께서 처음 至尊의 자리에 오르시니, 마땅히 前代의 잘못을 고치시고 처음 天命을 받은 전통을 바로잡으시어 번거로운 法條文을 없애고 백성들의 고통을 제거해서 하늘의 뜻에 부응하소서. 신이 들으니 秦나라에 열 가지 잘못이 있었는데 그중에 한 가지가 아직도 남아 있으니, 獄吏가 이것입니다. 獄事는 천하의 운명이 걸린 중대한 일입니다. 죽은 자는 다시 살릴 수 없고 〈형벌을 받아〉 四肢가 절단된 자는 다시 이어 붙일 수 없습니다. ≪書經≫에 이르기를 '無辜한 자를 죽이기보다는 차라리 법대로 하지 않은 잘못을 저지르라.' 하였는데, 지금 獄吏들은 그렇지 아니하여 上下가 서로 몰아서 각박함을 현명하다고 여겨 법을 까다롭게 적용하는 자는 공무를 잘 수행한다는 명성을 얻고 공평하게 다스리는 자는 후환이 많습니다. 그러므로 獄吏들이 모두 사람(죄인)이 죽기를 바라니 이는 사람들을 미워해서가 아니고 자신이 편안한 방도가 죄인이 죽는 데에 있어서이니, 태평한 정치가 이루어지지 않는 것은 모두 이 때문입니다. 시속의 말에 이르기를 '땅에 금을 그어 놓고 감옥이라 하더라도 사람들이 의논하여 들어가지 않으려 하고, 나무를 조각하여 獄吏라 하더라도 사람들이 기필코 상대하지 않으려 한다.' 하였으니, 이는 모두 獄吏를 미워하는 풍조이고 비통해하는 말입니다. 오직 폐하께서 法制를 줄이시고 형벌을 너그럽게 하신다면 태평한 기풍을 세상에 일으킬 수 있을 것입니다." 하자, 上이 그의 말을 좋게

여겼다. - ≪漢書 路溫舒傳≫에 나옴 -

1) 〔釋義〕 十失 : 王氏曰 十失은 謂一(差)〔羞〕文學이요 二好武勇이요 三賤仁義요 四貴獄吏요 五罪誹謗이요 六禁妖言이요 七盛服先(王)〔生〕이 不用於世요 八忠良切言이 皆鬱於胸이요 九喜虛譽요 十蒙實禍라
　王氏가 말하였다. "十失은 첫 번째는 文學을 부끄러워하는 것이고, 두 번째는 武勇을 좋아하는 것이고, 세 번째는 仁義를 천하게 여기는 것이고, 네 번째는 獄吏를 귀하게 여기는 것이고, 다섯 번째는 조정을 비방하는 자를 벌주는 것이고, 여섯 번째는 요망한 말을 금지하는 것이고, 일곱 번째는 盛服한 先生(儒者)이 세상에 쓰여지지 않는 것이고, 여덟 번째는 忠良한 사람의 간절한 말이 모두 가슴 속에 답답하게 쌓여 있는 것이고, 아홉 번째는 헛된 명예를 좋아하는 것이고, 열 번째는 실제 禍를 입는 것이다."
2) 〔通鑑要解〕 與其殺不辜 寧失不經 : 辜는 罪也요 經은 常也라 謂法可以殺, 可以無殺에 殺之則恐陷於非辜요 不殺之則恐失輕縱하니 二者는 皆非聖人至公至平之意로되 而殺不辜者는 尤聖人所不忍也라 故로 與其殺之而害彼之生으론 寧姑全之而自受自失之責이니 見大禹謨하니라
　辜는 죄이고 經은 떳떳함이다. 법에 죽일 수도 있고 죽이지 않을 수도 있는데, 죽이면 죄 없는 자를 죽임에 빠질까 두렵고 죽이지 않으면 가볍게 풀어줌에 잘못될까 두려우니, 두 가지는 모두 聖人의 지극히 공정하고 공평한 뜻이 아니나 죄 없는 자를 죽이는 것은 더더욱 聖人이 차마 못하는 바이다. 그러므로 죽여서 저의 생명을 해치기보다는 차라리 우선 목숨을 보전해 주어서 위정자가 스스로 형벌을 잘못 행한 책임을 받는 것이니, 이 내용은 ≪書經≫ 〈大禹謨〉에 보인다.
3) 〔釋義〕 上下相敺 以刻爲明 : 王氏曰 言上而朝廷과 下而郡縣과 上而官長과 下而僚屬이 皆相敺迫하야 以苛刻從事라
　王氏가 말하였다. "위로는 朝廷과 아래로는 郡縣, 위로는 官長과 아래로는 僚屬들이 모두 서로 몰아붙이고 핍박하여 까다롭고 각박함을 일삼음을 말한 것이다."
4) 〔釋義〕 深者獲公名 : 王氏曰 言深文者 得奉公之名稱이라
　王氏가 말하였다. "法條文을 각박하게 하는 자가 公務를 잘 수행했다는 명칭을 얻음을 이른다."
5) 〔釋義〕 平者多後患 : 王氏曰 言持法平者는 厥後反多患害라
　王氏가 말하였다. "법을 공평히 집행하는 자는 그 뒤에 도리어 患害가 많음을 말한 것이다."

6)〔釋義〕畫地爲獄 議不入：王氏曰 言指畫地爲獄戶면 雖知非眞獄이라도 人且擬議而不願入也라

王氏가 말하였다. "땅에 금을 그어 獄門이라 하면 비록 진짜 獄이 아님을 알더라도 사람들이 또 헤아리고 의논하여 들어가지 않으려 함을 말한 것이다."

7)〔釋義〕刻木爲吏 期不對：王氏曰 言雕刻木偶爲吏면 人雖識非眞吏라도 且期望而不對也라 路溫舒傳註에 期는 猶必也라

王氏가 말하였다. "木偶(나무로 만든 인형)를 조각하여 獄吏라 하면 사람들이 비록 진짜 獄吏가 아님을 알더라도 반드시 바라보기만 하고 상대하지 않으려 함을 말한 것이다. ≪漢書≫ 〈路溫舒傳〉의 註에 '期는 必과 같다.' 하였다."

○ 十二月에 詔曰 間者에 吏用法巧하고 文寖深하야 使不辜蒙戮하니 朕甚傷之하노라 今遣廷史[1]하야 與郡鞠(鞫)獄[2]호되 任輕祿薄하니 其爲置廷尉平[3]하야 秩六百石하고 員四人하야 其務平之하야 以稱朕意하라 於是에 每季秋後에 請讞[4]하다 時에 上이 常幸宣室하야 齋居而決事하니 獄刑이 號爲平矣러라 涿郡太守鄭昌이 上疏言호되 今明主躬垂明聽하시니 雖不置廷平이나 獄將自正이어니와 若開後嗣인댄 不若刪定律令이니 律令이 一定이면 愚民이 知所避하고 姦吏無所弄矣리이다 今不正其本而置廷平하야 以理其末하시니 政衰聽怠면 則廷平이 將招權而爲亂首矣리이다 〈出刑法志〉

12월에 조서를 내리기를 "근간에 관리들이 법을 적용하기를 교묘히 하고 法文이 점점 각박해져서 죄 없는 자들로 하여금 죽임을 당하게 하니, 짐이 매우 슬퍼하노라. 지금 廷尉史를 보내어 郡의 太守와 獄事를 鞫問하게 하되 임무가 가볍고 녹봉이 적으니, 廷尉平을 두어서 품계는 六百石으로 하고 인원은 4명으로 하여 되도록 공평하게 처리해서 짐의 뜻에 걸맞게 하라." 하였다. 이에 매년 季秋가 된 뒤에 옥사를 의논할 것을 청하였다. 이때 上이 항상 宣室에 행차하여 재계하고 있으면서 옥사를 결단하니, 옥사와 형벌이 공평하다고 이름났다.

涿郡太守 鄭昌이 상소하여 말하기를 "지금 현명하신 군주께서 몸소 밝게

들어 다스리고 계시니, 비록 廷尉平을 두지 않더라도 獄事가 저절로 바르게 될 것입니다. 그러나 만약 後嗣를 啓導하려 하신다면 律令을 刪定하는 것만 못하니, 律令이 한번 정해지면 어리석은 백성들은 피할 바를 알고 간사한 獄吏들은 농간하는 바가 없을 것입니다. 그런데 이제 그 근본을 바로잡지 않고 廷尉平을 두어 그 末(지엽)만을 다스리시니, 정사하려는 의욕이 쇠퇴하고 다스림이 태만해지시면 廷尉平이 장차 권력을 휘둘러 亂의 우두머리가 될 것입니다." 하였다. - ≪漢書 刑法志≫에 나옴 -

1)〔頭註〕廷史 : 廷尉史[*]라
 廷史는 廷尉의 史이다.
*) 廷尉史 : 廷尉의 屬吏로 書記를 맡았다.
2)〔原註〕鞫獄 : 鞫은 音菊이니 推窮也라
 鞫은 음이 국이니, 추궁하는 것이다.
3)〔釋義〕爲置廷尉平 : 漢書註에 平은 音病이니 平其不平也라
 廷尉平은 ≪漢書≫ 註에 "平은 음이 병(평)이니, 공평하지 않은 것을 공평하게 하는 것이다." 하였다.
4)〔原註〕每季秋後請讞 : 讞은 平(評)議也라〔釋義〕讞은 議罪也니 用季秋議罪는 順時殺之氣也라
 〔原註〕讞은 옥사(형벌)를 의논하는 것이다.〔釋義〕讞은 죄를 의논하는 것이니, 季秋에 죄를 의논하는 것은 철(가을)의 肅殺(날씨가 추워져 草木을 죽임)하는 기운을 따른 것이다.

【乙卯】 四年이라

地節 4년(을유 B.C.66)

霍顯及禹, 山, 雲[1]이 **自見日侵削**하고 **數相對啼泣自怨**하야 **謀廢天子**라가 **事發覺**하야 **雲山**은 **自殺**하고 **禹**는 **要(腰)斬**하고 **顯及諸女昆弟**는 **皆棄市**하고 **皇后霍氏**는 **廢**하다

霍顯과 霍禹, 霍山, 霍雲이 날마다 侵削당하는 것을 스스로 보고는 자주

서로 마주 보고 울며 스스로 원망하여 天子를 폐위할 것을 도모하다가 일이 발각되었다. 그리하여 霍雲과 霍山은 자살하고, 霍禹는 腰斬刑을 당하고, 霍顯과 여러 딸과 형제들은 모두 棄市刑을 당하고, 皇后 霍氏는 폐위당하였다.

1)〔頭註〕顯及禹山雲：顯은 光妻라 光子禹요 兄孫雲이요 雲弟山이라
顯은 霍光의 아내이다. 霍光의 아들이 禹이고, 兄(霍去病)의 손자가 雲이고, 雲의 아우가 山이다.

○ 初에 霍氏奢侈하니 茂陵徐生이 上疏하야 言宜以時抑制러니 其後에 霍氏誅滅而告者皆封[1]이라 人爲徐生[2]하야 上書曰 臣聞客有過主人者 見其竈直突[3]하고 傍有積薪하고 客謂主人호되 更(경)爲曲突[4]하고 遠徙其薪하라 不(否)者[5]면 且有火患하리라 主人이 不應이러니 俄而요 家果失火어늘 隣里共救之하야 幸而得息이라 於是에 殺牛置酒하고 謝其隣人할새 灼爛者在於上行[6]하고 餘各以功次坐호되 而不錄言曲突者라 人謂主人曰 鄕(嚮)使聽客之言이런들 不費牛酒하고 終亡(無)火患이어늘 今論功而請賓에 曲突徙薪은 無恩澤하고 焦頭爛額이 爲上客邪아 主人이 乃寤而請之라하니 今茂陵徐福이 數上書하야 言霍氏且有變하리니 宜防絶之라하니 鄕使福說得行이면 則國無裂土出爵之費하고 臣無逆亂誅滅之敗라 往事는 旣已어니와 而福이 獨不蒙其功하니 唯陛下는 察之하사 貴徙薪曲突之策하야 使居焦髮灼爛之右하소서 上이 乃賜福帛十匹하고 後遷爲郞[7]하다 〈出霍光傳〉

예전에 霍氏가 사치(방종)하니, 茂陵의 徐生(徐福)이 상소하여 말하기를 "마땅히 제때에 억제해야 합니다." 하였는데, 그 뒤 霍氏가 죽임을 당하고 멸망하자, 霍氏를 고발한 자들이 모두 侯에 봉해졌다. 어떤 사람이 徐生을 위하여 上書하기를 "신이 들으니 지나가다가 주인을 방문한 客이 있었는데, 그 집 부엌의 굴뚝이 곧게 뻗은데다 곁에 장작이 쌓여 있는 것을 보고는 주인에게 이르기를 '굴뚝을 굽게 만들고 장작을 멀리 옮기시오. 그렇지 않으면 장차 화재가 날 것이오.' 하였습니다. 그러나 주인이 응하지 않았는데 얼마 후 과

연 그 집에 화재가 나자, 이웃 사람과 마을 사람들이 함께 구원하여 다행히 불을 끌 수 있었습니다. 이에 소를 잡고 술자리를 베풀고는 그 이웃 사람들에게 사례할 때에 불에 데인 사람은 上席에 있게 하고 나머지는 각각 공로에 따라 차례로 앉혔으나, 굴뚝을 굽게 만들라고 말해 준 자의 공은 기억하지 않았습니다. 어떤 사람이 주인에게 이르기를 '지난번에 만일 손님의 말을 들었더라면 소와 술도 허비하지 않고 끝내 화재도 없었을 터인데, 지금 功을 논하여 손님을 청하면서 굴뚝을 굽게 만들고 장작을 옮기라고 말해 준 자는 은택이 없고, 머리와 이마를 데인 사람이 上客이 된단 말입니까?' 하니, 주인이 비로소 깨닫고 그를 청했다고 합니다.

지금 茂陵의 徐福이 자주 글을 올려 霍氏가 장차 변란을 일으킬 것이니 이것을 막고 끊어야 한다고 말하였으니, 지난번에 가령 徐福의 말이 시행되었다면 국가는 땅을 떼어 주고 爵位를 내려 주는 비용이 들지 않았을 것이요, 신하는 반역하다가 죽임을 당하고 멸망하는 실패가 없었을 것입니다. 지나간 일은 이미 어쩔 수 없으나 徐福이 유독 그 공을 입지 못하였으니, 폐하께서는 살피시어 장작을 옮기고 굴뚝을 굽게 만들라는(미리 화를 방지하는) 계책을 중하게 여기셔서 머리카락을 그슬리고 살이 데고 문드러진 자의 윗자리에 있게 하소서." 하였다. 上이 마침내 徐福에게 비단 10필을 하사하고 뒤에 승진시켜 郎官을 삼았다. - ≪漢書 霍光傳≫에 나옴 -

1)〔釋義〕告者皆封：告霍氏反者皆封이라
　霍氏의 반란을 고발한 자들이 모두 侯에 봉해진 것이다.

2)〔釋義〕人爲徐生：人은 謂當時有人也라 爲는 助也라 徐生은 卽徐福이라
　人은 당시의 어떤 사람을 이른다. 爲는 도움이다. 徐生은 바로 徐福이다.

3)〔釋義〕直突：突은 竈窓也라
　突은 부뚜막의 창(굴뚝)이다.

4)〔釋義〕更爲曲突：更은 改也라 曲則不直而火勢慢也라
　更은 고침이다. 굴뚝을 굽게 만들면 곧장 뻗지 않아 불이 타오르는 기세가 약한 것이다.

5)〔釋義〕不者：猶言否則也라
　不者는 '否則(아니면)'이라고 말하는 것과 같다.

6)〔釋義〕灼爛者在於上行：行은 列也니 救火而被燒灸者坐於上列이라
行은 항렬이니, 불을 끄다가 불에 덴 자가 上席에 앉는 것이다.
7)〔釋義〕爲郎：百官表에 郎掌守門戶하고 出充車騎하니라
≪漢書≫〈百官表〉에 "郎은 門戶를 관장하여 지키고, 나가면 車騎에 충원되었다." 하였다.

○ **帝初立**하야 **謁見高廟**할새 **大將軍光**이 **驂乘**하니 **上**이 **內嚴憚之**하야 **若有芒刺在背**[1]러니 **後**에 **車騎將軍張安世 代光驂乘**하니 **天子從容肆體**[2]하야 **甚安近焉**이라 **及光身死**에 **而宗族竟誅**라 **故**로 **俗傳霍氏之禍萌於驂乘**이라하니라 〈出光本傳〉

황제가 처음 즉위하여 高廟를 알현할 때에 대장군 霍光이 驂乘하니 上이 속으로 두려워하고 꺼려서 마치 등에 가시가 있는 것처럼 여겼는데, 뒤에 車騎將軍 張安世가 霍光을 대신하여 驂乘하니 天子가 자유로워 몸을 펴서 매우 편안해하고 가까이하였다. 霍光이 죽자 宗族이 끝내 주벌당하였으므로 세속에서 전하기를 "霍氏의 화가 驂乘에서 비롯되었다." 하였다. - ≪漢書 霍光傳≫에 나옴 -

1)〔釋義〕若有芒刺在背：芒은 草耑也라 刺는 如棘刺其背라
芒은 풀의 까끄라기요, 刺는 가시가 그 등을 찌르는 것과 같은 것이다.
2)〔釋義〕從容肆體：從容은 謂從任其容止하야 不矜莊也요 肆體는 謂身體舒放也라
從容은 행동거지를 마음대로 하여 조심스럽고 엄숙하지 않음을 이르고, 肆體는 신체가 펴지고 풀어짐을 이른다.

班固贊曰 霍光이 受襁褓之託하고 任漢室之寄하야 匡國家, 安社稷하야 擁昭立宣하니 雖周公阿衡[1]이라도 何以加此리오 然이나 光不學亡(無)術하야 闇於大理하야 陰妻邪謀[2]하고 立女爲后하야 湛(沈)溺盈溢之欲[3]하야 以增顚覆之禍하야 死財(纔)三年[4]에 宗族誅夷하니 哀哉인저

班固가 말하였다.

"霍光이 襁褓에 싸인 어린 군주를 부탁받고 漢나라 王室의 안위를 담당하는

임무를 맡아 國家를 바로잡고 社稷을 안정시켜 昭帝와 宣帝를 옹립하였으니, 비록 周公과 阿衡(伊尹)이라도 어찌 이보다 더하겠는가. 그러나 霍光이 배우지 않아 학술이 없어 큰 이치에 어두워서, 아내의 간사한 꾀를 덮어 주고 딸을 세워 后로 삼아서 가득 차서 넘치는 욕망에 빠졌다. 그리하여 顚覆하는 화를 보태어 霍光이 죽은 지 3년 만에 宗族이 멸족당하였으니, 슬프다."

1)〔釋義〕雖周公阿衡：周公은 名旦이니 武王弟也라 武王崩하고 成王在襁褓中일새 周公이 代其當國이라가 七年後還政이라 阿衡은 殷太甲之相伊尹之號也라 蔡氏曰 阿衡은 商之官名이니 亦曰保衡이라

周公은 이름이 旦이니 武王의 아우이다. 武王이 崩하고 成王이 강보 속에 있으므로 周公이 成王 대신 나라를 맡아 다스리다가 7년 뒤에 成王에게 정사를 돌려주었다. 阿衡은 殷나라 太甲의 재상인 伊尹의 칭호이다. 蔡氏(蔡沈)가 말하기를 "阿衡은 商나라의 官名이니 또한 保衡이라고도 한다." 하였다.

2)〔釋義〕陰妻邪謀：陰은 與蔭通이니 庇也라 言藏匿其妻之邪謀也라〔附註〕許后崩에 人上書告諸醫侍疾無狀者어늘 皆收繫詔獄한대 顯이 恐急하야 卽具語光曰 旣失計爲之하니 毋令吏急衍하라한대 光大驚하야 欲自發擧러니 不忍奏上하다 光署衍勿論하니 衍은 女醫名이라

〔釋義〕陰은 蔭과 통용되니, 덮어 주는 것이다. 霍光이 아내의 간사한 꾀를 감추어 숨겼음을 말한 것이다.〔附註〕간사한 꾀는 許后가 별세했을 때에 어떤 사람이 上書하여 병을 시중하던 여러 의원들의 不肖함을 고발하자, 이들을 모두 詔獄에 가두었는데, 霍顯이 두려워하여 즉시 霍光에게 자세히 말하기를 "이미 실책을 범하였으니, 獄吏로 하여금 淳于衍을 급하게 논죄하지 말게 하라." 하였다. 霍光은 크게 놀라 이 사실을 스스로 황제에게 말하려 하였으나 차마 상주하지 못하였다. 霍光이 淳于衍을 논죄하지 말라고 하였으니, 淳于衍은 女醫의 이름이다.

3)〔釋義〕湛溺盈溢之欲：湛은 與沈通이라

湛은 沈과 통용된다.

4)〔釋義〕死財三年：養心吳氏曰 財與纔通이라

養心吳氏가 말하기를 "財는 纔와 통용된다." 하였다.

溫公曰 霍光之輔漢室이 **可謂忠矣**라 **然**이나 **卒不能庇其宗**은 **何也**오 **夫威福者**는 **人君之器也**니 **人臣執之**하야 **久而不歸**면 **鮮不及矣**라 **以孝昭**

之明으로 十四而知上官桀之詐하니 固可以親政矣어든 況孝宣은 十九卽位하야 聰明剛毅하고 知民疾苦어늘 而光이 久專大柄하야 不知避去하고 多置親黨하야 充塞朝廷하야 使人主蓄憤於上하고 吏民積怨於下하야 切齒側目하야 待時而發하니 其得免於身이 幸矣라 況子孫이 以驕侈趣(促)之哉아 雖然이나 曏使孝宣이 專以祿秩賞賜로 富其子孫하야 使之食大縣, 奉朝請[1]이런들 亦足以報盛德矣어늘 乃復任之以政하고 授之以兵하야 事叢釁積에 更加裁奪하야 遂至怨懼하야 以生邪謀하니 豈徒霍氏之自禍哉아 亦孝宣醞釀以成之[2]也라 昔에 鬪椒[3]作亂於楚어늘 莊王이 滅其族而赦箴尹克黃[4]하고 以爲子文無後면 何以勸善이리오하니 夫以顯, 禹, 雲, 山之罪로 雖應夷滅이나 而光之忠勳은 不可不祀어늘 遂使家無噍類[5]하니 孝宣亦少恩哉인저

溫公이 말하였다.

"霍光이 漢나라 왕실을 보필한 것은 충성스럽다고 이를 만하다. 그러나 끝내 자신의 종족을 보호하지 못한 것은 어째서인가? 위엄과 福은 임금이 사용하는 기물이니, 신하가 이것을 잡고 오랫동안 돌려주지 않으면 화가 미치지 않는 자가 드물다. 孝昭帝의 명철함으로 14세에 上官桀의 속임수를 알았으니 진실로 親政을 할 수 있었는데, 더구나 孝宣帝는 19세에 즉위하여 총명하고 剛毅하여 백성들의 고통을 알았음에랴. 그런데도 霍光이 오랫동안 大權을 독차지해서 피하여 떠날 줄을 모르고 親黨들을 많이 두어 조정에 꽉 차게 해서, 人主로 하여금 위에서 분한 마음을 쌓게 하고 관리와 백성들로 하여금 아래에서 원한을 쌓게 하였다. 그리하여 이를 갈고 눈을 흘기며 때를 기다려 일어나게 하였으니, 자기 몸에 화를 면한 것만도 다행이다. 더구나 자손들이 교만함과 사치함으로 재촉함에 있어서랴.

그러나 지난번에 만일 孝宣帝가 오로지 祿秩(祿俸)과 賞賜로써 그 자손들을 부유하게 하여 큰 食邑을 먹게 하고 朝請(朝謁)을 받들게 했더

라면 또한 충분히 霍光의 거룩한 德에 보답할 수 있었을 것이다. 그런데 다시 정사를 맡기고 兵權을 주어서 일이 얽히고 허물이 쌓이자, 다시 制裁하고 빼앗음을 가해서 마침내 원망하고 두려워하여 간사한 꾀를 내게 하였으니, 어찌 다만 霍氏가 스스로 화를 자초한 것일 뿐이겠는가. 또한 孝宣帝가 醞釀하여 이룬 것이다.

옛날 鬪椒가 楚나라에서 난을 일으키자, 莊王이 그의 三族을 멸하면서도 箴尹인 克黃을 사면하고 이르기를 '子文(鬪穀於菟)이 후손이 없으면 어떻게 善人들을 권면하겠는가.' 하였으니, 霍顯·霍禹·霍雲·霍山의 죄로 볼 때 비록 마땅히 三族을 멸해야 하나 霍光의 충성과 공훈은 제사하지 않을 수 없는데, 마침내 집안에 살아남은 사람이 없게 하였으니, 孝宣帝 또한 은혜가 적다고 할 것이다."

1)〔釋義〕奉朝請:請은 謁也라
請은 뵘이다.

2)〔釋義〕孝宣醞釀以成之:醞釀은 造酒也라 言宣帝不早防閑霍氏하야 致令貫盈하야 宗族誅夷하니 是醞釀浸漬而成其邪謀也라
醞釀은 술을 빚는 것이다. 宣帝가 霍氏의 화를 미리 막지 않아 죄가 가득 차서 종족들이 모조리 죽임을 당하게 하였으니, 이는 醞釀하고 차츰차츰 배어들어서 간사한 꾀를 이루었음을 말한 것이다.

3)〔頭註〕鬪椒:子文弟요 子良之子라 子文은 即鬪穀於菟也[*]라
子文의 아우이고 子良의 아들이다. 子文은 바로 鬪穀於菟이다.

*) 子文 即鬪穀於菟也:子文은 楚나라의 명재상으로 姓은 鬪이고 이름은 穀於菟(누오도)이니, 穀는 길러졌다는 뜻이고 於菟는 호랑이를 가리키는 바, 호랑이에게 물려가 호랑이 젖을 먹고 자랐다 하여 이렇게 이름했다 한다. 《論語》〈公冶長〉에 "子張이 '令尹인 子文이 세 번 벼슬하여 令尹이 되었으나 기뻐하는 기색이 없었고, 세 번 벼슬을 그만두었으나 서운해 하는 기색이 없어서 옛날 자신이 맡아보던 令尹의 정사를 반드시 새로 부임해 온 令尹에게 일러 주었으니, 어떻습니까?' 하고 묻자, 孔子께서 '충성스럽다.'고 대답하셨다." 하였다.

4)〔譯註〕莊王滅其族而赦箴尹克黃:箴尹은 諫官의 명칭이며 克黃은 子文의 손자이다. 楚나라에서 鬪椒를 죽일 때에 克黃은 마침 齊나라에 사신 갔었는데, 楚나

라로 돌아와서 난이 일어났다는 말을 들었다. 사람들이 그에게 "도성에 들어가지 말라."고 말하였으나 克黃은 "군주의 명령을 버릴 수 없다." 하고 끝내 돌아와 복명한 다음 스스로 옥에 갇혔다. 鬪椒가 그의 從孫이므로 함께 죄를 받게 된 것이다. 莊王이 克黃을 사면해 준 일은 ≪春秋左傳≫ 宣公 4年條에 보인다.

5)〔釋義〕使家無噍類 : 噍는 齧也니 言無復有活而噍食者라
　噍는 씹음이니, 다시 살아남아서 음식을 씹어 먹는 자가 없음을 말한 것이다.

北海太守朱邑이 以治行第一로 入爲大司農하다 ○ 渤海太守龔遂 入爲水衡都尉[1]하다 先是에 渤海左右郡이 歲飢하야 盜賊이 竝起하니 二千石이 不能擒制라 上이 選能治者할새 丞相御史擧遂어늘 上이 拜爲渤海太守하고 召見하야 問何以治渤海하야 息其盜賊고한대 對曰 海瀕이 遐遠하야 不霑聖化하야 其民이 困於飢寒이어늘 而吏不恤이라 故로 使陛下赤子로 盜弄陛下之兵於潢(황)池中耳[2]니 今欲使臣勝之邪잇가 將安之也[3]잇가 上曰 選用賢良은 固欲安之也니라 遂曰 治亂民은 猶治亂繩하야 不可急也라 唯緩之然後에 可治니 臣은 願丞相御史且無拘臣以文法하고 得一切便宜從事[4]하노이다 上이 許焉하고 加賜黃金하다

北海太守 朱邑이 治行(治績)이 제일이므로 內職으로 들어와 大司農이 되었다.

○ 渤海太守 龔遂가 들어와 水衡都尉가 되었다. 이보다 앞서 渤海의 左郡과 右郡에 흉년이 들어서 도적이 떼지어 일어나니, 二千石(太守)이 사로잡아 제재하지 못하였다. 上이 잘 다스릴 수 있는 자를 선발할 때에 승상과 어사가 龔遂를 추천하니, 上이 龔遂를 임명하여 渤海太守로 삼고 불러서 묻기를 "어떻게 渤海를 다스려서 도적들을 그치게 할 것인가?" 하니, 대답하기를 "바닷가가 도성과 멀리 떨어져 있어서 聖王의 교화를 입지 못하여 백성들이 굶주림과 추위에 곤궁한데, 관리들이 구휼하지 않았습니다. 이 때문에 폐하의 赤子들로 하여금 폐하의 병기를 훔쳐서 못 가운데에서 장난하게 한 것일 뿐이니, 지금 신으로 하여금 이들을 이기게 하고자 하십니까? 아니면 편안하게 하고자 하십니까?" 하였다. 上이 말하기를 "현명하고 어진 사람을 선발하여

등용함은 본래 백성을 편안히 하고자 하는 것이다." 하니, 龔遂가 말하기를 "혼란한(난을 일으킨) 백성을 다스림은 어지럽게 얽힌 노끈을 푸는 것과 같아서 급하게 옥죄어서는 안 됩니다. 오직 늦추어 준 뒤에야 다스릴 수 있으니, 신은 승상과 어사들이 우선 法文으로써 신을 구애하지 말고, 신이 일체 便宜대로 종사할 수 있게 해 주기를 바랍니다." 하였다. 上이 이를 허락하고 황금을 더 하사하였다.

1) 〔頭註〕 入爲水衡都尉 : 水衡都尉는 掌上林均輸御羞禁圃하니라
   水衡都尉는 上林苑의 均輸와 御羞(御饌)와 禁圃를 관장하였다.
2) 〔釋義〕 使陛下赤子……潢池中耳 : 潢은 音黃이니 潢池者는 潢汚行潦之水池也니 言如小兒戲弄兵器於潢池之中하야 平之不難也라 唐宣宗時에 鷄山群盜起라 詔討之한대 崔鉉曰 此皆陛下赤子어늘 迫於飢寒하야 盜弄兵於谿谷間이니 不足辱大軍也라하니 亦倣此說이라
   潢은 음이 황이니, 潢池는 웅덩이와 장마물이 괴어 있는 못이니, 어린아이들이 병기를 가지고 潢池 안에서 장난하는 것과 같아 평정하기가 어렵지 않음을 말한 것이다. 唐나라 宣宗 때에 鷄山에서 도둑떼가 일어나자 황제가 토벌하라고 명하니, 崔鉉이 말하기를 "이들은 모두 폐하의 赤子인데, 飢饉과 추위에 핍박을 당하여 병기를 훔쳐 계곡 사이에서 장난을 친 것일 뿐이니, 大軍을 수고롭게 할 필요가 없습니다." 하였으니, 또한 이 말과 같다.
3) 〔譯註〕 今欲使臣勝之邪 將安之也 : 勝之는 위엄과 무력으로써 이겨 죽임을 이르고, 安之는 德化로써 어루만져 편안하게 함을 이른다.
4) 〔通鑑要解〕 便宜從事 : 便宜는 謂臨事에 凡有便於今하고 宜於世者하야 可行卽行이라
   便宜는 일을 당했을 때에 무릇 지금에 편리하고 세상에 마땅한 것이 있어서 행할 수 있으면 즉시 행함을 이른다.

乘傳至渤海界한대 **郡聞新太守至**하고 **發兵以迎**이어늘 **遂皆遣還**하고 **移書勅屬縣**하야 **悉罷逐捕盜賊吏**하고 **諸持鉏鉤**(서구)[1]**田器者**는 **皆爲良民**이니 **吏毋得問**이요 **持兵者**는 **乃爲賊**이라하고 **遂單車**로 **獨行至府**하니 **盜賊**이 **聞遂敎令**하고 **卽時解散**하야 **棄其兵弩而持鉤鉏**하니 **於是**에 **悉平**하다 **遂乃開倉廩**하야 **假貧民**하고 **選用良吏**하야 **慰安牧養焉**하다 **遂見齊俗奢侈**하야 **好末技**, **不田作**하고 **乃躬**

率以儉約하야 **勸民農桑**하고 **民有帶持刀劍者**어든 **使賣劍買牛, 賣刀買犢**하고 **曰 何爲帶牛佩犢**고하고 **勞來循行**하니 **郡中**이 **皆有畜積**하고 **獄訟**이 **止息**이러라 〈出遂本傳〉

龔遂가 역말을 타고 渤海의 경계에 이르자, 郡에서는 신임 태수가 부임해 온다는 말을 듣고는 군대를 동원하여 맞이하였으나 龔遂는 이들을 모두 돌려 보내고 公文을 보내 屬縣에 신칙해서 도적들을 추격하고 체포하는 관리들을 모두 해산하게 하였다. 그리고 "모든 호미와 낫과 농기구를 잡고 있는 자는 모두 선량한 백성이니 관리는 죄를 묻지 말 것이요, 병기를 잡고 있는 자는 바로 적이다." 하고는 마침내 한 대의 수레로 홀로 가서 府에 이르렀다. 도적들이 龔遂의 教令을 듣고는 즉시 해산하여 병기와 쇠뇌를 버리고 낫과 호미를 잡으니, 이에 모두 평정되었다. 龔遂가 마침내 창고를 열어 가난한 백성들에게 곡식을 빌려 주고, 선량한 관리들을 선발하여 등용해서 백성들을 위안하고 잘 길렀다.

龔遂는 齊 지방의 풍속이 사치하여 末技를 좋아하고 농사를 짓지 않는 것을 보고는 마침내 몸소 검약함으로 솔선하여 백성들에게 농업과 蠶業을 권장하고, 백성 중에 칼〔刀〕이나 검을 차거나 지니고 있는 자가 있으면 검을 팔아서 소를 사게 하고 칼을 팔아서 송아지를 사게 하며 말하기를 "어찌하여 소를 차고 다니고, 송아지를 차고 다니는가?" 하고는 위로하고 순행하니, 고을 안의 백성들이 모두 저축한 곡식이 있고 獄訟이 종식되었다. -≪漢書 龔遂傳≫에 나옴-

1)〔釋義〕鉏鉤 : 鉏는 或作鋤라 鉤는 鎌也라
鉏는 혹 鋤로도 쓴다. 鉤는 낫이다.

【丙辰】**元康元年**이라

元康 元年(병진 B.C.65)

趙廣漢이 **好用世吏子孫新進年少者**하니 **專厲彊壯蠭(鋒)氣**[1]하야 **見事風**

生[2]이라 無所回避[3]하야 率多果敢之計하야 莫爲持難[4]이러니 終以此敗하니라 廣漢이 以私怨으로 論殺男子榮畜[5][6]이어늘 人이 上書言之한대 事下丞相御史하야 按驗이러니 廣漢이 疑丞相夫人이 殺侍婢[7]하야 欲以此脅丞相이라 帝惡之하야 下廣漢廷尉하니 吏民이 守闕[8]號泣者數萬人이라 或言 臣生無益縣官하니 願代趙京兆死하야 使牧養小民하노이다 廣漢이 竟坐要(腰)斬하다 廣漢이 爲京兆尹하야 廉明하야 威制豪彊하니 小民得職이라 百姓이 追思歌之러라 〈出廣漢本傳〉

趙廣漢이 대대로 獄吏를 지낸 집안의 자손 중에 新進으로 나이가 적은 자를 등용하기를 좋아하니, 오로지 强壯함과 銳氣를 힘써서 일을 처리하는 것이 매우 신속하였다. 두려워하고 피하는 바가 없어서 대체로 과감한 계책이 많아 신중하지 못하였는데, 끝내 이 때문에 실패하였다. 趙廣漢이 사사로운 원한 때문에 男子인 榮畜이라는 자를 논죄하여 죽이자, 어떤 사람이 上書하여 이를 말하였다. 이 일을 승상과 어사에게 내려 조사하게 하니, 趙廣漢은 승상의 부인이 侍婢를 〈질투하여〉 죽였는가 하고 의심하여 이 일을 문제 삼아 승상을 협박하고자 하였다.

황제가 이를 미워하여 趙廣漢을 廷尉에게 회부시키니, 관리와 백성들 중에 대궐에 나아가 울부짖는 자가 수만 명이었다. 혹자는 말하기를 "신은 살아서 縣官(守令)에게 유익함이 없으니, 바라건대 趙京兆를 대신하여 죽어서 그로 하여금 백성들을 잘 기르게 하였으면 합니다." 하였다. 趙廣漢은 끝내 죄에 걸려 腰斬刑을 당하였다. 趙廣漢이 京兆尹이 되어 청렴하고 명민하여 세력이 강한 자들을 위엄으로 제압하니, 백성들이 직분을 얻었으므로 백성들이 그를 추모하여 노래하였다. - ≪漢書 趙廣漢傳≫에 나옴 -

1)〔釋義〕專厲彊壯蠭氣：蠭은 讀如鋒하니 言鋒銳之氣難犯也라
　蠭은 鋒과 같이 읽으니, 날카롭고 예민한 기운을 범하기 어려움을 말한 것이다.

2)〔釋義〕見事風生：言其見事疾速하야 不可當也라
　일을 처리함이 신속하여 당해낼 수 없음을 말한다.

3)〔釋義〕無所回避：言不畏避也라
　두려워하고 피하지 않음을 말한다.

4)〔頭註〕莫爲持難：爲는 去聲이요 難은 猶重愼也니 言無有爲之持守重愼也라
爲는 去聲(위하다)이고 難은 신중함과 같으니, 위하여 잡아 지키고 신중히 함이 없음을 말한 것이다.

5)〔釋義〕滎畜：人姓名也라
사람의 성명이다.

6)〔譯註〕以私怨 論殺男子滎畜：처음에 趙廣漢의 문객이 長安의 시장에서 술을 팔았는데, 丞相府의 관리가 그를 축출하였다. 문객은 蘇賢이 일러바친 것이라고 의심하여 趙廣漢에게 말하니, 趙廣漢은 蘇賢을 잡아다가 조사하였다. 蘇賢의 아버지가 조정에 글을 올려 억울함을 말하니 趙廣漢이 이 때문에 좌천당하였는데, 趙廣漢은 고을 사람인 滎畜이 사주한 것이라고 생각하여 딴 죄로 滎畜을 논죄하여 죽였다.

7)〔通鑑要解〕夫人殺侍婢：侍婢有罪自殺한대 廣漢이 疑夫人妬殺之하니라
侍婢가 죄가 있어 자살하였는데, 趙廣漢은 부인이 질투하여 죽였다고 의심한 것이다.

8)〔釋義〕守闕：守는 詣也라
守는 나아감이다.

○ 上이 選博士諫大夫通政事者하야 補郡國守相할새 以蕭望之로 爲平原太守하니 望之上疏曰 陛下哀愍百姓하시고 恐德化之不究하야 悉出諫官하야 以補郡吏하시니 朝無爭臣이면 則不知過하나니 所謂憂其末而忘其本者也로소이다 上이 乃徵望之하야 入守少府하다 〈出本傳〉

上이 博士와 諫大夫로서 정사에 통달한 자를 선발하여 郡國의 太守와 相으로 보임할 적에 蕭望之를 平原太守로 삼으니, 蕭望之가 상소하기를 "폐하께서 백성을 불쌍히 여기시고 德化가 아래에까지 미치지 않을까 염려하여 諫官을 모두 내보내어 郡의 관리로 보임하시니, 조정에 간쟁하는 신하가 없으면 군주가 과오를 알지 못하니, 이른바 '지엽을 걱정하고 근본을 잊는다.'는 것입니다." 하였다. 上이 마침내 蕭望之를 불러서 들어와 少府를 맡게 하였다. - ≪漢書 蕭望之傳≫에 나옴 -

○ 東海太守尹翁歸 以治郡高第로 入爲右扶風[1)]하다 翁歸爲人이 公廉明察하야 郡中吏民의 賢不肖及奸邪罪名을 盡知之하고 各有記籍하야 披籍取人하야 以一警百하니 吏民이 皆服恐懼하고 改行自新이러라 其爲扶風에 選用廉平疾奸吏하야 以爲右職[2)]하야 接待以禮하야 好惡與同之하고 其負翁歸면 罰亦必行이나 然溫良謙退하야 不以行能驕人이라 故로 得名譽於朝廷이러라 〈出本傳〉

東海太守 尹翁歸가 郡을 다스림에 높은 등급을 받았으므로 內地로 들어와 右扶風이 되었다. 尹翁歸는 사람됨이 공정하고 청렴하며 밝게 살펴서 郡 안의 관리와 백성들의 어질고 불초함과 간사한 자들의 죄명을 다 알았고, 각각 기록하는 장부가 있어 〈기재해 두었다가〉 장부를 펼쳐가며 사람을 채용해서 한 사람으로써 백 사람을 경계하니, 관리와 백성들이 모두 복종하고 두려워하여 행실을 고쳐 스스로 새로워졌다. 그가 扶風太守가 되자, 청렴하고 공평하며 간악한 관리를 미워하는 자를 선발하여 등용해서 높은 직책에 두어 禮로써 접대하여 좋아하는 사람과 싫어하는 사람을 대하기를 똑같이 하였고, 尹翁歸를 저버리면 벌을 또한 반드시 시행하였으나 溫良하고 겸손해서 행실과 재능으로 남에게 교만하게 하지 않았다. 그러므로 조정에서 훌륭한 명예를 얻었다. - ≪漢書 尹翁歸傳≫에 나옴 -

1)〔釋義〕入爲右扶風：入內地하야 作扶風郡太守하다
內地로 들어와 扶風郡太守가 된 것이다.

2)〔釋義〕右職：漢法에 地道尊右라 故高職曰右職이라
漢나라 法에 땅의 道는 오른쪽을 높이므로 높은 벼슬을 右職이라 하였다.

○ 馮奉世使西域이러니 會에 莎車王弟呼屠徵이 自立爲王하야 畔(叛)漢이어늘 奉世遂以節로 發諸國兵하야 擊斬之하다 上이 甚悅하야 議封奉世러니 蕭望之曰 奉世矯制發兵하야 要功萬里之外하야 爲國家生事於夷狄하니 漸不可長[1)]이라 奉世不宜受封이니이다 上이 善望之議하야 以奉世로 爲光祿大夫하다 〈出望之傳〉

馮奉世가 西域에 사신 갔는데, 마침 莎車王의 아우 呼屠徵이 스스로 서서 王

이 되어 漢나라를 배반하므로 馮奉世가 마침내 符節을 가지고 여러 나라의 군대를 징발해서 공격하여 목을 베었다. 上이 매우 기뻐하여 馮奉世를 侯에 봉할 것을 의논하였는데, 蕭望之가 아뢰기를 "馮奉世가 制(詔命)를 사칭하고 군대를 징발하여 만 리 밖에서 功을 세우고자 하여 국가로 하여금 오랑캐에 事端을 일으키게 하였으니, 그 버릇을 자라게 해서는 안 됩니다. 馮奉世는 封侯를 받아서는 안 됩니다." 하였다. 上이 蕭望之의 의논을 좋게 여겨서 馮奉世를 〈侯에 봉하지 않고〉 光祿大夫로 삼았다. - ≪漢書 蕭望之傳≫에 나옴 -

1) 〔譯註〕 蕭望之曰……漸不可長 : ≪資治通鑑≫에는 "馮奉世가 여러 나라의 빈객을 전송하라는 사신의 임무를 받들고 갔는데, 제멋대로 황제의 명령을 사칭하고 여러 나라의 군대를 징발하였으니, 비록 功이 있으나 후세의 법이 될 수 없습니다. 만일 馮奉世를 봉한다면 후일 使命을 받드는 자들에게 이익을 열어 주어 馮奉世를 前例로 삼아 다투어 군대를 출동해서 만 리 밖에서 功을 세우고자 함으로써 국가로 하여금 오랑캐에 事端을 일으키게 할 것이니, 그 버릇을 자라게 해서는 안 됩니다.〔蕭望之以爲 奉世奉使有指 而擅制違命 發諸國兵 雖有功效 不可以爲後法 卽封奉世 開後奉使者利以奉世爲比 爭逐發兵 要功萬里之外 爲國家生事于夷狄 漸不可長〕"라고 되어 있다.

【丁巳】 二年이라

元康 2년(정사 B.C.64)

上이 與趙充國等議하고 欲因匈奴衰弱하야 出兵擊其右地[1]하야 使不敢復擾西域이러니 魏相이 上書諫曰 救亂誅暴를 謂之義兵이니 兵義者는 王하고 敵加於己하야 不得已而起者를 謂之應兵이니 兵應者는 勝하고 爭恨小故하야 不忍憤怒者를 謂之忿兵이니 兵忿者는 敗하고 利人土地貨寶者를 謂之貪兵이니 兵貪者는 破하고 恃國家之大하고 矜民人之衆하야 欲見(현)威[2]於敵者를 謂之驕兵이니 兵驕者는 滅이라 間者에 匈奴未有犯於邊境이어늘 今聞欲興兵하야 入其地라하니 臣愚는 不知此兵何名者也니이다 今年에 計子弟殺父兄, 妻殺夫者하니 凡二

百二十二人이라 臣愚는 以爲此非小變也어늘 今左右不憂此하고 乃欲發兵하야 報纖介(芥)之忿於遠夷하니 殆孔子所謂吾恐季孫之憂不在顓臾而在蕭墻之內也[3)]니이다 上이 從相言하다 〈出魏相傳〉

上이 趙充國 등과 의논하고는 匈奴가 쇠약한 틈을 타 군대를 내어 그 오른쪽(서쪽) 지역을 공격해서 감히 다시는 西域을 소요하지 못하게 하려 하자, 魏相이 글을 올려 다음과 같이 간하였다.

"亂을 구원하고 포악한 자를 주벌하는 것을 義兵(의로운 군대)이라 이르니 군대의 출동 명분이 의로운 자는 왕 노릇 하고, 敵이 자신을 침공하여 부득이 일어나는 것을 應兵(대응하는 군대)이라 이르니 군대가 대응하여 싸우는 자는 이기고, 작은 일을 다투고 한하여 분노를 참지 못하는 것을 忿兵이라 이르니 군대가 분해서 싸우는 자는 패하고, 남의 토지와 寶貨를 이롭게 여기는 것을 貪兵이라 이르니 군대가 탐하여 싸우는 자는 격파되고, 국가의 강대함을 믿고 백성이 많음을 자랑하여 적에게 위엄을 보이고자 하는 것을 驕兵이라 이르니 군대가 교만하여 싸우는 자는 멸망합니다. 근간에 匈奴가 변경을 침입한 적이 없는데, 이제 들으니 군대를 일으켜서 그 땅에 쳐들어가고자 한다 하니, 어리석은 신은 이 군대가 무슨 명목인지 모르겠습니다. 금년에 子弟가 父兄을 죽이고 아내가 남편을 죽인 것을 따져 보니, 모두 222명입니다. 어리석은 신은 이것이 작은 변고가 아니라고 여겨지는데, 지금 좌우의 신하들은 이것을 걱정하지 않고, 도리어 군대를 징발해서 먼 오랑캐에게 하찮은 분노를 갚고자 하니, 이는 아마도 孔子께서 말씀하신 '나는 季孫의 근심이 顓臾에 있지 않고 집안에 있을까 두렵다.'는 것일 듯합니다."

上이 魏相의 말을 따랐다. - ≪漢書 魏相傳≫에 나옴 -

1) 〔頭註〕 右地 : 匈奴左方諸王은 居東方하야 爲左地하고 右方諸王은 居西方하야 爲右地하니라
匈奴의 左方에 있는 여러 王들은 東方에 거하여 左地라 하고, 右方에 있는 여러 왕들은 西方에 거하여 右地라 하였다.

2) 〔釋義〕 見威 : 見은 音現이니 顯示之也라

見은 음이 현이니, 드러내 보임이다.

3) 〔釋義〕 孔子所謂……蕭墻之內[*)]也 : 顓臾는 魯附庸國이니 季氏恐爲子孫憂하야 欲伐之한대 孔子說所憂者不在彼而在此하니 言恐內變將作也라 其後에 家臣陽虎果囚季桓子하니라 鄭氏曰 蕭之言은 肅也요 墻은 屛也니 人臣至此면 加肅敬焉이라

顓臾는 魯나라 附庸國이니, 季氏가 자손의 우환이 될까 걱정해서 정벌하려 하자, 孔子께서 '우려할 바가 저기에 있지 않고 여기에 있다.'고 말씀하셨으니, 內亂이 장차 일어날까 두려움을 말씀하신 것이다. 그 뒤에 家臣 陽虎가 과연 季桓子를 가두었다. 鄭氏(鄭玄)가 말하였다. "蕭는 엄숙하다는 뜻이고 墻은 병풍이니, 人臣이 이곳에 이르면 엄숙함과 공경을 더하는 것이다."

*) 孔子所謂……蕭墻之內 : 이 내용은 ≪論語≫ 〈季氏篇〉에 보이는 바, 蕭墻은 집안을 노출시키지 않기 위하여 설치한 가리개로 문안 또는 집안을 가리킨다.

〔新增〕 胡氏曰 魏相此疏는 止無名之師하고 弭連兵之禍하야 恐傷陰陽之和하야 以生蕭墻之憂하니 眞經國之遠猷요 宰相之能事也라 其尤可服者는 不隱風俗薄惡하야 子弟殺父兄하고 妻殺夫之變을 直以告君이니 此則賢者或猶以爲難也라 人之常情이 喜聞美事而惡(오)聞災禍라 姦臣事君에 凡天地變異와 夷狄盜賊과 危亡之形을 一切隱諱하야 不以實告하고 而草妖木怪와 雲物霏動을 悉指爲祥瑞하야 以眩君心하나니 非惟慰悅爲忠이라 因以自見輔佐之應하야 前古一律이니 其視魏相에 爲如何焉고 風俗薄惡은 宰相之責也로되 而相不自欺하니 嗚呼라 賢矣哉인저

胡氏(胡寅)가 말하였다.

"魏相의 이 상소는 명분 없는 전쟁을 중지하고 싸움을 계속하는 禍를 그치게 하여, 陰陽의 和氣를 손상시켜 집안의 우환을 생겨나게 할까 두려워하였으니, 진실로 국가를 경영하는 원대한 계책이고 재상의 훌륭한 일이다. 더욱 탄복할 만한 것은 風俗이 야박하고 나빠짐을 숨기지 않아서 子弟가 父兄을 시해하고 아내가 남편을 죽이는 변고를 곧바로 임금에게 고하였으니, 이는 어진 자도 혹 오히려 어렵게 여기는 것이다. 아름다운 일을 듣기 좋아하고 災禍를 듣기 싫어하는 것은 사람이면 누구나 가지는 마음이다. 姦臣이 군주를 섬길 때에 모든 천지의 재변과 夷狄과 盜賊 등 危亡의 형세를 일체 숨겨

사실대로 고하지 않고, 草木의 妖怪와 구름의 변고를 모두 祥瑞라 말하여 군주의 마음을 현혹시킨다. 단지 군주를 위로하여 기쁘게 하는 것을 충성이라 여길 뿐만 아니라, 인하여 이것을 자신이 보필을 잘한 응험이라고 스스로 드러내어 예로부터 똑같으니, 魏相에게 견줌에 어떠한가. 풍속이 야박하고 나쁜 것은 재상의 책임인데도 魏相이 숨기지 않았으니, 아 참으로 훌륭하다."

魏相이 **好觀漢故事及便宜章奏**[1)]하야 **數**(삭)**條**[2)]**漢興已來國家便宜行事**하고 **及賢臣賈誼, 鼂錯, 董仲舒等所言**을 **奏請施行之**하다 **相**이 **勅掾史**하야 **按事郡國及休告**[3)]어든 **從家還至府**하야 **輒白四方異聞**하고 **或有逆賊風雨災變**이로되 **郡未上**이면 **相**이 **輒奏言之**하며 **與御史大夫丙吉**로 **同心輔政**하니 **上**이 **皆重之**러라 〈出相本傳〉

魏相이 漢나라의 故事와 便宜(국가에 편리)한 章奏를 살펴보는 것을 좋아하여 漢나라가 일어난 이래로 국가의 便宜한 행사를 자주 조목조목 아뢰고, 또 어진 신하인 賈誼, 鼂錯, 董仲舒 등이 말한 것을 주청하여 시행하게 하였다. 魏相이 아전들에게 신칙하여 郡國에 일을 조사하러 나가거나 휴가를 가면 집으로부터 돌아와 府에 이르러서 〈휴가를 얻어 집에 갔다가 관청에 돌아온 자에게〉 그때마다 사방의 특이한 소문을 아뢰게 하였고, 혹 逆賊이 있고 비바람과 災變이 있는데도 郡에서 올려 보고하지 않았으면 魏相이 번번이 아뢰어 말하였으며, 御史大夫 丙吉과 마음을 함께하여 정사를 보필하니, 上이 모두 소중하게 여겼다. - ≪漢書 魏相傳≫에 나옴 -

1) 〔譯註〕 漢故事及便宜章奏 : 故事는 옛날의 훌륭한 일을 가리키며, 便宜는 편리하고 마땅한 것이고 章奏는 글을 올려 아뢰는 것으로 龜鑑이 될 만한 상소문이나 건의서를 이른다.

2) 〔釋義〕 數條 : 屬此句라 數은 頻也라 凡言條者는 一一而疏擧之하야 若木條焉이라
數條는 이 句(아래 句)에 속한다. 數은 자주이다. 무릇 條라고 말한 것은 하나하나 열거하여 나뭇가지와 같은 것이다.

3) 〔釋義〕 休告 : 休謁之名을 吉曰告요 凶曰寧이라 (師古)〔孟康〕曰 古者에 名吏休假

(暇)曰告라 〈顔師古曰 告者는 請謁之言이니〉 謂請休耳라

휴가의 명칭을 吉한 것은 告라 하고 凶한 것은 寧이라 한다. 孟康이 말하기를 "옛날에 관리들의 휴가를 이름하여 告라 한다." 하였다. 顔師古가 말하기를 "告는 청한다는 말이니, 휴가를 청함을 이른다." 하였다.

○ 丙吉의 爲人이 深厚不伐善하야 自曾孫遭遇[1]로 吉이 絶口不道前恩이러니 會에 掖庭宮婢 自陳嘗有阿保之功[2]하야 辭引使者丙吉知狀[3]이라 上이 親見問然後에 知吉有舊恩而終不言하고 上이 大賢之하니라

丙吉은 사람됨이 깊고 후중해서 자신이 잘한 것을 자랑하지 아니하여 曾孫(황제)이 우대하면서부터 丙吉이 입을 다물고 과거의 恩功을 말하지 않았는데, 마침 掖庭의 宮婢가 스스로 일찍이 황제를 阿保한 功이 있다고 말하고, 使者인 丙吉이 이 정상을 안다고 引證하였다. 上은 직접 丙吉을 만나 보고 물은 뒤에야 과거에 은공이 있는데도 끝내 말하지 않았음을 알고는 매우 어질게 여겼다.

1) 〔釋義〕 自曾孫遭遇[*)] : 王氏曰 宣帝는 武帝之曾孫也라 征和二年에 遭巫蠱事하야 繫獄이러니 時丙吉治獄이라 武帝以獄中有天子氣라하야 遣使欲殺之한대 丙吉이 閉門不納獲免이라 故로 曰遭遇라 〔通鑑要解〕 一云 遭遇는 升大位라

〔釋義〕 王氏가 말하였다. "宣帝는 武帝의 曾孫이다. 征和 2년에 巫蠱의 일을 만나서 옥에 갇혀 있었는데, 이때 丙吉이 옥사를 다스렸다. 武帝가 獄 안에 天子의 기운이 있다 하여 使者를 보내어 宣帝를 죽이고자 하였는데, 丙吉이 문을 닫고 받아들이지 아니하여 죽음을 면하였다. 그러므로 遭遇라고 말한 것이다." 〔通鑑要解〕 一說에 遭遇는 天子의 지위에 오르는 것이라 한다.

*) 遭遇 : 군주의 인정을 받아 높은 지위에 오름을 이르는 바, 釋義의 주석은 온당치 못한 듯하다. ≪漢書≫ 〈丙吉傳〉의 顔師古 註에도 "遭遇는 높은 지위에 오르는 것이다." 하였다.

2) 〔釋義〕 有阿保之功 : 有阿依保護之恩이라

양육하고 保護한 은혜가 있는 것이다.

3) 〔釋義〕 丙吉知狀 : 知狀句絶이니 謂丙吉知此情狀이라

知狀에서 句를 떼니, 丙吉이 이러한 정상을 알았음을 이른다.

〔新增〕 胡氏曰 淺夫薄子於人主에 曾微犬馬之力과 羈紲[1]之奉이로되 尙欲因緣攀附하야 以希富貴하나니 若誠有素分이면 鮮不曉曉自明하야 惟恐祿之弗及也라 此曹는 遇魯朱家[2]라도 猶不足充役이니 其視丙吉에 爲何如人耶아

胡氏가 말하였다.

"천박한 지아비들은 군주에 대해서 일찍이 하찮은 노력과 천한 일을 봉행한 것이 없으면서도 오히려 因緣하여 붙어서 富貴를 바라나니, 만일 진실로 평소의 친분이 있다면 급급히 스스로 밝혀서 녹봉이 자신에게 미치지 않을까 두려워하지 않는 자가 드물다. 이들은 魯나라 朱家를 만났더라도 오히려 그 집에서 일할 수 없었을 것이니, 丙吉에 비하면 어떠한 사람이 되겠는가."

1) 〔頭註〕 羈紲 : 羈는 馬絡頭요 紲은 繮也니 言〈臣〉供賤役也라
 羈는 말의 머리에 씌우는 굴레이고 紲은 말고삐이니, 신하 노릇 하여 賤役을 봉행함을 말한다.

2) 〔譯註〕 魯朱家 : 朱家는 魯나라 사람으로 의협심이 있어 자신은 검소하게 지내면서 다른 사람의 횡액은 수천 금을 들여 구원해 주었다. 당시 천하를 통일한 漢高祖가 자신을 여러 번 괴롭혔던 項羽의 副將 季布를 1천 금으로 현상하자 季布는 할 수 없이 스스로 머리를 깎고 朱家에게 팔려갔는데, 朱家는 汝陰侯 滕公을 설득하여 高祖로 하여금 季布를 사면해 주도록 주선하였다. 뒤에 季布가 존귀하게 되었지만 朱家는 찾아간 일이 없었다 한다. 자세한 내용은 앞의 5권 己亥年條(高帝5년 B.C.202)에 보인다.

帝以蕭望之經明持重하고 **論議有餘**하야 **材任宰相**이라하야 **欲詳試其政事**하야 **復以爲左馮翊**[1]하니 **望之從少府出**하야 **爲左遷**[2]이라 **恐有不合意**하야 **卽稱病**이러니 **上**이 **聞之**하고 **使侍中金安(世)〔上〕**으로 **諭意曰 所用**을 **皆更**(경)**治民以考功**하노니 **君**이 **前爲平原太守日淺故**로 **復試之於三輔**[3]요 **非有所聞也**라하니 **望之卽起視事**하다

황제는 蕭望之가 經學이 밝고 신중하며 의론이 충분하여 宰相의 직책을 맡을 수 있는 재목이라고 생각하여, 그의 政事를 상세히 시험하고자 해서 다시

左馮翊을 삼으니, 蕭望之가 少府로부터 나가 좌천되었다. 蕭望之는 上의 뜻에 부합하지 않는 것이 있는가 두려워하여 즉시 병을 칭탁하였다. 上이 이 말을 듣고 侍中 金安上으로 하여금 뜻을 諭示하게 하기를 "등용하는 사람을, 모두 백성을 다스리는 직책을 거쳐서 功을 고찰한다. 君이 전에 平原太守를 지낸 날짜가 오래지 않기 때문에 다시 三輔 지방에 시험하려는 것이요, 무슨 말을 들은 바가 있어서가 아니다." 하니, 蕭望之가 즉시 일어나 일을 보았다.

1) 〔釋義〕 爲左馮翊 : 作左馮翊郡太守라
　左馮翊이 되었다는 것은 左馮翊郡 太守가 된 것이다.

2) 〔釋義〕 爲左遷 : 諸侯王表에 〈有〉左官之律한대 韋昭以爲 左는 猶下也니 漢法에 地道尊右라 故謂貶秩爲左遷이라
　≪漢書≫ 〈諸侯王表〉에 左官의 律이 있는데, 韋昭가 말하기를 "左는 下와 같으니, 漢나라 法에 땅의 道는 오른쪽을 높이기 때문에 폄하됨을 左遷이라 한다." 하였다.

3) 〔附註〕 三輔 : 秦幷天下하고 立郡縣할새 而京畿所統을 號內史라하니 言在內以別於諸郡守라 百官表에 內史掌京師라 景帝分置左右러니 武帝更名爲京兆尹하고 (及)〔又〕左內史를 更名左馮翊하고 又主爵中尉掌列侯러니 而更爲右扶風하야 治內史右地하야 與馮翊京兆尹으로 是爲三輔하니 取輔車相依[*)]之義라
　秦나라가 천하를 겸병하고 郡縣을 세울 적에 京畿에서 통치하는 곳을 內史라 이름하였으니, 안에 있다고 말하여 여러 郡守와 구별한 것이다. ≪漢書≫ 〈百官表〉에 "內史는 京師를 관장한다. 景帝가 나누어 左內史와 右內史를 두었는데, 武帝가 內史를 이름을 바꾸어 京兆尹이라 하고 左內史를 이름을 바꾸어 左馮翊이라 하였고, 또 主爵中尉가 列侯를 관장하였는데 이름을 바꾸어 右扶風이라 하여 內史의 오른쪽 지방을 다스리게 하였다. 그리하여 馮翊, 京兆尹과 함께 三輔라 하였으니, 이는 輔車처럼 서로 의지하는 뜻을 취한 것이다." 하였다.

*) 輔車相依 : 不可分의 밀접한 관계를 뜻하는 말로, 脣亡齒寒과 같은 말이다. 輔는 頰輔(광대뼈)이고 車는 牙車(잇몸)인데, ≪春秋左傳≫ 僖公 5年條에 "속담에 '輔車가 서로 의지하며 입술이 없어지면 이가 시리다'는 것은 虞와 虢을 두고 이른 것이다." 하였다. 一說에 輔車는 수레의 덧방나무와 바퀴를 가리키는 것이라 하기도 한다.

【戊午】 三年이라

元康 3년(무오 B.C.63)

張安世以爲父子封侯하니 在位大(太)盛이라하야 乃辭祿이어늘 詔都內別藏張氏無名錢[1)]하니 以百萬數라 安世謹愼周密하여 每定大政하야 已決에 輒移病出이라가 聞有詔令이면 乃驚하야 使吏之丞相府問焉하니 自朝廷大臣으로 莫知其與議也러라 嘗有所薦이러니 其人이 來謝어늘 安世大恨하야 以爲擧賢達能에 豈有私謝邪아하고 絶弗復與通[2)]이러라 有郎功高不調하야 自言安世어늘 安世應曰 君之功高는 明主所知라 人臣執事에 何長短而自言乎리오하고 絶不許러니 已而요 郎이 果遷하다

張安世는 생각하기를 父子가 侯에 봉해지니 지위에 있는 것이 너무 성대하다 하여 마침내 녹봉을 사양하므로 都內에게 명하여 張氏의 無名錢을 따로 보관하게 하니, 백만으로 헤아려졌다. 張安世는 근신하고 주밀해서 매번 큰 정사를 정하여 이미 결정되고 나면 그때마다 병을 핑계 대고 밖에 나가 있다가 詔令이 있다는 말을 들으면 그제야 놀라며 관리를 시켜 丞相府에 가서 묻게 하니, 조정의 大臣으로부터 〈아래로 자신의 부하에 이르기까지〉 그가 의논에 참여함을 알지 못하였다. 일찍이 어떤 사람을 천거하였는데, 그 사람이 와서 사례하자 張安世가 크게 한하여(서운해하여) 말하기를 "어진 이를 천거하고 능력 있는 자를 영달하게 함에 어찌 사사로이 사례함이 있겠는가?" 하고, 끊어 버리고 다시는 내왕하지 않았다. 어떤 郎官이 功이 높은데도 調用되지 못하자 스스로 張安世에게 말하니, 張安世가 대답하기를 "그대의 공이 높음은 明主께서도 아시는 바이다. 人臣이 일을 집행함에 어찌 잘했다 못했다 스스로 말하는가?" 하고는 끊고 허락하지 않았는데, 얼마 뒤에 그 郎官이 과연 승진하였다.

1) 〔譯註〕 詔都內別藏張氏無名錢 : 都內는 물품을 보관하는 관원이며, 無名錢은 명목이 없는 돈이란 뜻으로 국가에 귀속된 개인의 녹봉을 이른다.

2) 〔譯註〕 絶弗復與通：≪通鑑要解≫에는 '絶弗復與通'을 張安世가 문지기에게 신칙한 말로 보았다.

○ 皇太子年十二에 通論語, 孝經이어늘 太傅疏廣이 謂少傅受曰 吾聞知足不辱하고 知止不殆라하니 今仕宦이 至二千石하야 宦成名立하니 如此不去면 懼有後悔라하고 卽日에 父子俱移病[1]하고 上疏乞骸骨한대 上이 皆許之하고 加賜黃金二十斤하고 皇太子贈五十斤하다 公卿故人이 設祖道하야 供張東都門外[2]하니 送者車數百兩(輛)이라 道路觀者皆曰 賢哉라 二大夫여하고 或歎息爲之下泣이러라 廣, 受歸鄕里하야 賣金하야 請族人故舊賓客하야 與相娛樂이러니 或이 勸廣하야 以其金으로 爲子孫하야 頗立産業者어늘 廣曰 吾豈老誖(悖)하야 不念子孫哉아 顧自有舊田廬하니 令子孫勤力其中이면 足以共(供)衣食하야 與凡人齊하리니 今復增益之하야 以爲贏餘면 但敎子孫怠惰耳라 賢而多財則損其志하고 愚而多財則益其過하나니라 且富者는 衆之怨也라 吾旣無以敎化子孫하니 不欲益其過而生怨이로라 又此金者는 聖主所以惠養老臣이라 故로 樂與鄕黨宗族으로 共饗其賜하야 以盡吾餘日하노니 不亦可乎아 於是에 族人이 悅服이러라 〈出疏廣傳〉

황태자가 나이 12세에 ≪論語≫와 ≪孝經≫을 통달하자, 太傅 疏廣이 〈從子(조카)인〉 少傅 疏受에게 말하기를 "내 들으니 '만족할 줄 알면 욕되지 않고 그칠 줄 알면 위태롭지 않다.' 하였으니, 지금 벼슬이 二千石에 이르러 벼슬이 이루어지고 명예가 확립되었으니, 이와 같은데도 떠나가지 않는다면 후회가 있을까 두렵다." 하고는 그날로 父子(從父와 從子)가 함께 병을 핑계대고 상소하여 사직할 것을 청하자, 上이 모두 허락하고 황금 20斤을 더 하사하였으며 황태자는 50斤을 주었다. 公卿과 친구들이 祖道(路祭)를 진설하여 東都門 밖에서 음식을 장만해서 잔치를 베푸니, 전송하는 자의 수레가 수백 대였다. 도로에서 구경하던 자들이 모두 "어질도다! 두 大夫여." 하고 칭송하였고, 어떤 이는 탄식하며 그를 위하여 눈물을 흘렸다.

疏廣과 疏受가 鄕里로 돌아와 황금을 팔아서 族人들과 친구와 빈객들을 초청하여 서로 즐겼는데, 어떤 사람이 疏廣에게 '그 金을 가지고 자손을 위하여 재산을 장만하라.'고 권하자, 疏廣이 말하기를 "내가 어찌 노망하여 자손을 생각하지 않겠는가? 다만 본래 옛부터 내려온 전지와 집이 있으니, 자손들이 이 가운데에서 부지런히 힘쓴다면 충분히 衣食을 공급하여 보통 사람들과 똑같이 생활할 터인데, 지금 또다시 재산을 더 보태서 남게 한다면 이는 다만 자손들에게 나태함을 가르칠 뿐이다. 어질면서 재물이 많으면 그 뜻을 손상하고, 어리석으면서 재물이 많으면 그 허물을 더하게 된다. 또 富者는 여러 사람들이 원망하는 대상이다. 내가 이미 자손들을 교화하지 못하였으니, 그 허물을 더하고 원망을 생겨나게 하고 싶지 않노라. 또 이 金은 聖主께서 늙은 신하를 은혜롭게 기르기 위해 내려 주신 것이다. 그러므로 즐겁게 향당과 종족들과 더불어 함께 그 은혜를 누려서 나의 여생을 다하려 하노니, 가하지 않겠는가?" 하였다. 이에 族人들이 기뻐하고 복종하였다. - ≪漢書 疏廣傳≫에 나옴 -

1) 〔譯註〕 移病 : 옛날 관리들이 글을 올려 병을 칭탁하는 것으로, 벼슬길에서 물러갈 것을 완곡히 청하는 말이다.

2) 〔釋義〕 設祖道 供張東都門外 : 五經要義曰 祖道는 行祭니 爲道路祈也라 師古曰 黃帝子名纍祖 好遠遊而死於道라 故로 後人이 以爲行神이라하야 出行者祭之하고 因饗飮焉이라 左傳에 祖而舍軷하고 飮酒於其側曰餞이라하니 重始有事於其道也라 朱子語錄云 祖道之祭는 作一土堆하야 置犬羊其上하고 祭畢而以車碾從上過하니 象行者險阻之患이니 如周禮祀軷이 是也라 供張은 謂供具張設也라

≪五經要義≫에 이르기를 祖道는 行祭(路祭)이니, 도로에 기도하는 것이다. 顔師古가 말하기를 "黃帝의 아들인 纍祖가 멀리 놀기를 좋아하여 길에서 죽었다. 그러므로 후세 사람들이 그를 行神(路神)이라 하여 길을 떠나는 자가 그에게 제사하고, 인하여 연향하고 술을 마시는 것이다." 하였다. ≪春秋左傳≫ 注에 "祖祭를 지내어 음식을 벌여 놓고 그 곁에서 술을 마시는 것을 餞이라 한다." 하였으니, 처음에 그 길에 일이 있음을 중하게 여긴 것이다. ≪朱子語錄≫에 이르기를 "祖道의 제사는 한 흙더미를 만들어서 개와 양을 그 위에 올려놓고 제사가 끝나면 수레로 이것을 치면서 위를 따라 지나가니, 이는 길 가는 자의 험한 환난을

형상한 것이니, ≪周禮≫의 '祀軷'과 같은 것이 이것이다." 하였다. 供張은 供具(음식을 장만하는 기구)를 펼침을 이른다.

〔新增〕 胡氏曰 以宦成名立으로 爲榮하고 而求免於危辱은 此非君子之高致어늘 而疏廣이 甘以自居는 何也오 曰 此廣所以加人數等이어늘 而古今未之知也라 太子年旣十二하야 其資質志趣를 已可槪見이니 觀其親政之時에 年二十七而猶不省하고 召致廷尉爲下獄[1]하야 以至再屈師傅於牢獄而卒殺之[2]하면 則其憒(궤)憒有素를 疏廣이 瞯(간)之已熟이니 知其不可扶持而教詔也 審矣라 是以로 決意去之하니 觀其語曰 不去면 懼有後悔라하니 則其微意를 可見矣라 易曰 君子見幾而作이라하니 疏廣이 有焉이로다

胡氏가 말하였다.

"벼슬이 이루어지고 명예가 확립됨을 영광이라 하고 위태로움과 치욕을 면하려고 함은 군자의 높은 행실이 아닌데, 疏廣이 이에 달갑게 자처함은 어째서인가? 이는 疏廣이 보통 사람들보다 몇 등급이나 더 월등한 것인데, 古今에 사람들이 이것을 알지 못하였다. 太子의 나이 이미 12세에 그 자질과 志趣를 이미 대략 볼 수 있었다. 그가 親政했을 때에 나이가 27세였는데 오히려 살피지 못하고 師傅인 蕭望之를 廷尉에 불러다가 下獄시켜 두 번이나 師傅를 감옥에서 욕되게 하고 끝내는 죽인 것을 보면 평소부터 마음이 어지러웠음을 疏廣이 이미 익숙히 보았을 것이니, 太子를 붙들어 가르칠 수 없다는 것을 알았음이 분명하다. 이 때문에 결심하고 떠나간 것이다. 그의 말에 이르기를 '떠나가지 않으면 후회가 있을까 두렵다.' 하였으니, 그렇다면 그 깊은 뜻을 알 수 있다. ≪周易≫에 이르기를 '군자는 기미를 보고 떠난다.' 하였으니, 疏廣에게 이러한 점이 있었다."

1) 〔原註〕 召致廷尉爲下獄 : 事在元帝初元二年이라

廷尉에 불러다가 下獄시킨 것은 일이 元帝 初元 2년(B.C.47)에 나와 있다.

2) 〔原註〕 以至再屈師傅於牢獄而卒殺之 : 師傅는 謂蕭望之也라 ○ 事在元帝初元二年이라

師傅는 蕭望之를 이른다. ○ 이 일은 元帝 初元 2년에 나와 있다.

潁川太守黃霸 力行敎化而後誅罰하야 **務在成就全安之**라 **長吏許丞**이 **老病聾**이어늘 **督郵白欲逐之**한대 **霸曰 許丞**은 **廉吏**라 **雖老**나 **尙能拜起送迎**하니 **重聽**이 **何傷**고 **或問其故**한대 **霸曰 數易長吏**면 **送故迎新之費**와 **及姦吏因緣**하야 **絶簿書, 盜財物**[1]하야 **公私費耗甚多**하니 **皆出於民**이요 **所易新吏 又未必賢**하야 **或不如其故**면 **徒相益爲亂**이니 **凡治道**는 **去其泰甚者耳**니라 **霸以外寬內明**으로 **得吏民心**하니 **戶口歲增**하야 **治爲天下第一**이라 **徵守京兆尹**하다 〈出本傳〉

潁川太守 黃霸가 교화를 힘써 행하고 誅罰을 뒤에 하여, 힘씀이 백성들을 성취시키고 안전하게 함에 있었다. 長吏 許丞이 늙고 병들어 귀가 어두우므로 督郵가 아뢰어 축출하고자 하였는데, 黃霸가 말하기를 "許丞은 청렴한 관리이다. 비록 늙었으나 아직도 절하고 일어나 전송하고 맞이할 수 있으니, 귀가 어두운 것이 무엇이 해롭겠는가?" 하였다. 어떤 사람이 그 까닭을 묻자, 黃霸가 말하기를 "자주 長吏를 바꾸면 舊官을 보내고 新官을 맞이하는 비용이 들고 간사한 관리들이 이 틈을 타서 문서를 없애고 재물을 도둑질하여 公私間에 허비하고 소모하는 것이 매우 많으니 이 비용이 모두 백성들에게서 나오고, 바꾼 새 長吏도 반드시 어질지는 못하여 혹 舊官만 못하면 한갓 서로 더욱 어지럽기만 할 뿐이니, 무릇 다스리는 방도는 너무 심한 것만 제거하면 될 뿐이다." 하였다. 黃霸가 겉으로는 관대하고 안으로는 밝아서 관리와 백성들의 마음을 얻으니, 戶口가 해마다 증가하여 다스림이 천하에 제일이었으므로 불러서 京兆尹을 삼았다. -≪漢書 黃霸傳≫에 나옴 -

1) 〔釋義〕 數易長吏……盜財物 : 姦欺之吏 因交代之際하야 棄匿簿書하고 盜去官物이라
 간사하고 속이는 관리들이 교대할 때를 틈타 문서를 없애고 숨기며 관청의 물건을 도둑질해 가는 것이다.

【庚申】 神爵元年[1]이라

神爵 元年(경신 B.C.61)

1) 〔釋義〕 神爵元年：前年에 神爵*)이 集長樂宮이라 今故改元神爵이라 神爵은 大如鷃爵하고 色有五采라
前年에 神爵이 長樂宮에 와서 앉았으므로 이제 神爵으로 改元한 것이다. 神爵은 크기가 鷃爵(작은 새)과 같고 색깔에 五采가 있다.
*) 神爵：爵은 雀과 통하는 바, 神爵은 새의 일종인데, 상서로운 새로 알려져 있으며, 혹은 봉황의 일종인 난새라고도 한다.

春正月에 **上**이 **始行幸甘泉**하야 **郊泰畤**(치)[1]하고 **幸河東**하야 **祠后土**하야 **頗修武帝故事**하야 **謹齋祀之禮**하고 **以方士言**으로 **增置神祠**하다 〈此句文不同〉 **聞益州**에 **有金馬碧鷄**[2]**之神**하야 **可醮祭而致**[3]라하고 **於是**에 **遣諫大夫蜀郡王褒**하야 **使持節求之**하다 〈出郊祀志〉

봄 정월에 上이 처음으로 甘泉에 행차하여 泰畤에 郊祭를 지내고 河東에 행차하여 后土에 제사하여, 자못 武帝의 故事를 닦아서 재계하고 제사하는 禮를 삼갔으며, 方士의 말에 따라 神祠를 더 설치하였다. - 이 句는 글이 똑같지 않음 - 益州에 金馬·碧鷄의 神이 있어서 醮祭를 지내면 오게 할 수 있다는 말을 듣고는 이에 諫大夫인 蜀郡의 王褒를 보내어서 符節을 가지고 가서 찾게 하였다. - ≪漢書 郊祀志≫에 나옴 -

1) 〔原註〕 郊泰畤：畤는 音止니 祭處曰畤라 〔頭註〕 郊는 祭名이라 祀天地하니 在國南北郊라 故曰郊라 祀天은 南郊요 祀地는 北郊라 畤는 止也니 封土積高之所니 神靈之所止也라
〔原註〕 畤는 음이 지(치)이니, 제사 지내는 곳을 畤라 한다. 〔頭註〕 郊는 제사 이름이다. 하늘과 땅에 제사하니, 國都의 남쪽과 북쪽 교외에 있으므로 郊라 한다. 하늘에 제사하는 것은 南郊에서 하고, 땅에 제사하는 것은 北郊에서 하였다. 畤는 그침이니, 흙을 봉하여 높이 쌓은 곳인데 神靈이 머무는 곳이다.
2) 〔頭註〕 金馬碧鷄*)：碧鷄는 說文에 石之靑美者라
碧鷄는 ≪說文解字≫에 "돌이 푸르고 아름다운 것이다." 하였다.
*) 金馬碧鷄：金馬와 碧鷄는 후대에 상서로운 물건으로 알려졌다.
3) 〔釋義〕 益州……可醮祭而致：金形如馬하고 碧形似鷄하니 其神祠在益州金馬坊이

라 杜甫詩에 時出碧鷄坊하야 西郊向草堂이라하니라

金馬와 碧鷄는 말 모양의 金과 닭 모양의 푸른 玉이니, 이 神祠가 益州의 金馬坊에 있었다. 杜甫의 詩에 "때로 碧鷄坊을 나가서 西郊에서 草堂을 향한다." 하였다.

〔新增〕 尹氏曰 祠祀神仙은 武帝之過擧也어늘 孝宣中興에 胡爲踵而行之오 然이나 郊泰畤, 祠后土는 猶有可諉者어니와 至遣諫大夫而求金馬碧鷄之神은 則求非所求니 失尤甚矣니라

尹氏가 말하였다.

"神祠에 제사하고 神仙을 찾음은 武帝의 잘못된 일인데, 孝宣帝가 中興함에 어찌 이것을 뒤따라 행한단 말인가. 그러나 泰畤에 郊祭를 지내고 后土에 제사한 것은 그래도 핑계 댈 만한 것이 있지만 諫大夫를 보내어 金馬와 碧鷄의 神을 찾게 한 것은 찾지 않아야 할 것을 찾은 것이니, 잘못이 더욱 심하다."

初에 **上**이 **聞褒有俊才**하고 **召見**하야 **使爲聖主得賢臣頌**하니 **其辭曰 夫賢者**는 **國家之器用也**라 **故**로 **君人者**는 **勤於求賢而逸於得人**하나니 **昔**에 **賢者之未遭遇也**에 **圖事揆策則君不用其謀**하고 **陳見悃**(곤)**誠則上不然其信**이라 **是故**로 **伊尹**이 **勤於鼎俎**하고 **太公**이 **困於鼓刀**하고 **百里自鬻**(육)하고 **甯子飯牛**[1]는 **離此患**[2]**也**러니 **及其遇明君遭聖主也**하야는 **運籌合上意**하고 **諫諍卽見聽**하야 **進退**에 **得關**[3]**其忠**하고 **任職**에 **得行其術**이라 **故**로 **世必有聖知(智)之君而後**에 **有賢明之臣**이니이다 **故**로 **虎嘯而風冽**하고 **龍興而致雲**하며 **蟋蟀**은 **俟秋唫(吟)**[4]하고 **蜉蝣**(부유)는 **出以陰**[5]하나니이다

예전에 上은 王褒가 뛰어난 재주가 있다는 말을 듣고는 불러서 만나 보고 聖主得賢臣頌(聖主가 賢臣을 얻은 頌)을 짓게 하니, 그 글이 다음과 같다.

"賢者는 국가의 유용한 기구입니다. 그러므로 人君은 賢者를 구하는 데에 수고롭고 인재를 얻음에 편안한 것입니다. 옛날에 賢者가 聖主를 만나지 못했을 때에는 일을 도모하고 계책을 세우면 임금이 그 계책을 쓰지 않고, 소견을 아뢰고 정성을 펴면 윗사람이 그 진실한 말을 옳게 여기지 않았습니다.

이 때문에 伊尹은 솥과 도마(요리)에 수고로웠고, 太公은 칼을 두드려 백정 노릇 하는 데에 곤궁하였고, 百里奚는 스스로 팔려 갔고, 甯子(甯戚)는 소를 먹였으니, 이것은 이러한 환난에 걸렸기 때문입니다. 그러다가 明君을 만나고 聖主를 만남에 미쳐서는 계책을 세우면 윗사람의 뜻에 합하고 간쟁하면 즉시 들어주어서 나아가고 물러감에 그 충성을 임금에게 바치고 직책을 맡음에 그 방법을 행할 수 있었습니다. 그러므로 세상에 반드시 성스럽고 지혜로운 군주가 있은 뒤에야 현명한 신하가 있는 것입니다. 그러므로 범이 포효하면 바람이 거세지고 龍이 일어나면 구름이 일며, 귀뚜라미는 가을을 기다려 울고 하루살이는 날이 흐릴 때에 나오는 것입니다.

1) 〔頭註〕 太公……甯子飯牛 : 鼓刀는 謂屠牛於朝歌也라 百里奚爲晉虜러니 秦以五羖皮贖之하니라 甯戚未逢桓公에 而飯牛於齊門하니라
鼓刀는 太公(呂望)이 朝歌에서 소를 잡은 것을 이른다. 百里奚는 晉나라의 포로가 되었는데, 秦나라가 다섯 마리 양 가죽으로 속죄하였다. 甯戚은 齊나라 桓公을 만나기 전에 齊나라 城門에서 소를 먹였다.

2) 〔頭註〕 離此患 : 四賢이 皆遭此不遇之患이라 離는 與罹同하니 遭也라
네 賢者가 모두 때를 만나기 전에 어려움을 당한 것이다. 離는 罹와 같으니 만남이다.

3) 〔通鑑要解〕 得關 : 關은 猶用也라 又關은 白也니 王褒頌에 得關其忠이라하니라
關은 쓰임과 같다. 또 關은 여쭘이니, 王褒의 聖主得賢臣頌에 "그 충성을 임금에게 사용한다." 하였다.

4) 〔釋義〕 蟋蟀俟秋唫 : 喩賢人待明君而仕也라 詩傳曰 蟋蟀은 似蝗而小하니 一名促織이요 九月在堂이라 故曰俟秋唫이라하니라
귀뚜라미가 가을을 기다려 운다는 것은 賢人이 明君을 기다려 벼슬함을 비유한 것이다. 《詩傳》에 이르기를 "蟋蟀은 메뚜기와 비슷한데 작으니 일명 促織(귀뚜라미)이고 9월에 堂에 있다." 하였다. 그러므로 가을을 기다려 운다고 한 것이다.

5) 〔釋義〕 蜉蝤出以陰 : 蝤는 通作蝣하니 詩傳曰 蜉蝣는 似蛣蜣이라 爾雅翼云 蜉蝣出有時라 故曰出以陰이라하니라
蝤는 蝣로 통하니, 《詩傳》에 이르기를 "蜉蝣는 蛣蜣(말똥구리)과 비슷하다." 하였다. 《爾雅翼》에 이르기를 "하루살이가 나오는 것이 때가 있으므로 흐릴 때 나온다고 한 것이다." 하였다.

易曰 飛龍在天에 利見大人이라하고 詩曰 思皇多士 生此王國이라하니 故로 世平主聖이면 俊艾(乂)將自至하야 明明在朝하고 穆穆布列[1])하야 聚精會神하야 相得益章하니 雖伯牙操遞鐘[2])하고 逢門子彎烏號[3])라도 猶未足以喩其意也라 故로 聖主는 必待賢臣而弘功業하고 俊士도 亦俟明主以顯其德이라 上下俱欲하야 驩然交欣이면 翼乎如鴻毛遇順風[4])하고 沛乎如巨魚縱大壑하야 休徵[5])이 自至하고 壽考無疆하리니 何必偃仰屈伸을 若彭祖[6])하고 呴噓(후허)呼吸을 如喬, 松[7])哉잇가 是時에 上이 頗好神僊(仙)이라 故로 褒對及之러라 〈出王褒傳〉

≪周易≫에 이르기를 '나는 龍이 하늘에 있음에 大人을 봄이 이롭다.' 하였고, ≪詩經≫에 이르기를 '훌륭한 많은 선비가 이 王國에서 태어났다.' 하였습니다. 그러므로 세상이 태평하고 군주가 성스러우면 俊傑들이 장차 스스로 이르러서, 군주는 밝고 밝게 조정에 계시고 신하들은 화목하게 조정에 나열되어 있어서 정신을 모아 군주와 신하가 서로 마음이 맞음이 더욱 드러나는 것이니, 비록 伯牙가 遞鐘琴을 잡고 逢門子가 烏號弓을 당기더라도 오히려 그 뜻을 다 비유할 수가 없습니다. 그러므로 聖主는 반드시 賢臣을 기다려 功業이 커지고, 俊士 또한 明主를 기다려 그 덕이 드러나는 것입니다. 上下가 함께 원하여 欣然히 서로 즐거워하면 마치 기러기털이 순풍을 만난 듯하고 큰 물고기가 큰 강물에서 마음대로 노는 듯하여, 아름다운 징조가 저절로 이르고 수명이 끝이 없을 것이니, 어찌 반드시 엎드리고 우러러보며 굽히고 펴는 것을 彭祖처럼 하며, 숨을 내쉬고 들이마시는 것을 王子 喬와 赤松子처럼 할 것이 있겠습니까?"

이때 上이 神仙術을 상당히 좋아하였으므로 王褒의 대답에 이것을 언급한 것이다. - ≪漢書 王褒傳≫에 나옴 -

1) 〔通鑑要解〕 明明在朝 穆穆布列 : 明明은 察也요 穆穆은 美也라
明明은 살핌이요, 穆穆은 아름다움이다.

2) 〔通鑑要解〕 遞鐘 : 文選註에 琴名이라 遞는 音支요 鐘은 音忠이니 樂器也라
遞鐘은 ≪文選≫ 註에 "거문고 이름이다." 하였다. 遞는 음이 지(체)이고 鐘은

음이 충(종)이니, 악기이다.

3)〔通鑑要解〕彎烏號：烏號는 弓名이라 彎은 引也라
烏號는 활 이름이다. 彎은 당김이다.

4)〔頭註〕翼乎如鴻毛遇順風：君臣相合이 如鴻毛遇順風하야 一擧千里라
군주와 신하가 서로 화목함이 기러기털이 順風을 만나 한 번에 千里를 가는 것과 같은 것이다.

5)〔釋義〕休徵：美行之驗也라
休徵은 아름다운 행실의 징험이다.

6)〔釋義〕彭祖：姓籛이요 名鏗이니 〈堯舜時人이라〉 至殷商*)之時하야 已七百餘歲라 王以爲大夫러니 稱疾不與政하니라 〔頭註〕姓은 籛이요 名은 鏗이니 帝堯封於彭城하니라
〔釋義〕彭祖는 성이 籛이고 이름이 鏗이니, 堯舜時代 사람이다. 殷商 때에 이르러 이미 나이가 7백여 세였다. 王이 大夫로 삼았으나 병을 칭탁하고 정사에 참여하지 않았다. 〔頭註〕彭祖는 姓이 籛이고 名이 鏗이니, 帝堯가 彭城에 봉하였다.

*) 殷商：商나라가 국호를 殷이라 고친 것은 盤庚 때부터 시작되었다. 국호를 殷으로 고쳤으나 옛 이름을 그대로 칭하기도 하였으며, 혹은 殷商이라 합쳐 일컫기도 하였다.

7)〔釋義〕喬松：喬는 謂王喬요 松은 謂赤松子니 皆古仙人也라 列仙傳云 赤松子는 神農時爲雨師러니 服水玉하고 能入火自燒라 至崑山上하야 常止西王母石室하고 隨風雨上下라 炎帝少女追之하야 亦得仙俱去하니라 王喬는 周靈王太子晉也니 喬好吹笙하야 作鳳鳴이러니 遇浮丘公하야 接之仙去하니라
喬는 王子 喬를 이르고 松은 赤松子를 이르니, 모두 옛날 신선이다. ≪列仙傳≫에 이르기를 "赤松子가 神農氏 때에 雨師가 되었는데, 水玉(水晶)을 복용하였으며 불 속에 들어가 자신을 태울 수 있었다. 崑崙山 위에 이르러 항상 西王母의 石室에 머물렀으며, 바람과 비를 따라 오르내렸는데, 炎帝의 작은딸이 그를 좇아 또한 신선술을 배워 함께 떠나갔다." 하였다. 王子 喬는 周나라 靈王의 태자인 晉이다. 王子 喬는 생황을 불기를 좋아하여 봉황의 울음소리를 내었는데, 신선인 浮丘公을 만나 함께 신선이 되어 떠나갔다.

○ 京兆尹張敞이 亦上疏諫曰 願明主는 時忘車馬之好하고 斥遠方士之虛語하시며 游心帝王之術이면 太平을 庶幾可興也리이다 上이 由是로 悉罷尙方待

詔[1]하다 〈出郊祀志〉

京兆尹 張敞이 또한 상소하여 간하기를 "바라건대 明主께서는 때로 車馬의 좋은 놀이를 잊으시고 方士들의 허황된 말을 물리쳐 멀리하시며 帝王의 방법에 마음을 두시면 태평성대를 거의 일으킬 수 있을 것입니다." 하니, 上이 이로 말미암아 尙方(方藥을 주관)하여 待詔한 자를 모두 해산하였다. - ≪漢書 郊祀志≫에 나옴 -

1) 〔頭註〕 尙方待詔*) : 此非作器物之尙方이라 尙은 主也니 主方藥也니 相如大人賦의 詔岐伯使尙方이 是也라

여기의 尙方은 기물을 만드는 부서인 尙方이 아니다. 尙은 주관함이니 方藥을 주관하는 것이니, 司馬相如의 大人賦에 "岐伯에게 명하여 方藥을 주관하게 했다."는 것이 이것이다.

*) 尙方待詔 : 尙方은 方藥을 주관하는 것으로, 方藥은 方術과 藥物을 이르는 바, 당시 신선이 되는 약을 만들기 위하여 황제의 詔命을 기다리고 있던 자를 이른다.

○ **初**에 **趙廣漢**이 **死後**에 **爲京兆尹者 皆不稱職**이러니 **惟敞**이 **能繼其迹**하니 **其方略**[1]**耳目**은 **不及廣漢**이나 **然**이나 **頗以經術儒雅文之**러라 〈出本傳〉[2]

처음에 趙廣漢이 죽은 뒤로 京兆尹이 된 자가 모두 직책을 제대로 수행하지 못하였는데 오직 張敞만이 그 자취를 이으니, 그의 方略과 耳目(정보를 수집함)은 趙廣漢에게 미치지 못하였으나 자못 經學과 儒雅(학자의 고상함)로써 문식하였다. - ≪漢書 趙廣漢傳≫에 나옴 -

1) 〔頭註〕 方略 : 設法曰方이요 施謀曰略이라

法을 만드는 것을 方이라 하고, 꾀를 베푸는 것을 略이라 한다.

2) 〔譯註〕 出本傳 : 이 내용은 〈趙廣漢傳〉에 보이지 않고 ≪前漢記≫ 卷19 〈宣帝本紀〉에 나온다.

○ **上**이 **頗修飾宮室車服**하야 **盛於昭帝時**하고 **外戚許, 史, 王氏**[1]**貴寵**이라 **王吉**이 **上疏曰 陛下躬聖質, 總萬方**하사 **惟思世務**하야 **將興太平**하시니 **詔書每下**

에 民이 欣然若更生하나니 臣은 伏而思之컨대 可謂至恩이나 未可謂本務也니이다 欲治之主 不世出[2])하나니 公卿이 幸得遭遇其時하야 言聽諫從이나 然未有建萬世之長策하야 擧明主於三代之隆也요 其務在於期會簿書[3]), 斷獄聽訟而已니 此非太平之基也니이다 臣은 願陛下承天心, 發大業하사 與公卿大臣으로 延及儒生히 述舊禮, 明王制하야 敺一世之民하야 躋之仁壽之域[4])이면 則俗何以不若成康[5])이며 壽何以不若高宗[6])이리잇고 上이 以其言爲迂闊이라하야 不甚寵異也하니 吉이 謝病歸하다 〈出吉本傳〉

上이 자못 궁실과 수레와 의복을 수식하여 昭帝 때보다 성대하였고, 外戚인 許氏·史氏·王氏가 귀하고 총애를 받았다. 王吉이 상소하기를 "폐하께서 몸소 聖人의 자질로 萬方을 총괄하시어 오직 世務를 생각해서 장차 태평성대를 일으키려 하시니, 조서가 내려질 때마다 백성들이 흔연히 다시 살아나는 듯합니다. 신은 엎드려 생각건대 지극한 은혜라고 할 수는 있으나 本務라고 이를 수는 없습니다. 나라가 다스려지기를 바라는 군주가 세상에 항상 나오지 않으니, 公卿이 다행히 그런 때를 만나서 말을 들어주고 간언을 따라주나 萬代의 장구한 계책을 세워 明主를 三代의 융숭함에 들게 함이 있지 못하고, 힘쓰는 것이 기한과 簿書와 獄事를 결단하고 訟事를 다스림에 있을 뿐이니, 이는 태평의 기본이 아닙니다. 신은 바라건대 폐하께서는 天心을 받들고 大業을 분발하시어 公卿의 大臣들과 儒生에 이르기까지 옛 禮를 전술하고 왕의 제도를 밝혀서 한 세상의 백성들을 몰아 仁壽의 경지에 오르게 한다면 풍속이 어찌 成王과 康王 때만 못하며 수명이 어찌 高宗만 못하겠습니까?" 하였다. 上이 그의 말을 迂闊하다 하여 그다지 총애하거나 특별하게 여기지 않으니, 王吉이 병으로 사직하고 돌아갔다. - ≪漢書 王吉傳≫에 나옴 -

1) 〔附註〕 許, 史, 王氏 : 許皇后父廣漢弟舜及延壽 皆封侯하다 衛太子妃史良娣＊)生皇孫하고 皇孫娶王夫人하야 生宣帝러니 及帝立에 史魯, 史女等四人과 舅王無故, 王武等(一)〔二〕人이 封爲侯하니라

許皇后의 아버지 廣漢과 아우 舜과 延壽가 모두 侯에 봉해졌다. 衛太子의 妃인 史良娣가 皇孫을 낳았고, 皇孫이 王夫人에게 장가들어 宣帝를 낳았는데, 宣帝가 즉위

하자 史魯·史女 등 4인과 외삼촌 王無故, 王武 등 2인이 봉해져 侯가 되었다.

*) 史良娣 : 史는 周나라 史佚의 후손이다. 良娣는 부인의 관직 이름이니, 顔師古가 말하기를 "太子는 妃가 있고 良娣가 있고 孺子가 있으니, 모두 세 등급이다." 하였다.

2) 〔通鑑要解〕 不世出 : 有時遇之요 不常値也라
不世出은 때때로 만나고, 항상 만나지는 못하는 것이다.

3) 〔釋義〕 期會簿書 : 期會는 猶程限也요 簿書는 卽簿籍文書也라
期會는 기한과 같고, 簿書는 장부와 문서이다.

4) 〔通鑑要解〕 仁壽之域 : 仁者는 不鄙詐요 壽者는 不夭折也라
仁은 비루하고 속이지 않는 것이고, 壽는 요절하지 않는 것이다.

5) 〔釋義〕 俗何以不若成康 : 按史記周紀컨대 成, 康之際에 俗有士君子之行하야 天下安寧하고 刑措四十餘年不用하니라
≪史記≫ 〈周紀〉를 살펴보건대 成王과 康王 때에 풍속에 士君子의 행실이 있어서 천하가 편안하였으며 〈죄를 짓는 사람이 없어〉 형벌을 40여 년 동안 버리고 쓰지 않았다.

6) 〔釋義〕 壽何以不若高宗 : 按通鑑外紀컨대 武丁은 殷之賢王也니 號爲高宗이라 在位五十有九年而崩이라 註엔 不具壽年이라
≪通鑑外紀≫를 살펴보건대 武丁은 殷나라의 어진 왕이니, 高宗이라 號하였다. 재위한 지 59년에 별세하였다. 註에 享年은 나와 있지 않다.

○ **先零**(련)[1]이 **與諸羌**으로 **劫略小種**하야 **皆畔**이라 **時**에 **趙充國**이 **年七十餘**라 **上**이 **老之**하야 **使丙吉**로 **問誰可將者**한대 **充國**이 **對曰 無踰於老臣者矣**니이다 **復問 將軍度**(탁)**羌虜何如**며 **當用幾人**고 **充國曰 兵難遙度**(탁)하니 **願至金城**하야 **圖上方略**[2]하리이다 **乃大發兵**하야 **詣金城**하다 **充國**이 **常以遠斥堠**[3]**爲務**하며 **行必爲戰備**하고 **止必堅營壁**하고 **尤能持重**하고 **愛士卒**하야 **先計而後戰**이러라 **遂西至西部都尉府**하야 **日饗軍士**하니 **士皆欲爲用**이라 **虜數挑戰**이로되 **充國**이 **欲以威信**으로 **招降罕(罕), 开**(견)[4]**及劫略者**하야 **解散虜謀**하고 **徼**(교)**其疲劇**하야 **乃擊之**러니 **酒泉太守辛武賢**이 **奏以七月出兵擊罕, 开**이어늘 **充國以爲 先零**이 **首爲畔逆**하니 **先誅先零已**면 **則罕, 开之屬**은 **不煩兵而服矣**리이다 **璽書報從**

充國計焉이러니 **後**에 罕, 幵이 **竟不煩兵而下**하니라

先零이 여러 羌族과 함께 작은 종족들을 위협하여 모두 배반하였다. 이때 趙充國의 나이가 70여 세였는데, 上이 그를 늙었다고 생각하여, 丙吉로 하여금 “누가 장수로 삼을 만한 자인가?” 하고 묻게 하자, 趙充國이 대답하기를 “老臣보다 나은 자가 없습니다.” 하였다. 다시 묻기를 “장군이 생각하기에 오랑캐가 어떠하며, 마땅히 몇 명을 동원해야 하겠는가?” 하자, 趙充國이 대답하기를 “군대는 멀리서 헤아리기 어려우니, 바라건대 金城에 이르러서 方略(방책)을 그려 올리겠습니다.” 하고는 마침내 군대를 크게 징발하여 金城으로 갔다.

趙充國은 항상 멀리 斥堠兵을 보내어 정탐하는 것을 힘쓰고, 행군할 때에는 반드시 전투할 대비를 하고, 멈출 때에는 반드시 진영의 성벽을 견고히 하였으며, 더욱이 신중하고 사졸들을 아껴서 계책을 먼저 세운 뒤에 싸우곤 하였다. 마침내 서쪽으로 西部都尉府에 이르러서 날마다 군사들에게 연향을 베푸니, 군사들이 모두 싸움에 쓰여지기를 바랐다. 오랑캐가 자주 도전하였으나 趙充國은 위엄과 신의로써 罕·幵과 기타 先零에게 겁박당한 자들을 불러 항복시켜서 오랑캐의 계략을 와해시키고 그들이 피폐한 틈을 타서 비로소 공격하고자 하였는데, 酒泉太守 辛武賢이 7월에 출병하여 罕·幵을 공격할 것을 아뢰었다. 趙充國은 말하기를 “先零이 첫 번째로 반역을 하였으니, 먼저 先零을 토벌하면 罕·幵의 무리는 번거롭게 군대를 동원하지 않아도 복종할 것입니다.” 하였다. 璽書로 趙充國의 계책을 따른다고 답하였는데, 뒤에 罕·幵이 마침내 군대를 번거롭게 동원하지 않았는데도 항복하였다.

1)〔原註〕先零 : 零은 音憐이니 羌種名이라
零은 음이 련이니, 羌族의 이름이다.

2)〔頭註〕圖上方略 : 圖其地形하고 幷爲攻討方略하야 俱奏上也라
지형을 그리고 토벌할 方略을 아울러 만들어 함께 올린 것이다.

3)〔頭註〕斥堠 : 斥은 度이요 堠는 望也니 所以檢行險阻하고 伺候盜賊也라
斥은 헤아림이고 堠는 망보는 것이니, 험한 곳을 다니는 사람을 조사하고 도적을 살피는 것이다.

4)〔釋義〕罕幵 : 罕은 俗作罕하고 幵은 音牽이니 皆西羌種이라 漢武滅之하고 置罕幵縣하야 屬天水郡하니라
罕은 세속에 罕으로 쓰기도 하고 幵은 음이 견이니, 모두 西羌의 종족이다. 漢나라 武帝가 이들을 멸망시키고 罕幵縣을 두어 天水郡에 소속시켰다.

上이 詔進擊先零하니 時에 羌降者萬餘人矣라 充國이 度其必壞하고 欲罷騎兵하고 屯田以待其敝러니 作奏未上에 會得進兵璽書라 充國子使客으로 諫令出兵이어늘 充國이 歎曰 本用吾言이런들 羌虜得至是邪아 往者金城, 湟中에 穀斛八錢이라 吾謂耿中丞[1]호되 糴(적)三百萬斛穀이면 羌人이 不敢動矣리라한대 耿中丞이 請糴百萬斛하야 乃得四十萬斛耳러니 義渠再使에 且費其半하니 失此二冊(策)하야 羌人이 故敢爲逆이라하고 遂上屯田奏하야 曰 臣所將吏士馬牛食所用糧穀茭藁(교고) 調度甚廣하니 徭役不息이면 恐生它(他)變이요 且羌은 易以計破요 難用兵碎也라 故로 臣愚以爲擊之不便이라하노이다 計度臨羌[2]으로 東至浩亹(고문)[3]히 羌虜故田及公田을 民所未墾이 可二千頃以上이니 臣願罷騎兵하고 留步兵萬二百八十一人하야 分屯要害處하야 浚溝渠하고 人二十晦(畝)[4]면 省(생)大費하리이다 帝報曰 卽如將軍計면 虜當何時伏誅오 熟計復奏하라

上이 명하여 先零을 진격하게 하니, 이때 羌族으로 항복한 자가 만여 명이었다. 趙充國은 그들이 반드시 무너질 것을 헤아리고는 騎兵을 해산시키고 屯田을 하면서 그들이 피폐해지기를 기다리고자 하였는데, 上奏하는 글을 써서 올리기 전에 마침 進軍하라는 璽書를 받았다. 趙充國의 아들이 문객으로 하여금 간하여 출병하게 하려 하자, 趙充國이 한탄하기를 "본래 내 말을 따랐더라면 羌虜들이 여기에 이를 수 있었겠는가? 지난번 金城과 湟中에 〈곡식이 흔하여〉 곡식 1斛이 8錢이었다. 내가 耿中丞(耿壽昌)에게 '300만 斛의 곡식을 사들이면 羌族들이 감히 움직이지 못할 것이다.'라고 말하였는데, 耿中丞이 100만 斛을 사들일 것을 요청하여 마침내 40만 斛을 얻었을 뿐이다.

그런데 義渠에 두 번 사신 보낼 적에 또 그 절반을 소비하였으니, 이 두 가지 계책을 잘못하여 羌人들이 이 때문에 감히 반역하는 것이다." 하고는 마침내 屯田에 대해 다음과 같이 上奏하였다.

"신이 거느리고 있는 관리와 군사와 牛馬의 먹이로 써야 할 양곡과 꼴과 짚을 조달함이 매우 많으니, 徭役이 그치지 않으면 다른 변란이 생길까 두렵고, 또 羌族은 계책을 써서 격파하기는 쉽고 군사를 동원하여 깨뜨리기는 어렵습니다. 그러므로 어리석은 신은 공격하는 것이 편리하지 않다고 여깁니다. 헤아려 보건대 臨羌縣에서 동쪽으로 浩亹(고문)에 이르기까지 오랑캐들이 옛날 농사짓던 밭과 公田을 백성들이 아직 개간하지 않고 있는 것이 2千頃 이상이 되니, 신은 원컨대 騎兵을 해산하고 步兵 1만 281명을 남겨 두어서, 요해처에 나누어 주둔시켜 도랑을 깊이 파 水路를 내고 사람마다 20畝씩 경작하게 하면 큰 비용을 줄일 수 있을 것입니다."

황제가 답하기를 "만일 장군의 계획대로 한다면 오랑캐를 어느 때에 정벌하겠는가? 자세히 헤아려 다시 아뢰라." 하였다.

1)〔釋義〕耿中丞 : 謂司農中丞耿壽昌也라
耿中丞은 司農中丞인 耿壽昌을 이른다.

2)〔釋義〕臨羌 : 按地志에 金城有臨羌縣이라
살펴보건대 《漢書》〈地理志〉에 "金城에 臨羌縣이 있다." 하였다.

3)〔原註〕浩亹 : 浩는 音告요 亹은 音門이라〔釋義〕水出西塞外하야 東至允吾하야 入湟水라 浩는 水名이라 亹者는 水流峽山間하야 兩岸深若門焉이니 今俗呼閤門河니 疾言訛傳耳라
〔原註〕浩는 음이 고이고, 亹은 음이 문이다.〔釋義〕물이 西塞의 밖에서 나와 동쪽으로 允吾에 이르러 湟水로 들어간다. 浩는 물 이름이다. 亹은 물이 산골짜기 사이로 흘러서 양쪽 기슭이 깊어 문과 같은 것이니, 지금 세속에서는 閤門河라고 부르니, 빨리 말하여 訛傳된 것이다.

4)〔附註〕晦 : 晦는 與畝同이라 司馬法에 六尺爲步요 步百爲畝니 經長百步爲畝니 折而方之면 則東西南北各十步라 秦漢以降으로 二百四十步爲畝하니라
晦는 畝와 같다. 司馬法에 "6尺을 1步라 하고, 100步를 1畝라 한다." 하였으니, 지름의 길이가 100步인 것을 畝라 하니, 꺾어서 네모지게 하면 동서남북이 각각

10步이다. 秦·漢 이후로는 240步를 1畝라 하였다.

充國이 上狀曰 臣聞帝王之兵은 以全取勝이라 是以로 貴謀而賤戰하나니 百戰而百勝이 非計之善者也라 故先爲不可勝하야 以待敵之可勝하나니 謹條不出兵留田便宜十二事하노이다 奏每上에 輒下公卿하니 議臣이 初엔 是充國計者什에 三이요 中엔 什에 五요 最後엔 什에 八이라 有詔詰前言不便者하니 皆頓首服이러라 魏相曰 臣愚不習兵事利害라 後將軍이 數畫軍冊에 其言이 常是하니 臣은 任其計可必用也하노이다 上이 於是에 報充國嘉納之하고 留屯田하다

趙充國이 글을 올려 말하기를 "신이 들으니, 제왕의 군대는 완전함으로써 승리를 취한다고 하였습니다. 이 때문에 계책을 귀하게 여기고 싸우는 것을 천하게 여기는 것이니, 백 번 싸워 백 번 이기는 것이 좋은 계책이 아닙니다. 그러므로 먼저 적이 이길 수 없게 만들고서 적을 이길 수 있는 기회가 오기를 기다리는 것이니, 군대를 출동하지 않고 둔전을 하는 것이 편리한 열두 가지 일을 삼가 조목조목 아룁니다." 하였다. 上奏할 때마다 번번이 公卿들에게 내리니, 의논하는 신하들이 처음에는 趙充國의 계책이 옳다고 여기는 사람이 열 명 중에 셋이었고, 중간에는 열 명 중에 다섯이었고, 최후에는 열 명 중에 여덟이었다. 조서를 내려서 전에 불편하다고 말한 자를 힐책하자, 모두 머리를 조아리고 굴복하였다. 魏相이 말하기를 "어리석은 신은 軍事의 利害를 잘 알지 못합니다. 後將軍(趙充國)이 자주 군대의 계책을 세움에 그 말이 항상 옳았으니, 신은 그 계책이 반드시 쓸 수 있음을 보장합니다." 하였다. 上은 이에 趙充國에게 '가상히 여겨 받아들인다.'고 답하고, 남아서 屯田하게 하였다.

漢 紀

中宗孝宣皇帝 下

【辛酉】二年이라

神爵 2년(신유 B.C.60)

夏에 **充國**이 **奏言**호되 **羌**이 **本可五萬人**이러니 **已降幷斬首級, 溺河湟, 飢餓死者 四萬有餘**니 **請罷屯兵**하노이다 **奏**를 **可**라하니 **充國**이 **振旅**[1]**而還**하다 **秋**에 **羌人降**이어늘 **漢**이 **初置金城屬國**[2]하야 **以處降羌**하다 〈出充國本傳〉

여름에 趙充國이 上奏하여 말하기를 "羌族이 본래 5만 명쯤 되는데, 이미 항복한 자에다가 首級을 벤 자와 河湟에 빠져 죽고 굶어 죽은 자를 합하면 4만 명이 넘으니, 屯兵을 파할 것을 청합니다." 하였다. 상주한 것을 허락한다 하니, 趙充國이 군대를 정돈하여 돌아왔다. 가을에 羌族 사람들이 항복하자, 漢나라가 처음으로 金城의 屬國을 두어서 항복한 羌族을 거처하게 하였다. - ≪漢書 趙充國傳≫에 나옴 -

1) 〔頭註〕振旅 : 振은 止也니 戰罷而止其衆以入也라 又整也니 出曰治兵이요 入曰振旅라

振은 그침이니, 전쟁이 끝나 군대를 그치고 들어오게 하는 것이다. 振은 또 정돈함이니, 군대가 나가는 것을 治兵이라 하고 들어오는 것을 振旅라 한다.

2) 〔頭註〕屬國 : 不改其國之俗而屬於漢이라 故曰屬國이라

그 나라의 풍속을 바꾸지 않고 漢나라에 속하게 하였으므로 屬國이라 한 것이다.

○ 司隷校尉[1)]蓋(합)寬饒 剛直公淸하야 數干犯上意러니 時에 上이 方用刑法하고 任中書官[2)]이라 寬饒奏封事曰 方今에 聖道浸微하고 儒術不行하야 以刑餘爲周, 召[3)]하고 以法律爲詩, 書라하고 又引易傳하야 言 五帝[4)]는 官天下하고 三王은 家天下하니 家以傳子孫이요 官以傳賢聖이니이다 〈本傳에 無孫聖字라〉 書奏에 上이 以爲寬饒怨謗[5)]이라하야 九月에 下寬饒吏한대 寬饒引佩刀하고 自剄北闕下하니 衆이 莫不憐之러라 〈出本傳〉

司隷校尉 蓋寬饒가 강직하고 공정하고 청렴하여 자주 上의 뜻을 범하였는데, 이때에 上이 막 刑法을 사용하고 中書의 宦官들을 임용하였다. 蓋寬饒가 封事로 아뢰기를 "지금 聖人의 道가 점점 쇠미해지고 儒學이 행해지지 않아서, 형벌을 받은 사람(환관)을 周公과 召公이라 여기고 법률을 ≪詩經≫과 ≪書經≫으로 여깁니다." 하였으며, 또 ≪易傳≫을 인용하여 말하기를 "五帝는 천하를 官廳(공적인 것)으로 여겼고 三王은 천하를 家庭(사사로운 것)으로 여겼으니, 가정은 子孫에게 전해 주고 관청은 賢人과 聖人에게 물려줍니다." 하였다. - ≪漢書≫ 〈蓋寬饒傳〉에는 孫字와 聖字가 없음 - 글을 아뢰자, 上은 蓋寬饒가 원망하고 비방한다 하여 9월에 蓋寬饒를 獄吏에게 회부하였는데, 蓋寬饒가 차고 있던 칼을 들어 북쪽 대궐 아래에서 스스로 목을 찔러 죽으니, 뭇사람들이 불쌍하게 여기지 않는 이가 없었다. - ≪漢書 蓋寬饒傳≫에 나옴 -

1) 〔頭註〕 司隷校尉 : 百官表에 司隷校尉는 一人이니 比二千石이라 武帝初置하니 持節하야 掌察擧百官以下及京師近郡犯法者하니라
≪漢書≫ 〈百官表〉에 司隷校尉는 한 사람이니, 품계가 比二千石이다. 武帝 초년에 두었으니, 節을 잡고서 百官 이하와 京師에서 가까운 郡의 法을 범한 자들을 규찰하는 일을 관장하였다.

2) 〔釋義〕 任中書官 : 王氏曰 本作任中書宦官이라 故로 下文云 以刑餘爲周召라하니라
王氏가 말하였다. "본래 中書의 宦官에게 맡겼다고 되어 있다. 그러므로 아래 글에 이르기를 '형벌 받은 사람을 周公과 召公이라 여긴다.'고 한 것이다."

3) 〔釋義〕 刑餘爲周召 : 宦官은 刀鉅之餘也니 今以宦官居周公, 召公之位라 故云然

이라

宦官은 칼로 베거나 톱으로 켜는 형벌을 받은 사람이니, 이제 宦官을 周公과 召公의 지위에 있게 하였으므로 이렇게 말한 것이다.

4)〔譯註〕五帝 : 일반적으로 少昊・顓頊・帝嚳・堯・舜을 五帝라고 이르나 여기서는 堯와 舜을 위주로 말한 것이다.

5)〔通鑑要解〕寬饒怨謗 : 寬饒封事曰 三皇은 家天下하니 家以傳子孫이요 五帝는 官天下하니 官以傳賢聖이라하니라 書奏에 〈執〉金吾議호되 以寬饒意求禪하니 大逆不道라한대 上怒하야 以爲寬饒怨謗하니라

蓋寬饒의 封事에 이르기를 "三皇은 천하를 가정으로 여겼으니 가정은 자손에게 물려주고, 五帝는 천하를 관청으로 여겼으니 관청은 賢人과 聖人에게 전해 줍니다." 하였다. 이 글을 아뢰자, 執金吾에게 의논하기를 "蓋寬饒의 뜻은 禪讓하기를 요구한 것이니, 大逆無道합니다." 하니, 上이 노하여 "蓋寬饒가 원망하고 비방했다." 하였다.

○ **日逐王**[1]이 **素與握衍**朐鞮(구제)[2]**單于**로 **有隙**이라 **率其衆降漢**이어늘 〈出匈奴傳〉 **騎都尉鄭吉**이 **發渠犁, 龜茲諸國五萬人**하야 **迎日逐王**하야 **將詣京師**한대 **漢**이 **封日逐王**하야 **爲歸德侯**하다 **吉**이 **旣破車師**하고 **降日逐**하니 **威震西域**이라 **遂幷護車師以西北道故**로 **號**를 **都護**[3]라하니 **都護之置 自吉始焉**이러라 〈以上略見西域傳〉

〈匈奴의〉 日逐王이 평소 握衍朐鞮單于와 틈이 있었다. 그리하여 무리를 거느리고 漢나라에 항복해 오자 －≪漢書 匈奴傳≫에 나옴－ 騎都尉 鄭吉이 渠犁와 龜茲 등 여러 나라의 병력 5만 명을 징발하여 日逐王을 맞이해 거느리고 京師에 오려 하니, 漢나라가 日逐王을 봉하여 歸德侯로 삼았다. 鄭吉이 이미 車師를 파하고 日逐王을 항복시키니, 위엄이 西域에 떨쳐져서 마침내 車師 서쪽의 北道까지 모두 수호하였다. 이 때문에 都護라 호칭하니, 都護를 설치한 것이 鄭吉로부터 시작되었다. －이상은 ≪漢書 西域傳≫에 간략히 보임－

1)〔釋義〕日逐王 : 卽如休屠王, 渾邪王之稱이라

日逐王은 바로 休屠王, 渾邪王과 같은 칭호이다.

2) 〔原註〕 眴韃 : 眴는 音劬니 眴韃는 匈奴單于號라
胊는 음이 구이니, 眴韃는 匈奴 單于의 호칭이다.

3) 〔譯註〕 逡幷護……都護 : ≪漢書≫ 〈鄭吉傳〉의 顔師古 註에 "南道와 北道를 모두 수호하였기 때문에 이를 都라고 이른 것이니, 都는 큼이며 모두이다.〔竝護南北二道故 謂之都 都猶大也總也〕"라고 보인다.

【壬戌】 三年이라

神爵 3년(임술 B.C.59)

春에 魏相이 薨하고 丙吉이 爲丞相하다 吉이 上寬大하고 好禮讓하며 不親小事하니 時人이 以爲知大體[1]라하더라 〈出本傳〉

봄에 魏相이 죽고 丙吉이 승상이 되었다. 丙吉은 관대함을 숭상하고 禮와 겸양을 좋아하며 사소한 일을 직접 다스리지 않으니, 당시 사람들이 大體를 안다고 하였다. - ≪漢書 魏相傳≫에 나옴 -

1) 〔附註〕 知大體 : 吉嘗出이라가 逢群鬪死傷하야 不問하고 逢牛喘하야 使問逐牛〈行〉幾里하다 或譏吉失問한대 吉日 民鬪는 京兆所當禁이라 宰相은 不親小事하니 非所當問이어니와 方春未可熱이어늘 恐牛近行호되 (困)〔用〕暑故喘하니 此는 時氣失節이라 三公은 調陰陽하니 職當憂라하니 時人이 以爲知大體라하니라
丙吉이 일찍이 외출했다가 여러 사람들이 싸워 죽고 부상한 것을 보고서는 묻지 않고, 소가 헐떡거리는 것을 보자 사람을 시켜 소를 몇 리나 몰았느냐고 묻게 하였다. 혹자가 丙吉이 묻지 않을 것을 물었다고 비판하자, 丙吉이 말하기를 "백성이 싸우는 것은 京兆尹이 마땅히 금해야 할 일이다. 재상은 사소한 일은 직접 다스리지 않으니, 내가 마땅히 물을 바가 아니다. 그러나 지금 봄철이어서 날씨가 아직 더울 때가 아닌데, 소가 가까운 거리를 가되 더위 때문에 헐떡거리는가 염려되니, 이는 四時의 기후가 절도를 잃은 것이다. 三公은 陰陽을 고르게 하니, 직책상 마땅히 걱정해야 한다." 하니, 당시 사람들이 大體를 안다고 말하였다.

○ 八月에 詔曰 吏不廉平則治道衰하나니 今小吏皆勤事어늘 而俸祿[1]薄하니 欲無侵漁百姓[2]이나 難矣라 其益吏百石已下俸十五[3]하라 〈出本紀〉

8월에 조서를 내리기를 "관리들이 청렴하고 공평하지 않으면 다스리는 道가 쇠퇴한다. 이제 낮은 관리들이 모두 일을 부지런히 하는데 녹봉이 너무 적으니, 백성들을 침해하지 않고자 하나 어렵다. 百石 이하 관리의 녹봉을 10분의 5를 더해 주도록 하라." 하였다. - ≪漢書 宣帝紀≫에 나옴 -

1)〔頭註〕俸祿：錢帛曰俸이요 米粟曰祿이라
돈과 비단을 주는 것을 俸이라 하고, 쌀과 곡식을 주는 것을 祿이라 한다.
2)〔釋義〕侵漁百姓：侵漁는 猶掊克其民을 若漁獵然이라
侵漁는 백성들에게 聚斂하기를 물고기를 잡고 사냥하는 것과 같이 하는 것이다.
3)〔頭註〕十五：若食一斛이면 則益五斗라 說文에 十斗爲斛이라
만약 녹봉으로 1斛을 먹으면 5斗를 더해 주는 것이다. ≪說文解字≫에 "곡식 10斗를 斛이라 한다." 하였다.

○ **是歲**에 **東郡太守韓延壽爲左馮翊**하다 **始**에 **延壽爲潁川太守**하니 **潁川**이 **承趙廣漢構會吏民**[1]**之後**하야 **俗多怨讐**라 **延壽改更**하야 **敎以禮讓**이러니 **黃霸代延壽**하야 **居潁川**할새 **霸因其迹而大治**하니라 **延壽爲吏**에 **上禮義**하고 **好古敎化**하며 **接待下吏**에 **恩施甚厚而約誓明**이라 **或欺負之者**어든 **延壽痛自刻責曰 豈其負之**아 **何以至此**[2]오하니 **吏聞者自傷悔**하야 **至自刺**(척)**自剄**이러라 **其在東郡三歲**에 **令行禁止**하고 **斷獄**이 **大減**이라 **由是**로 **入爲馮翊**하다 **延壽出行縣**할새 **至高陵**이러니 **民有昆弟相與訟田自言**이라 **延壽大傷之曰 幸得備位**하야 **爲郡表率**이어늘 **不能宣明敎化**하야 **至令民有骨肉爭訟**하니 **旣傷風化**라 **咎在馮翊**이라하고 **因閉閤思過**한대 **於是**에 **訟者自悔**하야 **願以田相移**[3]하고 **終死不敢復爭**하니 **郡中**이 **翕然相勅厲**하야 **不敢犯**이러라 **延壽恩信**이 **周徧二十四縣**[4]하야 **莫復以辭訟自言者**라 **推其至誠**하니 **吏民**이 **不忍欺紿**(태)러라 〈**出韓延壽傳**〉

이 해에 東郡太守 韓延壽가 左馮翊이 되었다. 이전에 韓延壽가 潁川太守가 되었었는데, 潁川은 趙廣漢이 관리와 백성들을 構會(서로 고발하거나 모함하여 죄에 빠뜨림)함을 이어받아서 풍속이 원수가 많았다. 韓延壽가 이를 고

쳐서 禮와 겸양으로 가르쳤는데, 黃霸가 韓延壽를 대신하여 潁川에 부임하자, 黃霸는 韓延壽의 행적을 따라 潁川이 크게 다스려졌다.

韓延壽는 관리 노릇 할 때에 禮義를 숭상하고 옛날의 교화를 좋아하였으며, 낮은 관리들을 접대할 때에 은혜를 베풀기를 매우 후하게 하고 약속을 분명히 하였다. 혹 자신을 속이거나 배신하는 자가 있으면 韓延壽는 통렬히 자책하면서 말하기를 "아마도 내가 그를 저버렸는가보다. 어찌하여 이렇게까지 하는가." 하니, 이 말을 들은 관리들이 스스로 서글퍼하고 후회하여 스스로 칼로 찌르고 스스로 자신의 목을 찔러 자살하기까지 하였다. 東郡에 부임한 지 3년에 명령이 행해지고 금하는 것이 그쳐지며 옥사를 결단하는 것이 크게 줄어들었다. 이로 말미암아 들어와 左馮翊이 되었다.

韓延壽가 나가 縣을 순행할 적에 高陵에 이르렀는데, 백성 중에 형제끼리 서로 田地를 다투어 스스로 말하는 자가 있었다. 韓延壽는 크게 서글퍼하며 말하기를 "내 다행히 벼슬자리를 채워 郡의 表率이 되었는데, 교화를 펴서 밝히지 못하여 백성들로 하여금 형제간에 爭訟하는 자가 있게 하였으니, 이미 風化를 해친 것이다. 허물이 이 左馮翊에게 있다." 하고는 인하여 문을 닫고 자신의 과오를 생각하였다. 이에 爭訟하던 자들이 스스로 잘못을 뉘우쳐서 전지를 상대방에게 옮겨 주고 죽을 때까지 감히 다시는 쟁송하지 않기를 원하니, 고을 안이 모두 서로 신칙하고 장려해서 감히 잘못을 범하지 않았다. 그리하여 韓延壽의 은혜와 신의가 24개 縣에 두루 미쳐서 다시는 辭訟을 가지고 스스로 말하는 자가 없었다. 韓延壽가 지극한 정성을 미루어 넓히니, 관리와 백성들이 차마 속이지 못하였다. - ≪漢書 韓延壽傳≫에 나옴 -

1) 〔頭註〕 構會吏民 : 構는 結也니 患其俗多朋黨故로 構會吏民하야 令相告訐하야 一切以爲聰明이라 故로 多怨讐라

構는 맺음이니, 〈趙廣漢이 태수로 있을 때에〉 풍속이 붕당을 많이 함을 걱정하였다. 그러므로 관리와 백성을 서로 얽어서 서로 고발하게 하여 모두 이렇게 하는 것을 총명하다고 여겼다. 이 때문에 백성들이 원수가 많았다.

2) 〔頭註〕 何以至此 : 豈我負之邪아 其人이 何以爲此事오

"아마도 내가 그를 저버렸는가보다. 그 사람이 어찌 이런 일을 하는가."라고 한

것이다.

3) 〔通鑑要解〕 相移 : 移는 猶傳也라 一說에 兄以讓弟하고 弟以讓兄이라 故曰相移라
移는 전함과 같다. 一說에 "형은 아우에게 양보하고 아우는 형에게 양보하므로 서로 옮겼다고 한 것이다." 하였다.

4) 〔通鑑要解〕 周徧二十四縣 : 二十四縣은 馮翊所統也라
24개 縣은 左馮翊이 거느리는 縣이다.

【癸亥】 四年이라

神爵 4년(계해 B.C.58)

潁川太守黃霸 在郡前後八年[1]에 **政事愈治**라 **是時**에 **鳳凰神爵**이 **數**(삭)**集郡國**호되 **潁川**이 **尤多**어늘 **詔賜爵關內侯**러니 **後數月**에 **徵霸爲太子太傅**하다 **〈出黃霸傳〉**

潁川太守 黃霸가 郡에 부임한 지 전후로 8년에 정사가 더욱 다스려졌다. 이때에 鳳凰과 神爵이 자주 郡國에 내려와 앉았는데 潁川이 더욱 많았다. 그러므로 명하여 黃霸에게 關內侯의 작위를 하사하였는데, 몇 달 뒤에 黃霸를 불러 太子太傅로 삼았다. - ≪漢書 黃霸傳≫에 나옴 -

1) 〔通鑑要解〕 前後八年 : 地節四年에 霸爲潁川太守하고 至元康三年에 入守京兆라가 數月에 還故官하니 至是適九年이라 中間入京兆尹하니 是在潁川이 前後八年이라
地節 4년에 黃霸가 潁川太守가 되었고, 元康 3년에 들어와 京兆尹을 맡았다가 몇 달 만에 옛 관직으로 돌아갔으니, 이때가 마침 9년이었다. 중간에 京兆尹으로 들어왔으니, 潁川에 있었던 것은 전후로 8년이다.

○ **時**에 **河南太守嚴延年**이 **爲治**에 **陰鷙酷烈**[1]하야 **素輕黃霸爲人**이러니 **及比郡爲守**에 **褒賞**이 **反在己前**하니 **心內不服**이러라 **河南界中**에 **又有蝗蟲**이어늘 **府丞義出行蝗**[2]하고 **還見延年**한대 **延年曰 此蝗**이 **豈鳳凰食耶**[3]아 **義年老**라 **素畏延年**이러니 **恐見中傷**[4]하야 **上書言延年罪**하야 **驗得怨望誹謗數事**하니 **延年**

이 坐不道棄市하다 初에 延年母從東海來하야 欲從延年臘이러니 到洛陽하야 適見報囚[5]하고 母大驚하야 謂延年曰 天道神明하니 人不可獨殺[6]이라 我不意當老하야 見壯子被刑戮也로라 行矣어다 去汝東歸하야 掃除墓地[7]耳라하고 遂去歸郡이러니 後歲餘에 果敗하니 東海莫不賢智其母[8]러라 〈出嚴延年傳〉

이때 河南太守 嚴延年이 고을을 다스릴 때에 음험하고 모질고 형벌을 가혹하게 하면서 평소 黃霸의 인물됨을 가볍게 여겼는데, 黃霸가 이웃 고을의 군수가 됨에 褒賞이 도리어 자신의 위에 있자 내심 승복하지 않았다. 河南郡 경계 안에 또 蝗蟲이 있자, 府丞인 義가 나가 순행하여 황충을 잡고 돌아와 嚴延年을 뵈니, 嚴延年이 말하기를 "이 황충은 바로 鳳凰의 먹이가 아니겠는가." 하였다. 義는 나이가 늙었으므로 평소 嚴延年을 두려워하였는데, 그에게 중상모략을 당할까 염려하여 글을 올려 嚴延年의 죄를 말하였다. 그리하여 조정을 원망하고 비방한 몇 가지 일을 조사하여 찾아내니, 嚴延年이 不道한 죄에 걸려 棄市刑을 당하였다.

처음에 嚴延年의 어머니가 東海로부터 와서 嚴延年을 따라 臘享을 지내고자 하였는데, 洛陽에 이르러 마침 嚴延年이 죄수를 논죄하는 것을 보고는 어머니가 크게 놀라 嚴延年에게 말하기를 "天道가 神明하니, 사람은 〈자신은 살고〉 남만 죽일 수는 없다.(남을 죽이면 자신도 죽게 된다.) 내가 늙어서 장성한 자식이 刑戮을 당하는 것을 보리라고는 생각지도 못했다. 나는 떠나겠다. 너를 버리고 동쪽으로 돌아가 묘자리나 소제해 두겠다." 하고는 마침내 떠나 東海郡으로 돌아갔는데, 그 후 1년 남짓 만에 嚴延年이 과연 실패하니, 동해에서는 그의 어머니를 어질고 지혜롭게 여기지 않는 이가 없었다. - ≪漢書 嚴延年傳≫에 나옴 -

1) 〔釋義〕 陰鷙酷烈 : 鷙는 擊也니 凡鳥之勇과 獸之猛을 皆曰鷙라 酷烈은 謂刑罰酷烈也라

鷙는 공격함이니, 무릇 새 중의 용맹한 것과 짐승 중의 사나운 것을 모두 鷙라 한다. 酷烈은 형벌이 몹시 모질고 심함을 이른다.

2) 〔釋義〕 府丞義出行蝗 : 義는 府丞之名也니 失其姓이라 行은 巡行捕蝗也라

義는 府丞의 이름이니, 그 姓은 전해지지 않는다. 行은 순행하여 蝗蟲을 잡는 것이다.

3)〔譯註〕此蝗 豈鳳凰食耶 : 豈는 豈不의 줄임말로 곧 '이 황충은 바로 봉황의 먹이가 아니겠는가'라고 말한 것이다.

4)〔釋義〕中傷 : 中은 陰中害之也라

中은 은밀히 해치는 것이다.

5)〔釋義〕報囚 : 論囚曰報라 說文云 〈報者는 處〉當罪人也라

죄수를 논함을 報라 한다. ≪說文解字≫에 "報는 죄인을 처결하는 것이다." 하였다.

6)〔通鑑要解〕人不可獨殺 : 多殺人者는 己亦當死也라

사람을 많이 죽인 자는 자신도 마땅히 죽어야 함을 말한 것이다.

7)〔頭註〕掃除墓地 : 言待其喪至也라

묘자리를 소제하겠다는 것은 아들의 喪이 이르기를 기다림을 말한다.

8)〔通鑑要解〕賢智其母 : 母從東海來라가 適見報囚하고 大驚하야 謂延年曰 人云汝屠伯이라하니 可乎아하고 歸東海러니 俄而延年被刑하니라

嚴延年의 어머니가 東海로부터 왔다가 嚴延年이 마침 죄수를 논한 것을 보고는 크게 놀라 嚴延年에게 이르기를 "사람들이 말하기를 네가 사람을 도륙하는 〈사람백정의〉 으뜸이라고 하니, 되겠느냐." 하고 東海로 돌아갔는데, 조금 있다가 嚴延年이 형벌을 받아 죽었다.

【甲子】五鳳元年이라

五鳳 元年(갑자 B.C.57)

韓延壽代蕭望之하야 爲左馮翊하다 望之聞延壽[1]在東郡時에 放散官錢千餘萬하고 使御史案之러니 延壽聞知하고 卽部吏하야 案校望之在馮翊時에 廩犧[2]官錢放散百餘萬이라 望之自奏호되 職在總領天下라 聞事에 不敢不問이러니 而爲延壽所拘持로소이다 上이 由是로 不直延壽하야 各令窮考하니 望之는 卒無事實하고 而延壽는 以在東郡에 奢僭逾制하고 鑄刀에 效尙方[3]等事로 竟坐棄市하니 百姓이 莫不流涕러라

韓延壽가 蕭望之를 대신하여 左馮翊이 되었다. 蕭望之는 韓延壽가 東海郡에 있을 때에 官錢 천여만 전을 축냈다는 말을 듣고 御史로 하여금 조사하게 하였는데, 韓延壽는 이 말을 듣고 部吏를 데리고 가서 蕭望之가 左馮翊으로 있을 때에 廩犧의 官錢 백여만 전을 축낸 사실을 조사하게 하였다. 蕭望之는 스스로 아뢰기를 "직책이 천하를 총괄함에 있으므로 일을 듣고는 감히 묻지 않을 수가 없었는데, 〈이로 인해〉 韓延壽에게 구애받게 되었습니다." 하였다. 上은 이로 말미암아 韓延壽를 정직하지 않다고 여겨 각각 끝까지 조사하게 하니, 蕭望之는 끝내 사실이 없었고, 韓延壽는 東海郡에 있을 적에 사치하고 참람함이 도를 넘고 칼을 주조할 때에 尙方劍을 본뜬 일 등으로 끝내 죄에 걸려 棄市刑을 당하니, 백성들이 눈물을 흘리지 않는 이가 없었다.

1)〔通鑑要解〕聞延壽 : 望之以延壽代己馮翊이러니 有能名出己之上이라 故로 忌害之하야 欲陷罪法하니라
蕭望之가 韓延壽로 하여금 자기 대신 左馮翊이 되게 하였는데, 유능하다는 명성이 자기보다 위에 있었기 때문에 시기하고 해쳐서 죄와 법에 빠뜨리고자 한 것이다.

2)〔釋義〕廩犧 : 內史屬官이니 有廩犧令丞尉라 廩은 主藏穀하고 犧는 主養牲하니 所以供祭祀라
廩犧는 內史의 屬官이니, 廩犧의 令·丞·尉가 있었다. 廩은 곡식을 보관함을 주관하고 犧는 희생을 기름을 주관하니, 제사에 바치는 것이다.

3)〔頭註〕尙方 : 少府之屬官이니 掌工作御刀劍諸好器物也라
尙方은 少府에 속한 관원이니, 御刀와 御劍 등 여러 가지 좋은 기물을 만드는 것을 관장하였다.

【丙寅】三年이라

五鳳 3년(병인 B.C.55)

春에 丙吉이 薨하다

봄에 丙吉이 죽었다.

贊曰 古之制名은 必由象類하야 遠取諸物하고 近取諸身이라 故로 經謂君爲元首하고 臣爲股肱이라하니 明其一體相待而成也라 是故로 君臣相配는 古今常道니 自然之勢也라 近觀漢相하면 高祖開基에 蕭曹爲冠하고 孝宣中興에 丙魏有聲하니 是時에 黜陟有序하야 衆職修理하며 公卿이 多稱其位하고 海內興於禮讓하니 覽其行事하면 豈虛乎哉[1]아

班固의 ≪漢書≫ 〈魏相丙吉傳〉 贊에 말하였다.

"옛날에 이름을 지을 때에는 반드시 비슷한 象을 따라서, 멀리는 물건에서 취하고 가까이는 자신에게서 취하였다. 그러므로 ≪書經≫에 임금을 일러 元首라 하고 신하를 일러 股肱이라 하였으니, 서로 한 몸처럼 필요로 하여(도와) 이룸을 밝힌 것이다. 이 때문에 군주와 신하가 서로 배합하는 것은 예와 지금의 변치 않는 떳떳한 道이니, 自然의 형세이다. 근래에 漢나라 정승을 살펴보면 高祖가 開國했을 때에 蕭何와 曹參이 으뜸이 되었고, 孝宣帝가 中興했을 때에 丙吉과 魏相이 명성을 남겼으니, 이때에는 관리들을 내치고 올리는 것이 순서가 있어서 여러 직책이 다스려졌으며, 公卿들이 그 지위에 걸맞는 자가 많았고 海內가 禮義와 謙讓을 흥기하였으니, 그 행한 일을 보면 어찌 공연히 그렇게 된 것이겠는가."

1) 〔譯註〕 覽其行事 豈虛乎哉 : ≪漢書≫ 顔師古 註에 이르기를 "군주는 밝고 신하는 어질어서 다스려짐을 이룩한 것이요, 공연히 그렇게 된 것이 아님을 말한 것이다.〔言君明臣賢 所以致治 非徒然也〕" 하였다.

黃霸爲丞相하다 **霸材長於治民**이러니 **及爲丞相**하얀 **功名**이 **損於治郡**이러라 **時**에 **京兆尹張敞舍鶡(분)雀**[1]이 **飛集丞相府**어늘 **霸以爲神雀(爵)**이라하야 **議欲以聞**이러니 **後**에 **知從敞舍來**하고 **乃止**라 **然**이나 **自漢興**으로 **言治民吏**에 **以霸爲首**러라 〈出霸本傳〉

黃霸가 丞相이 되었다. 黃霸는 백성을 다스리는 데에 재주가 뛰어났는데, 丞相이 되어서는 功名이 郡을 다스릴 때보다 못하였다. 이때 京兆尹 張敞의

집에 있는 鶡雀이 날아와 丞相府에 앉자, 黃霸가 神爵이라고 여겨서 의논하여 天子에게 아뢰고자 하였는데, 뒤에 張敞의 집으로부터 날아온 것임을 알고는 이에 중지하였다. 그러나 漢나라가 일어난 뒤로 백성을 잘 다스린 관리(지방관)를 말할 때에는 黃霸를 으뜸으로 삼았다. - ≪漢書 黃霸傳≫에 나옴 -

1)〔釋義〕鶡雀 : 本作鳻雀하니 大而色青하니 出羌中이라 今俗謂鶡鷄者是라
鶡雀은 본래 鳻雀으로 쓰니 크고 색깔이 푸른 바, 羌中에서 나온다. 지금 세속에서 鶡鷄라고 이르는 것이 이것이다.

戴溪曰 漢宣帝綜核名實하야 惡臣下欺己로되 而夷攷其行事하면 有名亡實이 尤甚하여 卒不免爲臣下所欺는 何哉오 夫人主嗜好를 不可偏也니 發於心術甚微로되 而趨和意旨하여 以相彌縫者多矣라 宣帝酷好祥瑞하여 幾成僻(癖)[1]矣라 少府宋疇坐議鳳凰不下京師라가 左遷[2]이러니 他日에 鳳凰이 往往皆集京師矣라 神爵鳳凰芝草甘露가 紛紜何多也오 意者컨대 天不愛道하고 地不愛寶乎아 今宣帝之時에 逆賊[3]風雨災變이 擾擾不已하니 符瑞何從來哉아 吾觀黃霸鶡雀事하면 知神爵五鳳黃龍間에 曰祥瑞云者는 大抵皆鶡雀類也니라

戴溪가 말하였다.

"漢나라 宣帝가 名과 實을 자세히 살펴서 신하들이 자신을 속이는 것을 미워하였으나 평소에 행한 일을 살펴보면 유명무실함이 더욱 심해서 끝내 신하들에게 기만당함을 면치 못하였으니, 이는 어째서인가? 군주는 嗜好를 편벽되게 해서는 안 되니, 마음에서 나오는 것이 매우 은미하나 군주의 뜻에 附和하여 서로 彌縫하는 자가 많다. 宣帝는 祥瑞를 매우 좋아하여 거의 癖을 이루었다. 少府인 宋疇가 鳳凰이 京師에 내려오지 않았다고 비판한 일에 연좌되어 左遷되었는데, 후일에 鳳凰이 왕왕 모두 京師에 모여들었다. 神爵과 鳳凰, 芝草와 甘露가 분분하게 어쩌면 이렇게도 많았는가. 생각건대 하늘이 道를 아끼지 않고 땅이 보물을 아끼지 않은 것인가? 이제 宣帝 때에 逆賊과 風雨의 災變이 분분히 일어나 그치지 않았으니, 符瑞가 어디로부터 오겠는가. 내가 黃霸의 鶡雀의 일을 보면 神爵·五鳳·黃龍 연간에 祥瑞라고 말한 것은 대부분 모두 鶡雀과 같은 따위임을 알 수 있다."

1)〔頭註〕成僻 : 僻은 癖通하니 嗜好之病也라
僻은 癖과 통하니, 嗜好하는 병통이다.
2)〔譯註〕少府宋疇……左遷 : 元康 元年에 少府 宋疇가 "鳳凰이 彭城에 날아오고 長安에 이르지 않았으니, 족히 찬미할 것이 못 된다."고 의논하였다가 泗水太傅로 좌천되었다.
3)〔頭註〕逆賊 : 宣帝之時에 天地變異하고 刑殺過差하며 一歲之間에 子弟殺父兄하고 妻殺夫 至二百餘人하니라
宣帝 때에 天地에 災變이 일어나고 형벌이 지나쳤으며, 1년 사이에 子弟가 父兄을 죽이고 아내가 남편을 죽인 것이 2백여 명에 이르렀다.

【丁卯】 四年이라

五鳳 4년(정묘 B.C.54)

大司農丞耿壽昌이 **奏言**호되 **歲數**(삭)**豐穰**하야 **穀賤**하니 **農人**이 **少利**[1]라 **故事**에 **歲漕關東穀四百萬斛**하야 **以給京師**호되 **用卒六萬人**하니 **宜**糴(적)**三輔, 弘農, 河東, 上黨, 太原郡穀**이면 **足供京師**요 **可以省**(생)**關東漕卒過半**이리이다 **上**이 **從其計**하다 **壽昌**이 **又白**하야 **令邊郡**으로 **皆築倉**하야 **以穀賤**엔 **增其賈(價)而糴以利農**하고 **穀貴時**엔 **減賈而**糶(조)하고 **名曰常平倉**이라하니 **民**이 **便之**라 **上**이 **乃詔賜壽昌爵關內侯**하다 〈出食貨志〉

大司農 丞 耿壽昌이 상주하여 말하기를 "농사가 자주 풍년이 들어 곡식 값이 싸니, 농민들의 이익이 적습니다. 故事에 해마다 關東의 곡식 400만 斛을 漕運하여 京師에 공급하는데 병졸 6만 명을 사용하니, 마땅히 三輔 지방과 弘農·河東·上黨·太原郡의 곡식을 사들이면 京師에 충분히 공급할 수 있고, 關東의 조운하는 병졸의 숫자를 절반이 넘게 줄일 수 있습니다." 하니, 上이 그의 계책을 따랐다. 耿壽昌이 또 아뢰어 변방의 郡으로 하여금 모두 창고를 지어 곡식 값이 쌀 때에는 값을 올려서 사들여 농민들을 이롭게 하고, 곡식 값이 비쌀 때에는 값을 내려서 팔고는 이름하기를 常平倉이라 하

니, 백성들이 편리하게 여겼다. 上이 마침내 명하여 耿壽昌에게 關內侯의 작위를 하사하였다. - ≪漢書 食貨志≫에 나옴 -

1) 〔頭註〕 少利 : 時穀石五錢하니 所謂穀賤傷農者也라
이때 곡식 한 섬에 5錢이었으니, 이른바 '곡식 값이 싸서 농민에게 해가 된다.'는 것이다.

○ **光祿勳楊**惲(운)이 **廉潔無私**나 **然伐其行能**하고 **又性刻害**하야 **好發人陰伏**하니 **由是**로 **多怨於朝廷**이러라 **與太僕戴長樂**으로 **相失**이러니 **長樂**이 **上書告**惲**罪**호되 **怨望爲妖惡言**이라한대 **上**이 **不忍加誅**하고 **免爲庶人**하다 惲이 **旣失爵位**하고 **家居治產業**하야 **以財自娛**러니 **其友安定太守孫會宗**이 **與**惲**書諫戒之**하야 **爲言 大臣廢**면 **當闔門惶懼**요 **不當治產業通賓客**하야 **有稱譽**니라 惲이 **宰相子**로 **有材能**하야 **少顯朝廷**이라가 **一朝(旦)**에 **以晻(暗)昧語言**으로 **見廢**하니 **內懷不服**이라 **報會宗書曰 過大行虧**하니 **當爲農夫以沒世**라 **田家作苦**하니 **歲時伏臘**[1)2)]에 **烹羊**炰羔하야 **斗酒自勞**라가 **酒後耳熱**[3)]이어든 **仰天**拊缶[4)]**而呼烏烏**[5)]하니 **其詩曰 田彼南山**[6)]하니 **蕪穢不治**[7)]로다 **種一頃豆**[8)]러니 **落而爲**萁[9)]로다 **人生行樂耳**니 **須富貴何時**오하니 **誠荒淫無度**하야 **不知其不可也**로다 **會**에 **有日食之變**이어늘 **騶馬猥佐成**[10)]이 **上書告**호되 惲이 **驕奢不悔過**하니 **日食之咎**는 **此人所致**니이다 **章下廷尉按驗**하야 **得所予會宗書**라 **帝見而惡之**하야 惲을 **以大逆無道**로 **腰斬**하다 〈出本傳〉

光祿勳 楊惲이 청렴결백하고 사사로움이 없었으나 자신의 행실과 재능을 자랑하고 또 성질이 각박하여 남의 비밀을 드러내기를 좋아하니, 이로 말미암아 조정에 원망하는 사람이 많았다. 太僕인 戴長樂과 서로 사이가 좋지 않았는데, 戴長樂이 글을 올려 楊惲의 죄를 고발하기를 "조정을 원망하여 요망하고 나쁜 말을 한다." 하니, 上이 차마 형벌을 가하지 못하고 파면하여 庶人으로 삼았다.

楊惲이 이미 작위를 잃고는 집에 있으면서 家產을 다스려 재물을 늘리는

것을 스스로 즐거움으로 삼았다. 그 친구인 安定太守 孫會宗이 楊惲에게 편지를 보내어 간하고 경계하여 말하기를 "大臣이 廢黜을 당했으면 마땅히 문을 닫고 황송해해야 할 것이요, 산업(재산)을 다스리고 빈객들과 왕래하여 명예를 얻어서는 안 된다." 하였다.

楊惲은 재상의 아들로 재능이 있어 소년에 조정에서 현달하다가 하루아침에 애매한 말로 폐출을 당하니, 내심 불복하는 마음을 품었다. 그리하여 孫會宗에게 답서를 보내기를 "過失이 크고 행실이 어그러졌으니, 마땅히 농부가 되어 일생을 마쳐야 할 것이다. 농가의 일이 고달프니, 歲時(설)와 三伏과 臘享에 양을 삶고 염소를 구워서 한 말의 술로 스스로 위로하다가 술 마신 뒤에 취기가 올라 귀가 뜨거워지면 하늘을 우러러 질장구를 치면서 烏烏를 부르니, 그 詩에 이르기를 '저 南山에서 농사를 지으니 밭이 황폐하여 다스려지지 못하도다. 一頃에 콩을 심었는데 떨어져서 콩대가 되었도다. 인생은 잘 놀고 즐겁게 지낼 뿐이니 부귀를 기다린들 어느 때에 얻겠는가.' 하였으니, 진실로 荒淫無道하여 불가한 줄을 모르겠다." 하였다.

마침 日食의 변고가 있었는데, 騶馬猥의 佐인 成이 상서하여 고발하기를 "楊惲이 교만하고 사치하여 과실을 뉘우치지 않으니, 日食의 재앙은 이 사람이 부른 것입니다." 하였다. 이 글을 廷尉에게 내려 조사하게 하여 孫會宗에게 회답한 편지를 찾아내었다. 황제가 이것을 보고 그를 미워하여 楊惲을 大逆無道罪로 腰斬刑에 처하였다. - ≪漢書 楊惲傳≫에 나옴 -

1) 〔釋義〕 伏臘 : 王氏曰 伏者는 金氣伏藏之日也라 四時代謝에 皆以相生하니 立春엔 木代水하니 水生木이요 立夏엔 火代木하니 木生火요 立冬엔 水代金하니 金生水로되 立秋엔 金代火而金畏火라 故至庚日必伏이니 蓋庚屬金也라 陰陽書에 言〈從〉夏至後第三庚이 爲初伏이요 第四庚이 爲中伏이요 立秋後初庚이 爲末伏이라 故曰三伏이라 〈顔師古曰〉 伏者는 謂陰氣將起로되 迫於殘陽而未得升이라 故爲藏伏하니 因名伏日이라하니라 漢以大寒後戌日로 爲臘也니 詳見平帝元始五年註하니라

王氏가 말하였다. "伏은 金 기운이 엎드리고 숨는 날이다. 四時가 교대하고 떠나갈 때에 모두 相生으로써 하니, 立春에는 木이 水를 대신하니 水는 木을 낳고,

立夏에는 火가 木을 대신하니 木이 火를 낳고, 立冬에는 水가 金을 대신하니 金이 水를 낳는다. 그러나 立秋에는 金이 火를 대신하는데 金은 火를 두려워한다. 그러므로 庚日에 이르면 반드시 엎드리는 것이니, 庚은 金에 속한다. 陰陽書에 이르기를 '夏至 後로부터 세 번째 庚日이 初伏이 되고, 네 번째 庚日이 中伏이 되고, 立秋 後의 첫 번째 庚日이 末伏이 되므로 이것을 三伏이라 한다.' 하였다. 顔師古가 말하기를 '伏이라는 것은 陰氣가 장차 일어나려 하는데, 쇠잔한 陽에게 핍박을 받아서 올라오지 못하기 때문에 숨고 엎드리니, 인하여 伏日이라 이름한 것이다.' 하였다. 漢나라는 大寒 後에 오는 戌日을 臘이라 하니, 平帝 元始 5년 註에 자세히 보인다."

2) 〔附註〕 臘：冬祭也라 漢以大寒後戌日爲臘이라 記月令에 孟冬에 臘先祖라하니 按臘은 獵也니 〈獵〉取禽獸하야 祭先祖니 重本始也라 曆家에 以運墓爲臘하니 如漢火運墓於戌이라 故以戌爲臘이라 火運墓戌者는 金胞起寅하고 木胞起申하고 水土胞起巳하고 火胞起亥라 而胞胎養生浴帶官旺衰病死葬이 周列十二支하니 葬은 卽墓也라 說文에 漢以冬至後三戌爲臘이라하니 臘은 合也니 合祭諸神이라하니라 蔡邕獨斷云 殷曰淸祀요 周曰蜡(사)요 秦曰嘉平이요 漢曰臘이라 又云 臘은 接也니 新舊交接을 謂之臘이니 大祭以報功也라 玉燭寶典曰 臘者는 祭先祖也요 蜡者는 報百神이니 同日異祭라 秦初曰臘이러니 後改嘉平하니라

臘은 겨울 제사이다. 漢나라는 大寒 後에 오는 戌日을 臘이라 하였다. ≪禮記≫ 〈月令〉에 "孟冬에 선조에게 臘享을 지낸다." 하였으니, 살펴보건대 臘은 사냥이니, 禽獸를 사냥하여 先祖에게 제사하는 것으로 뿌리(선조)를 소중하게 여기는 것이다. 曆家에서 運의 墓를 臘이라 하니, 漢나라의 火의 運이 戌에서 墓가 되는 것과 같다. 그러므로 戌을 臘이라 한 것이다. 火의 運이 戌에서 墓가 된다는 것은 金은 胞가 寅에서 시작되고, 木은 胞가 申에서 시작되고, 水・土는 胞가 巳에서 시작되고, 火는 胞가 亥에서 시작된다. 그리하여 胞, 胎, 養, 生, 浴, 帶, 官, 旺, 衰, 病, 死, 葬이 十二支에 두루 나열되니, 葬이 바로 墓이다. ≪說文解字≫에 "漢나라는 冬至 後 세 번째 戌日을 臘이라 하였으니, 臘은 합한다는 뜻인 바, 여러 神을 합하여 제향하는 것이다." 하였다. 蔡邕의 ≪獨斷≫에 이르기를 "殷나라는 淸祀라 하고, 周나라는 蜡라 하고, 秦나라는 嘉平이라 하고, 漢나라는 臘이라 한다." 하였다. 또 이르기를 "臘은 접함이니, 新舊가 교접하는 것을 臘이라 이르니, 크게 제향하여 功에 보답하는 것이다." 하였다. ≪玉燭寶典≫에 이르기를 "臘은 先祖에게 제향하는 것이고 蜡는 百神에게 보답하는 것이니, 날짜는 같으나 제향은 다르다. 秦

나라 초기에는 臘이라 하였는데, 뒤에 嘉平으로 고쳤다." 하였다.

3)〔釋義〕酒後耳熱 : 猶言酒力酣暢也라
酒後耳熱은 술을 마셔 막 취하여 술기운이 올라온다고 말하는 것과 같다.

4)〔釋義〕拊缶 : 拊는 拍也요 缶는 瓦器也니 擊之以節歌라
拊는 두드림이고 缶는 질그릇이니, 이것을 두드려서 노래의 박자를 맞추는 것이다.

5)〔釋義〕呼烏烏 : 李斯上書曰 擊甕叩缶하고 彈箏拊髀하며 而呼烏烏快耳者는 眞秦聲也라하니 是는 關中舊有此曲이라 〔通鑑要解〕烏烏는 南山種豆歌*)라 烏烏는 秦聲이니 關中에 久有此曲이라 楊惲傳曰 家本秦故로 能爲秦聲이라
〔釋義〕李斯가 상서하기를 "항아리를 치고 질장구를 두드리고 箏을 타고 넓적다리를 치면서 烏烏를 불러 귀를 유쾌하게 하는 것은 참으로 秦나라의 음악이다." 하였으니, 이는 關中에 옛날에 이러한 曲이 있었던 것이다. 〔通鑑要解〕烏烏는 南山種豆歌이다. 烏烏는 秦나라 음악이니, 關中 지방에 오래 전부터 이러한 곡이 있었다. ≪漢書≫ 〈楊惲傳〉에 이르기를 "그의 집이 본래 秦나라였기 때문에 秦나라 음악을 한 것이다." 하였다.

*) 南山種豆歌 : 衛나라 甯戚이 齊나라 桓公에게 쓰이기를 바라는 뜻에서 南山歌를 불렀는데, 그 노래에 이르기를 "南山이 환하니 흰 돌 깨끗도 하여라. 堯舜의 禪讓하던 때를 만나지 못하니, 짧은 삼베 홑옷 정강이에 이르노라. 저녁부터 소를 먹여 한밤중에 이르니, 길고 긴 밤 언제나 아침이 되려는가.〔南山矸 白石爛 生不逢堯與舜禪 短布單衣適至骭 從昏飯牛薄夜半 長夜漫漫何時旦〕" 하였다.

6)〔釋義〕田彼南山 : 山高而在陽하니 人君之象이라
南山이 높으면서 양지에 있으니, 人君의 象이다.

7)〔釋義〕蕪穢不治 : 喩朝廷荒亂也라
밭이 황폐하여 다스려지지 못했다는 것은 조정이 어지러움을 비유한 것이다.

8)〔釋義〕種一頃豆 : 喩百官也라 豆者는 貞實之物이니 當在倉囷이라
一頃에 콩을 심었다는 것은 百官을 비유한 것이다. 콩은 바르고 진실한 물건이니, 마땅히 창고에 있어야 한다.

9)〔釋義〕落而爲萁 : 萁는 豆莖이니 零落在野는 喩己見放棄也라 楚昭王이 奉金幣聘孔子한대 孔子乃歌曰 大道隱兮禮爲萁하니 賢人竄兮將待時라하니라
萁는 콩대이니, 콩대가 떨어져서 들에 있다는 것은 자신이 버림받았음을 비유한 것이다. 楚나라 昭王이 금과 폐백을 받들어 孔子를 초빙하자, 孔子가 이에 노

래하기를 "大道가 숨어 禮가 콩대가 되니, 賢人이 은둔하여 장차 때를 기다린다." 하였다.

10) 〔譯註〕 騶馬猥佐成 : 騶馬猥는 제왕이 타는 말을 먹이는 것이고 佐는 보조하는 사람으로 낮은 관리를 이르며 成은 그의 이름이다. 猥는 喂의 誤記로 보이는 바, 먹임이다.

溫公曰 以孝宣之明으로 **魏相, 丙吉**이 **爲丞相**하고 **于定國**이 **爲廷尉**로되 **而趙, 蓋, 韓, 楊之死 皆不厭衆心**하니 **惜哉**라 **其爲善政之累大矣**로다 **周官司寇之法**에 **有議賢議能**[1]하니 **若廣漢, 延壽之治民**은 **可不謂能乎**아 **寬饒, 惲之剛直**은 **可不謂賢乎**아 **然則雖有死罪**라도 **猶將宥之**어든 **況罪不足以死乎**아 **揚子雲以韓馮翊之愬蕭**[2]로 **爲臣之自失**이나 **夫所以使延壽犯上者**는 **望之激之也**어늘 **上不之察**하야 **而延壽獨蒙其辜**하니 **不亦甚哉**아

溫公이 말하였다.

"孝宣帝의 명철함으로 魏相과 丙吉이 승상이 되고 于定國이 정위가 되었는데도 趙廣漢·蓋寬饒·韓延壽·楊惲의 죽음이 모두 사람들의 마음에 흡족하지 못하였으니, 애석하다. 善政에 누가 됨이 크도다. ≪周官≫ 司寇의 法에 議賢과 議能의 法이 있으니, 趙廣漢과 韓延壽의 백성을 다스림은 능하다고 이르지 않을 수 있겠으며, 蓋寬饒와 楊惲의 강직함은 어질다고 이르지 않을 수 있겠는가. 그렇다면 비록 죽을 죄가 있더라도 장차 용서해 주어야 할 터인데, 하물며 죄가 죽을 만하지 않음에 있어서랴. 揚子雲은 韓馮翊(韓延壽)이 蕭望之를 고발한 것을 가지고 신하가 스스로 잘못한 것이라고 하였으나 韓延壽로 하여금 윗사람을 범하게 만든 것은 蕭望之가 격발시킨 것인데, 上이 이것을 살피지 못하여 韓延壽만 홀로 그 죄를 받았으니, 너무 심하지 않은가."

1) 〔譯註〕 議賢議能 : 죄인의 덕망이나 재능을 따져 형벌을 감면하는 제도이다. ≪周禮≫ 〈秋官 司寇〉에 八議가 보이는 바, 곧 議親(왕실의 친척), 議故(왕실의 故舊

로 여러 해 특별한 은덕을 입은 사람), 議賢(큰 덕행이 있는 현인 군자), 議能(재능이 뛰어나 王業을 보좌하고 인륜의 모범이 될 만한 사람), 議功(국가에 큰 공훈을 세운 사람), 議貴(관작이 귀한 자), 議勤(문관 또는 무관으로 恪勤하게 봉직하거나 사신으로 나가 공무를 잘 수행하여 공로가 현저한 사람), 議賓(전대 군왕의 자손으로서 선대의 제사를 맡아 國賓이 된 사람)의 여덟 가지 評議를 이른다.

2) 〔原註〕 韓馮翊之愬蕭 : 愬蕭故로 反譖也라 〔釋義〕 愬는 告也라 馮翊太守韓延壽按校蕭望之事니 在元年이라
〔原註〕 韓延壽가 蕭望之를 고발하였기 때문에 蕭望之가 반대로 참소한 것이다. 〔釋義〕 愬는 고발함이다. 馮翊太守 韓延壽가 蕭望之를 조사하게 한 일이니, 五鳳元年에 있었다.

【戊辰】 甘露元年이라

甘露 元年(무진 B.C.53)

楊惲之誅也에 公卿이 奏호되 京兆尹張敞은 惲之黨友니 不宜處位라호되 上이 惜敞材하야 獨寢其奏하고 不下하다 敞이 使掾絮(여)舜[1]으로 有所案驗이러니 舜이 私歸其家하야 曰 五日京兆[2]耳니 安能復按事리오 敞이 聞舜語하고 卽部吏하야 收舜繫獄하야 晝夜驗治하야 竟致其死하다 舜이 當出死에 敞이 使主簿로 持敎告舜曰 五日京兆竟何如오 冬月이 已盡하니 延命乎아하고 乃棄舜市하다 會立春에 行寃獄使者出[3]이어늘 舜家載尸하고 幷編敞敎하야 自言한대 使者奏敞賊殺不辜라하야 免爲庶人하니 敞이 詣闕上印綬하고 便從闕下亡命이러니 數月에 京師吏民이 解弛하야 枹(부)鼓數(삭)起[4]하고 而冀州部中에 有大賊이라 天子思敞功效하야 使者卽家召敞하니 敞이 身被重劾이라 及使者至에 妻子皆泣호되 而敞이 獨笑曰 吾身이 亡命爲民하니 郡吏當就捕어늘 今使者來하니 此는 天子欲用我也로다 裝隨使者[5]하야 詣公車하야 上書曰 臣이 前에 幸得備位列卿하야 待罪京兆라가 坐殺掾絮舜하니 舜은 本臣敞의 素所厚吏라 以臣有章劾當免이라하야 謂臣五

曰京兆라하고 **背恩忘義**어늘 **臣**이 **枉法誅之**호니 **雖伏明法**이라도 **死無所恨**이니이다 **天子引見敞**하고 **拜爲冀州刺史**하니 **敞**이 **到部**에 **盜賊**이 **屛迹**이러라 〈出敞本傳〉

楊惲이 처형당할 때에 公卿들이 아뢰기를 "京兆尹 張敞은 楊惲의 黨友(친한 벗)이니, 지위에 있어서는 안 됩니다." 하였으나 上은 張敞의 재주를 아깝게 여겨서 그 奏議를 중지하고 조정에 회부하지 않았다. 張敞이 아전인 絮舜으로 하여금 일을 조사하게 한 것이 있었는데, 絮舜이 사사로이 그의 집에 돌아가며 말하기를 "겨우 닷새 갈 京兆尹인데, 어찌 다시 일을 조사하겠는가." 하였다. 張敞은 絮舜이 이러한 말을 했다는 것을 듣고는 部吏를 데리고 가서 絮舜을 잡아 옥에 가두고 밤낮으로 조사하고 다스려 끝내 그를 죽게 하였다. 絮舜이 감옥에서 나와 죽을 때에 張敞이 主簿로 하여금 분부하는 글을 가지고 가서 絮舜에게 고하게 하기를 "겨우 닷새 갈 京兆尹이 마침내 어떠한가? 겨울이 이미 다 지나 처형할 시기가 되었으니 연명할 수 있겠는가?" 하고는 마침내 絮舜을 棄市하였다. 마침 立春이 되어 억울한 옥사를 조사하는 使者가 나오자, 絮舜의 집에서 그의 시신을 수레에 싣고 訴狀 위에 張敞의 분부한 글을 붙여서 스스로 使者에게 말하였다. 使者는 張敞이 죄 없는 이를 죽였다 하여 파면하고 庶人으로 삼을 것을 아뢰니, 張敞은 대궐에 나아가 印綬를 올리고 곧 闕下에서 망명하였다.

수개월 만에 京師의 관리와 백성들이 해이해져서 무리들을 경계하는 북소리가 자주 일어나고 冀州의 部中에 큰 도적이 출현하였다. 天子는 張敞의 功績을 생각하여 그의 집에 使者를 보내 張敞을 부르니, 이때 張敞이 몸에 중한 탄핵을 입고 있었으므로 使者가 이르자, 처자식들이 모두 처형을 당할 것이라고 생각하여 울었으나 張敞은 홀로 웃으며 말하기를 "내가 망명하여 平民(庶人)이 되었으니 郡의 관리가 찾아와서 체포해야 하는데, 지금 天子의 使者가 왔으니, 이는 天子가 나를 등용하고자 하는 것이다." 하였다. 張敞은 행장을 챙겨 使者를 따라 公車(官署의 명칭)에 나아가 글을 올리기를 "신이 전에 다행히 列卿의 지위에 충원되어 京兆尹으로 있다가 아전인 絮舜을 죽인 죄에 걸렸으니, 絮舜은 본래 신과 평소 친하게 지내던 아전입니다. 그런데

신이 章奏로 탄핵을 받아 면직될 것이라고 생각해서 신을 '겨우 닷새 갈 京兆尹'이라고 말하여 은혜를 저버리고 義를 잊었으므로 신이 법을 어기고 그를 죽였으니, 비록 밝은 법에 따라 처벌을 받아 죽는다 해도 여한이 없습니다." 하였다. 天子가 張敞을 인견하고 冀州刺史로 임명하니, 張敞이 部에 이르자 도적들이 자취를 감추었다. - ≪漢書 張敞傳≫에 나옴 -

1)〔釋義〕掾絮舜 : 絮舜은 姓名이니 賊捕掾也라 姓苑註에 絮尼據反이라
絮舜은 姓名이니, 도적을 잡는 아전이다. ≪姓苑≫ 註에 "絮는 尼據反(녀)이다." 하였다.

2)〔釋義〕五日京兆 : 言不久當去京兆尹이라
닷새 갈 京兆尹이란 오래지 않아 마땅히 京兆尹을 떠날 것임을 말한 것이다.

3)〔釋義〕會立春……使者出 : 會는 適遇也라 行은 按行也라 言此事適遇使者出하니 使者는 部刺史也라 律에 立春後不行刑이라 故遣使者하야 按行寃獄이라
會는 마침이다. 行은 按行(조사)함이다. 이 일이 마침 使者가 나올 때를 만난 것이니, 使者는 部의 刺史이다. 형률에 立春 후에는 형벌을 시행하지 않는다. 이 때문에 使者를 보내어 억울한 옥사를 조사하게 한 것이다.

4)〔釋義〕枹鼓數起 : 枹는 音桴니 擊鼓杖也라 擊鼓는 所以警衆이라 數은 頻也니 數起者는 言偸盜之多也라
枹는 음이 부이니, 북을 치는 북채이다. 북을 침은 무리들을 경계하기 위한 것이다. 數은 자주이니, 자주 일어났다는 것은 도둑이 많음을 말한 것이다.

5)〔頭註〕裝隨使者 : 治行裝而隨使者라
裝隨使者는 행장을 챙겨 使者를 따라간 것이다.

○ 皇太子柔仁好儒라 見上所用이 多文法吏하야 以刑名繩下하고 嘗侍燕에 從容言호되 陛下持刑太深하시니 宜用儒生이니이다 帝作色[1]曰 漢家自有制度하야 本以霸王道雜之하니 奈何純任德敎하야 用周政乎아 且俗儒不達時宜하고 好是古非今하야 使人眩於名實하야 不知所守하니 何足委任이리오 乃歎曰 亂我家者는 太子也로다 〈出元帝紀〉

황태자가 유약하고 인자하며 儒學을 좋아하였다. 上이 등용한 사람은 文法

의 관리가 많아서 刑名으로 아랫사람들을 다스리는 것을 보고는 일찍이 사사로이 모실 적에 조용히 말하기를 "폐하께서 법을 집행하기를 너무 각박하게 하시니, 마땅히 儒生을 써야 합니다." 하니, 황제가 노여운 기색으로 말하기를 "漢나라에는 따로 제도가 있어서 본래 霸道와 王道를 섞어서 쓰니, 어찌 순전히 德敎에만 맡겨서 周나라의 정사를 쓴단 말인가. 또 세속의 학자들은 時宜를 알지 못하고, 옛것을 옳다 하고 지금 것을 비판하기를 좋아해서 사람들로 하여금 名과 實을 혼동하여 지킬 바를 알지 못하게 하니, 어찌 맡길 수 있겠는가." 하고는 마침내 한탄하기를 "우리 漢나라를 어지럽힐 자는 태자일 것이다." 하였다. - ≪漢書 元帝紀≫에 나옴 -

1)〔通鑑要解〕作色 : 作은 動也니 意怒故로 動色也라
作은 동함이니, 마음에 노여워하기 때문에 얼굴빛이 동한 것이다.

溫公曰 王霸無異道하야 **〈昔三代之隆**에 **禮樂征伐**이 **自天子出**이면 **則謂之王**하고 **天子微弱**하야 **不能治諸侯**어늘 **諸侯有能率其與國**하야 **同討不庭**하야 **以尊王室者**면 **則謂之霸**라 **其所以行之也**는〉[1] **皆本仁祖義**하며 **任賢使能**하며 **賞善罰惡**하며 **禁暴誅亂**하나니 **顧名位有尊卑**하고 **德澤有深淺**하고 **功業有鉅細耳**니 **非若黑白甘苦之相反也**라 **漢之所以不能復**(복)**三代之治者**는 **由人主之不爲**요 **非先王之道不可復**(부)**行於後世也**라 **夫儒有君子**하고 **有小人**하니 **彼俗儒者**는 **誠不足與爲治也**어니와 **獨不可求眞儒而用之乎**아 **稷, 契, 皐陶, 伯益, 伊尹, 周公, 孔子 皆大儒也**니 **使漢得而用之**면 **功烈**이 **豈若是而止耶**아 **孝宣**이 **謂太子懦而不立**하고 **闇於治體**하니 **必亂我家**라하면 **則可矣**어니와 **乃曰王道不可行**이요 **儒者不可用**이라하니 **豈不過甚矣哉**아 **殆非所以訓示子孫, 垂法將來者也**니라

溫公이 말하였다.

"王道와 霸道는 道가 다르지 않아서 옛날 三代가 융성할 때에 禮樂과 征伐이 天子로부터 나오면 이것을 王者라 이르고, 天子가 微弱하여 諸

侯를 다스리지 못하는데 諸侯가 동맹국들을 거느려서 함께 조회하지 않는 자들을 토벌하여 王室을 높이는 자가 있으면 이것을 霸者라 일렀다. 王者나 霸者가 행하는 것은 모두 仁에 근본하고 義를 元祖로 삼으며 어진 이에게 맡기고 능력 있는 이를 부리며 선한 자를 상 주고 악한 자를 벌주며 포악한 자를 막고 亂을 일으키는 자를 주벌하니, 다만 名位에 높고 낮음이 있고 덕택에 깊고 얕음이 있으며 功業에 크고 작음이 있을 뿐이요, 흑색과 백색, 단맛과 쓴맛처럼 서로 상반되는 것이 아니다. 漢나라가 三代의 정치를 회복하지 못한 까닭은 군주가 하지 않아서이지 先王의 道를 후세에 다시 행할 수 없어서가 아니었다. 儒者는 君子가 있고 小人이 있으니, 저 俗儒들은 참으로 더불어 정치를 할 수 없지만 어찌 眞儒를 구하여 등용할 수 없단 말인가. 后稷과 契, 皐陶, 伯益, 伊尹, 周公, 孔子는 모두 大儒였으니, 만일 漢나라가 이런 사람을 얻어서 썼다면 功烈이 어찌 이와 같을 뿐이었겠는가. 孝宣帝가 '太子가 나약하여 확립하지 못하고 정치의 요체에 어두우니, 반드시 우리 漢나라를 어지럽힐 것이다.'라고 말한다면 옳지만 마침내 '王道를 행할 수 없고 儒者를 등용할 수 없다.'고 말하였으니, 어찌 심히 잘못된 것이 아니겠는가. 자못 자손들을 訓示하고 장래에 모범을 보일 만한 것이 아니다."

1) 〔譯註〕 昔三代之隆……其所以行之也 : 이 내용은 ≪資治通鑑≫에 의거하여 보충하였다.

戴溪曰 致治成法은 百王所同이니 參周秦之法而竝用之가 此漢宣帝所謂家法也라 且彼天下에 焉有家法이며 又焉有天下法이리오 周家忠厚는 自有天地以來로 未之有改也어늘 而曰此成周之家法也 可乎아 秦人이 反上古之道하고 行一切之政[1]하여 自不能保其家하니 安有其法이리오 漢至宣帝且六世矣로되 漢豈有法可守哉아 因時制宜하여 隨其君之資하여 而雜出於德敎功利之間하여 一得一失하여 迭爲治亂而已니 豈復眞以雜霸爲法也리오 宣帝習見文景之寬厚와 孝武之材略하고 以爲漢之家法이 純駁若此하니 此霸王之道也라하야 欲使其子孫으로 憑藉而世守之하니 亦過矣라 漢之法이 非壞於元帝也요 宣帝之法이 不可繼也라

天有五材[2]而盡用之면 其弊也不可復振이라 綜核操切[3]之餘에 勢已極矣니 惡(오)保其往乎아 漢宣帝, 唐宣宗이 皆以强明聰察爲治하여 其盛也에 皆足以中興이로되 及其旣弊하얀 亦終焉而已矣라 故로 唐之群盜는 皆生於大中[4]之朝하고 而王氏代漢之兆는 亦萌於呼韓來朝之歲하니 此豈所謂天道者耶아

戴溪가 말하였다.

"훌륭한 정치를 이룩하고 法을 만드는 것은 百王이 똑같으니, 周나라와 秦나라의 法을 참작하여 아울러 쓰는 것이 漢나라 宣帝의 이른바 家法이라는 것이다. 또 저 天下에 어찌 家法이 있겠으며, 또 어찌 天下의 法이 있겠는가. 周나라의 忠厚함은 天地가 있은 이래로 바꿀 수가 없는 것인데도 '이는 成周의 家法이다.'라고 말하는 것이 되겠는가. 秦나라 사람들은 上古時代의 道를 배반하고 一切(권모술수)의 정사를 행하여 스스로 자기 집안을 보전하지 못하였으니, 어찌 그러한 法이 있겠는가.

漢나라는 宣帝에 이르러 장차 6대가 되었으나 漢나라에 어찌 지킬 만한 법이 있었겠는가. 때에 따라 마땅하게 시행하여 군주의 자질에 따라 德敎와 功利의 사이에서 뒤섞여 나와서 한 번은 잘하고 한 번은 잘못하여 번갈아 다스려지고 혼란하였을 뿐이니, 어찌 다시 참으로 霸道를 섞어 쓰는 것을 법으로 삼았단 말인가. 宣帝는 文帝와 景帝의 寬厚함과 孝武帝의 材略을 익숙히 보고는 생각하기를 '漢나라의 家法이 본래 순수함과 잡박함이 이와 같으니, 이것이 霸者와 王者를 혼용하는 道라고 생각하여, 그 子孫들로 하여금 이것을 빙자(의뢰)하여 대대로 지키게 하고자 하였으니, 또한 잘못이다. 漢나라의 法은 元帝에게서 파괴된 것이 아니고, 宣帝의 法이 계속할 수 없었기 때문이다. 하늘에는 다섯 가지 材質이 있는데, 이것을 다 쓰면 피폐하여 다시 떨칠 수가 없는 것이다. 名과 實을 자세히 살펴서 엄하게 다스린 나머지 형세가 이미 지극하였으니, 어찌 그 장래를 보장할 수 있었겠는가. 漢나라 宣帝와 唐나라 宣宗이 모두 강하고 밝아 총명하게 살피는 것으로 정치를 하여 성할 때에는 모두 中興할 수 있었으나 이미 피폐함에 미쳐서는 또한 그대로 끝마쳤을 뿐이다. 그러므로 唐나라의 도둑들이 모두 大中 연간의 조정에서 생겨났고, 王氏가 漢나라를 대신한 조짐이 또한 呼韓邪單于가 조회 오던 해에 싹

됬으니, 이것이 아마도 이른바 天道가 아니겠는가."

1)〔譯註〕一切之政 : 정상적으로 오래갈 수 있는 방법이 아니고 일시적으로 행하는 권모술수를 이른다. ≪漢書≫ 顔師古 注에 "一切은 임시변통으로 하는 일이고 정상적인 것이 아니니, 칼로 물건을 자를 때에 다만 정돈하여 가지런히 하는 것만 취하고 길이와 종횡은 돌아보지 않는 것과 같다. 그러므로 一切이라고 말하는 것이다.〔一切者 權時之事 非經常也 猶如以刀切物 苟取整齊 不顧長短縱橫 故言一切〕" 하였다.

2)〔頭註〕天有五材 : 五材는 金木水火土 是也니 爲人所用하야 久則其力必有敝盡而不可復振이니 喩力盡自敝하야 不可復振也라

五材는 金·木·水·火·土가 이것이니, 이것이 사람에게 쓰여져서 쓰여진 지가 오래되면 힘이 반드시 다하여 다시 떨치지 못하니, 힘이 다하여 스스로 지쳐서 다시 떨칠 수 없음을 비유한 것이다.

3)〔頭註〕操切 : 操는 持요 切은 刻也라

操는 잡음이고 切은 각박함이다.

4)〔譯註〕大中 : 唐나라 宣宗의 연호(847~849)이다.

〔新增〕胡氏曰 帝王之德이 莫不本於格物致知하여 以誠其意하고 正心修身하여 以齊其家하니 若夫正朝廷, 正百官하여 以正萬民은 則自是而推之耳니 內外本末과 精粗先後가 非有殊致也라 若夫五霸則異是矣니 其果有格物致知之學乎아 其意果誠하고 心果正하고 身果修而家果齊乎아 其所以行之者 果與唐虞夏后商周之教化類乎아 以是考之하면 王道霸術이 正猶美玉碔砆之不可同年而語也라 司馬氏譏宣帝言王道不可行하고 儒者不可用은 是矣어니와 而謂王霸無異道는 不亦誤乎아

胡氏가 말하였다.

"帝王의 德은 사물의 이치를 연구하고 지식을 지극히 하여 그 뜻을 성실히 하며 마음을 바루고 몸을 닦아서 그 집안을 가지런히 함에 근본하지 않음이 없으니, 朝廷을 바루고 百官을 바루어서 萬民을 바루는 것으로 말하면 이로부터 미루어 나갈 뿐이니, 內와 外, 本과 末, 精과 粗, 先과 後가 다름이 있는 것이 아니다. 저 五霸로 말하면 이와 다르니, 과연 사물의 이치를 연구하

고 지식을 지극히 하는 학문이 있었겠는가. 그 뜻이 과연 성실하고 그 마음이 과연 바르고 몸이 과연 닦아지고 집이 과연 가지런하였겠는가. 그 행한 것이 과연 唐·虞와 夏后와 商·周의 교화와 똑같았겠는가. 이것을 가지고 살펴보면 王道와 霸術은 바로 아름다운 玉과 옥돌을 똑같이 놓고 말할 수 없는 것과 같은 것이다. 司馬氏(司馬光)가 宣帝가 '王道를 행할 수 없고 儒者를 등용할 수 없다.'고 말한 것을 비판한 것은 옳지만 〈司馬光이〉 '王道와 霸道는 道가 다르지 않다.'고 말한 것은 잘못되지 않았는가."

張南軒曰〈學者는 要須先明王伯(霸)之辨而後에 可論治體니 王伯之辨은 莫明於孟子라 大抵王者之政은 皆無所爲而爲之요 霸者則莫非有爲而然也라 無所爲者는 天理니 義之公也요 有所爲者는 人欲이니 利之私也라 攷左氏所載齊威晉文之事하면 其間에 豈無可喜者리오마는 要莫非有所爲而然이니 攷其迹하면 而其心術之所存을 固不可掩也라 宣帝謂 漢家雜伯라하니 固其所趨若此然이니 在漢家論之하면 則蓋亦不易之論也라〉 自高祖로 取天下가 固以天下爲己利하야 而非若湯武弔民伐罪之心이라 故로 其卽位之後에 反者數起而莫之禁하니 利之所在는 固其所趨也라 至其立國規模하야는 大抵皆因秦舊하야 而無復三代封建井田公共天下心矣라 其合於王道者 如約法三章과 爲義帝發喪도 要亦未免有假之〈之〉意하야 其誠不孚也하니 則其雜霸 固有自來라 夫王道는 如精金美玉하니 豈容雜也리오 雜之면 則是亦霸而已矣라 惟文帝天資爲近之나 然其薰習操術이 亦雜於黃老刑名하야 考其施設하면 動皆有術이로되 但其資美而術高耳니 深攷하면 自可見이라 至於宣帝하야는 則又霸之下者니 威文之罪人[1]也라 西京之亡이 自宣帝始하니 蓋文景養民之意가 至是而盡消靡矣라 且宣帝豈眞知所謂德教者哉而以爲不可用也리오 如元帝之好儒生은 蓋竊其近似之名하야 委靡柔懦하야 敗壞天下者니 其何德教之云이리오 夫惟王者之政은 其心이 本乎天理하고 建立人紀하야 施於萬事하야 仁立義行而無偏弊〈不擧之處하니 此古人之所以制治保邦而垂裕乎無疆者라 後世엔〉 未嘗眞知王道하고 顧曰 儒生之說이 迂闊而難行이라하니 蓋亦未之思也니라

張南軒(張栻)이 말하였다.

“배우는 자는 모름지기 王道와 霸道의 분별을 먼저 밝혀야 하니, 그런 뒤에 治體를 논할 수가 있는 바, 王道와 霸道의 구분은 孟子보다 더 분명한 것이 없다. 대체로 王者의 정사는 모두 위한(목적한) 바가 없이 하고, 霸者는 모두 위한 바가 있어서 한다. 위한 바가 없는 것은 天理이니 공정한 의리이고, 위한 바가 있는 것은 人欲이니 사사로운 이익이다. ≪春秋左氏傳≫에 실려 있는 齊 桓公과 晉 文公의 일을 살펴보면 그 사이에 어찌 기뻐할 만한 것이 없겠는가. 그러나 요컨대 모두 위한 바가 있어 그러한 것이니, 그 자취를 살펴보면 마음속에 보존되어 있는 것을 진실로 숨길 수가 없다. 宣帝가 이르기를 ‘漢나라의 家法이 霸道를 섞어 쓴다.’ 하였으니, 진실로 그 추향하는 바가 이와 같았으니, 漢나라의 家法을 가지고 논한다면 이는 또한 바꿀 수 없는 의논이다.

漢나라는 高祖로부터 天下를 취한 것이 진실로 天下를 자신의 이익으로 여긴 것이어서 湯王과 武王이 불쌍한 백성들을 위로하고 죄 있는 자들을 정벌하는 마음이 아니었다. 그러므로 즉위한 뒤에 반란하는 자들이 자주 일어났으나 금하지 못하였으니, 이익이 있는 곳은 진실로 그 추향하는 바였다. 나라를 세운 규모에 이르러서는 대부분 秦나라의 옛것을 그대로 인습하여 다시는 三代시대의 封建制度와 井田法으로 天下를 公共히 하는 마음이 없었다.

王道에 부합한 것으로 예컨대 約法三章과 義帝를 위하여 喪을 발표한 것도 요컨대 또한 이것을 거짓으로 빌리려는 뜻이 있음을 면치 못하여 그 정성이 성실하지 못하였으니, 그렇다면 霸道를 섞어 쓴 것이 진실로 유래가 있는 것이다. 王道는 純金과 아름다운 玉과 같으니, 어찌 잡된 것이 섞임을 용납하겠는가. 섞인다면 이는 또한 霸道일 뿐이다. 오직 文帝는 天資가 道에 가까웠으나 薰習하고 操術하는 것이 또한 黃老의 刑名學에 뒤섞여서 그 시행한 것을 살펴보면 모두 權謀術數가 있었는데, 다만 그 자질이 아름답고 術數가 높았을 뿐이다. 깊이 살펴보면 저절로 나타난다. 宣帝에 이르러서는 또 霸道 중에 가장 낮은 자이니, 齊 桓公과 晉 文公의 罪人일 뿐이다. 西京(前漢)의 멸망이 宣帝로부터 비롯되었으니, 文帝와 景帝가 백성을 기른 뜻이 이에 이르러 사라져서 모두 없어졌다.

또 宣帝가 어찌 참으로 이른바 德敎라는 것을 알아서 〈王道를〉 쓸 수 없다고 말한 것이겠는가. 元帝가 儒生을 좋아한 것과 같은 것은 近似한 이름을 훔쳐서 委靡하고 柔懦하여 天下를 파괴한 것이니, 어찌 德敎를 이를 수 있겠는가. 王者의 정사는 그 마음이 天理에 근본하고 人倫을 확립하여 萬事에 시행해서 仁이 확립되고 義가 행해져서 어느 한 가지에 치중하여 거행되지 못하는 곳이 없으니, 이는 옛사람이 정치를 잘하고 나라를 보전하여 무궁한 후세에 여유를 드리운 것이다. 후세에는 일찍이 王道를 참으로 알지 못하고는 도리어 말하기를 '儒生의 말은 迂闊하여 행하기 어렵다.'고 하니, 또한 생각하지 못한 것이다."

1)〔頭註〕威文之罪人：威는 齊桓公*)이요 文은 晉文公이라

威는 齊나라 桓公이고 文은 晉나라 文公이다.

*) 威齊桓公：北宋 欽宗의 諱가 桓이므로 避諱하여 威로 바꿔 쓴 것이다.

【己巳】二年이라

甘露 2년(기사 B.C.52)

匈奴呼韓邪(야)單于款五原塞[1]하야 **願奉國珍**[2]**朝**어늘 **詔議其儀**하니 **丞相御史曰 宜如諸侯王**호되 **位次**는 **在下**니이다 **太傅蕭望之以爲 宜待以不臣之禮**하야 **位諸侯王上**이니이다 **天子采之**하야 **令單于位在諸侯王上**하고 **贊謁**[3]에 **稱臣而不名**하다 〈出望之傳〉

匈奴의 呼韓邪單于가 五原郡의 변방에 와서 복종하여 本國에서 나오는 진기한 보물을 바치고 조회할 것을 원하자, 명하여 그 의식을 의논하게 하니, 丞相과 御史가 말하기를 "마땅히 제후왕처럼 하되 位次는 제후왕의 아래에 두어야 합니다." 하였다. 太子太傅 蕭望之가 말하기를 "마땅히 신하로 삼지 않는 禮(客禮)로 대우하여 제후왕의 위에 자리하게 해야 합니다." 하니, 天子가 그 말을 채택하여 單于로 하여금 위차가 제후왕의 위에 있게 하였으며, 나아가 뵐 때에 臣이라 칭하고 이름을 칭하지 않게 하였다. - ≪漢書 蕭望之

傳≫에 나옴 -

1)〔釋義〕款五原塞：款은 叩也니 叩塞門來服從也라 五原郡楡林塞也니 在勝州楡林縣西四十里라 五原은 本秦九原郡이니 今大同路豐州是라
　款은 두드림이니, 변방의 문을 두드리고 와서 복종한 것이다. 五原郡 楡林塞이니, 勝州의 楡林縣 서쪽 40리 지점에 있다. 五原은 본래 秦나라의 九原郡이니, 지금의 大同路 豐州가 이곳이다.

2)〔釋義〕國珍：謂其國中所産珍寶라
　國珍은 그 나라 안에서 나오는 진귀한 보물을 이른다.

3)〔頭註〕贊謁*)：贊은 見(현)也니 進見也라
　贊謁은 나아가 뵙는 것이니, 進見과 같다.

*) 贊謁：옛날에 帝王 및 상급 관원을 알현할 때에 贊者가 의식을 唱하여 인도해 나와서 뵙게 함을 이른다.

荀悅論曰 春秋之義에 王者無外하니 欲一于天下也라 戎狄은 道里遼遠하고 人迹介絶이라 故로 正朔不及하고 禮敎不加하니 非尊之也요 其勢然也라 詩曰 自彼氐羌[1]으로 莫敢不來王[2]이라하니 故로 要荒之君[3]이 必奉王貢하고 若不供職이면 則有辭責하야 號令加焉하니 非敵國之謂也라 望之欲待以不臣之禮하고 加之王公之上하야 僭度失序하야 以亂天常하니 非禮也라 若以權時之宜면 則異論矣니라〈出荀悅漢紀〉

　荀悅의 論에 말하였다.

“≪春秋≫의 大義에 王者는 밖이 없으니, 이는 천하를 통일하고자 해서이다. 戎狄은 도로가 멀고 인적이 끊어졌다. 그러므로 正朔이 미치지 않고 禮敎가 가해지지 못하니, 이는 그들을 높인 것이 아니고 형세가 그러하기 때문이다. ≪詩經≫에 이르기를 ‘저 氐와 羌으로부터 감히 와서 굴복하지 않는 이가 없다.’ 하였다. 그러므로 要服과 荒服의 먼 곳에 있는 군주는 반드시 천자에게 貢物을 바치고, 만약 직책을 수행하지 않으면 꾸짖는 말이 있어서 호령이 가해지는 것이니, 대등한 나라로 말한 것이 아니다. 그런데 蕭望之가 單于를 신하로 삼지 않는 禮로 대우하고 王公의 위에 올려 놓고자 해서 법도를 참람하고 질서를 잃어 하늘의 변치 않는 떳떳한 道를 어지럽혔으니, 禮가 아

니다. 만약 임시방편으로 마땅하게 한 것이라고 한다면 論議가 달라진다." - 荀悅의 ≪漢紀≫에 나옴 -

1) 〔頭註〕 氐羌 : 氐는 本西南夷種이라 羌은 本牧羊人이니 三苗羌氏之別裔也라 以其荒野故로 謂之荒이라

氐는 본래 서남쪽 오랑캐의 종자이다. 羌은 본래 양을 치던 민족이니, 三苗의 羌氏의 別種이다. 荒野이기 때문에 荒이라고 이른 것이다.

2) 〔譯註〕 詩曰……莫敢不來王 : ≪詩經≫ 〈商頌 殷武篇〉에 보인다.

3) 〔釋義〕 要荒之君 : 書禹貢蔡氏傳曰 要, 荒은 皆夷狄地니 要服은 去王畿已遠이라 謂之要者는 取要約之義니 特羈縻*)之而已라

≪書經≫ 〈禹貢〉의 蔡氏 傳에 말하기를 "要服과 荒服은 모두 오랑캐의 땅이니, 要服은 王畿와의 거리가 이미 멀다. 要라고 이른 것은 要約(控制)의 뜻을 취한 것이니, 다만 羈縻하기만 할 뿐이다." 하였다.

*) 羈縻 : 天子國의 통치나 지시를 직접 받지 않고, 단지 매여 있기만 함을 이른다.

【庚午】 三年이라

甘露 3년(경오 B.C.51)

匈奴呼韓邪單于來朝하다

匈奴 呼韓邪單于가 와서 조회하였다.

班固匈奴傳贊曰 書戒蠻夷猾夏[1)]하고 詩稱戎狄是膺[2)]하고 春秋有道에 守在四夷[3)]하니 久矣라 夷狄之爲患也여 故로 自漢興으로 忠言嘉謀之臣이 曷嘗不運籌策하야 相與爭於廟堂之上乎아 高祖時엔 劉敬이요 呂后時엔 樊噲季布요 孝文時엔 賈誼鼂錯요 孝武時엔 王恢韓安國朱買臣公孫弘董仲舒가 人持所見하야 各有同異라 然이나 總其要하면 歸兩科而已라 縉紳[4)]之儒則守和親하고 介冑之士則言征伐하니 要皆偏見一時之利害하고 而未究匈奴之終始也라 自漢興으로 以至於今히 有修文而和親之矣요 有用武而克伐之矣요 有卑下而承事之矣요 有威武而臣畜(휵)之矣하야 詘(屈)伸異變하고 强弱相反이라 是故로 其詳을

可得而言也라 昔〈和親之論이 發於劉敬하니 是時에 天下初定하고 新遭平城之難이라 故로 從其言하야 約結〉和親하고 賂遺匈奴하야 冀以救安邊境이러니 孝惠高后時에 遵而不違로되 〈匈奴冠盜不爲衰止〉而單于反加驕倨라 至于孝文하야는 與通關市하고 妻以漢女하며 增厚其賂로되 而匈奴數(삭)背約束하야 邊境屢被其害라 是以로 文帝中年에 赫然發憤하야 遂躬戎服하고 親御鞍馬하야 從六郡[5]良家材力之士하야 馳射上林하고 講習戰陣하며 聚天下精兵하야 軍於廣武하고 顧問馮唐하야 與論將(師)〔帥〕하고 喟然歎息하야 思古名臣하니 此則和親無益이 已然之明效也라 仲舒親見四世之事[6]로되 猶復欲守舊文하야 頗增其約하야 〈以爲義動君子하고 利動貪人하니 如匈奴者는 非可以仁義說也요 獨可說(悅)以厚利하고 結之於天耳라 故로〉 與之厚幣하야 以沒其意하고 與盟於天하야 以堅其約하고 質其愛子하야 以累其心이니 〈匈奴雖欲展轉이나 奈失重利何며 奈欺上天何며 奈殺愛子何리오 夫賦斂行賂 不足以當三軍之費요 城郭之固 無以異於貞士之約이라 而使邊城守境之民으로 父兄緩帶하고 稚子咽哺하야 胡馬不窺於長城하고 而羽檄不行於中國이면 不亦便於天下乎아하니 察仲舒之論하고 考諸行事하면 迺知其未合於當時而有闕於後世也라〉 當孝武時하야 雖征伐克獲이나 而士馬物故亦略相當이요 匈奴人民이 每來降漢이면 單于亦輒拘留漢使하야 以相報復하야 其桀驁(오)尙如斯하니 安肯以愛子而爲質乎아 此不合當時之言也라 〈若不置質하고 空約和親이면 是襲孝文既往之悔요 而長匈奴無已之詐也라〉 夫邊城에 不選守境武略之臣하야 修障隧備塞之具하고 厲長戟勁弩之械하야 恃吾所以待邊寇하고 而務賦斂於民하야 遠行貨賂하고 割剝百姓하야 以奉寇讐하야 信甘言하고 守空約하야 而幾胡馬之不窺면 不已過乎아 至孝宣之世하야 承武帝奮擊之威하고 値匈奴百年之運하야 因其壞亂幾亡之厄하야 權時施宜하야 覆以威德하니 然後에 單于稽首臣服하고 遣子入侍하야 三世稱藩하야 賓於漢庭이라 是時에 邊城晏(閑)〔閉〕하고 牛馬布野하야 三世無犬吠之警하고 黎庶無干戈之役이러니 後六十餘載에 遭王莽簒位하야 始開邊隙하니 單于由是歸怨自絶한대 〈莽遂斬其侍子[7]하야〉 邊境之禍構矣라 〈故로 呼韓邪始朝於漢이어늘 漢議其儀할새 而蕭望之曰 戎狄荒服은 言其來服이 荒忽無常하야 時至時去니 宜待以客禮하야 讓而不臣이라 如其後嗣遁逃竄

伏하야 使於中國에 不爲叛臣이라하니라 及孝元時하야 議罷守塞之備할새 侯應以爲不可라하니 可謂盛不忘衰하고 安必思危하야 遠見識微之明矣라 至單于咸棄其愛子하고 昧利不顧하야는 侵掠所獲이 歲鉅萬計어늘 而和親賂遺는 不過千金하니 安在其不棄質而失重利也리오 仲舒之言이 漏於是矣라〉 夫規事建議에 不圖萬世之固하고 而媮(偸)恃一時之事者는 未可以經遠也라 若乃征伐之功은 秦漢行事를 嚴尤論之詳矣[8)]라 是故로 聖王이 禽獸畜(휵)之하야 不與約誓하고 不就攻伐하니 約之則費賂而見欺요 攻之則勞師而招寇라 其地를 不可耕而食也요 其民을 不可臣而畜也라 是以로 外而不內하고 疎而不戚하야 政教不及其人하고 正朔不加其國이라 來則懲而御之하고 去則備而守之하며 其慕義而貢獻이면 則接之以禮讓하고 羈縻[9)]不絶하야 〈使曲在彼가〉 是聖王制御蠻夷之常道也니라

班固의 ≪漢書≫ 〈匈奴傳〉 贊에 말하였다.

"≪書經≫에는 蠻夷가 中夏를 어지럽힌 것을 경계하였고 ≪詩經≫에는 戎狄을 응징한 것을 칭찬하였으며 ≪春秋≫에는 天下에 道가 있으면 지킴이 四夷에 있다고 하였으니, 夷狄이 중국의 우환이 된 지가 오래되었다. 그러므로 漢나라가 일어난 이후로 충성스러운 말을 하고 훌륭한 계책을 세우는 신하들이 어찌 일찍이 좋은 계책을 내어 廟堂의 위에서 서로 논쟁하지 않은 적이 있었겠는가. 高祖 때에는 劉敬, 呂后 때에는 樊噲와 季布, 孝文帝 때에는 賈誼와 鼂錯, 孝武帝 때에는 王恢・韓安國・朱買臣・公孫弘・董仲舒가 사람마다 소견이 있어서 각각 같고 다름이 있었다. 그러나 그 요점을 총괄해 보면 두 가지로 귀결될 뿐이다. 笏을 꽂고 큰 띠를 맨 文臣들은 和親을 주장하고, 투구와 갑옷을 입은 武臣들은 征伐을 말하였으니, 요컨대 모두 편벽되게 한 때의 利害만을 보았고 匈奴의 始와 終을 연구하지는 못하였다.

漢나라가 일어난 뒤로부터 지금까지 匈奴와 文德을 닦아 和親한 경우도 있었고, 武力을 써서 공격하고 정벌한 경우도 있었고, 몸을 낮추어 받들어 섬긴 경우도 있었고, 위엄으로 굴복시켜 신하로 기른 경우도 있어서, 屈伸에 異變이 있고 强弱이 相反되었다. 이 때문에 그 상세한 것을 말할 수 있는 것이다. 옛날 和親하자는 의논이 劉敬에게서 시작되었으니, 이때에 天下가 처

음 평정되었고 새로 平城의 난리를 만났다. 그러므로 그의 말을 따라 和親을 약속하고 匈奴에게 뇌물을 주어 변경을 안정시키기를 바랐는데, 孝惠帝와 高后(呂后) 때에는 이를 따르고 어기지 않았으나 匈奴의 침략이 줄어들거나 그치지 않았고 單于가 도리어 교만하고 방자하였다.

孝文帝 때에 이르러서는 匈奴와 關門에 교역하는 시장을 열고 漢나라 왕실의 딸을 시집보내었으며 뇌물을 더 늘렸으나 匈奴가 자주 약속을 배반하여 邊境이 누차 폐해를 입었다. 이 때문에 文帝는 中年에 赫然히 분발하여 마침내 몸소 軍服을 입고 친히 안장 없은 말을 몰고서 六郡의 良家에 재주와 힘이 있는 용사들을 수행시켜 上林苑에서 말을 달리고 활을 쏘며 전투하는 방법과 陣法을 익혔으며, 天下의 정예병을 모아 廣武에 주둔시키고 馮唐에게 의견을 물어 함께 장수를 논하고는 크게 탄식하여 옛날의 유명한 武將들을 생각하였으니, 匈奴와 화친하는 것은 무익하다는 예전의 분명한 징험이다.

董仲舒는 직접 4代의 일을 보았으나 오히려 다시 옛 文德을 지켜서 자못 그 약속을 더하고자 하였다. 그리하여 말하기를 '義는 君子를 감동시키고 이익은 탐욕스러운 사람을 감동시키니, 匈奴와 같은 자는 仁義로 설득할 수 없고, 오직 많은 이익으로 기쁘게 하고 하늘에 약속을 맺을 뿐이다. 그러므로 그에게 많은 폐백을 주어서 그 마음을 혹하게 하고, 함께 하늘에 맹세하여 그 약속을 굳게 하고, 사랑하는 자식을 인질로 삼아 그 마음을 얽어매야 하니, 이렇게 하면 匈奴가 비록 마음을 바꾸고자 하나 중한 이익을 잃음을 어찌하며 上天을 속임을 어찌하며 사랑하는 자식을 죽임을 어찌하겠는가. 세금을 거두어 匈奴에게 뇌물을 주는 것이 三軍의 비용에 미치지 못하고, 城郭의 견고함이 올바른 선비의 약속과 다름이 없다. 그리하여 변방의 국경을 지키는 백성들로 하여금 父兄이 편안하고 어린 자식들이 배불리 먹게 하여, 胡馬가 長城을 엿보지 않고 檄文이 中國에 행해지지 않게 한다면 天下에 편리하지 않겠는가.' 하였으니, 董仲舒의 의논을 살펴보고 행한 일을 고찰해 보면 당시에 부합하지 못하고 후세에 결함이 있음을 알 수 있다.

孝武帝 때에는 비록 匈奴를 정벌하여 이기고 사로잡았으나 군사와 말이 죽은 것이 또한 대략 서로 비슷하였으며, 匈奴의 백성들이 매번 와서 漢나라에

항복하면 單于가 또한 그때마다 漢나라 사신을 구류하여 서로 보복해서 거칠고 사나움이 오히려 이와 같았으니, 어찌 사랑하는 자식을 인질로 삼으려 하였겠는가. 이는 당시에 부합하지 않는 말이다. 만약 인질을 삼지 않고 빈말로 和親을 약속한다면 이는 孝文帝가 예전에 했던 후회를 답습하고 匈奴의 끝없는 속임수를 조장하는 것이다.

변방의 城에 武勇과 智略이 있어 국경을 지킬 수 있는 신하를 선발해서 堡壘와 요새의 적을 방비하는 도구를 수리하고 긴 창과 강한 궁노와 같은 기계를 비축하여 우리가 변경의 오랑캐를 대비하는 방책을 세우지 않고, 백성들에게 세금을 많이 거두어서 멀리 뇌물을 바치고 백성들의 膏血을 짜내어 원수를 받들어서 甘言異說을 믿고 헛된 약속을 지키면서 胡馬가 국경을 엿보지 않기를 바란다면 너무 잘못된 것이 아니겠는가.

孝宣帝 때에 이르러서는 武帝의 분발하여 공격하는 위엄을 계승하고 匈奴가 백 년 만에 쇠퇴하는 운수를 만나 그들이 파괴되고 혼란하여 거의 멸망하게 된 액운을 틈타 때를 저울질하여 마땅하게 시행해서 위엄과 덕을 보여 주었다. 이렇게 한 뒤에야 單于가 머리를 조아리고 신하로 복종하며 자식을 보내어 入侍하게 해서 3대 동안 藩臣을 칭하여 漢나라 조정에 굴복하였다. 이때에 변방의 城이 편안하고 소와 말이 들에 널려 있어서 3대 동안 개 짖는 소리가 없었고 백성들이 창과 방패를 메는 부역이 없었는데, 그 후 60여 년 사이에 王莽이 천자의 지위를 찬탈하여 비로소 변방의 틈을 열어 놓으니, 單于가 이 때문에 원망하고 스스로 國交를 끊었다. 이에 王莽이 마침내 그 侍子를 목 베어 邊境의 禍가 발생하였다.

그러므로 宣帝 때에 呼韓邪單于가 처음 漢나라에 조회 오자 漢나라에서 그 의식을 논의하였는데, 蕭望之는 말하기를 '戎狄의 荒服은 와서 복종하는 것이 헤아리기 어려워 일정함이 없어서 때로 왔다가 때로 가니, 마땅히 손님의 禮로 대우해서 사양하고 신하로 삼지 말아야 합니다. 그리하여 그 後嗣들이 달아나 숨어서 中國에 반역하는 신하가 되지 않게 해야 합니다.' 하였다. 그리고 孝元帝 때에 변방을 지키는 수비를 파할 것을 의논하자, 侯應이 불가하다 하였으니, 그의 말은 융성해도 쇠할 때를 잊지 않고 편안해도 반드시 위태로울 때를 생각하여, 멀리 내다보고 기미를 아는 밝은 지혜라고 이를 만하였다.

單于가 사랑하는 자식을 모두 버리고 이익에 눈이 멀어 돌아보지 않음에 이르러서는 침략하여 얻는 것이 1년에 鉅萬이었는데 和親하여 뇌물을 받는 것은 千金에 불과하였으니, 인질을 버리지 않고 중한 이익을 잃지 않는다는 것이 어디에 있는가. 董仲舒의 말의 결함이 여기에서 드러났다.

일을 계획하고 의견을 내놓을 때에 만대토록 견고함을 도모하지 않고 구차하게 한때의 이익만을 믿는 것은 오래갈 수가 없는 것이다. 征伐하는 공으로 말하면 秦·漢 시대에 행한 일을 嚴尤가 상세히 논하였다. 이 때문에 聖王이 禽獸로서 오랑캐들을 길러 그들과 맹약하지 않고 공격과 정벌을 가하지 않았으니, 맹약하면 뇌물을 주고 속임을 당하며 공격하면 군사를 수고롭게 하고 침략을 초래하였다. 그들의 땅을 경작하여 먹을 수가 없고 그들의 백성을 신하로 기를 수가 없다. 이 때문에 밖으로 삼고 안으로 받아들이지 않으며 소원히 하고 가까이하지 않아서 政敎가 그 백성들에게 미치지 않고 正朔이 그 나라에 가해지지 않았다. 오면 징계하여 어거하고 가면 대비하고 지켰으며, 義를 사모하여 와서 貢物을 바치면 禮와 謙讓으로 대하고 羈縻(얽어맴)하여 끊지 않아서 잘못이 저들에게 있게 하였으니, 이것이 聖王이 蠻夷를 제어하는 떳떳한 方道이다."

1) 〔譯註〕 書戒蠻夷猾夏 : ≪書經≫ 〈舜典〉에 "帝舜이 말씀하기를 '皐陶야! 蠻夷가 中夏를 어지럽히며 약탈하고 죽이며 밖을 어지럽히고 안을 어지럽히므로 너를 士로 삼는다.' 하였다.〔皐陶 蠻夷猾夏 寇賊姦宄 汝作士〕"라고 보인다.

2) 〔譯註〕 詩稱戎狄是膺 : ≪詩經≫ 〈魯頌 閟宮〉에 "융적을 이에 막으며, 형서를 이에 징계한다.〔戎狄是膺 荊舒是懲〕"라고 보인다.

3) 〔譯註〕 春秋有道 守在四夷 : ≪春秋左傳≫ 昭公 23年條에 '古者天子守在四夷 天子卑 守在諸侯 諸侯守在四隣 諸侯卑 守在四境'이라고 보이며, ≪淮南子≫ 〈泰族訓〉에는 '天子得道 守在四夷'라고 보이는 바, 守在四夷는 사방 오랑캐들을 융화시켜 中國의 호위로 삼음을 이른다.

4) 〔頭註〕 縉紳 : 縉은 或作搢하니 插也요 紳은 帶也니 謂插笏於帶也라
縉은 혹 搢으로 쓰니 꽂음이고 紳은 띠이니, 笏을 띠에 꽂음을 이른다.

5) 〔譯註〕六郡 : ≪漢書≫의 顔師古 註에 이르기를 "六郡은 隴西, 天水, 安定, 北地, 上郡, 西河를 이른다." 하였다.

6) 〔頭註〕四世之事 : 四世는 高帝高后文景也라
四世는 高帝, 高后, 文帝, 景帝이다.

7) 〔譯註〕侍子 : 屬國의 王이나 혹은 諸侯가 아들을 보내어 入朝하여 天子를 모시게 하는 바, 이를 侍子라 한다.

8) 〔頭註〕嚴尤論之詳矣 : 嚴尤論은 在十五卷辛未年이라
嚴尤의 의론은 뒤의 15권 辛未年條(11 新莽 3년)에 있다.

9) 〔釋義〕羈縻 : 馬曰羈요 牛曰縻니 言制四夷를 要如馬牛之受羈縻也라
말에게 씌우는 것을 羈(굴레)라 하고, 소에게 씌우는 것을 縻(고삐)라 하니, 사방의 오랑캐를 제어하기를 말과 소가 굴레와 고삐에 제어당하는 것과 같이 하고자 함을 말한 것이다.

先是에 自烏孫以西로 至安息諸國히 近匈奴者 皆畏匈奴而輕漢이러니 及呼韓邪單于朝漢後로 咸尊漢矣러라

이보다 먼저 烏孫 서쪽으로부터 安息國 등 여러 나라에 이르기까지 匈奴에 가까운 자들이 모두 匈奴를 두려워하여 漢나라를 경시하였는데, 呼韓邪單于가 漢나라에 조회 온 뒤로부터 모두 漢나라를 높이게 되었다.

○ 上이 以戎狄賓服이라하야 思股肱之美하야 乃圖畵其人於麒麟閣[1)]하야 法其形貌하고 署其官爵姓名호되 唯霍光은 不名하고 曰大司馬大將軍博陸侯姓霍氏라하고 其次는 張安世, 韓增, 趙充國, 魏相, 丙吉, 杜延年, 劉德, 梁丘賀, 蕭望之, 蘇武凡十一人이니 皆以功德으로 知名當世라 是以로 表而揚之하야 明著[2)]中興輔佐하야 列於方叔, 召虎, 仲山甫焉이러라 〈出趙充國傳〉

上이 戎狄이 조공을 바치고 복종한다 해서 股肱(신하)이 보좌한 아름다운 공로를 생각하여 마침내 그들의 모습을 麒麟閣에 그려서 그 모습을 본뜨고 그 官爵과 姓名을 서술하되 오직 霍光만은 이름을 부르지 않고 '大司馬大將軍 博陸侯 姓霍氏'라 하였고, 그 다음은 張安世, 韓增, 趙充國, 魏相, 丙吉,

杜延年, 劉德, 梁丘賀, 蕭望之, 蘇武 등 모두 11명이었으니, 모두 功德으로 당대에 이름이 알려졌다. 이 때문에 표출하여 드날려서 그들이 漢나라를 中興하는 데에 보좌한 공로를 밝게 드러내어 周나라 때의 方叔, 召虎, 仲山甫에 나열한 것이다. - ≪漢書 趙充國傳≫에 나옴 -

1)〔頭註〕麒麟閣 : 武帝獲麒麟하야 作此閣하고 圖畵其像하고 遂以爲名하니라
武帝가 麒麟을 잡은 다음 이 閣을 짓고 功臣들의 畵像을 그리고는 마침내 麒麟閣이라 이름하였다.

2)〔頭註〕明著 : 著는 表也요 題也니 圖畵功臣이 自此始라
著는 표함이고 씀이니, 功臣들을 그리는 것이 이로부터 시작되었다.

〔新增〕養心吳氏曰 慶元[1]間中興輔佐孰優論云 定策如博陸하고 濟治如丙魏하고 靖邊如充國을 寘之前列이면 夫誰曰不然이리오 安世는 以謹厚聞하고 延年은 以安和著하고 蕭望之梁丘賀는 以文學顯이어니와 其他如韓如劉는 亦不過一藝一能之士요 未見有卓然之功也어늘 而蘇武大節凜然을 乃寘之於群臣之後라 武之守節이 如彼其堅也요 起敬於夷狄이 如彼其久也어늘 序列이 如彼其卑也하니 帝豈無見於此哉아 蓋麒麟之圖繪는 正遠人觀聽之所係니 彼其平日之所畏慕者 知有武而已러니 一旦顧瞻傑閣하고 歷數元勳할새 而疇昔敬畏之人이 乃渺然特居群臣之後하면 必相顧駭愕하야 私相告語호되 以中郎之大節如此로도 且居群臣之下하니 則凡偃然其右者는 其功德을 顧可量歟아하야 將益信中國人才之盛하야 而隱然有虎豹在山之勢矣리라 夫如是면 寧不足以示中國之大而杜外夷窺伺之心耶아

養心吳氏가 말하였다.

"慶元間中興輔佐孰優論(慶元 年間에 中興을 輔佐한 공이 누가 나은가를 논한 글)에 이르기를 博陸侯(霍光)와 같이 좋은 계책을 결정하고, 丙吉과 魏相과 같이 훌륭한 정치를 이룩하고, 趙充國과 같이 변경을 편안히 한 자를 앞줄에 두는 것은 누가 옳지 않다고 말하겠는가. 張安世는 삼가고 후덕함으로 알려졌고, 杜延年은 편안함과 화목함으로 드러났고, 蕭望之와 梁丘賀는 文學으로 드러났지만 기타 韓增과 劉德 같은 자는 한 가지 기예와 한 가지 재능

을 가진 선비에 지나지 않았고 드높은 공이 있음을 보지 못하였는데 큰 절개가 늠름한 蘇武를 마침내 여러 신하의 뒤에 두었다. 蘇武가 절개를 지킨 것이 저와 같이 견고하고 오랑캐 땅에서 더욱 공경받은 것이 저와 같이 오래되었는데도 序列이 저와 같이 낮았으니, 宣帝가 어찌 이에 대하여 소견이 없었겠는가.

麒麟閣에다가 功臣들의 초상을 그림은 바로 먼 오랑캐 사람들이 보고 들음에 관계되는 것이다. 저들이 평소에 두려워하고 사모한 것은 오직 蘇武가 있음을 알 뿐이었는데, 하루아침에 훌륭한 기린각을 돌아보고 큰 공이 있는 자들을 일일이 헤아려 볼 때에 옛날 자신들이 공경하고 두려워하던 사람이 도리어 까마득히 여러 신하들의 뒤에 있으면 반드시 서로 돌아보고 놀라서 자기들끼리 말하기를 '蘇中郎(蘇武)의 큰 절개가 이와 같은데도 여러 신하들의 아래에 있으니, 그렇다면 모든 그 위에 버젓이 있는 자들은 그 功과 德을 어찌 헤아릴 수 있겠는가.'라고 할 것이다. 그리하여 장차 中國의 人才가 많음을 더욱 믿어서 은연중 호랑이와 표범이 산에 있는 형세를 이루게 될 것이다. 이와 같다면 어찌 족히 中國의 큼을 보여 주어 오랑캐들의 기회를 엿보는 마음을 막을 수 있지 않겠는가."

1)〔頭註〕慶元：漢無慶元하니 未詳이라
漢나라 때에는 慶元이라는 연호가 없으니, 자세하지 않다.

詔諸儒하야 **講五經同異**[1)]한대 **蕭望之等**이 **平奏其議**[2)]어늘 **上**이 **親稱制臨決**[3)]**焉**하고 **乃立梁丘易**[4)], **大小夏侯尙書**[5)], **穀梁春秋**[6)]**博士**하다 〈出本傳〉

여러 儒者들에게 명하여 五經의 同異를 강론하게 하였는데, 蕭望之 등이 그 의논을 平奏하자, 上이 친히 制를 칭하여 직접 나와서 결정하였다. 그리하여 마침내 梁丘賀의 ≪易經≫, 大夏侯(夏侯勝)와 小夏侯(夏侯建)의 ≪尙書≫, 穀梁의 ≪春秋≫의 博士를 세웠다. - ≪漢書 蕭望之傳≫에 나옴 -

1)〔釋義〕詔諸儒 講五經同異：王氏曰 施讐論易하고 周堪, 孔霸論書하고 薛廣德論詩하고 戴聖論禮하며 公羊則嚴彭祖요 穀梁則尹更始라 同異者는 謂與經旨合否也라

王氏가 말하였다. "施讐는 ≪易經≫을 논하고, 周堪과 孔霸는 ≪書經≫을 논하고, 薛廣德은 ≪詩經≫을 논하고, 戴聖은 ≪禮經≫을 논하였으며, ≪公羊傳≫은 嚴彭祖이고 ≪穀梁傳≫은 尹更始였다. 同異는 經書의 뜻과 부합하는가 부합하지 않는가를 이른다."

2) 〔釋義〕 平奏其議 : 平은 謂無所可否라 〔通鑑要解〕 平은 評也니 平其不平曰評이라
〔釋義〕 平奏의 平은 可否하는 바가 없음을 이른다. 〔通鑑要解〕 平은 논평함이니, 공평하지 않은 것을 고르게 함을 評이라 한다.

3) 〔釋義〕 親稱制臨決 : 七制解云 稱制는 卽制曰이 是已니 自臨視其論議而斷決可否라
≪七制解≫에 이르기를 "稱制는 바로 '制曰'이 이것이니, 황제가 직접 임석하여 그 의논을 보고 가부를 결단하는 것이다." 하였다.

4) 〔釋義〕 梁丘易 : 梁丘는 複姓이니 名賀요 字長翁이라 琅琊諸〈城〉人이니 從京房受易이러니 帝聞京房易明하고 求其門人而得賀하니라
梁丘는 複姓이니, 이름이 賀이고 자가 長翁이다. 琅琊의 諸城 사람이니, 京房에게 ≪易經≫을 배웠는데, 황제가 京房이 ≪易經≫에 밝다는 말을 듣고 그 門人을 찾아 梁丘賀를 얻었다.

5) 〔釋義〕 大小夏侯尙書 : 夏侯는 複姓이니 大夏侯는 名勝이요 字長公이니 東平人이라 其先夏侯都尉 從濟南張生하야 受尙書하야 以傳族子始昌하고 始昌傳勝하니라 小夏侯는 名建이요 字長卿이니 勝之從父子也라 勝以書受建하고 建又事歐陽高라 由是로 尙書有大小夏侯之學하니라
夏侯는 複姓이니, 大夏侯는 이름이 勝이고 자가 長公이니 東平 사람이다. 그 선조인 夏侯都尉가 濟南의 張生에게서 ≪尙書≫를 전수받아 族子인 始昌에게 전하였고, 始昌이 勝에게 전하였다. 小夏侯는 이름이 建이고 자가 長卿이니, 勝의 從父(숙부)의 아들(사촌 형제)이다. 夏侯勝은 ≪尙書≫를 夏侯建에게 전수하고, 夏侯建은 또 歐陽高를 사사하였다. 이로 말미암아 ≪尙書≫에 大夏侯와 小夏侯의 학설이 있게 되었다.

6) 〔釋義〕 穀梁春秋 : 穀梁은 複姓이니 名淑(俶)이요 一名赤이요 字元始니 魯人이라 何休曰 孔子至聖이라 却觀無窮하사 知秦將必燔書라 故以春秋之說로 口授子夏하고 子夏授穀梁하고 穀梁爲經作傳하야 以授孫卿하고 卿授申公하고 申公授江翁이라 其後에 榮廣大善穀梁하야 以傳蔡千秋러니 宣帝好穀梁하야 乃擢千秋爲郎하니라
穀梁은 複姓이니, 이름이 俶이고 一名은 赤이며 자가 元始이니 魯나라 사람이

다. 何休가 말하였다. "孔子는 지극한 聖人으로 무궁한 후세를 관찰하여 秦나라가 장차 반드시 서적을 불태울 것을 아셨다. 그러므로 ≪春秋≫의 내용을 말로 子夏에게 전수하였고, 子夏는 穀梁에게 전수하였고, 穀梁은 經을 위하여 傳을 만들어서 孫卿에게 전수하였고, 孫卿은 申公에게 전수하였고, 申公은 江翁에게 전수하였다. 그 뒤에 榮廣이 ≪穀梁傳≫을 매우 잘하여 蔡千秋에게 전하였는데, 宣帝가 ≪穀梁傳≫을 좋아하여 마침내 蔡千秋를 발탁하여 郞으로 삼았다."

【壬申】黃龍元年이라

黃龍 元年(임신 B.C.49)

帝崩하고 **太子卽皇帝位**하다

황제가 승하하고 태자가 황제에 즉위하였다.

贊曰 孝宣之治는 信賞必罰하고 綜核名實[1)]하야 政事文學法理之士 咸精其能하고 至于技巧工匠器械하야도 自元成間으로 鮮能及之하니 亦足以知吏稱其職하고 民安其業也라 遭値匈奴乖亂하야 推(퇴)亡固存[2)]하고 信(伸)威北夷[3)]하니 單于慕義하고 稽首稱藩하야 功光祖宗하고 業垂後嗣라 可謂中興하야 侔德殷宗周宣矣[4)]로다 〈出本紀〉

班固의 ≪漢書≫〈宣帝紀〉贊에 말하였다.

"孝宣帝의 정치는 賞과 罰을 분명히 내리고 名과 實을 자세히 살펴서 政事와 文學과 法理를 맡은 선비들이 모두 재능을 정밀하게 하였고, 技巧와 工匠의 器械에 이르러도 정밀하여 元帝와 成帝 연간에는 따라갈 수 있는 자가 드물었으니, 또한 관리들이 직책을 잘 수행하고 백성들이 생업을 편안히 여겼음을 알 수 있다. 匈奴가 서로 反目하고 혼란할 때를 만나서 망하려는 자를 밀쳐 쓰러뜨리고 보존하는 자를 견고히 하며 위엄을 북쪽 오랑캐들에게 펴니, 單于가 義를 사모하고 머리를 조아려 藩臣을 칭해서 功이 祖宗에 빛나고 業이 후세에 드리워졌다. '나라를 中興하여 德이 殷나라의 高宗(武丁)과 周나라의 宣王에게 견줄 만하다.'고 이를 만하다." - ≪漢書 宣帝紀≫에 나옴 -

1)〔釋義〕綜核名實：七制解云 相參錯爲綜이요 不虛拘爲核이라

≪七制解≫에 이르기를 "서로 參錯(이리저리 참고하여 종합)하는 것을 綜이라 하고, 괜히 구속하지 않음을 核이라 한다." 하였다.

2)〔釋義〕推亡固存：此句는 書仲虺文也라 有亡道者면 則推而滅之하고 有存道者면 則輔而固之니 今宣帝朝呼韓邪而固存之하고 走郅支*)使遠遁焉이라 故로 此贊에 引仲虺誥語云이라

이 句는 ≪書經≫〈仲虺之誥〉의 글이다. 道를 망하게 하는 자가 있으면 밀쳐 멸망시키고, 道를 보존하는 자가 있으면 도와서 견고하게 하니, 지금 宣帝가 呼韓邪單于를 조회 오게 하여 보존하는 자를 견고히 해 주고 郅支를 패주시켜 멀리 숨게 하였으므로 이 贊에서〈仲虺之誥〉의 내용을 인용한 것이다.

*) 郅支：呼韓邪單于의 형으로 이름은 呼屠吾斯이다. 漢나라 元帝 때 漢나라 使臣을 죽이고 반항하다가 西域副校尉 陳湯에 의해 斬殺당하였다.

3)〔釋義〕信威北夷：一說에 謂恩信及威聲이 竝著于北夷라

一說에 "신의와 위엄이 북쪽 오랑캐들에게 함께 드러난 것이다." 하였다.

4)〔釋義〕侔德殷宗周宣矣：殷高宗, 周宣王은 皆中興之帝니 今宣帝之德이 可與侔齊矣라

殷나라 高宗과 周나라 宣王은 모두 쇠퇴한 나라를 중흥시킨 군주이니, 지금 宣帝의 德이 이들과 짝할 만한 것이다.

〔新增〕唐仲友曰 民安其業已上은 是帝治術所致요 遭匈奴已下는 是遭時에 亦緣應之得策이라 觀班固論孝宣이 皆是로되 只侔德商周는 過許니 蓋較功比迹이면 頗類라 然이나 亦有難易하니 初無所謂德이라

唐仲友가〈班固의 贊에〉評하였다.

"'民安其業' 이상은 宣帝의 治道의 결과이고, '遭値匈奴' 이하는 좋은 때를 만남에 또한 때에 따라 대응하기를 잘했기 때문이다. 살펴보건대 班固가 孝宣帝를 논한 것이 모두 맞으나 다만 宣帝의 德이 商나라 高宗과 周나라 宣王에게 짝할 만하다고 한 것은 지나치게 허여한 것이니, 공적만을 비교한다면 자못 비슷하다. 그러나 또한 어렵고 쉬운 차이가 있으니, 애당초 이른바 德이라는 것이 없었다."

敍傳曰 中宗明明하야 寅用刑名이라 時擧傳納[1)]하야 聽斷惟精이라 柔遠能邇하야 燀燿威靈하니 龍荒朔幕(漠)[2)]이 莫不來庭이라 丕顯祖烈이 尙(丁)〔於〕有成이라

班固의 ≪漢書≫ 〈敍傳〉에 宣帝를 칭술한 글에 말하였다.

"中宗은 밝고 밝아서 刑名을 공경히 사용하였다. 이 때에 어진 자를 들어 쓰고 말을 올리는 자가 있으면 받아들여서 다스리고 결단함에 정밀하였다. 멀리 있는 자를 회유하고 가까이 있는 자를 길들여서 위엄이 빛나니, 匈奴의 龍城과 사막 북쪽 지역이 모두 와서 복종하여 찬란한 祖宗의 功烈이 이루어짐이 있었다."

1)〔頭註〕時擧傳納 : 時는 是也니 於是時也에 選用賢者라 傳는 讀曰敷니 敷는 陳也니 有陳言者면 納而用之라

時는 이것이니, 이때에 어진 자를 선발하여 등용한 것이다. 傳는 敷로 읽으니, 敷는 아뢰는 것이니 말을 아뢰는 자가 있으면 받아들여 쓴 것이다.

2)〔頭註〕龍荒[*)]朔幕 : 龍荒은 卽龍城이라 西胡는 皆事龍神이라 故로 名大會處曰龍荒이라 幕은 卽沙漠也라

龍荒은 곧 龍城이다. 西胡는 모두 龍神을 섬기기 때문에 사람들이 크게 모인 곳을 이름하여 龍荒이라 하였다. 幕은 사막이다.

*) 龍荒 : 龍은 匈奴가 하늘에 제사 지내는 곳인 龍城을 가리키고, 荒은 荒服을 이른다.

公孫弘贊曰 孝宣承統에 纂修鴻業하고 講論六藝하고 招選茂異하야 而蕭望之, 梁丘賀, 夏侯勝, 韋玄成, 嚴彭祖, 尹更始는 以儒術進하고 劉向, 王褒는 以文章顯하며 將相則張安世, 趙充國, 魏相, 丙吉, 于定國, 杜延年이요 治民則黃霸, 王成, 龔遂, 鄭弘, 召信臣, 韓延壽, 尹翁歸, 趙廣漢, 嚴延年, 張敞之屬이 皆有功迹하야 見於〈後〉世하니 參其名臣컨대 亦其次也니라

班固의 ≪漢書≫ 〈公孫弘卜式兒寬傳〉 贊에 말하였다.

"孝宣帝는 大統을 잇자 큰 基業을 닦고 또한 六經을 강론하며 뛰어난 인재들을 불러오고 선발해서 蕭望之와 梁丘賀·夏侯勝·韋玄成·嚴彭祖·尹更始는 儒學으로 등용되었고, 劉向과 王褒는 文章으로 드러났으며, 將相으로는

張安世・趙充國・魏相・丙吉・于定國・杜延年이었고, 백성을 잘 다스린 자로는 黃霸・王成・龔遂・鄭弘・召信臣・韓延壽・尹翁歸・趙廣漢・嚴延年・張敞 등이 모두 뛰어난 공적이 있어서 후세에 드러났으니, 이름난 신하들을 살펴보면 또한 그(武帝) 다음이라 할 것이다."

東萊呂氏曰 申韓之害流毒後世가 何其遠耶아 秦始皇二世用之하야 以亡其國하고 趙高李斯用之하야 以亡其身하니 生乎秦之後면 可以戒矣어늘 而漢鼂錯復明申韓하야 佐景帝하야 更律令하고 削七國하야 天下亦幾於亡하야 〈甘蹈亡秦之轍而不顧焉이라〉 生乎鼂錯之後者 可以重戒矣로되 宣帝復好觀申子君臣之篇하야 所用이 多文法吏라 以刑名繩下하야 甘蹈鼂錯之覆轍而不顧焉이라 彼申韓之說이 其入人深하야 雖明君賢臣이라도 皆陷溺而不能出은 何也오 其令行禁止하고 奔走天下하야 誠足以稱快一時也일새라 樂其一時之快하야 而不暇顧其他日之害하니 此其說이 所以盛行於世歟인저 觀宣帝之爲君컨대 綜核名實하고 信賞必罰하야 其所以功光祖宗하고 業垂後嗣者는 蓋勵精之效요 初非申韓之功也라 至於用恭顯하야 而啓元帝之信宦者하고 貴許史하야 而啓成帝之任外戚하고 殺趙蓋韓楊하야 而啓哀帝之誅大臣하야 開三大釁하야 終以亡國하니 此豈非擇術不審之流弊乎아 故로 論其功하면 則爲中興之君이요 論其罪하면 則亦爲基禍之主하야 其功罪相半者는 蓋失於欲速而用申韓也라 昔者에 聖人亦知遲之不如速하고 鈍之不如利矣라 然이나 其爲治는 乃曰王者必世而後仁이라하고 曰久於其道而天下化成이라하야 日計不足이나 月計有餘하야 其遲鈍迂闊이 每不若申韓之速은 獨何歟아 〈使聖人而不知此理耶인댄 是不智也요 使聖人知而不行耶인댄 是不仁也니 不仁不智가 豈所以爲聖人哉아〉 殊不知聖人慮事至精也라 其擧事에 厭遲而惡鈍이 亦與人同也니 〈使有道於此하야 加頃刻之捷이면 則聖人已先爲之矣시리라〉 惟其原始要終하고 探端窮本하야 知吾道雖有歲月之遲나 而終成千百年之安하고 申韓雖有歲月之速이나 而終貽千百年之害라 故로 去彼取此也시니라 由是論之하면 則莫速於聖人이요 莫遲於申韓이며 莫利於聖人이요 莫鈍於申韓하니 其理甚明이라 宣帝不知此理하고 反非太子用儒之諫하니 豈天未欲斯民見三代之治耶아

東萊呂氏(呂祖謙)가 말하였다.

“申韓(申不害와 韓非子)이 후세에 해독을 끼침이 어쩌면 그리도 오래되었는가. 秦나라 始皇帝와 二世皇帝는 이것을 써서 나라를 망쳤고 趙高와 李斯는 이것을 써서 자신을 망쳤으니, 秦나라 뒤에 태어난 자라면 이것을 경계로 삼을 만하였다. 그런데 漢나라 鼂錯는 다시 申韓의 法을 밝혀서 景帝를 보좌하여 律令을 바꾸고 일곱 제후국의 땅을 깎아 天下가 거의 멸망할 지경에 이르러 멸망한 秦나라의 前轍을 따르고 돌아보지 않았다.

鼂錯의 뒤에 태어난 자들이 거듭 경계할 만하였다. 그러나 宣帝는 다시 ≪申子≫의 〈君臣篇〉을 보기 좋아하여 등용한 사람이 대부분 법조문을 따지는 獄吏였다. 그러므로 刑名으로 아랫사람들을 다스려서 鼂錯의 잘못된 前轍을 다시 밟고 돌아보지 않았다. 저 申韓의 학설이 사람에게 들어감이 깊어서 비록 현명한 군주와 어진 신하라도 여기에 빠져 벗어나지 못함은 어째서인가? 명령하면 명령이 행해지고 금하면 금령이 그쳐지며 천하 사람들을 분주히 달리게 해서 진실로 한때에 상쾌하게 하기 때문이다. 한때의 상쾌함을 좋아하여 후일의 폐해를 돌아볼 겨를이 없으니, 이것이 그 학설이 세상에 성행하는 이유일 것이다.

宣帝가 임금 노릇 한 것을 살펴보건대 名과 實을 자세히 살피고 賞과 罰을 분명히 내려서 功이 祖宗에 빛나고 業이 후세에 전해진 것은 정신을 가다듬어 정사한 효험이었고 애당초 申韓의 학설의 功이 아니었다. 弘恭과 石顯을 등용하여 元帝가 宦官을 믿는 길을 열어 주었고, 외척인 許氏와 史氏를 귀하게 만들어 成帝가 외척에게 정권을 맡기는 길을 열어 놓았고, 趙廣漢・蓋寬饒・韓延壽・楊惲을 죽여서 哀帝가 大臣을 죽이는 길을 열어 놓았다. 그리하여 세 가지 큰 잘못을 열어 놓아 끝내 이 때문에 나라를 멸망하게 하였으니, 이 어찌 學術을 선택함에 자세히 살피지 못한 流弊가 아니겠는가. 그러므로 그 功을 논하면 中興의 군주가 되었고, 그 죄를 논하면 또한 禍를 열어 놓은 군주가 되어서 功과 罪가 서로 반반씩이니, 이는 속히 하고자 하여 申韓의 학설을 쓴 데에서 잘못된 것이다.

옛날 聖人들도 더딘 것이 신속한 것만 못하고 무딘 것이 예리한 것만 못한 줄을 아셨다. 그러나 정치를 함은 마침내 말씀하기를 '王者가 있더라도 반드시 한 세대가 지난 뒤에야 백성들이 仁해진다.' 하였고, 말씀하기를 '그 道를 오래하여야 天下가 敎化되어 이루어진다.' 하여, 날로 계산하면 부족하나 달로 계산하면 유여하여, 더디고 둔하고 오활함이 매양 申韓의 신속함만 못함은 유독 어째서인가? 만일 聖人이 이 이치를 알지 못하셨다면 이는 지혜롭지 못한 것이고, 만일 聖人이 알면서도 행하지 않으셨다면 이는 仁하지 못한 것이니, 仁하지 못하고 지혜롭지 못한 것이 어찌 聖人이 되는 所以이겠는가. 이는 聖人의 일을 생각함이 지극히 정밀함을 알지 못하는 것이다.

聖人도 일을 할 때에 더딘 것을 싫어하고 무딘 것을 싫어함이 일반인과 같았으니, 만일 여기에 道가 있어서 삽시간에 속히 할 수 있다면 聖人이 이미 먼저 하셨을 것이다. 다만 시작을 근원하고 終을 맞추어 보며 단서와 근본을 탐구하여, 우리 道는 비록 시간이 오래 걸리지만 끝내 千百年의 편안함을 이루고, 申不害와 韓非子는 비록 시간의 빠름이 있지만 끝내 千百年의 폐해를 끼친다는 것을 아셨다. 이 때문에 저것을 버리고 이것을 취하신 것이다. 이것을 가지고 논한다면 聖人보다 더 신속한 것이 없고 申韓보다 더 더딘 것이 없으며, 聖人보다 더 예리한 것이 없고 申韓보다 더 무딘 것이 없으니, 그 이치가 매우 분명하다. 그런데 宣帝는 이러한 이치를 알지 못하고 도리어 선비를 등용해야 한다는 太子의 간언을 비난하였으니, 아마 하늘이 이 백성들로 하여금 三代의 정치를 보게 하고자 하지 않았는가 보다."

〔史略 史評〕 賀氏善曰 宣帝號尙嚴이어늘 而綱目에 書寬恤之政이 四니 詔有大父母父母喪이어든 勿繇하고 詔子匿父母, 妻匿夫, 孫匿大父母어든 皆勿治하고 令郡國으로 歲上繫囚호되 掠笞瘦死者는 以課殿最하고 詔年八十以上은 非誣告人이면 勿坐하니 謂非惻隱之發이 可乎아 惜夫라 信鳳凰, 惑碧鷄하고 而趙韓楊之死에 不免書殺하니 此는 綱目所以責賢者之備也니라

賀善이 말하였다.

"宣帝는 엄함을 숭상했다고 이름났으나 ≪資治通鑑綱目≫에 너그럽게 구휼한 정사를 기록한 것이 네 가지이니, 조부모와 부모의 喪이 있으면 부역시키지 말게 하였고, 자식이 부모를 숨겨 주고 아내가 남편을 숨겨 주고 손자가 조부모를 숨겨 주었으면 모두 죄를 다스리지 말게 하였고, 郡國으로 하여금 해마다 죄수를 보고하되 죄수를 매질하여 병들어 죽게 한 자는 考課에 최하등의 성적을 매기게 하였고, 80세 이상인 사람은 誣告한 사람이 아니면 연좌시키지 말게 하였으니, 惻隱之心에서 나온 것이 아니라고 이를 수 있겠는가. 애석하다. 봉황새를 믿고 碧鷄의 神에 미혹되고 趙廣漢·韓延壽·楊惲의 죽음에 殺이라고 씀을 면치 못하였으니, 이는 ≪資治通鑑綱目≫에서 賢者에게 모든 일을 완비하기를 요구한 것이다."

漢紀

孝元皇帝※ **名**은 **奭**이니 **宣帝長子**라 **在位十六年**이요 **壽四十三**이라

孝元皇帝는 이름이 奭이니, 宣帝의 長子이다. 재위가 16년이고 壽가 43세이다.

※ 牽制文義하고 優游不斷하야 孝宣之業이 衰焉하니라
孝元皇帝는 문장의 뜻에 구애되고 우유부단해서 孝宣皇帝의 업적이 쇠퇴하였다.

【癸酉】初元元年이라

初元 元年(계유 B.C.48)

上이 **素聞王吉, 貢禹皆明經潔行**하고 **遣使者徵之**러니 **吉**은 **道病卒**하고 **禹**는 **至**라 **拜爲諫大夫**하고 **上**이 **數**(삭)**虛己**하야 **問以政事**한대 **禹奏言**호되 **古者**에 **人君節儉**하야 **什一而稅**하고 **亡(無)他賦役**이라 **故**로 **家給人足**하니 **臣愚**는 **以爲如太古**는 **難**이어니와 **宜少放古**하야 **以自節焉**이라하노이다 **天子納善其言**하야 **〈出貢禹本傳〉** **詔令諸宮館希(稀)御幸**[1]**者**를 **勿繕治**하고 **太僕**에 **減穀食馬**하고 **水衡**[2]에 **省**(생)**肉食獸**[3]하다 **〈出本傳〉**

上이 평소에 王吉과 貢禹가 모두 經學에 밝고 행실이 깨끗하다는 말을 듣고 使者를 보내어 부르니, 王吉은 도중에 병으로 죽고 貢禹는 이르렀다. 貢禹를 임명하여 諫大夫로 삼고 上이 자주 자기 몸을 겸손히 하여 정사를 묻자

貢禹가 上奏하여 말하기를 "옛날에 人君이 절약하고 검소해서 10분의 1을 세금으로 받고 딴 부역(세금과 신역)이 없었으므로 집집마다 넉넉하고 사람마다 풍족하였으니, 어리석은 신은 생각하건대 太古처럼 하기는 어려우나 마땅히 다소 옛날을 본받아 스스로 절약해야 한다고 여깁니다." 하였다. 天子는 그 말을 좋게 여겨 받아들여서 - ≪漢書 貢禹傳≫에 나옴 - 명령을 내려 여러 宮館 중에 황제가 자주 행차하지 않는 곳을 수선하지 말게 하고 太僕에는 곡식을 먹이는 말을 줄이게 하고, 水衡에는 고기를 먹이는 짐승을 전부 없애도록 하였다. - ≪漢書 貢禹傳≫에 나옴 -

1)〔頭註〕御幸 : 衣服之加於身과 飮食之入於口와 妃妾之接於寢을 皆曰御요 上之親愛者曰幸이라

몸에 가하는 의복과 입에 넣는 음식과 침소에서 시중하는 妃와 妾을 모두 御라 하고, 上이 친애하는 자를 幸이라 한다.

2)〔釋義〕水衡 : 水衡都尉는 主都水及上林苑이라

水衡의 都尉는 都城의 물과 上林苑을 주관하였다.

3)〔頭註〕減穀……省肉食獸 : 減은 謂損其數요 省(생)은 謂全去之라

減은 숫자를 줄임을 이르고, 省은 전부 없앰을 이른다.

溫公曰 忠臣之事君也에 責其所難이면 則其易者不勞而正이요 補其所短이면 則其長者不勸而遂라 孝元踐位之初에 虛心以問禹하니 禹宜先其所急하고 後其所緩이니 然則優游不斷과 讒佞用權은 當時之大患也어늘 而禹不以爲言하고 恭謹節儉은 孝元之素志也어늘 而禹孜孜言之는 何哉아 使禹之智不足以知인댄 烏得爲賢이리오 知而不言인댄 爲罪愈大矣리라

溫公이 말하였다.

"忠臣이 君主를 섬길 적에 군주가 하기 어려운 것을 군주에게 요구하면 쉬운 것은 수고롭지 않고도 바루어지고, 부족한 것을 보충하면 잘하는 것은 권하지 않고도 이루어진다. 孝元帝가 즉위하던 초기에 마음을 겸허히 하여 貢禹에게 물었으니, 貢禹는 마땅히 급한 것을 먼저 하고 늦

추어도 되는 것을 뒤에 했어야 한다. 그렇다면 우유부단함과 참소하고 아첨하는 자들이 권세를 부리는 것은 당시의 큰 병폐였는데 貢禹가 이것을 말하지 않고, 공손하고 절약함은 孝元帝의 평소의 뜻이었는데 貢禹가 이것을 부지런히 말함은 어째서인가? 만일 貢禹의 지혜가 이것을 알지 못했다면 어찌 어질다고 할 수 있겠는가. 알면서도 말하지 않았다면 죄가 됨이 더욱 크다."

〔新增〕 通鑑筆義曰 嗟夫라 漢元帝와 唐文宗은 寬厚恭儉하야 有人君之德이로되 而受制閹宦하야 百度廢弛하야 賢不肖雜亂하고 賞罰倒置하야 終身泯默하야 至於不振하니 可哀也已라 故로 予嘗謂漢之業이 所以遂衰而不振者는 元帝柔弱之過요 漢之祚 所以旣亡而復興者는 元帝恭儉之功이라하노라

≪通鑑筆義≫에 말하였다.

"아! 漢나라 元帝와 唐나라 文宗은 寬厚하고 恭儉하여 人君의 德이 있었으나 宦官들에게 제재를 받아서 온갖 법도가 폐지되고 해이해져서 賢者와 不肖한 자들이 뒤섞여 어지럽고 賞罰이 도치되어 종신토록 침묵해서 振作하지 못함에 이르렀으니, 가련하다. 그러므로 내(戴溪)가 일찍이 이르기를 '漢나라의 基業이 마침내 쇠퇴하여 振作하지 못한 까닭은 元帝의 柔弱한 과실 때문이고, 漢나라의 國運이 이미 망했다가 다시 일어난 까닭은 元帝의 恭儉한 공로 때문이었다.'라고 한 것이다."

【甲戌】 二年이라

初元 2년(갑술 B.C.47)

史高以外屬으로 **領尙書事**하다 **蕭望之**와 **周堪**이 **皆以師傅舊恩**으로 **天子任之**하야 **數**(삭)**宴見**(현)에 **言治亂, 陳王事**[1]러니 **望之選白宗室**의 **明經有行劉更**(경)**生**[2]하야 **與金敞**으로 **竝拾遺左右**하니 **史高**는 **充位而已**라 **由是**로 **與望之有隙**이러라 **弘恭, 石顯**이 **自宣帝時**로 **久典樞機**하야 **明習文法**이러니 **帝卽位**에 **多疾**이라 **委**

以政事하니 望之等이 患苦許史放縱하고 又疾恭, 顯擅權하야 建白[3]以爲 中書는 政本이요 國家樞機니 宜以通明公正處之니이다 武帝游宴後庭이라 故로 用宦者하시니 非古制也라 宜罷中書宦官하야 應古不近刑人[4]之義니이다하니 由是로 大與高, 恭, 顯忤러라 〈出石顯及蕭望之傳〉 恭, 顯이 因奏望之, 堪, 更生이 朋黨하야 毁離親戚[5]하고 欲以專擅權勢하니 請召致廷尉하노이다 上曰 蕭太傅素剛하니 安肯就吏리오 顯等曰 人命이 至重하니 望之所坐를 語言薄罪면 必無所憂리이다 上이 乃可其奏하다 使者召望之한대 望之仰天歎曰 吾嘗備位將相하야 年踰六十矣라 老入牢獄하야 苟求生活이 不亦鄙乎아하고 飮鴆自殺하다 天子聞之하고 驚拊手曰 曩에 固疑其不就牢獄이러니 果然殺吾賢傅로다

史高가 外屬(外戚)으로 尙書의 일을 관장하였다. 蕭望之와 周堪이 모두 옛날의 師傅였던 은혜로 天子가 임용하여 자주 사사로이 뵐 적에 治亂을 말하고 王道의 일을 아뢰었다. 蕭望之가 宗室 중에 經學에 밝고 훌륭한 행실이 있는 劉更生(劉向)을 선발하여 아뢰어서 金敞과 함께 좌우에서 拾遺가 되게 하니, 史高는 자리만 차지하고 있을 뿐이었다. 이로 말미암아 蕭望之와 틈이 있게 되었다.

弘恭과 石顯이 宣帝 때로부터 樞機(중요한 부서로 中書謁者令을 가리킴)를 오랫동안 맡아 법조문에 밝고 익숙하였는데, 황제가 즉위하자 병이 많아 이들에게 정사를 맡겼다. 蕭望之 등은 許氏와 史氏가 방종함을 근심하고 괴로워하며 또 弘恭과 石顯이 권력을 독단하는 것을 미워해서 건의하여 아뢰기를 "中書는 정사의 근본이고 국가의 樞機이니, 마땅히 通明하고 公正한 자를 그 자리에 있게 해야 합니다. 武帝가 後庭에서 놀이하고 잔치하였기 때문에 宦官을 中書로 등용하셨으니, 이는 옛 제도가 아닙니다. 마땅히 中書의 宦官을 혁파하여 옛날에 형벌 받은 사람(환관)을 가까이하지 않는 뜻에 부응해야 할 것입니다." 하였는데, 이로 말미암아 史高, 弘恭, 石顯과 크게 틀어졌다. - ≪漢書≫ 〈石顯傳〉과 〈蕭望之傳〉에 나옴 -

弘恭과 石顯이 인하여 아뢰기를 "蕭望之와 周堪, 劉更生이 붕당하여 황제

의 친척을 헐뜯고 이간질하며 권세를 마음대로 부리니, 불러서 廷尉에게 맡겨 治罪할 것을 청합니다." 하였다. 上이 말하기를 "蕭太傅는 평소 강직하니, 어찌 獄吏에게 나아가려 하겠는가?" 하자, 石顯 등이 말하기를 "사람의 목숨은 지극히 중하니, 蕭望之가 범한 罪를 言語上의 작은 죄로 한다면 굳이 걱정할 필요가 없을 것입니다." 하니, 上이 마침내 石顯 등이 아뢴 것을 허락하였다. 使者가 蕭望之를 부르자, 蕭望之는 하늘을 우러러 탄식하기를 "내 일찍이 將相의 지위에 있었고 나이가 이미 60이 넘었다. 늙어서 감옥에 들어가 구차히 살기를 바라는 것이 비루하지 않겠는가?" 하고는 鴆毒을 마시고 자살하였다. 天子는 이 말을 듣고 놀라 손을 어루만지며 말하기를 "지난번에 진실로 그가 牢獄에 나아가려 하지 않을 것이라고 의심하였는데, 과연 나의 어진 師傅를 죽였도다." 하였다.

1)〔通鑑要解〕陳王事：陳王者之事라
王者의 일을 아뢰는 것이다.

2)〔釋義〕劉更生：劉向也라
劉更生은 劉向이다.

3)〔釋義〕建白：建議而告白於上이라
建白은 건의하여 上에게 아뢰는 것이다.

4)〔釋義〕不近刑人*)：公羊傳襄二十九年에 君子不近刑人이니 近刑人은 則輕死之道也라한대 註云 刑人不自賴也라하니라
≪春秋公羊傳≫ 襄公 29年에 "군자는 형벌 받은 사람을 가까이하지 않으니, 형벌 받은 사람을 가까이하는 것은 죽음을 가볍게 여기는 길이다." 하였는데, 註에 이르기를 "형벌 받은 사람은 스스로 自重하지 못한다." 하였다.

*) 刑人：형벌 받은 사람이란 뜻으로 宦官을 이르는 바, 옛날에 宮刑을 받아 거세한 남자를 宦官으로 삼았기 때문에 말한 것이다.

5)〔頭註〕親戚：父黨曰親이요 母黨曰戚이라
아버지의 친족을 親이라 하고, 어머니의 친족을 戚이라 한다.

溫公曰 甚矣라 孝元之爲君이여 易欺而難寤也로다 夫恭, 顯之譖愬望之엔 其邪說詭計를 誠有所不能辨也어니와 至於始疑望之不肯就獄에

恭, 顯以爲必無憂라하더니 已而요 果自殺[1)]하야는 則恭, 顯之欺亦明矣라 在中智之君이면 孰不感動奮發하야 已底(지)邪臣之罰이리오 孝元則不然하야 雖涕泣不食하야 以傷望之로되 而終不能誅恭, 顯하고 纔得其免冠謝而已니 如此면 則姦臣이 安所懲乎아 是使恭, 顯得肆其邪心而無復忌憚者也니라

溫公이 말하였다.

"심하다. 孝元帝의 임금 노릇 함이여. 속기는 쉽고 깨닫기는 어렵도다. 弘恭과 石顯이 蕭望之를 참소할 때에는 그 간사한 말과 속임수를 진실로 분별할 수 없었으나 蕭望之가 獄에 나아가려 하지 않을 것이라고 孝元帝가 처음에 의심했을 때에 弘恭과 石顯은 군이 근심할 것이 없다고 말했는데, 얼마 후 과연 蕭望之가 자살함에 이르러서는 弘恭과 石顯이 속인 것이 또한 분명하다. 中等 정도의 지혜가 있는 임금이라면 그 누가 감동하고 분발하여 간사한 신하에게 형벌을 내리지 않겠는가. 그런데 孝元帝는 그렇지 아니하여 비록 눈물을 흘리고 밥을 먹지 않으며 蕭望之의 죽음을 서글퍼하였으나 끝내 弘恭과 石顯을 주벌하지 못하고 겨우 그들이 冠을 벗고 사죄하게 하였을 뿐이니, 이와 같다면 간신들이 어떻게 징계될 수 있겠는가. 이것이 弘恭과 石顯으로 하여금 간사한 마음을 제멋대로 부려서 다시는 기탄함이 없게 만든 것이다."

1) 〔通鑑要解〕 自殺 : 顯等이 知望之不就獄하고 發軍圍第하야 欲自盡其命이라 望之問門下生朱雲한대 雲은 好節士라 勸望之自殺하니 望之飮酖而死하니라
石顯 등은 蕭望之가 옥에 나오지 않을 줄 알고 군대를 동원하여 집을 포위하여 蕭望之가 스스로 그 목숨을 끊게 하고자 하였다. 蕭望之가 문하생인 朱雲에게 물었는데, 朱雲은 절개를 좋아하는 선비였으므로 蕭望之에게 자살할 것을 권하니, 蕭望之가 酖毒을 마시고 죽었다.

初에 武帝滅南越하고 置珠厓, 儋耳郡하니 在海中洲上하야 率數年一反이라 上이 卽位之明年에 珠厓山南縣이 反이어늘 上이 博謀於群臣하고 欲大發軍擊之러니 待

詔賈捐之曰 臣聞堯, 舜, 禹之聖德에 **地方**이 **不過數千里**로되 **東漸于海**하고 **西被流沙**하고 **朔南**에 **暨聲敎**[1)]하니 **言欲預聲敎則治之**하고 **不欲預者**는 **不强治也**라 **臣願遂棄珠厓**하고 **專用恤關東爲憂**[2)]하노이다 **上**이 **從之**하다 〈出捐之本傳〉

처음에 武帝가 南越을 멸망하고 珠厓郡과 儋耳郡을 설치하니, 이들 郡이 海中의 섬에 있어서 대략 몇 년에 한 번씩 배반하였다. 上이 즉위한 다음 해에 珠厓郡의 山南縣이 반란하자, 上이 여러 신하들과 널리 상의하고 군대를 크게 징발하여 공격하고자 하였다. 待詔 賈捐之가 아뢰기를 "신이 들으니, 堯임금·舜임금·禹王과 같은 聖德으로도 땅이 수천 리에 불과하였으나 敎化가 동쪽으로 바다에 이르고 서쪽으로 流沙에 입혀지고 朔方(북방)과 남쪽에 聲敎가 미쳤으니, 聲敎에 참여하고자 하면 다스려 주고 참여하고자 하지 않는 자는 억지로 다스리지 않은 것입니다. 신은 원컨대 珠厓郡을 버리고 오로지 關東 지방을 구휼할 것을 걱정했으면 합니다." 하니, 上이 그 말을 따랐다. - ≪漢書 賈捐之傳≫에 나옴 -

1) 〔釋義〕 堯, 舜, 禹……暨聲敎 : 書禹貢에 孔氏曰 此言五服之外가 皆與王者聲敎而朝見也라 朔南은 北方[*)]也라 蔡氏傳曰 漸은 漬也요 被는 覆也요 暨는 及也니 地有遠近이라 故言有淺深이라 聲은 謂風聲이요 敎는 謂敎化라 王氏曰 按五代晉高居誨使于闐記에 自靈州로 過黃河하야 行三十里에 始涉沙하야 入党項界하고 自此沙로 行四百餘里하야 登沙嶺하고 渡白亭河하야 至涼州하고 自涼州西五百里에 至甘州하고 甘州西에 始涉磧하니 磧無水라 西北五百里에 至肅州하고 渡金河하야 西百里에 出天門關하고 又西百里에 出玉門關하야 西至瓜州하고 瓜州南十里에 鳴沙山이니 冬夏에 殷殷有聲如雷하니 云禹貢流沙也라

≪書經≫ 〈禹貢〉의 註에 孔氏(孔安國)가 말하기를 "이는 五服의 밖이 모두 王者의 聲敎에 참여하여 조회함을 말한 것이다. 朔南은 北方이다." 하였다. 蔡沈의 傳에 이르기를 "漸은 젖음이고 被는 덮혀짐이고 暨는 미침이니, 땅에 먼 곳과 가까운 곳이 있기 때문에 말에 얕고 깊음이 있는 것이다. 聲은 風聲을 이르고, 敎는 교화를 이른다." 하였다. 王氏가 말하였다. "살펴보건대 五代時代 晉나라 高居誨가 于闐에 사신 간 기록에 靈州로부터 黃河를 지나 30리를 가야 비로소 사막을 지나 党項界에 들어가고, 이 사막으로부터 400여 리를 가서 沙嶺에 오르

고, 白亭河를 건너 涼州에 이르고, 涼州로부터 서쪽 500리를 가서 甘州에 이르고, 甘州의 서쪽으로 가서 비로소 磧을 건너니, 磧은 물이 없다. 서북쪽으로 500리를 가서 肅州에 이르고, 金河를 건너 서쪽으로 100리를 가서 天門關으로 나오고, 또다시 서쪽 100리를 가서 玉門關으로 나와 서쪽으로 瓜州에 이르고, 瓜州의 남쪽 10리를 가서 鳴沙山이 있으니, 겨울과 여름에 은은하게 우레 같은 소리가 있는 바, 이것을 〈禹貢〉의 流沙라 한다." 하였다.

*) 朔南北方 : 현재 ≪書經≫의 註에는 朔南을 朔은 북쪽이고 南은 남쪽이라 하였으며, '朔南에 이르러 聲教가 四海에 미쳤다〔朔南暨 聲教訖于四海〕'로 句를 떼었다.

2) 〔頭註〕 關東爲憂 : 賈捐之傳에 今天下獨有關東이 連年流離하야 相枕〈席〉於道路하야 以至嫁妻賣子호되 不能禁止하니 此社稷之憂也라하니라

≪漢書≫ 〈賈捐之傳〉에 "지금 천하에는 關東 지방만이 매년 흉년이 들어 백성들이 流離하여 굶어 죽은 시체가 도로에 즐비하게 널려 있어서 아내를 시집보내고 자식을 팔아먹는 지경에 이르렀으나 이것을 금지하지 못하니, 이는 社稷의 우환이다." 하였다.

【乙亥】 三年이라

初元 3년(을해 B.C.46)

春에 詔罷珠厓하다

봄에 명하여 珠厓郡을 파하였다.

【戊寅】 永光元年이라

永光 元年(무인 B.C.43)

秋에 上酎祭宗廟[1]할새 出便門[2]하야 欲御樓船이러니 薛廣德이 當乘輿車하야 免冠頓首曰 宜從橋니이다 詔曰 大夫는 冠하라 廣德曰 陛下不聽臣하시면 臣自刎하야 以血汚車輪하리니 陛下不得入廟矣[3]시리이다 上이 不說이어늘 光祿大夫張猛

이 **進曰 臣聞主聖臣直**이라하니 **乘船**은 **危**하고 **就橋**는 **安**이라 **聖主**는 **不乘危**하나니 **御史大夫言**을 **可聽**이니이다 **上曰 曉人**에 **不當如是耶**아하고 **乃從橋**하다 〈出廣德傳〉

가을에 醇酒를 올려 종묘에 제사할 때에 便殿의 門으로 나가서 樓船을 타고자 하였는데, 御史大夫 薛廣德이 乘輿의 수레를 가로막고는 冠을 벗고 머리를 조아리며 아뢰기를 "마땅히 다리로 가셔야 합니다." 하였다. 上이 명하기를 "大夫는 冠을 쓰라." 하자, 薛廣德이 말하기를 "폐하께서 신의 말을 따르지 않으시면 신은 스스로 목을 찔러 피로써 수레바퀴를 더럽힐 것이니, 이렇게 되면 폐하께서는 종묘에 들어가지 못하실 것입니다." 하였다. 上이 기뻐하지 않자, 光祿大夫 張猛이 나아가 아뢰기를 "신이 듣건대 군주가 성스러우면 신하가 곧다 하였습니다. 배를 타는 것은 위태롭고 다리로 가는 것은 편안하니, 聖主는 위험한 것을 타지 않는 법입니다. 御史大夫의 말을 들으셔야 합니다." 하니, 上이 말하기를 "남을 깨우침에 이와 같이 해야 하지 않겠는가." 하고는 마침내 다리로 갔다. - ≪漢書 薛廣德傳≫에 나옴 -

1) 〔釋義〕 上酎祭宗廟 : 上은 獻也요 酎는 三重釀酒也라 漢制에 正月旦作酒하야 八月乃熟을 名曰酎니 以獻宗廟라

上은 올림이고, 酎는 三重으로 빚은 술(醇酒)이다. 漢나라 제도에 정월 초하루에 술을 제조하여 8월이 되어서야 비로소 익는 것을 酎라 이름하니, 이것을 종묘에 올린다.

2) 〔通鑑要解〕 便門 : 便은 宜也라 凡言便殿便宮便坐者는 皆非正大之處니 所以就便安也라

便은 편의함이다. 무릇 便殿·便宮·便坐라고 말한 것은 모두 正大한 곳이 아니니, 편안함에 나아가는 것이다.

3) 〔頭註〕 臣自刎……陛下不得入廟矣 : 見死傷하야 犯於齋潔이면 不得入廟祀也라

죽거나 다친 것을 보아 齋潔을 범하면 사당에 들어갈 수가 없다.

○ **石顯**이 **憚周堪, 張猛等**하야 **數譖毁之**어늘 **劉更生**이 **懼其傾危**하야 **上書曰 臣聞舜命九官**1)에 **濟濟**2)**相讓**은 **和之至也**라 **衆臣和於朝**하면 **則萬物和於野**라 **故**로 **簫韶九成**3)에 **而鳳凰來儀**러니 **至周幽, 厲之際**하야는 **朝廷不和**하야

轉相非怨하니 則日月薄蝕[4]하고 水泉沸騰하고 山谷易處하고 霜降失節하니 由此觀之컨대 和氣는 致祥하고 乖氣는 致異라 祥多者는 其國安하고 異衆者는 其國危하나니 天地之常經이요 古今之通義也니이다 正臣이 進者는 治之表요 正臣이 陷者는 亂之機也라 夫執狐疑之心者는 來讒賊之口하고 持不斷之意者는 開群枉之門하나니 讒邪進則衆賢退하고 群枉成則正士消라 故로 易有否(비)泰하니 小人道長하고 君子道消면 則政日亂이요 君子道長하고 小人道消면 則政日治[5]하나이다 今以陛下明知(智)로 誠深思天下之心하사 杜閉群枉之門하시고 廣開衆正之路하사 使是非炳然可知면 則百異消滅而衆祥竝至하리니 太平[6]之基요 萬世之利也니이다 顯이 見其書하고 愈與許史比而怨更生等이러라

石顯이 周堪과 張猛 등을 두려워하여 자주 참소하고 훼방하자, 劉更生은 그들(周堪과 張猛)의 모함을 받아 위태로울까 두려워해서 다음과 같이 상소하였다.

"신이 들으니, 舜임금이 九官을 임명할 때에 성대하게 서로 사양함은 화합함의 지극함이었습니다. 여러 신하들이 조정에서 화합하면 萬物이 들에서 화합합니다. 그러므로 簫韶를 아홉 번 연주하자 鳳凰이 와서 춤을 추었는데, 周나라 幽王과 厲王에 이르러서는 조정의 신하들이 不和하여 돌려가며 서로 비방하고 원망하자 日蝕과 月蝕이 있고 水泉이 끓어오르며 산과 골짜기가 뒤바뀌고 서리가 절기에 맞지 않게 내렸으니, 이로 말미암아 관찰하건대 화목한 기운은 祥瑞를 부르고 간사한 기운은 災異를 부릅니다. 祥瑞가 많으면 그 나라가 편안하고 災異가 많으면 그 나라가 위태로우니, 이는 天地의 떳떳한 經道이고 古今에 공통된 義理입니다. 정직한 신하가 등용되는 것은 다스려질 징표이고, 정직한 신하가 모함당하는 것은 혼란해질 기틀입니다. 의심하는 마음을 가진 자는 참소하여 해치는 말을 오게 하고, 우유부단한 마음을 가진 자는 여러 부정한 문을 열어 놓으니, 참소하는 자와 간사한 자가 등용되면 여러 賢者들이 물러나고, 여러 부정한 것이 이루어지면 올바른 선비가 사라집니다. 그러므로 ≪周易≫에는 否卦와 泰卦가 있으니, 泰가 되어 小人의 道

가 자라고 君子의 道가 사라지면 정사가 날로 혼란해지고, 否가 되어 君子의 道가 자라고 小人의 道가 사라지면 정사가 날로 다스려집니다. 지금 폐하의 현명함과 지혜로움으로 진실로 천하 백성들의 마음을 깊이 생각하시어 여러 간사한 문을 막으시고 여러 바른 길을 널리 열어 놓으셔서 是非가 분명하여 알 수 있게 하시면 온갖 災異가 사라져 없어지고 여러 가지 祥瑞가 함께 이를 것이니, 태평함의 터전이고 萬世의 이로움입니다."

石顯은 이 글을 보고 더욱 許氏・史氏와 친하고, 劉更生 등을 원망하였다.

1) 〔附註〕 九官[*)] : 書舜典에 命禹宅百揆하고 命棄爲后稷하고 命契爲司徒하고 命皐陶爲士하고 命垂爲共工하고 命益爲虞하고 命伯夷爲秩宗하고 命夔爲典樂하고 命龍爲納言하니라

九官은 ≪書經≫ 〈舜典〉에 "禹임금을 임명하여 百揆에 거하게 하고, 棄를 임명하여 后稷으로 삼고, 契을 임명하여 司徒로 삼고, 皐陶를 임명하여 士(法官)로 삼고, 垂를 임명하여 共工으로 삼고, 益을 임명하여 虞로 삼고, 伯夷를 임명하여 秩宗(禮官)으로 삼고, 夔를 임명하여 典樂으로 삼고, 龍을 임명하여 納言으로 삼았다." 하였다.

*) 九官 : 舜임금 때에 두었던 아홉 가지 관직으로 司空, 后稷, 司徒, 士, 共工, 虞, 秩宗, 典樂, 納言 등을 이른다. 당시 禹는 司空으로서 百揆를 겸하였는 바, 百揆는 周나라의 冢宰와 같다. 위의 九官은 周나라 이후의 九卿에 해당한다.

2) 〔通鑑要解〕 濟濟 : 濟濟는 盛多貌요 又威儀貌라

濟濟는 성대한 모양이요, 또 威儀가 있는 모양이다.

3) 〔頭註〕 簫韶九成 : 簫韶는 舜樂之總名이요 九成者는 樂之九成이니 猶周禮所謂九變也라

簫韶는 舜임금 음악의 총칭이요, 九成은 음악이 아홉 번 끝나는 것이니, ≪周禮≫에 이른바 '九變'이라는 것과 같은 것이다.

4) 〔附註〕 薄蝕 : 天文志注에 日月無光曰薄이라 一曰赤黃爲薄이라하고 或曰不交而食曰薄이라 韋昭曰 氣往迫之爲薄이요 虧毁曰蝕이라 又薄은 迫也니 謂被掩迫也라 〔通鑑要解〕 薄은 迫也니 謂被掩迫也라

〔附註〕 ≪漢書≫ 〈天文志〉 注에 "해와 달이 빛이 없는 것을 薄이라 한다." 하였다. 一說에는 "赤黃色을 薄이라 한다." 하였고, 혹자는 말하기를 "해와 달이 엇갈

리지 않고 먹힘을 薄이라 한다." 하였다. 韋昭가 말하기를 "기운이 가서 핍박함을 薄이라 하고, 이지러짐을 蝕이라 한다." 하였다. 또 薄은 핍박함이니, 핍박당함을 이른다. 〔通鑑要解〕 薄은 핍박함이니, 엄폐되고 핍박당함을 이른다.

5) 〔譯註〕 易有否泰……則政日治 : 否와 泰는 ≪周易≫ 64卦의 이름으로, 否는 小人의 道가 자라고 君子의 道가 사라지는 象이며, 泰는 君子의 道가 자라고 小人의 道가 사라지는 象이므로 말한 것이다.

6) 〔頭註〕 太平 : 餘三年食曰登이요 再登曰平이라하니 餘六年食也요 三登曰太平이라하니 餘九年食也라

3년 먹을 양식이 남은 것을 登이라 하고, 두 번 登이 된 것을 平이라 하니 6년 먹을 양식이 남은 것이요, 세 번 登이 된 것을 太平이라 하니 9년 먹을 양식이 남은 것이다.

【己卯】 二年이라

永光 2년(기묘 B.C.42)

匡衡이 上疏曰 治天下者는 審所上(尙)而已니 敎化之流는 非家至而人說(세)之[1]也라 賢者在位하고 能者布職하야 朝廷崇禮하고 百僚敬讓하야 道德之行이 由內及外하야 自近者始然後에 民知所法하야 遷善日進而不自知也니이다

匡衡이 상소하기를 "천하를 다스리는 자는 숭상할 바를 살필 뿐이니, 교화가 흐름(베풀어짐)은 집집마다 찾아가서 사람마다 설득하는 것이 아닙니다. 어진 자가 지위에 있고 능력 있는 자가 직책에 있어서 조정이 禮를 숭상하고 百官들이 공경하고 겸양하여 道德의 행해짐이 안으로부터 밖에까지 미쳐서 가까운 자로부터 비롯된 뒤에야 백성들이 본받을 바를 알아서 날마다 善으로 옮겨 가면서도 스스로 알지 못하게 되는 것입니다." 하였다.

1) 〔通鑑要解〕 非家至而人說之 : 言非家家皆到하고 人人勸說也라

집집마다 다 찾아가고 사람마다 권면하여 설득할 수 없음을 말한 것이다.

○ 上이 好儒術文辭하야 頗改宣帝之政하니 言事者多進見이라 人人이 自以爲

得上意라하더라

上이 儒學과 文章을 좋아하여 宣帝의 정사를 많이 고치니, 일을 말하는 자가 나아가 뵙는 경우가 많아서 사람마다 자신이 上의 뜻을 얻었다고 여겼다.

【甲申】 建昭二年이라

建昭 2년(갑신 B.C.37)

是時에 **石顯**이 **顓(專)權**이라 **京房**이 **嘗宴見**(현)할새 **問上曰 幽, 厲之君**이 **何以危**며 **所任者何人也**잇고 **上曰 君不明而所任者巧佞**이니라 **房曰 陛下視今**컨대 **爲治耶**잇가 **亂耶**잇가 **上曰 亦極亂耳**니 **今爲亂者誰哉**오 **房曰 明主宜自知之**시리이다 **上曰 不知也**로라 **如知**인댄 **何故用之**리오 **房曰 上**이 **最所信任**하야 **與圖事帷幄之中**하야 **進退天下之士者是矣**니이다 **房指謂石顯**[1]이라 **上亦知之**하고 **謂房曰 已諭**[2]로라 **房**이 **罷出後**에 **上亦不能退顯也**러라 〈**出京房本傳**〉

이때 石顯이 권력을 독단하였다. 京房이 일찍이 사사로이 알현했을 때에 上에게 묻기를 "幽王과 厲王은 어찌하여 위태로웠으며, 임용한 자는 어떤 사람들이었습니까?" 하자, 上이 말하기를 "군주가 현명하지 못해서 임용한 자가 교묘하게 아첨하였다." 하였다. 京房이 아뢰기를 "폐하께서 지금을 보시건대 治世라고 여기십니까? 亂世라고 여기십니까?" 하자, 上이 말하기를 "또한 지극히 혼란하니, 지금 혼란하게 만드는 자가 누구인가?" 하였다. 京房이 말하기를 "明主께서 마땅히 스스로 아실 것입니다." 하니, 上이 말하기를 "알지 못하노라. 만일 안다면 무엇 때문에 그를 등용하겠는가?" 하였다. 京房이 말하기를 "上께서 가장 신임하시고 함께 帷幄의 안에서 정사를 도모하여 천하의 선비를 등용하고 물러가게 하는 자가 바로 그 사람입니다." 하니, 京房의 뜻은 石顯을 이른 것이었다. 上 또한 이것을 알고는 京房에게 이르기를 "이미 알았노라." 하였다. 京房이 파하고 나간 뒤에 上은 역시 石顯을 물리치지 못하였다. - ≪漢書 京房傳≫에 나옴 -

1)〔釋義〕房指謂石顯：京房之指意는 謂石顯也라
京房의 의향은 石顯을 이른 것이다.
2)〔釋義〕上亦知之……已諭：爲句니 諭는 曉也라
已諭에서 句를 떼니, 諭는 깨달음이다.

初에 **京房**이 **對上曰 古之帝王**이 **以功擧賢**이면 **則萬化成**하고 **瑞應著**러니 **末世**엔 **以毁譽取人**이라 **故**로 **功業廢而致災異**하니 **宜令百官**으로 **各試其功**하면 **災異可息**하리이다 **詔使房作其事**한대 **房**이 **奏考功課吏法**이어늘 **上**이 **令公卿朝臣**으로 **與房會議溫室**하니 **皆以房言煩碎**하야 **令上下相司**하니 **不可許**라 **帝於是**에 **以房爲魏郡太守**하야 **得以考功法治郡**하다

예전에 京房이 上에게 대답하기를 "옛날 帝王들이 공로에 따라 賢者를 등용하면 온갖 교화가 이루어지고 祥瑞의 감응이 나타났는데, 末世에는 남의 훼방과 칭찬에 따라 인물을 취하였습니다. 그러므로 功業이 폐해지고 災異를 불렀으니, 마땅히 百官들로 하여금 각각 功績을 시험하게 한다면 災異를 그치게 할 수 있을 것입니다." 하였다. 上이 명하여 京房으로 하여금 이 일을 맡게 하자, 京房이 功績을 상고하여 관리들을 考課하는 법을 아뢰었다. 上이 公卿과 조정에 있는 신하들로 하여금 京房과 溫室殿에서 회의하게 하였는데, 모두들 京房의 말이 번거롭고 자질구레하여 上下로 하여금 서로 伺察하게 하니 허락해서는 안 된다고 하였다. 황제는 이에 京房을 魏郡太守로 삼아서 공적을 고과하는 법으로 郡을 다스리게 하였다.

〔史略 史評〕胡氏曰 君臣之交 有淺深하니 交深者도 聖人猶存不可則止와 數(삭)斯辱矣之戒[1)]어든 況交淺者乎아 京房이 事元帝에 纔得爲郎하니 其交固淺이라 陳考功法에 帝雖鄕(向)之나 而公卿朝臣이 皆以爲不可라하고 又欲去上所親信호되 而不量元帝之庸懦하야 不可信也하니 亦難乎其免矣로다 京房이 學易에 不明其道하고 徒以災變占候로 爲事하니 此는 易之末也라 易曰 不出戶庭이면 無咎라하고 又曰 樂天知命이라 故로 不憂라하야늘 房皆違之하고

而於其術에 亦不能自信也라 故로 占候前知之學을 君子不貴焉이니 惟明乎消息盈虛之理와 語默進退之幾하야 以不失乎時中이 則易之道也니라

胡氏가 말하였다.

"君臣의 사귐은 깊고 얕음이 있으니, 사귐이 깊은 자도 聖人께서 오히려 불가하면 그만두라는 말씀과 자주 간하면 욕된다는 경계를 두셨는데, 하물며 사귐이 얕은 자에 있어서랴. 京房이 元帝를 섬길 적에 겨우 郎官이 되었으니, 그 사귐이 진실로 얕다. 공로를 考課하는 法을 아뢸 적에 황제가 비록 좋아하였으나 公卿과 朝臣들은 모두 불가하다 하였고, 또 上이 친애하고 믿는 자를 제거하고자 하였으나 元帝가 용렬하고 나약해서 믿을 수 없음을 헤아리지 않았으니, 또한 화를 면하기 어려웠다. 京房이 ≪周易≫을 배울 적에 그 道理를 밝히지 않고 한갓 災變과 占候만을 일삼았으니, 이는 ≪周易≫의 지엽적인 것이다. ≪周易≫ 節卦 初九爻에 이르기를 '戶庭을 나가지 않으면 허물이 없다.' 하였고, 또 〈繫辭傳〉에 이르기를 '天理를 즐거워하고 天命을 알기 때문에 근심하지 않는다.' 하였는데, 京房은 모두 이것을 어겼고 易術에 있어서도 또한 자신하지 못하였다. 그러므로 占을 쳐서 미리 아는 학문을 군자가 귀하게 여기지 않는 것이니, 오직 消息盈虛의 이치와 語默進退의 기미를 밝게 알아서 時中을 잃지 않는 것이 ≪周易≫의 道인 것이다."

1) 〔譯註〕 聖人猶存不可則止 數斯辱矣之戒 : ≪論語≫ 〈顔淵篇〉에 子貢이 交友에 대하여 묻자, 孔子께서 말씀하기를 "충심으로 말해 주고 잘 인도하되 불가능하면 그만두어서 스스로 욕되지 말게 하여야 한다.〔忠告而善道之 不可則止 無自辱焉〕"라고 보이며, 〈里仁篇〉에 子游가 말하기를 "임금을 섬김에 자주 간하면 辱을 당하고, 朋友間에 자주 충고하면 소원해진다.〔事君數 斯辱矣 朋友數 斯疏矣〕"라고 보인다.

〔史略 史評〕 荀悅曰 夫佞臣之惑君也 甚矣라 故로 孔子遠佞人[1]에 非但不用而已요 乃遠而絶之하야 隔塞其源하니 戒之極也라 孔子曰 政者는 正也[2]라하시니 要道之本은 正己而已라 平正眞實者는 正之主也니 賢能功罪와 言行事物을 必核其實然後에 應之면 則衆正積於上하야 而萬事實於下矣리라

荀悅이 말하였다.

"奸臣이 君主를 혹하게 함이 심하다. 그러므로 孔子께서 佞人(말을 잘하는 간사한 사람)을 멀리하라고 하실 때에 다만 쓰지 말라고 말씀할 뿐이 아니었고 마침내 멀리하여 끊어서 그 근원을 막게 하셨으니, 경계함이 지극하다. 孔子께서 말씀하기를 '정사는 바로잡는 것이다.' 하셨으니, 要道의 근본은 자기 몸을 바로잡는 것일 뿐이다. 平正하고 진실한 것은 바름의 주체이니, 어진 자와 유능한 자, 功과 罪, 言行과 事物을 반드시 그 실제를 상고한 뒤에 응한다면 여러 바름이 위에 쌓여 萬事가 아래에서 진실해질 것이다."

1) 〔譯註〕 孔子遠佞人 : ≪論語≫ 〈衛靈公篇〉에 顔淵이 나라를 다스리는 방법을 묻자, 孔子께서 말씀하기를 "鄭나라 음악을 추방하며 말재주 있는 사람을 멀리해야 하니, 鄭나라 음악은 음탕하고 말 잘하는 사람은 위태롭다.〔放鄭聲 遠佞人 鄭聲淫 佞人殆〕" 하였다.

2) 〔譯註〕 孔子曰 政者正也 : ≪論語≫ 〈顔淵篇〉에 季康子가 孔子에게 政事를 묻자, 孔子께서 대답하기를 "政事는 바로잡는다는 뜻이니, 그대가 바름으로써 솔선한다면 누가 감히 바르지 않겠는가?〔政者 正也 子帥(솔)以正 孰敢不正〕" 하였다.

【乙酉】 三年이라

建昭 3년(을유 B.C.36)

冬에 **西域都護甘延壽**와 **副校尉陳湯**이 **共誅斬郅支單于於康居**하다

겨울에 西域都護 甘延壽와 副校尉 陳湯이 함께 康居에서 郅支單于를 토벌하여 목을 베었다.

【戊子】 竟寧元年이라

竟寧 元年(무자 B.C.33)

河南太守召信臣이 **爲少府**하다 **信臣**이 **先爲南陽太守**하고 **後遷河南**하니 **治行**

이 常第一이라 視民如子하고 好爲民興利하야 躬勸耕稼하고 開通溝瀆하니 戶口增倍하고 吏民親愛하야 號曰召父라하니라 〈出本紀〉

河南太守 召信臣이 少府가 되었다. 召信臣은 먼저는 南陽太守가 되고 뒤에는 河南으로 옮겼는데, 治績이 항상 제일이었다. 백성을 보기를 자식처럼 아끼고 백성들을 위해 이로운 일을 일으키기를 좋아하여 몸소 농사일을 권장하고 水路를 개통하니, 戶口가 배로 증가하고 관리와 백성들이 친애하여 召父라고 불렀다. - ≪漢書 元帝記≫에 나옴 -

○ 甘延壽, 陳湯이 旣至에 論功이러니 石顯, 匡衡이 以爲延壽, 湯이 擅興師矯制하니 幸得不誅라 如復加爵土면 則後奉使者 爭欲乘危徼幸하야 生事於蠻夷하야 爲國招難하리이다 帝內嘉延壽, 湯功이나 而重違衡, 顯之議하야 久之不決이라 故宗正劉向이 上疏曰 貳師將軍李廣利 捐五萬之師하고 靡億萬之費하고 經四年之勞하야 而僅獲駿馬三十匹하고 雖斬宛王毌(관)寡之首나 猶不足以復(복)[1]費요 其私罪惡이 甚多로되 孝武以爲萬里征伐이라하사 不錄其過하고 遂封拜兩侯[2]하시니이다 今康居之國이 彊於大宛하고 郅支之號 重於宛王하고 殺使者罪 甚於留馬어늘 而延壽, 湯이 不煩漢士하고 不費斗糧하니 比於貳師컨대 功德이 百之[3]니이다 於是에 天子下詔하야 赦延壽, 湯罪하야 勿治하고 令公卿議封焉하야 封延壽爲義成侯하고 賜湯爵關內侯하다 〈出陳湯傳〉

甘延壽와 陳湯이 이르자, 이들의 功을 논하였는데, 石顯과 匡衡이 말하기를 "甘延壽와 陳湯이 제멋대로 군대를 일으키고 황제의 명을 사칭하였으니, 죄를 받아 죽지 않으면 다행입니다. 만일 다시 爵位와 土地를 더해 준다면 뒤에 使命을 받드는 자들이 다투어 위태로운 일을 무릅쓰고 요행을 바라서 오랑캐에게 일을 벌이고자 하여 국가에 난리를 초래할 것입니다." 하였다. 황제는 내심으로 甘延壽와 陳湯의 功을 가상히 여겼으나 匡衡과 石顯의 의논을 어기기가 어려워 오랫동안 결정하지 못하였다.

예전의 宗正인 劉向이 상소하기를 "貳師將軍 李廣利가 5만의 군사를 버리고 억만 전의 비용을 허비하고 4년 동안의 수고로움을 감내하여 겨우 駿馬 30필을 얻었고 비록 大宛國의 王인 毌寡의 머리를 베었으나 오히려 비용을 다 보상하지 못하였으며 사사로운 죄악이 매우 많았습니다. 그러나 孝武帝는 만 리 먼 곳을 정벌했다 하여 그의 허물을 기록하지 않고 마침내 두 侯에 봉하였습니다. 지금 康居國이 大宛國보다 강하고, 郅支의 칭호가 大宛王보다 중하고, 使者를 죽인 죄가 大宛國에서 말을 숨기고 내주지 않은 것보다 더 심한데, 甘延壽와 陳湯이 漢나라 군사를 번거롭게 동원하지 않고 한 말의 양식도 허비하지 않았으니, 貳師將軍에 비하건대 功과 德이 백배나 낫습니다." 하였다. 이에 天子가 조서를 내려 甘延壽와 陳湯의 죄를 사면하여 다스리지 말게 하고, 公卿들로 하여금 封爵을 의논하게 해서 甘延壽를 봉하여 義成侯로 삼고, 陳湯에게는 關內侯의 벼슬을 하사하였다. - ≪漢書 陳湯傳≫에 나옴 -

1) 〔原註〕 復 : 償也라
復은 보상함이다.

2) 〔頭註〕 兩侯 : 廣利等侯者二人이요 卿者三人이요 二千石이 百有餘人이라 〔通鑑要解〕 兩侯는 武帝封廣利兄弟라
〔頭註〕 李廣利 등 侯에 봉해진 자가 두 명이고, 卿이 된 자가 세 명이고, 二千石이 된 자가 백여 명이었다. 〔通鑑要解〕 두 侯는 武帝가 李廣利 형제를 봉한 것이다.

3) 〔釋義〕 功德百之 : 言功與德이 百倍勝之라
功德百之는 功과 德이 백배나 나음을 말한 것이다.

○ **夏五月**에 **帝崩**하다

여름 5월에 황제가 승하하다.

班彪贊曰 臣外祖兄弟[1] 爲元帝侍中이러니 語臣曰 元帝多材藝하야 善史書[2]하고 〈鼓琴瑟하고 吹洞簫하며 自度曲하야 被歌聲하야 分刌節度하야 窮極幼眇

(要妙)라〉 少而好儒러니 及卽位에 徵用儒生하야 委之以政하야 貢薛韋匡이 迭爲宰相이로되 而上牽制文義하고 優游不斷하야 孝宣之業이 衰焉이라 然이나 寬弘盡下하야 出於恭儉하고 號令溫雅하야 有古之風烈이라하니라

班彪의 ≪漢書≫ 〈元帝紀〉 贊에 말하였다.

"臣의 外祖 형제가 元帝의 侍中이 되었었는데, 臣에게 말씀하기를 '元帝는 才藝가 많아 史籒의 글씨체를 잘 쓰고 거문고와 비파를 잘 타고 퉁소를 잘 불며 스스로 곡조를 만들어 노랫소리에 입혀서 節度에 맞아 오묘함을 다하였다. 젊어서부터 儒學을 좋아하였는데, 즉위하자 儒生들을 초빙해서 정사를 맡겨 貢禹, 薛廣德, 韋玄成, 匡衡이 차례로 재상이 되었다. 그러나 上은 글의 뜻에 구애되고 優游不斷하여 孝宣帝의 業이 쇠퇴하였다. 그러나 너그럽고 도량이 커서 아랫사람들의 마음을 다하고 공손함과 검소함에서 나왔으며, 號令이 온화하고 고상하여 옛 풍모가 있었다.' 하였습니다."

1) 〔譯註〕 臣外祖兄弟 : 應劭는 말하기를 "元帝와 成帝의 紀는 모두 班固의 아버지 彪가 지은 것이니, 臣은 彪가 자신을 말한 것으로 그의 外祖는 金敞이다." 하였고, 如淳은 말하기를 "班固의 外祖는 樊叔皮이다." 하였는데, 顔師古는 말하기를 "應氏의 說이 옳다." 하였다.

2) 〔頭註〕 史書 : 周宣王太史史籒(주)所作大篆이라

史書는 周나라 宣王 때의 太史였던 史籒가 만든 大篆이다.

〔史略 史評〕 史斷曰 元帝以昏懦之資로 繼統之初에 首以公田으로 賑業貧民하고 賦貸種食하며 未幾에 減樂府員하고 省苑馬하야 以賑困乏하며 又罷宮館하고 減馬獸肉食하야 數月之內에 善政이 迭書하니 率是而行이면 文景도 亦不是過어늘 奈何로 主德不明하고 群小在位하야 知蕭周之賢호되 善善而不能用하고 知恭顯之姦호되 惡惡而不能去하야 事無巨細히 悉委中書하야 專事邪僻하고 賊害忠良하니 西漢之衰 決於此矣로다

史斷에 말하였다.

"元帝가 昏愚하고 나약한 자질로 大統을 이은 초기에 첫 번째로 公田을 가지고 가난한 백성들의 생업을 도와주고 조세를 종자 곡식으로 꾸어 주며, 얼마

있지 않아 樂府의 인원을 줄이고 上林苑의 말을 줄여서 곤궁한 자들을 구휼하였으며, 또 宮館을 없애고 말과 고기 먹는 짐승을 줄여서 몇 달 사이에 善政이 번갈아 기록되었으니, 이를 따라서 행하였다면 文帝와 景帝 또한 이보다 더하지 못하였을 것이다. 그런데 어찌하여 군주의 德이 밝지 못하고 여러 소인들이 지위에 있어서 蕭望之와 周堪의 어짊을 알았으나 善을 선하게 여기면서도 등용하지 못하고, 弘恭과 石顯의 간사함을 알았으나 惡을 미워하면서도 제거하지 못해서, 크고 작은 일을 모두 中書에 맡겨서 오로지 邪僻함을 일삼고 忠良한 사람을 해쳤으니, 西漢의 쇠퇴함이 여기에서 결정되었다."

太子卽皇帝位하야 **以元舅**[1]**平陽侯王鳳**으로 **爲大司馬大將軍**하야 **領尙書事**하다

태자가 황제에 즉위하여 元舅(큰외삼촌)인 平陽侯 王鳳을 大司馬大將軍으로 삼아서 尙書의 일을 총괄하게 하였다.

1)〔頭註〕元舅 : 母之兄弟曰舅라
어머니의 형제를 舅라 한다.

〔新增〕尹氏曰 元舅未有書어늘 而此書之者는 所以著外氏得權之始와 新莽簒竊之漸爾니 履霜堅氷을 可不戒哉아

尹氏가 말하였다.

"元舅를 기록한 적이 없는데, 여기에 특별히 쓴 것은 외척들이 권력를 얻은 시초와 新나라의 王莽이 찬탈한 조짐을 드러낸 것이니, 서리를 밟으면 단단한 얼음이 이르는 것을 경계하지 않을 수 있겠는가."

孝成皇帝※ 名驁니 元帝長子라 在位二十六年이요 壽四十五라

孝成皇帝는 이름이 驁이니, 元帝의 長子이다. 재위가 26년이고 壽가 45세이다.

※ 湛(沈)於酒色하야 委政外家러니 哀, 平短祚하야 莽遂簒位하니 蓋其威福所由來者漸矣니라

成帝는 酒色에 빠져서 정사를 外家에 맡겼는데, 哀帝와 平帝가 國祚(享國)가 짧아서 王莽이 마침내 天子의 지위를 찬탈하였으니, 그 위엄과 福을 독단한 유래가 점점 이루어진 것이다.

【己丑】 建始元年이라

建始 元年(기축 B.C.32)

十二月朔에 日食하고 其夜에 地震未央宮殿中이어늘 詔擧賢良方正能直言極諫之士한대 杜欽及谷永이 上對하야 乃皆以爲後宮女寵이 太盛하야 嫉妬專上하야 將害繼嗣之咎[1]라하니라 〈出本傳 文小異〉

12월 초하루에 日食이 있었고, 그날 밤에 未央宮 궁전 안에 地震이 일어났다. 조서를 내려서 賢良하고 方正하여 直言하고 極諫할 수 있는 선비를 천거하게 하자, 杜欽과 谷永이 對策을 올려서 모두 아뢰기를 後宮의 女寵이 너무 성하여 질투하여 上을 독차지하려 해서 장차 繼嗣를 해치는 허물(재앙)이 될 것이라고 하였다. - ≪漢書 谷永傳≫에 나오는데, 글이 조금 다름 -

1) 〔頭註〕 繼嗣之咎 : 蓋指許后及班婕妤也라
　繼嗣를 해치는 허물은 許后와 班婕妤를 가리킨 것이다.

○ 匡衡이 坐取封邑四百頃하고 監臨에 盜所主守[1]直(値)十金以上[2]하야 免爲庶人하고 以王商[3]爲丞相하다 〈出匡衡王商傳〉

匡衡이 封邑 400頃을 취하였고 그가 監臨한 관속 중에 재물을 주관하는 자가 十金 이상에 해당하는 재물을 도둑질함으로 인하여 면직되어 庶人이 되고, 王商을 승상으로 삼았다. - ≪漢書≫ 〈匡衡傳〉과 〈王商傳〉에 나옴 -

1) 〔譯註〕 主守 : 文書를 주관하거나 창고・감옥의 죄수・여러 가지 물건을 맡아 다스리는 관원의 총칭이다.

2)〔釋義〕盜所主守直十金以上：法에 有主守盜하니 斷官錢入已也라 律條에 (臧)〔贓〕直(値)十金이면 則至重罪라

법에 主守盜(재물을 주관한 자가 공금을 횡령함)가 있으니, 관청의 돈을 도둑질하여 자기 수입으로 삼는 것이다. 刑律條에 贓物罪가 十金에 상당하면 중죄에 이른다.

3)〔頭註〕王商：成帝之舅也라

王商은 成帝의 外叔이다.

【壬辰】四年이라

建始 4년(임진 B.C.29)

夏에 **召前所擧直言之士**하야 **詣白虎殿對策**하다 **是時**에 **上**이 **委政王鳳**하니 **議者多歸咎焉**호되 **谷永**은 **知鳳方見柄用**하고 **陰欲自託**하야 **乃曰 方今四夷賓服**하야 **皆爲臣妾**하니 **北無薰粥**(獯鬻)[1], **冒頓**(묵특)**之患**하고 **南無趙**佗, **呂嘉**[2]**之難**하야 **三垂**(陲)**晏然**하야 **靡有兵革之警**하고 **諸侯大者**라야 **乃食數縣**이라 **漢吏制其權柄**하야 **無吳, 楚, 燕, 梁之勢**하고 **骨肉大臣**이 **有申伯之忠**[3]하야 **洞洞屬屬**(촉촉)[4]하고 **小心畏忌**하야 **無重合, 安陽, 博陸之亂**[5]하니 **三者**에 **無毛髮之辜**[6]라 **切(竊)恐陛下舍昭昭之白過**[7]하고 **忽天地之明戒**하고 **聽**晻(暗)**昧之瞽說**[8]하사 **歸咎乎無辜**하고 **倚異乎政事**[9]하야 **重失天心**이 **不可之大者也**니이다 **上**이 **以其書示後宮**하고 **擢永爲光祿大夫**하다

여름에 예전에 천거한 直言하는 선비들을 불러서 白虎殿에 나와 對策을 아뢰게 하였다. 이때에 上이 정사를 王鳳에게 맡기니, 의논하는 자가 王鳳에게 허물을 많이 돌렸으나 谷永은 王鳳이 막 임용되어 權柄을 잡은 것을 알고는 은근히 스스로 의탁하고자 해서 다음과 같이 말하였다.

“지금 사방 오랑캐들이 복종하여 모두 臣妾이 되었으니, 〈밖으로는〉 북쪽으로 薰粥(훈육)과 冒頓의 걱정이 없고 남쪽으로 趙佗와 呂嘉의 難이 없어서 세 변방이 편안하여 전쟁의 경보가 없으며, 〈안으로는〉 제후 중에 큰 자라야

비로소 몇 縣의 食邑을 누려서 漢나라 관리들이 그 權柄을 제재하여 吳·楚·燕·梁의 권세가 없으며, 〈조정에는〉 骨肉의 大臣들이 申伯의 충성이 있어서 공경하고 조심하고 두려워하여 重合侯·安陽侯·博陸侯의 亂이 없으니, 〈王鳳은〉 세 집안에 비하면 털끝 만한 허물도 없습니다. 적이 염려하건대 폐하께서 분명하게 드러난 과실이 있는 사람을 놓아주시고 天地가 내린 분명한 警戒를 소홀히 하고, 맹목적인 말을 따라 죄 없는 사람에게 허물을 돌리고, 災異를 정사의 잘못으로 돌려 거듭 天心을 잃으시는 것은 매우 불가합니다."

上이 이 글을 後宮에게 보이고, 谷永을 발탁하여 光祿大夫로 삼았다.

1) 〔原註〕 薰粥 : 匈奴別名이니 堯時曰薰粥이라

薰粥은 匈奴의 別名이니, 堯임금 때에 薰粥이라 하였다.

2) 〔附註〕 趙佗, 呂嘉 : 佗는 眞定人이라 秦二世時에 南海尉任囂 病且死에 召龍川令佗하야 行南海尉事러니 後遂自立爲南海武王하니라 南越은 本禹貢楊州之域이라 高帝立佗爲南海王하고 與符剖通使러니 高后時에 稱〈爲南越武帝라〉 武帝時에 佗孫興嗣上書하야 請比內諸侯러니 其相呂嘉止之라 王不听(聽)이어늘 嘉謀作亂이라 天子聞之하고 遣韓千秋러니 嘉叛하야 攻殺漢使라 於是에 遣路博德等平之하고 遂以其地로 爲儋耳, 珠厓等九郡하니라

趙佗는 眞定 사람이다. 秦나라 二世皇帝 때에 南海尉 任囂가 병들어 죽으려 할 때에 龍川令 趙佗를 불러서 南海尉의 일을 행하게 하였는데, 뒤에 마침내 스스로 서서 南海武王이 되었다. 南越은 본래 ≪書經≫ 〈禹貢〉의 楊州 지역이다. 高帝가 趙佗를 세워 南海王으로 삼고 符節을 나누어 주어 使者를 來往하였는데, 高后 때에 趙佗는 南越武帝라 칭하였다. 武帝 때에 趙佗의 손자 興嗣가 글을 올려 內地의 제후와 나란하게 되기를 청하였는데, 그 정승인 呂嘉가 이를 저지하였다. 王이 듣지 않자, 呂嘉는 난을 일으킬 것을 도모하였다. 天子가 듣고 韓千秋를 보내었는데, 呂嘉가 배반하여 漢나라 사신을 공격하여 죽였다. 이에 路博德 등을 보내어 평정하고 마침내 그 땅을 가지고 儋耳郡과 珠厓郡 등 아홉 郡을 만들었다.

3) 〔釋義〕 申伯之忠 : 申伯은 周宣王之元舅也라 鄭玄曰 申은 國名이니 以其忠於王室하야 使爲侯伯이라 故稱申伯이라

申伯은 周나라 宣王의 元舅이다. 鄭玄이 말하기를 "申은 국명이니, 왕실에 충성하여 侯伯으로 삼았으므로 申伯이라 칭한 것이다." 하였다.

4)〔通鑑要解〕洞洞屬屬：洞洞은 恭貌요 屬屬은 誠實無僞貌라
洞洞은 공손한 모양이요, 屬屬은 성실하여 거짓이 없는 모양이다.

5)〔釋義〕重合, 安陽, 博陸之亂：重合侯馬通은 武帝時謀反者馬何羅之弟也라 安陽侯上官桀이 武帝時에 以捕斬重合侯功으로 封安陽侯러니 後事昭帝라가 謀反族誅하고 博陸侯霍光은 以捕得馬何羅等功으로 封博陸侯러니 其妻顯이 弑皇后許氏에 而光不發覺이라가 光卒之後에 霍氏謀反族誅하니라
重合侯 馬通은 武帝 때에 반란을 도모한 馬何羅의 아우이다. 安陽侯 上官桀은 武帝 때에 重合侯를 체포하여 목을 벤 공으로 安陽侯에 봉해졌는데 뒤에 昭帝를 섬기다가 반란을 도모하여 三族이 죽임을 당하였고, 博陸侯 霍光은 馬何羅 등을 체포한 功으로 博陸侯에 봉해졌는데 그 아내 顯이 皇后 許氏를 독살함에 霍光이 발각하지 않았다가 霍光이 죽은 뒤 霍氏가 반란을 도모하여 三族이 죽임을 당하였다.

6)〔頭註〕三者*)無毛髮之辜：三者는 卽重合, 安陽, 博陸三家也니 言鳳視三家면 則無纖芥之過라
셋은 바로 重合侯・安陽侯・博陸侯의 세 집안이니, 王鳳은 이들 세 집안에 비하면 조그마한 잘못도 없음을 말한 것이다.

*) 三者：一說에는 밖으로는 匈奴의 跋扈, 안으로는 모반하는 자, 조정에는 權臣의 跋扈 등의 세 가지를 가리킨 것으로 보기도 한다.

7)〔釋義〕舍昭昭之白過：舍는 釋也니 謂昭然明白有罪過者를 乃舍之라
舍는 놓아줌이니, 분명히 명백하게 죄와 과오가 있는 자를 마침내 놓아줌을 말한 것이다.

8)〔釋義〕晻昧之瞽說：晻은 藹暗不明也라 瞽는 非謂无目者요 但不察事而言之하야 不中於道하야 如無目之人也라
晻은 어두워 밝지 못한 것이다. 瞽는 눈이 없는 자를 이르는 것이 아니요, 다만 일을 살피지 않고 말하여 道理에 맞지 않아서 눈이 없는 사람과 같은 것이다.

9)〔釋義〕倚異乎政事：依物曰倚라 異는 謂災異也라
물건에 의지하는 것을 倚라 한다. 異는 災異를 이른다.

戴溪筆義曰 王氏代漢이 始於杜欽谷永하여 成於張禹孔光하고 終於劉歆[1)]이라 此數子는 皆號稱儒者하여 以賢良直諫爲名하고 以通經學古爲賢하여 群臣所屬目이요 天子所取重이나 而相與誤國이 如此라 假託經術하고 緣飾古義하여 以售奸邪하고 以濟諛佞이라 蓋杜欽谷永劉歆三子는 依憑寵祿하여 以苟富貴하고

張禹孔光은 懦弱無立하여 規免禍患하니 曾不若鄙夫小人而已矣라 夫權臣始用事하여 僭竊國柄에 猶未敢肆然無忌憚也요 必有小人이 陰贊默教之하여 以助成其勢라 彼權臣者 亦自知其不爲公議所容하고 必假託名譽才智之士하여 以掩蓋其不義하나니 書生은 多慾少剛하여 易動以利하고 易怵以禍라 輕變所守하고 深自結納하여 其言曰 寧忤天子而不敢忤權臣이요 寧負公門而不敢負私室이라하니 嗚呼라 爲天子者 其無使權臣至是哉인저 權勢已成하여 熏灼可畏면 忠臣孝子不愛其死가 世寧幾何人哉아 黨與根據하여 臣下同心에 天子孤立於上하여 擧朝無一人可信者하니 可不爲大哀也哉아

戴溪의 ≪通鑑筆義≫에 말하였다.

“王氏가 漢나라를 대신한 것이 杜欽과 谷永에게서 시작되어 張禹와 孔光에게서 이루어지고 劉歆에게서 끝났다. 이 몇 사람들은 모두 儒學者라고 일컬어져 賢良과 直諫으로써 이름이 나고, 經書에 통달하고 옛것을 배운 것으로써 어질다고 여겨, 여러 신하들이 촉망하는 바이고 天子가 소중히 여긴 바였으나 서로 더불어 나라를 그르침이 이와 같았다. 經學에 가탁하고 옛날의 義理를 수식하여 간사한 꾀를 쓰고 아첨함을 이루었다. 杜欽·谷永·劉歆 세 사람은 은총과 녹봉에 의지하여 구차히 富貴를 취하였고, 張禹와 孔光은 나약하고 자립하지 못하여 禍患을 면할 것을 생각하였으니, 일찍이 비루한 지아비와 小人만도 못할 뿐이다.

權臣이 처음에 用事하여 국가의 권력을 도둑질할 때에는 그래도 감히 버젓이 忌憚함이 없지 못하고, 반드시 小人이 은밀히 돕고 묵묵히 가르쳐 줌이 있어서 그 형세를 도와주어 이루게 한다. 저 權臣들은 또한 스스로 자신들이 公論에 용납되지 못한다는 것을 알고는 반드시 명망과 재주와 지혜가 있는 선비에게 가탁해서 자신들의 不義를 엄폐하니, 書生들은 대부분 욕심이 많고 剛한(굳세고 강하여 굽히지 않는) 자가 적어서 이익으로 동요하기가 쉽고 禍로 위협하기가 쉽다. 그리하여 지조를 가볍게 바꾸고 깊이 스스로 결탁해서 그 말에 이르기를 ‘차라리 天子를 저버릴지언정 감히 權臣을 거스르지 못하고, 차라리 국가를 저버릴지언정 감히 권문세가를 저버리지 못한다.’ 하니, 아! 天子가 된 자들은 權臣으로 하여금 이러한 데에 이르지 않게 해

야 할 것이다.

權勢가 이미 이루어져서 기염이 두려울 만하면 忠臣과 孝子 중에 자신의 목숨을 아까워하지 않을 자가 세상에 몇 사람이나 되겠는가. 黨與(도당)가 뿌리를 잡아 신하들이 마음을 함께 함에 天子가 위에서 고립되어 온 조정에 한 사람도 믿을 만한 자가 없게 되니, 크게 슬퍼할 만하지 않겠는가."

1) 〔頭註〕 劉歆 : 向之少子니 與莽俱爲黃門郎하야 爲莽腹心하여 唱導褒揚이러니 及莽簒位에 爲國師하니라 赤伏符에 有劉秀發兵捕不道라하야 歆이 更名曰秀라 하니라

劉歆은 劉向의 작은아들이니, 王莽과 함께 黃門郎이 되어 王莽의 심복이 되어서 앞장서서 주창하고 褒揚하였는데, 王莽이 天子의 지위를 찬탈하자 國師가 되었다. 赤伏符에 劉秀가 군대를 내어 不道한 사람을 토벌한다는 내용이 있으므로 劉歆이 자기 이름을 고쳐 秀라 하였다.

【乙未】 河平三年이라

河平 3년(을미 B.C.26)

上이 **以中秘書**[1]**頗散亡**이라하야 **使謁者陳農**으로 **求遺書於天下**하다

上은 궁중의 秘書가 많이 흩어지고 없어졌다 하여 謁者인 陳農으로 하여금 남아 있는 책을 천하에서 찾도록 하였다.

1) 〔頭註〕 中秘書 : 言中以別外也니 外則有太常, 太史, 博士之藏하고 內則有延閣, 廣內, 秘室之府라

中이라 말하여 外와 구별한 것이니, 밖에는 太常·太史·博士의 藏書가 있고, 안에는 延閣·廣內·秘室의 書庫가 있었다.

○ **劉向**이 **以王氏權位太盛**하고 **而上方嚮詩, 書古文**이라하야 **向**이 **乃因尙書洪範**하야 〈以上 與傳文小異〉 **集合上古以來**로 **歷春秋六國**하야 **至秦, 漢**히 **符瑞災異之記**호되 **推迹行事**하야 **連傳(附)禍福**하고 **著其占驗**하야 **比類相從**하야 **各有條目**하니 **凡十一篇**이라 **號曰洪範五行傳**[1]**論**이라하고 **奏之**한대 **天子心知向忠**

精故로 **爲鳳兄弟**하야 **起此論也**라 **然**이나 **終不能奪王氏權**이러라 〈出向本傳〉

劉向은 王氏의 權勢와 地位가 너무 성하고 上이 한창 ≪詩經≫과 ≪書經≫의 古文에 유념하고 있다고 여겨 마침내 ≪尙書≫의 〈洪範〉을 인하여 - 이상은 ≪漢書 劉向傳≫의 글과 조금 다름 - 上古 이래로부터 春秋時代와 六國時代를 지나 秦·漢에 이르기까지 符瑞와 災異의 기록을 모으되 행한 일을 추적해서 禍福을 연이어 붙이고 占驗(점괘의 징험)을 드러내어 같은 종류끼리 서로 따르게 해서 각각 조목을 두니, 모두 11편이었다. ≪洪範五行傳論≫이라 이름하고 이 책을 올렸는데, 天子는 내심으로 劉向이 충성과 정성이 있기 때문에 王鳳 형제를 위하여 이러한 의론을 일으킨 줄을 알았으나 끝내 王氏의 권력을 빼앗지는 못하였다. - ≪漢書 劉向傳≫에 나옴 -

1)〔釋義〕洪範五行傳 : 傳은 解說洪範正經者라
傳은 ≪書經≫ 〈洪範〉의 正經을 해설한 것이다.

【丁酉】 陽朔元年이라

陽朔 元年(정유 B.C.24)

京兆尹王章이 **素剛直敢言**하야 **雖爲鳳所擧**나 **非鳳專權**하고 **不親附鳳**이러니 **乃奏封事言**호되 **日食之咎**는 **皆鳳專權蔽主之過**니이다 **於是**에 **章**이 **薦馮野王**[1]**忠信質直**한대 **上**이 **自爲太子時**로 **數**(삭)**聞野王名**이라 **方倚**하야 **欲以代鳳**이러니 **鳳**이 **聞之**하고 **使尙書**로 **劾奏章**하야 **致其大逆**하야 **竟死獄中**하니 **自是**로 **公卿**이 **見鳳**에 **側目而視**하니라 〈出元后紀〉

京兆尹 王章이 평소 강직하여 과감하게 말을 해서 비록 王鳳에 의해 천거되었으나 王鳳이 권력을 독단하는 것을 비난하고 王鳳을 가까이 따르지 않았는데, 마침내 封事로 아뢰어 말하기를 "日食의 재앙은 모두 王鳳이 권력을 제멋대로 휘둘러 군주의 총명을 가리운 잘못입니다." 하였다. 이때 王章이, 馮野王이 충신하고 질박하며 정직하다고 천거하자, 上은 태자였을 때부터 馮

野王의 명성을 자주 들었으므로 바야흐로 그에게 의지하여 그로써 王鳳을 대신하고자 하였는데, 王鳳이 이 말을 듣고는 尙書로 하여금 章奏로 탄핵하여 그를 大逆罪로 몰아서 끝내 獄中에서 죽게 하였다. 이로부터 公卿들이 王鳳을 볼 때에 두려워하여 똑바로 쳐다보지 못하고 곁눈질하였다. - ≪漢書 元后傳≫에 나옴 -

1) 〔頭註〕 馮野王 : 姓名이라 字君卿이니 奉世之子라
 馮野王은 姓名이다. 字가 君卿이니, 馮奉世의 아들이다.

【戊戌】 二年이라

陽朔 2년(무술 B.C.23)

以王音[1]**爲御史大夫**하니 **於是**에 **王氏愈盛**하야 **郡國守相刺史皆出其門下**하고 **五侯群弟**[2] **爭爲奢侈**하니 **賂遺珍寶 四面而至**라 **音**이 **通敏人事**하야 **好士養賢**하고 **傾財施予**하야 **以相高尙**하니 **賓客**이 **滿門**하야 **競爲之聲譽**러라 〈出元后傳〉

王音을 御史大夫로 삼으니, 이에 王氏가 더욱 성해져서 郡國의 守·相과 刺史가 모두 그 門下에서 나왔고, 五侯의 여러 아우들이 다투어 사치한 짓을 하니, 뇌물과 진기한 보물이 사방에서 이르렀다. 王音은 人事에 통달하고 민첩하여 선비를 좋아하고 賢者를 기르며, 재물을 털어서 남에게 베풀어 주어 서로 높이고 숭상하니, 빈객들이 집에 가득하여 다투어 그를 칭찬하였다. - ≪漢書 元后傳≫에 나옴 -

1) 〔頭註〕 王音 : 元后從弟也라
 王音은 元后의 從弟이다.
2) 〔釋義〕 五侯群弟 : 五侯는 謂王譚, 王商, 王立, 王根, 王逢時니 皆成帝諸舅也라
 〔通鑑要解〕 五侯는 無群弟하니 群字當作兄이라
 〔釋義〕 五侯는 王譚, 王商, 王立, 王根, 王逢時를 이르니, 모두 成帝의 외삼촌이다.
 〔通鑑要解〕 五侯는 여러 아우가 없었으니, 群字는 마땅히 兄字가 되어야 한다.

劉向이 **上封事極諫**[1)]하니 **書奏**에 **天子召見向**하고 **歎息悲傷其意**하야 **謂曰 君且休矣**어다 **吾將思之**호리라 **然**이나 **終不能用其言**이러라 〈出劉向傳〉

劉向이 封事를 올려 지극히 간하니, 글을 올리자 天子가 劉向을 불러 보고는 탄식하고 그 뜻을 슬퍼하여 이르기를 "君은 우선 쉬고 있어라. 내 장차 생각하겠다." 하였다. 그러나 끝내 그 말을 따르지 못하였다. -≪漢書 劉向傳≫에 나옴 -

1)〔通鑑要解〕劉向上封事極諫：書曰 臣聞호니 人君莫不欲安이나 然而常危하고 莫不欲存이나 然而常亡하니 人臣操權柄이면 國政未有不害者也니이다 今王氏一姓이 乘朱輪華轂者二十三人이요 大將軍秉事用權하고 五侯驕奢하야 竝作威福하니 因東宮之尊하고 假舅甥之親하야 以爲威福이라하니라

上書에 아뢰기를 "신이 들으니 人君은 편안하려고 하지 않는 자가 없으나 항상 위태롭고, 보존하려고 하지 않는 자가 없으나 항상 망하니, 人臣이 權柄을 잡고 있으면 國政에 해가 되지 않는 경우가 있지 않습니다. 지금 王氏 한 姓이 붉은 수레바퀴와 화려한 轂으로 꾸민 수레를 타는 자가 23명이고, 大將軍으로서 정사를 잡고 권세를 부리며, 五侯가 교만하고 사치하여 함께 형벌과 복(관직)을 내리고 있으니, 東宮의 높음을 인하고 舅甥의 친함을 빌려서 위엄과 복을 베풉니다." 하였다.

【己亥】 三年이라

陽朔 3년(기해 B.C.22)

秋에 **王鳳**이 **薨**커늘 **以王音爲大司馬**하다

가을에 王鳳이 죽자, 王音을 大司馬로 삼았다.

【乙巳】 永始元年이라

永始 元年(을사 B.C.16)

五侯子乘時[1)]**侈靡**하야 **以輿馬聲色佚游**[2)]로 **相高**호되 **王曼子莽**이 **因折節**[3)]

爲恭儉하고 **勤身博學**하야 **外交英俊**하고 **內事諸父**[4)]하야 **曲有禮意**러라 **鳳死**에 **以莽託太后及帝**[5)]러니 **久之**요 **封莽爲新都侯**하니 **爵位益尊**호되 **節操愈謙**하고 **振(賑)施賓客**하야 **家無所餘**하니 **虛譽隆洽**하야 **傾其諸父矣**러라 〈出莽傳〉

五侯의 아들이 기회를 틈타 분에 넘치게 사치하고 화려해서 수레와 말, 음악과 여색, 즐겁게 노는 것을 서로 숭상하였으나 王曼의 아들 王莽은 인하여 자신을 낮추어 공손하고 검소하며 몸을 수고롭게 하고 널리 배워서, 밖으로는 英才와 俊傑들을 사귀고 안으로는 諸父들을 섬겨서 곡진히 禮意가 있었다. 王鳳이 죽을 때에 王莽을 태후와 황제에게 부탁하였는데 얼마 후 王莽을 봉하여 新都侯로 삼으니, 관작과 지위가 더욱 높아졌으나 節操가 더욱 겸손하였고, 빈객들을 구휼하여 집에 남은 것이 없으니, 헛된 명예가 매우 높아져서 諸父들을 압도하였다. - ≪漢書 王莽傳≫에 나옴 -

1) 〔通鑑要解〕 乘時 : 乘은 因也니 乘時는 謂貴戚之時라
乘은 인함이니, 乘時는 貴戚(임금의 인척)의 때를 탐을 이른다.

2) 〔原註〕 佚游 : 佚은 與逸同하니 樂也라
佚은 逸과 같으니, 즐김이다.

3) 〔頭註〕 折節 : 屈折肢節하야 以服事也라
四肢의 關節을 굽히고 꺾어서 복종하여 섬기는 것이다.

4) 〔釋義〕 諸父 : 謂諸伯叔父也라
諸父는 여러 伯父와 叔父를 이른다.

5) 〔通鑑要解〕 以莽託太后及帝 : 鳳病에 莽이 侍疾湯藥하야 不解衣帶連月이라 故로 鳳託太后及帝하니 拜爲郞이라
王莽의 叔父인 王鳳이 병들었을 때에 王莽이 병을 간호하고 약을 달여 옷과 띠를 풀지 않고 간병하기를 여러 달 동안 하였다. 그러므로 王鳳이 태후와 황제에게 王莽을 부탁하니, 太后가 王莽을 郞에 임명하였다.

〔新增〕 養心吳氏曰 (王介甫)〔白居易〕詩云 周公恐懼流言日하고 王莽謙恭下士時라 假使當年身便死하면 一生眞僞有誰知오하니라

養心吳氏가 말하였다.

"白居易의 詩에 이르기를 '周公은 유언비어를 듣던 날에 두려워하였고 王莽은 찬탈하지 않았을 때에 겸손하고 공손하여 선비를 예우하였네. 만일 당년에 몸이 곧 죽었다면 일생의 眞僞를 누가 다시 알겠는가.' 하였다."

【丙午】 二年이라

永始 2년(병오 B.C.15)

王音이 薨커늘 以王商爲大司馬하다

王音이 죽자, 王商을 大司馬로 삼았다.

○ 故南昌尉梅福이 上書曰 昔에 高祖納善을 若不及하시고 從諫을 若轉圜하사 陳平이 起於亡命而爲謀主하고 韓信이 拔於行陳而建上將이라 故로 爵祿束帛[1]者는 天下之砥(지)石이니 高祖所以厲世摩(磨)鈍也니이다 至秦則不然하야 張誹謗之罔(網)하야 以爲漢敺(驅)除하고 倒持泰阿하야 授楚其柄이라 故로 誠能勿失其柄이면 天下雖有不順이나 莫敢觸其鋒이니이다 今陛下旣不納天下之言하시고 又加戮焉하사 天下以言爲戒하니 最國家之大患也니이다 方今에 君命犯而主威奪하야 外戚之權이 日以益隆하니 陛下不見其形이어든 願察其景(影)하소서 勢陵於君하고 權隆於主然後에 防之면 亦無及已리이다 上이 不納하다 〈出福本傳〉

예전에 南昌尉를 지낸 梅福이 上書하였다.

"옛날 高祖께서는 善言을 받아들이기를 미치지 못할 듯이 하시고 諫言을 따르기를 둥근 것을 굴리듯이 하시어, 陳平이 망명 중에 발탁되어 謀主가 되고 韓信이 병졸의 대열에서 발탁되어 上將으로 세워졌습니다. 그러므로 爵祿과 束帛은 천하의 숫돌이니, 高祖가 이것을 가지고 세상 사람들을 장려하고 무딘 사람들을 연마하게 한 것입니다. 秦나라의 경우에는 그렇지 아니하여 비방하는 法網을 펼쳐서 漢나라를 위하여 백성들을 몰아 주고, 泰阿劍을 거꾸로 쥐고서 楚나라(項羽)에게 그 칼자루를 내주었습니다. 그러므로 진실로 그 자루를 잃지 않으면 천하에 비록 순종하지 않는 이가 있더라도 감히 그 칼날을 범할 수가 없는 것입니다. 지금 폐하께서 이미 천하의 말을 받아들이지 않으시고 또 죽임을 가하시어 천하가 말하는 것을 경계하고 있으니, 이는 국가의 큰 병폐입니다. 지금 군주의 명령을 범하고 군주의 위엄을 빼앗아 外戚의 권세가 날로 더욱 높아지니, 폐하께서 그 형체를 보지 못하시거든 바라건대 그 그림자를 살피소서. 형세가 군주를 능멸하고 권력이 군주보다 높아진 뒤에 막는다면 또한 미칠 수가 없을 것입니다."

上이 받아들이지 않았다. - ≪漢書 梅福傳≫에 나옴 -

1) 〔附註〕 束帛：見九卷辛丑年注라 又易賁卦六五爻注에 五匹爲束이라 禮雜記에 納幣一束이니 束五兩이요 兩五尋이라한대 注에 一束은 十卷이요 八尺爲尋이요 五尋爲匹이니 匹은 四十尺也라 從兩端至中이면 則每卷二十尺이니 合之則四十尺이라 五(尺)〔匹〕을 爲五箇兩卷이라 故曰束五兩이라하니 其實은 五匹也라 匹은 配偶之云이니 古人每匹에 作兩箇卷子하니라

束帛은 ≪通鑑節要≫ 9권 辛丑年 注에 보인다. 또 ≪周易≫ 賁卦 六五爻 注에 "5匹을 1束이라 한다." 하였다. ≪禮記≫ 〈雜記〉에 "폐백 1束을 바치니, 1束은 5兩이고 兩은 다섯 길〔尋〕이다." 하였는데, 注에 1束은 10두루마리〔卷〕이고 8尺을 尋이라 하고 5尋을 1匹이라 하니, 1匹은 40尺이다. 양끝에서부터 말아서 중앙에 이르면 두루마리마다 20尺이 되니, 둘을 합하면 40尺이다. 5匹을 다섯 개로 만들어 양쪽으로 말기 때문에 1束을 5兩이라 한 것이니, 실제는 5匹이다. 匹은 配偶를 이르니, 옛사람은 포목을 匹마다 두 개의 두루마리로 만들었다.

【戊申】 四年이라

永始 4년(무신 B.C.13)

司隷校尉何武 爲京兆尹하다 **武爲吏**에 **守法盡公**하고 **進善退惡**하니 **其所居**에 **無赫赫名**이로되 **去後**에 **常見思**러라 〈出本傳〉

司隷校尉 何武가 京兆尹이 되었다. 何武가 관리가 되었을 적에 법을 지키고

공정함을 다하며 선한 사람을 등용하고 악한 사람을 물리치니, 그가 부임한 곳에 혁혁한 功은 없었으나 떠나간 뒤에는 항상 백성들이 그리워하였다. - ≪漢書 何武傳≫에 나옴 -

【己酉】 元延元年이라

元延 元年(기유 B.C.12)

王商이 **薨**커늘 **以弟根爲大司馬**하다

王商이 죽자, 아우 根을 大司馬로 삼았다.

○ **安昌侯張禹雖家居**나 **以特進**[1]으로 **爲天子師**하니 **國家每有大政**이면 **必與定議**러라 **時**에 **吏民**이 **多上書言災異之應**하야 **譏切王氏專政所致**라하니 **上**이 **意頗然之**하야 **親問禹以天變**한대 **禹曰 春秋**에 **日食地震**이 **或爲諸侯相殺**하고 **夷狄侵中國**하니 **災變之意 深遠難見**이어늘 **新學小生**이 **亂道誤人**하니 **宜無信用**이니이다 **上**이 **雅信愛禹**라 **由此**로 **不疑王氏**러라 〈出張禹傳〉

安昌侯 張禹가 비록 집에 있었으나 特進으로 天子의 師傅가 되니, 국가에 매양 큰 정사가 있으면 반드시 참여하여 의논을 정하였다. 이때 관리와 백성들이 많이 글을 올려 災異의 응험을 말하여 王氏가 정권을 독단한 소치라고 비난하자, 上이 마음속으로 자못 옳게 여겨서 張禹에게 하늘의 변고에 대해 친히 물었는데, 張禹가 대답하기를 "≪春秋≫의 日食과 地震은 혹 諸侯가 서로 죽이기 때문이기도 하고 夷狄이 중국을 침략하기 때문이기도 하였으니, 災變의 뜻은 심원하여 알기가 어렵습니다. 그런데 새로 배운 나이 젊은 유생들이 함부로 말하여 사람을 그르치니, 마땅히 信用하지 말아야 합니다." 하였다. 上이 평소 張禹를 믿고 사랑하였으므로 이로 말미암아 王氏들을 의심하지 않게 되었다. - ≪漢書 張禹傳≫에 나옴 -

1) 〔附註〕 特進 : 漢制에 諸侯功德優盛하야 朝廷所敬異者를 賜位特進하니 位在車騎

上, 三公下라 百官志에 列侯就第하면 特進奉朝請[*)]也라하니 時引見之稱이요 無官定制라

漢나라 제도에 諸侯 중에 功德이 성대하여 조정에서 공경하여 특별히 대우하는 자에게 特進의 지위를 하사하였으니, 지위가 車騎將軍의 위와 三公의 아래에 있었다. ≪後漢書≫ 〈百官志〉에 "列侯가 집으로 나아가면 특진으로 朝請을 받든다." 하였으니, 때로 引見함을 칭한 것이고 관직의 정해진 제도는 없다.

*) 奉朝請 : 古代에 諸侯가 봄에 天子에게 조회하는 것을 朝라 하고 가을에 조회하는 것을 請이라 하였는 바, 이로 인하여 定期的으로 조회에 참가하는 것을 奉朝請이라고 칭하였다. 漢代에 退職한 大臣이나 將軍, 皇室, 外戚 등은 대부분 奉朝請이라는 名義로 조회에 참가하였다.

故槐里令[1)]朱雲이 **上書求見**하니 **公卿**이 **在前**이라 **雲曰 今朝廷大臣**이 **皆尸位素餐[2)]**하니 **臣**은 **願賜尚方斬馬劍[3)]**이면 **斷佞臣一人頭**하야 **以厲其餘**하노이다 **上問誰也**오 **對曰 安昌侯張禹**니이다 **上大怒曰 小臣**이 **居下訕上**하고 **廷辱師傅**하니 **罪死不赦**라 **御史**는 **將雲下**하라 **雲**이 **攀殿檻**하니 **檻折**이라 **雲呼曰 臣得下從龍逄**(방), **比干[4)]**하야 **遊於地下足矣**니이다 **御史遂將雲去**하다 **於是**에 **左將軍辛慶忌 免冠叩頭殿下曰 此臣**이 **素著狂直**하니 **使其言**이 **是**인댄 **不可誅**요 **其言**이 **非**라도 **固當容之**니이다 **上意解**러니 **及後當治檻**하야 **上曰 勿易**하고 **因而輯之**하야 **以旌直臣**하라하다 〈出雲本傳〉

예전에 槐里令을 지낸 朱雲이 글을 올려 뵙기를 청하니, 이때 公卿들이 앞에 있었다. 朱雲이 말하기를 "지금 조정의 대신들이 모두 지위를 차지하여 녹만 먹고 있으니, 신은 바라건대 尙方에서 만든 斬馬劍을 내려 주시면 奸臣 한 사람의 목을 잘라서 그 나머지를 독려하겠습니다." 하였다. 上이 누구냐고 묻자, 대답하기를 "安昌侯 張禹입니다." 하였다. 上이 크게 노하여 말하기를 "미천한 신하가 아래에 있으면서 윗사람을 비방하고 조정에서 師傅를 욕하였으니, 죽을 죄라 용서할 수가 없다. 御史는 朱雲을 데리고 내려가라." 하였다. 朱雲이 대궐의 난간을 부여잡으니, 난간이 부러졌다. 朱雲이 큰 소리

로 말하기를 "신은 죽어서 龍逢과 比干을 따라 지하에서 놀면 만족합니다." 하니, 御史가 마침내 朱雲을 데리고 갔다. 이에 左將軍 辛慶忌가 冠을 벗고 대궐 아래에서 머리를 조아리며 아뢰기를 "이 신하가 평소 狂直하기로 알려졌으니, 만일 그 말이 옳다면 처벌해서는 안 되고 그 말이 그르더라도 진실로 용납해야 합니다." 하니, 上의 노여움이 풀렸다. 뒤에 난간을 고칠 때를 당하여 上이 말하기를 "바꾸지 말고 그대로 보수해서 直言하는 신하를 旌表하라." 하였다. - ≪漢書 朱雲傳≫에 나옴 -

1)〔通鑑要解〕故槐里令 : 朱雲이 元帝時에 爲槐里令이라가 坐論石顯하야 廢錮故로 稱求見이라
 朱雲이 元帝 때에 槐里令이 되었다가 石顯을 논박한 죄에 걸려 禁錮를 당하였으므로 만나 보기를 구한다고 칭한 것이다.
2)〔釋義〕尸位素餐 : 尸는 主也요 素는 空也요 餐은 呑食也니 謂雖主此位나 而德不稱官하야 空食祿也라
 尸는 주관함이고 素는 한갓이고 餐은 밥을 먹는 것이니, 尸位素餐은 비록 그 지위를 주관하고 있으나 德이 관직에 걸맞지 못하여 한갓 녹만 먹음을 이른다.
3)〔頭註〕願賜尙方斬馬劍 : 斬馬劍은 言利可以斬馬也라
 斬馬劍은 칼의 예리함이 말의 목을 벨 수 있음을 말한다.
4)〔釋義〕龍逢, 比干 : 關龍逢은 夏桀之臣이요 比干은 殷紂之臣이니 皆以忠諫死하니라
 關龍逢은 夏나라 桀王의 신하이고 比干은 殷나라 紂王의 신하인데, 모두 충성스럽게 간하다가 죽었다.

【壬子】四年이라

元延 4년(임자 B.C.9)

王根이 **薦谷永**이어늘 **徵入爲大司農**하다 **永**이 **前後所上四十餘事 略相反覆**하야 **專攻上身與後宮而黨於王氏**하니 **上亦知之**하고 **不甚親信也**러라

王根이 谷永을 천거하자, 중앙으로 불러들여 大司農을 삼았다. 谷永이 전

후로 올린 40여 가지의 일이 대략 서로 반복되어 오로지 上의 몸과 後宮을 공격하고 王氏에게 편당하니, 上 또한 이것을 알고는 그다지 친애하고 믿지 않았다.

【癸丑】 綏和元年이라

綏和 元年(계축 B.C.8)

二月에 **立定陶王欣**하야 **爲皇太子**하다

2월에 定陶王 欣을 세워서 황태자로 삼았다.

○ **十一月**에 **王根**이 **薦莽自代**어늘 **丙寅**에 **以莽爲大司馬**하니 **時年**이 **三十八**이라 **莽**이 **旣拔出同列**하야 **繼四父而輔政**[1]이라 **欲令名譽過前人**하야 **聘諸賢良**하야 **以爲掾史**하고 **賞賜邑錢**[2]을 **悉以享士**하고 **愈爲儉約**이러라 〈出王莽傳〉

11월에 王根이 王莽을 천거하여 자신을 대신하게 하자, 丙寅에 王莽을 大司馬로 삼으니, 이때 나이가 38세였다. 王莽은 이미 동렬들 중에 빼어나 네 叔父들을 이어 정사를 보필하였다. 명예가 앞사람들보다 뛰어나고자 해서 여러 賢良한 사람들을 초빙하여 掾史(보좌하는 아전)로 삼고, 賞으로 하사받은 것과 封邑에서 거두어들이는 돈을 모두 털어 선비들을 연향하고 더욱 검약하였다. - ≪漢書 王莽傳≫에 나옴 -

1) 〔譯註〕 繼四父而輔政 : 顔師古가 말하기를 "王鳳, 王音, 王商, 王根 네 사람이 모두 大司馬가 되었는데, 王莽의 숙부였다." 하였다.

2) 〔頭註〕 賞賜邑錢 : 邑錢은 封邑所入之錢也라
邑錢은 封邑에서 거두어들이는 돈이다.

○ **犍爲郡**이 **於水濱**에 **得古磬**[1]**一十六枚**하니 **議者以爲善祥**이라 **劉向**이 **因是說上**호되 **宜興辟雍**하고 **設庠序**[2]하고 **陳禮樂**하야 **以風化天下**니 **如此而不治**는 **未之有也**니이다 **或曰**[3]**不能具禮**라하나 **禮**는 **以養人爲本**하니 **如有過差**라도 **是**는

過而養人也어니와 **刑罰之過**는 **或至死傷**이니이다 **今之刑**이 **非皐陶之法也**어늘 **而有司請定法**하야 **削則削**하고 **筆則筆**호되 **至於禮樂**하야는 **則曰不敢**이라하니 **是**는 **敢於殺人**이요 **不敢於養人也**로소이다 **夫敎化之比於刑法**이면 **刑法**이 **輕**하니 **是**는 **舍所重而急所輕也**라 **敎化**는 **所恃以爲治**요 **刑法**은 **所以助治也**어늘 **今**에 **廢所恃而獨立其所助**하니 **非所以致太平也**니이다 **帝以向言**으로 **下公卿議**한대 **丞相翟方進**과 **大司空何武**가 **奏請立辟雍**이러니 **未作而罷**[4]하다 〈出禮樂志〉

犍爲郡이 물가에서 옛 石磬 16개를 얻으니, 의논하는 자들이 祥瑞라고 하였다. 劉向이 이로 인하여 다음과 같이 上을 설득하였다.

“마땅히 辟雍(太學)을 일으키고 庠序(鄕學 또는 四學)를 설치하며 禮樂을 베풀어서 천하를 風化(敎化)시켜야 하니, 이와 같이 하고서도 다스려지지 않은 경우는 있지 않습니다. 혹자는 이러한 禮를 갖출 수 없다고 말하나 禮는 人民을 기르는 것을 근본으로 삼으니, 만약 過差(잘못)가 있더라도 이는 지나치게 하여 人民을 기르는 것이 되지만 형벌이 과함은 혹 죽거나 상함에 이릅니다. 지금의 형벌이 皐陶의 법이 아닌데도 有司가 법을 제정하기를 청하여 삭제할 것은 삭제하고 쓸 것은 쓰나 禮樂에 이르러서는 감히 할 수 없다고 말하니, 이는 사람을 죽이는 데에는 과감하고 人民을 기르는 데에는 과감하지 못한 것입니다. 敎化를 刑法에 비교하면 刑法이 가벼우니, 이는 중한 것을 버리고 가벼운 것을 급하게 여기는 것입니다. 敎化는 믿고 의거하여 정치하는 것이고 刑法은 정치를 돕는 것인데, 이제 믿고 의거할 바를 버리고 다만 그 보조하는 것을 세우니, 태평을 이루는 방법이 아닙니다.”

황제가 劉向의 말을 公卿들에게 내려 의논하게 하니, 승상 翟方進과 大司空 何武가 辟雍을 세울 것을 주청하였으나 시작하지도 못하고 중지하였다. －≪漢書 禮樂志≫에 나옴－

1)〔通鑑要解〕古磬：樂石也니 古土母氏作磬石이라 或以玉爲之라
古磬은 돌로 만든 악기이니, 옛날 土母氏가 磬石을 만들었다. 혹은 玉으로 만든다.

2)〔釋義〕興辟雍 設庠序：王氏曰 雍은 與廱通이라 記王制에 天子曰辟雍이라한대 鄭玄曰 辟은 明이요 廱(雍)은 和也니 所以明和天下라 陸佃曰 天子立四學하고

幷其中學而五니 直於一處竝建이라 周人辟雍은 則辟廱最居中하고 其南爲成均이요 北爲上庠이요 東爲東序요 西爲瞽宗이라 辟雍은 惟天子承師問道하고 養三老五更하고 出師受成等에 就焉이라 當天子入太學이면 則四學之人이 環水而觀之하니 是之謂辟雍이라 胡致堂曰 獨辟廱은 未有明其義者어니와 以詩考之하면 其義自明이라 王制에 紀天子曰辟廱이라하니 不知何所本〈始〉而云然也라 羅璧曰 竊謂辟廱은 非學也라 辟은 君이요 廱은 和也라 詩靈臺篇의 辟廱은 其中이 皆非學校中事요 文王有聲篇에 言鎬京辟廱도 其事亦於學无預라하니라 按二說을 當詳攷之니라 〔頭註〕 庠者는 養也요 序者는 (教)〔射〕也라 古者에 黨有庠하고 (遂)〔州〕有序하니라

〔釋義〕 王氏가 말하였다. "雍은 廱과 통한다. ≪禮記≫ 〈王制〉에 '天子의 學宮을 辟雍이라 한다.' 하였는데, 鄭玄이 말하기를 '辟은 밝음이요 廱은 和함이니, 천하를 밝히고 和하게 하는 것이다.' 하였다. 陸佃이 말하기를 '天子가 四學을 세우고 四學에 中學까지 아울러 다섯이니, 다만 한 곳에 함께 세운다. 周나라 사람의 辟雍은 辟廱이 가장 중앙에 있고, 그 남쪽을 成均이라 하고, 북쪽을 上庠이라 하고, 동쪽을 東序라 하고, 서쪽을 瞽宗이라 한다. 辟雍은 오직 天子가 스승을 받들어 道를 묻고 三老와 五更을 기르며, 군대를 출동하고 受成(정벌에 대한 모책을 결정)할 때에 이곳에 나아간다. 天子가 太學에 들어가게 되면 四學의 사람들이 물가에서 구경하니, 이것을 辟雍이라 한다.' 하였다. 胡致堂(胡寅)이 말하기를 '오직 辟廱은 그 뜻을 분명히 밝힌 자가 있지 않으나 ≪詩經≫을 가지고 상고해 보면 그 뜻이 저절로 분명해진다. 〈王制〉에 天子의 學宮을 辟廱이라 하였으니, 무엇을 시초로 하여 이렇게 말한 것인지 알지 못하겠다.' 하였고, ≪羅璧識遺≫에 이르기를 '적이 생각건대 辟廱은 학교가 아닌 듯하다. 辟은 君主이고 廱은 화합이다. ≪詩經≫ 〈靈臺篇〉에 나오는 辟廱은 그 내용이 모두 학교의 일이 아니요, 〈文王有聲篇〉에 말한 鎬京辟廱도 그 일이 또한 학교와는 무관하다.' 하였다. 살펴보건대 두 가지 說을 마땅히 상고해야 할 것이다." 〔頭註〕 庠은 기른다〔養〕는 뜻이고, 序는 활을 쏜다〔射〕는 뜻이니, 옛날에 黨에는 庠이 있고 州에는 序가 있었다.

3) 〔頭註〕 或曰 : 設爲難者之言而後에 答釋之也

或曰은 詰難하는 자의 말을 가설한 뒤에 답하여 설명한 것이다.

4) 〔譯註〕 未作而罷 : 成帝의 喪을 만나 파한 것이다.

〔新增〕 胡氏曰 向之論이 美矣나 而未循其本也라 孔子曰 人而不仁이면 如禮何며 人而不仁이면 如樂何오하시니 不仁之人은 心非己有하야 視聽擧履가 皆迷其當이어늘 而何以爲禮樂哉리오 唯仁者는 所行皆禮而所安皆樂이니 是則禮樂之本也라 庠序聲容은 特其具矣니 無其本이면 則欲以其具教人은 祗益趣(趨)之於虛僞之域이니 不若不爲之愈也니라

胡氏(胡寅)가 다음과 같이 논하였다.

"劉向의 의논이 아름다우나 그 근본을 따르지 못하였다. 孔子가 말씀하기를 '사람이 仁하지 못하면 禮를 어떻게 행하며, 사람이 仁하지 못하면 樂을 어떻게 행하겠는가.' 하셨으니, 不仁한 사람은 마음이 자신의 소유가 아니어서 보고 듣고 행동하는 것이 모두 그 마땅함을 잃는데, 어떻게 禮樂을 행할 수 있겠는가. 오직 仁한 자는 행하는 바가 모두 禮이고 편안하게 여기는 바가 모두 樂이니, 이것이 禮樂의 근본이다. 庠・序와 聲音과 威儀는 다만 형식적인 도구일 뿐이니, 〈도구만 있고〉 근본이 없으면 그 도구만 가지고 사람을 가르치려는 것은 다만 虛僞의 경지로 달려가게 할 뿐이니, 하지 않는 것이 나음만 못하다."

劉向이 **自見得信於上**이라 **故**로 **常顯訟宗室**하고 **譏刺王氏及在位大臣**하야 **其言**이 **多痛切**하야 **發於至誠**이라 **上**이 **數欲用向爲九卿**호되 **爲王氏居位者**와 **及丞相御史所持**라 **故**로 **終不遷**하고 **居列大夫官**하야 **前後三十餘年而卒**이러니 **後十三歲而王氏代漢**하니라 〈出劉向本傳〉

劉向은 스스로 上에게 신임받는 것을 알았으므로 항상 드러나게 宗室의 억울함을 변호하고 王氏와 지위에 있는 大臣들을 비판해서 그 말이 대부분 통절하여 지극한 정성에서 나왔다. 上이 자주 劉向을 등용하여 九卿을 삼고자 하였으나 지위에 있는 王氏들과 丞相과 御史들에 의해 견제를 받았다. 그러므로 劉向이 끝내 승진하지 못하고 낮은 大夫의 관직에 있어 전후로 30여 년 만에 죽었는데, 13년 뒤에 王氏가 漢나라를 대신하였다. - ≪漢書 劉向傳≫에 나옴 -

【甲寅】二年이라

綏和 2년(갑인 B.C.7)

三月에 帝崩[1)]하다

3월에 황제가 승하하였다.

1)〔通鑑要解〕帝崩：趙昭儀之所殺(弑)也라
趙昭儀가 시해한 것이다.

班彪贊曰〈臣之姑充後宮爲婕妤하고 父子昆弟侍帷幄이러니 數爲臣言호되〉成帝善修容儀하야 升車正立하야 不內顧, 不疾言, 不親指하며 臨朝淵嘿하야 尊嚴若神하니 可謂有穆穆天子之容者矣라 博覽古今하고 容受直辭하며 公卿〈稱職〉하고 奏議可述이라 遭世承平하야 上下和睦이나 然湛(耽)乎酒色하야 趙氏亂內[1)]하고 外家擅朝하니 言之면 可爲於邑(嗚唈)이라하시니라 建始以來로 王氏始執國命이러니 哀平短祚하야 莽遂篡位하니 蓋其威福所由來者漸矣[2)]니라

班彪의 ≪漢書≫〈成帝紀〉贊에 말하였다.

"신의 고모가 후궁으로 들어가 婕妤가 되었고 父子와 兄弟가 모두 帷幄에서 모셨는데, 자주 나에게 말씀하기를 '成帝는 容儀를 잘 닦아서 수레를 탈 때에는 바르게 서서 안을 돌아보지 않고 말을 빨리하지 않고 직접 가리키지 않았으며, 조정에 임해서는 깊이 생각하고 침묵하여 존엄함이 神明과 같았으니, 天子의 穆穆한 용모가 있다고 이를 만하였다. 古今의 역사를 널리 보고 정직한 말을 수용하였으며, 公卿들이 직책을 수행하고 奏議가 칭찬할 만하였다. 태평성대를 만나 上下가 화목하였으나 酒色에 빠져서 趙氏(趙飛燕)가 나라 안을 어지럽히고 외척들이 조정의 정권을 독점하였으니, 이것을 말하면 한탄할 만하다.' 하셨다. 建始 이래로 王氏가 처음으로 國政을 잡았는데, 哀帝와 平帝가 일찍 죽어서 王莽이 마침내 황제의 지위를 찬탈하였으니, 그 형벌과 복을 독단한 所由來가 점점 이루어진 것이다."

1)〔附註〕趙氏亂內：初에 上微行하야 過陽阿主家라가 見歌舞者飛燕하고 悅之하야 召入宮大幸하고 有女弟어늘 復召入宮하니 姿性尤豔粹라 左右見之하고 皆嗟賞之러니 淖(뇨)方成이 在帝後라가 唾曰 此는 禍水也니 滅火必矣라하니 言漢火德故也라 俱爲婕妤하야 貴傾後宮이라 於是에 廢許皇后而立爲皇后하고 封其父臨하야 爲成陽侯러니 無子라 多通侍郎宮奴多子者나 然卒無子하니라

처음에 上(成帝)이 미행하여 陽阿公主의 집을 지나다가 歌舞하는 자인 趙飛燕을 보고 좋아하여 궁중으로 불러들여서 매우 총애하였고, 그녀에게 여동생이 있었는데 다시 궁으로 불러들이니 자태와 재주가 더욱 요염하고 순수하였다. 좌우의 신하들이 보고 모두 감탄하고 칭찬하였는데, 淖方成이 황제의 뒤에 있다가 침을 뱉으며 말하기를 "이는 禍水이니, 火를 멸하게 할 것이 틀림없다." 하였으니, 漢나라가 火德이기 때문에 〈漢나라를 멸망할 것임을〉 말한 것이다. 이들은 자매가 모두 婕妤가 되어서 귀함이 後宮들을 휩쓸었다. 이에 許皇后를 폐하고 趙飛燕을 세워 황후로 삼았으며, 그의 아비 臨을 봉하여 成陽侯로 삼았는데, 趙飛燕 자매는 아들이 없었다. 그리하여 侍郎(시중드는 남자)과 궁중의 노복 중에 자식을 많이 둔 자와 많이 간통하였으나 끝내 자식이 없었다.

2)〔頭註〕漸矣：言王氏之禍始於成帝라

王氏의 禍가 成帝에서 시작되었음을 말한 것이다.

〔史略 史評〕史斷曰 成帝善修容儀하야 臨朝若神하니 可謂有穆穆天子之容矣라 然이나 湛于酒色하야 飛燕媟私하고 赤鳳內亂[1]하고 五侯秉政[2]에 僭擬乘輿호되 縱惡不誅하야 蔓延滋長이라 遂致排擯宗室하고 孤弱公輔하야 斬戮無忌하고 擊斷不請이라 劉向, 王章이 精忠懇切호되 如水沃石하고 朱雲, 梅福이 披心讜論호되 動遭按劍이요 獨杜欽, 谷永, 張禹, 孔光之徒 諂諛苟容하야 保寵固祿하야 天地變異가 無與比數어늘 而當世君臣이 猶不警悟하니 欲久安長治나 得乎아

史斷에 말하였다.

"成帝는 容儀를 잘 닦아서 조정에 임하면 神과 같았으니, 穆穆한 天子의 용모가 있다고 이를 만하였다. 그러나 酒色에 빠져 趙飛燕이 사사로운 짓을 하고 赤鳳이 안에서 어지럽혔으며, 五侯가 정권을 잡자 참람하여 호화로움이 황제의 수레에 비견되었으나 악한 자를 내버려 두고 처벌하지 아니하여 蔓延

하고 불어났다. 그리하여 마침내 宗室을 배척하고 公輔를 약하게 해서 사람을 베어 죽임에 거리낌이 없고 공격하고 단죄함에 주청하지 않았다. 劉向과 王章의 충성이 간절하였으나 돌에 물을 붓는 것과 같아 먹혀들지 않았고, 朱雲과 梅福이 마음을 다하여 올바른 말을 하였으나 번번이 노여움을 만났으며, 다만 杜欽, 谷永, 張禹, 孔光의 무리들이 아첨하고 구차히 용납되어 은총을 보전하고 祿을 지켰다. 그리하여 天地의 變異가 그 횟수를 견줄 데가 없는데도 당세의 군주와 신하가 오히려 경계하고 깨닫지 못하였으니, 장구하게 편안하고 다스려지기를 바라나 될 수 있었겠는가."

1)〔譯註〕赤鳳內亂 : 赤鳳은 燕赤鳳으로 趙飛燕이 사통한 종이다.

2)〔譯註〕五侯秉政 : 五侯는 侯에 봉해진 다섯 명의 王氏 外戚으로 王譚, 王商, 王立, 王根, 王逢時 등을 이른다. 王太后는 친정의 오라비와 남동생이 모두 여덟이었는데, 王鳳은 아버지의 爵位를 세습하여 陽平侯에 봉해지고 王崇은 安成侯에 봉해졌으며, 庶弟 다섯 명을 같은 날에 모두 侯에 봉하여 이들을 五侯라 하였다. 오직 王曼은 일찍 죽어 侯에 봉해지지 못하였는데, 뒤에 王曼의 아들 莽이 정권을 잡고 황제의 자리를 차지하였다.

夏四月丙午에 **太子卽皇帝位**하다 **哀帝初立**에 **躬行儉約**하야 **省**(생)**減諸用**하고 **政事由己出**하니 **朝廷**이 **翕然望至治焉**이러라 〈出本紀 无哀帝初立數句〉

여름 4월 병오에 太子가 황제에 즉위하였다. 哀帝가 처음 즉위함에 몸소 검약함을 행하여 여러 비용을 절감하고 정사가 자신으로부터 나오니, 조정이 한결같이 지극한 정치를 바랐다. - ≪漢書 元帝紀≫에 나오는데 '哀帝初立'의 몇 句가 없음 -

○ **初**에 **董仲舒說武帝**호되 **以秦用商鞅之法**하야 **除井田**하니 **民得賣買**하야 **富者**는 **田連阡陌**하고 **貧者**는 **亡**(**無**)**立錐之地**라 **邑有人君之尊**하고 **里有公侯之富**하니 **小民**이 **安得不困**이리오 **古井田法**을 **雖難卒**(**猝**)**行**이나 **宜少近古**하야 **限民名田**[1]하야 **以贍**(섬)**不足**하야 **塞并兼之路**하고 **薄賦斂**, **省繇役**하야 **以寬民**

力然後에 **可善治也**리이다 **及上卽位**에 **師丹**이 **復建言**호되 **今累世承平**하야 **豪富吏民**이 **訾(貲)數鉅萬**이로되 **而貧弱愈困**하니 **宜略爲限**이니이다 **天子下其議**하니 **丞相光**과 **大司空武奏請**호되 **自諸侯王列侯公主**로 **名田**을 **各有限**하고 **關內侯吏民名田**을 **皆毋過三十頃**하고 **奴婢**를 **毋過三十人**하고 **期盡三年**호되 **犯者**는 **沒入官**하노이다 **時**에 **田宅奴婢賈(價)爲減賤**하니 **貴戚近習**이 **不便也**라 **詔書且須後**러니 **遂寢不行**하니라 **〈以上 出食貨志〉**

이전에 董仲舒가 武帝를 설득하기를 "秦나라가 商鞅의 법을 따라 井田法을 없애니, 백성들이 田地를 매매할 수가 있어서 부유한 자는 田地가 阡陌(길)을 연하고 가난한 자는 송곳 하나 세울 땅조차 없습니다. 그리하여 〈地主가〉 邑에는 人君처럼 존귀한 자가 있고 마을에는 公侯처럼 부유한 자가 있으니, 일반 백성들이 어찌 곤궁하지 않을 수 있겠습니까. 옛날의 井田法을 비록 갑자기 시행하기 어려우나 마땅히 다소 옛날과 비슷하게 해서 백성의 名田을 제한하여 부족한 사람들을 도와서 〈부자들이〉 겸병하는 길을 막고 賦稅를 적게 거두며 繇役을 줄여서 백성의 힘을 펴 준 뒤에야 잘 다스릴 수 있을 것입니다." 하였다.

上이 즉위하자, 師丹이 다시 건의하기를 "지금 여러 대 동안 태평하여 부유한 관리와 백성들은 재물이 여러 鉅萬이지만 가난하고 힘없는 자들은 더욱 곤궁하니, 대략 제한해야 합니다." 하였다. 天子가 이 의논을 내리니, 丞相 孔光과 大司空 何武가 주청하기를 "諸侯王과 列侯, 公主로부터 名田을 각각 제한하고, 關內侯와 관리와 백성들의 名田을 모두 30頃을 넘지 못하고, 노비는 30명을 넘지 못하게 하며, 〈넘치는 것을 처분하는〉 기한을 3년으로 하되 범하는 자는 관청에 몰수할 것을 청합니다." 하였다. 이때에 田宅과 노비의 값이 내리고 싸지니, 貴戚과 近臣들이 불편하게 여겼다. 詔書를 내려 우선 뒤를 기다린다고 하였는데, 마침내 중지되고 시행되지 못하였다. - 이상은 ≪漢書 食貨志≫에 나옴 -

1) 〔頭註〕 名田 : 占田*)也니 各爲立限하야 不使富者過制하니 則貧弱之家可足矣라

名田은 田地를 점유하는 것이니, 각각 한계를 세워서 부유한 자로 하여금 制度를 넘지 못하게 하였으니, 이렇게 하면 가난하고 힘없는 집이 풍족할 수가 있다.

*) 占田 : 개인의 명목으로 점유한 田地를 이르는 바, 곧 사유 농지이다.

孝哀皇帝※ 名欣이니 **元帝孫**이요 **定陶共王子也**라 **成帝無子**일새 **召入**하야 **立爲太子**하니라 **在位六年**이요 **壽三十五**라

孝哀皇帝는 이름이 欣이니, 元帝의 손자이고 定陶共王의 아들이다. 成帝가 아들이 없으므로 불러들여서 태자로 세웠다. 재위가 6년이고 壽가 35세이다.

※ 欲强主威하야 以則武宣이나 而剛愎(퍅)不明하고 尊寵嬖倖하니 其能濟乎아

哀帝는 군주의 위엄을 강화하여 武帝와 宣帝를 본받고자 하였으나 성질이 강하고 괴퍅하고 총명하지 못하였으며 宦官들을 높이고 총애하였으니, 어찌 성공할 수 있었겠는가.

【丁巳】 建平三年이라

建平 3년(정사 B.C.4)

四月에 **王嘉爲丞相**하다 **嘉以時政苛急**하야 **郡國守相**이 **數有變動**이라하야 **乃上疏曰 孝文時**에 **吏居官者 或長子孫**1)하야 **以官爲氏**2)하니 **倉氏, 庫氏**는 **則倉庫吏之後也**라 **其二千石長吏 亦安官樂職**하니 **然後**에 **上下相望**하야 **莫有苟且之意**니이다 **其後**에 **稍稍變易**하야 **公卿以下或居官數月而退**3)하니 **中材**는 **苟容求全**하고 **下材**는 **懷危內顧**4)라 **唯陛下留神於擇賢**하사 **記善忘過**하소서 **此方今急務也**니이다

4월에 王嘉가 승상이 되었다. 王嘉는 당시의 정사가 가혹하고 급박하여 郡國의 太守와 相이 자주 변동이 있다 해서 마침내 다음과 같이 상소하였다.

"孝文帝 때에는 관직에 있는 관리들이 혹 자손이 장성함에 이르러 관직을

氏로 삼았으니, 倉氏와 庫氏는 바로 창고 관리의 후손입니다. 二千石의 長吏(郡國의 守와 相) 또한 관직을 편안히 여기고 즐거워하였으니, 그런 뒤에야 상하가 서로 기대하여 구차한 뜻이 없습니다. 그런데 그 뒤에 차츰 바뀌어서 公卿 이하가 혹 관직에 있은 지 수개월 만에 물러나니, 보통 재주는 구차히 용납하여 온전하기만을 구하고, 낮은 재주는 위태로운 마음을 품고 사사로운 일만을 돌아봅니다. 오직 폐하께서는 賢者를 가려 뽑는 일에 유념하시어 잘한 것은 기억하고 잘못한 것은 잊으소서. 이것이 지금의 급선무입니다."

1)〔譯註〕吏居官者或長子孫 : 一說에는 長子孫을 長子와 子孫으로 보아 관직에 있는 관리들이 관직을 長子와 子孫에게 물려준 것으로 해석하기도 한다.

2)〔釋義〕以官爲氏 : 以官爲姓氏니 如下文倉氏庫氏是也라
以官爲氏는 관직을 姓氏로 삼은 것이니, 아래 글에 倉氏와 庫氏와 같은 것이 이것이다.

3)〔釋義〕公卿以下……數月而退 : 言不敢操持群下也라
公卿 이하가 관직에 있은 지 수개월 만에 물러난다는 것은 감히 아랫사람들을 장악하지 못함을 말한 것이다.

4)〔通鑑要解〕懷危內顧 : 言常恐獲罪하야 每爲私計也라
항상 죄를 얻을까 두려워하여 매양 사사로운 계책을 세움을 말한 것이다.

【戊午】四年이라

建平 4년(무오 B.C.3)

二月에 **駙馬都尉**[1]**侍中董賢**이 **得幸於上**하야 **出則參(驂)乘**하고 **入御左右**하니 **賞賜累鉅萬**이라 **貴震朝廷**이러라 〈出佞幸傳〉

2월에 駙馬都尉인 侍中(宦官) 董賢이 上에게 총애를 얻어서 나가면 參乘을 하고 들어오면 左右에서 모시니, 賞으로 하사받은 것이 여러 鉅萬이어서 귀함이 조정에 진동하였다. - ≪漢書 佞幸傳≫에 나옴 -

1)〔通鑑要解〕駙馬都尉 : 武帝置하니 掌御馬하니라 駙는 副也니 非正駕車를 皆爲駙馬라 魏晉尙公主者加之하니라

駙馬都尉는 武帝가 설치하였으니, 御馬를 관장하였다. 駙는 副라는 뜻이니, 正式 車駕가 아닌 것을 모두 駙馬라 칭하였는 바, 魏晉 시대에 공주에게 장가든 자에게 이 벼슬을 가하였다.

○ 匈奴單于上書願朝五年이라 公卿이 以爲虛費府帑(탕)[1]이니 可且勿許니이다 揚雄이 上書諫曰 臣聞六經之治는 貴於未亂이요 兵家之勝은 貴於未戰이라하니이다 今單于上書求朝어늘 國家不許而辭之하니 臣愚는 以爲漢與匈奴從此隙矣리라하노이다 匈奴는 本五帝所不能臣이요 三王所不能制니 其不可使隙이 明甚이니이다 以秦始皇之彊과 蒙恬之威로도 然不敢窺西河하야 乃築長城以界之하고 會漢初興에 以高祖之威靈과 三十萬衆으로도 困於平城하고 高皇后時에 匈奴悖慢이어늘 大臣이 權書遺之然後에 得解하고 及孝文時에 匈奴侵暴北邊하야 候騎至雍, 甘泉이라 京師大駭하야 發三將軍하야 屯細柳, 棘門, 霸上하야 以備之라가 數月乃罷하고 孝武卽位에 設馬邑之權하야 欲誘匈奴[2]라가 徒費財勞師하야 一虜도 不可得見이어든 況單于之面乎잇가 其後에 深惟社稷之計하고 規恢萬載之策하야 乃大興師數十萬하야 使衛靑, 霍去病操兵이 前後十餘年이라 於是에 浮西河하고 絶大幕[3]하며 破寘顏[4]하고 襲王庭[5]하야 窮極其地하야 追犇逐北(배)[6]하야 封狼居胥山하고 禪於姑衍하고 以臨瀚海[7]하니 自是之後로 匈奴震怖하야 益求和親이나 然而未肯稱臣也하니이다

匈奴의 單于가 글을 올려 조회할 것을 원한 지가 5년이었다. 公卿들이 말하기를 "國庫만 허비하니 우선 허락하지 말아야 합니다." 하였다. 이에 揚雄이 글을 올려 간하였다.

"신이 듣건대 六經의 다스림은 혼란하기 전에 다스리는 것을 귀하게 여기고, 兵家의 승리는 싸우기 전에 이기는 것을 귀하게 여긴다고 하였습니다. 이제 單于가 글을 올려 조회하기를 요청하는데 국가에서 허락하지 않고 거절하니, 어리석은 신은 漢나라와 匈奴가 이로부터 틈이 생길까 염려됩니다. 匈奴는 본래 五帝도 신하로 삼지 못하였고 三王도 제재하지 못하였으니, 틈이

생기게 해서는 안 됨이 매우 분명합니다. 秦나라 始皇의 강함과 蒙恬의 위엄으로도 감히 西河를 엿보지 못하여 마침내 長城을 쌓아서 경계로 삼았고, 마침 漢나라가 처음 일어남에 高帝의 위엄과 30만의 병력으로도 平城에서 곤궁하였으며, 高皇后 때에 匈奴가 도리에 어긋나고 오만한 짓을 하였는데 大臣들이 權書(임시방편으로 둘러댄 글)를 보낸 뒤에야 화해할 수 있었습니다. 孝文帝 때에 匈奴가 북쪽 변경을 침략하여 정탐하는 기병이 雍州와 甘泉에 이르자 京師가 크게 놀라서 세 장군을 출동하여 細柳, 棘門, 霸上에 주둔시켜 대비한 지 수개월 만에야 비로소 파하였고, 孝武帝가 즉위함에 馬邑의 속임수를 써서 匈奴를 유인하려고 하다가 한갓 재물을 허비하고 군사들을 수고롭게 하기만 해서 한 명의 오랑캐도 볼 수가 없었는데 하물며 單于의 얼굴이겠습니까. 그 뒤에 社稷을 위한 계책을 깊이 생각하고 萬年의 계책을 계획하고 확대하여 마침내 수십만의 군대를 크게 일으켜 衛青과 霍去病으로 하여금 군대를 조련하게 한 지가 전후로 십여 년이었습니다. 이에 西河에 배를 띄우고 大幕(沙漠)을 횡단하며, 寘顏山(祁連山)을 격파하고 王庭(單于가 있는 곳)을 습격하여 그들의 땅 끝까지 이르러서 도망하는 자들을 추격하고 패배하는 자들을 쫓아가서 狼居胥山에 封하고 姑衍에서 禪하며 瀚海에 임하였으니, 이후로 匈奴가 두려워하여 더욱 화친하기를 구하였으나 臣이라고 칭하려 하지는 않았습니다.

1) 〔釋義〕 府帑 : 帑은 它莽反이요 又音奴라 府는 物所聚也요 帑은 藏金帛之所也라
   帑은 음이 它莽反(탕)이고, 또 음이 노이다. 府는 물건을 모아 놓는 곳이고, 帑은 금과 비단을 보관하는 곳이다.
2) 〔釋義〕 孝武卽位……欲誘匈奴 : 武帝使馬邑人聶翁一로 誘致單于러니 單于疑之而還하니라
   武帝가 馬邑 사람 聶翁一로 하여금 單于를 유인하게 하였는데, 單于가 의심하고 돌아간 일을 가리킨다.
3) 〔釋義〕 絶大幕 : 幕은 卽沙漠也라 直度曰絶이요 沙土曰幕이라
   幕은 바로 沙漠이다. 직선으로 횡단하는 것을 絶이라 하고, 모래흙을 幕이라 한다.
4) 〔釋義〕 寘顏 : 匈奴中山名이라
   寘顏은 匈奴 가운데에 있는 산 이름이다.

5)〔頭註〕王庭：單于無城郭하야 其穹廬前地若庭이라 故云王庭이라
單于는 城郭이 없어서 그 집 앞의 땅이 庭과 같기 때문에 王庭이라 한 것이다.
6)〔釋義〕逐北：註見周赧王三十一年*)이라
逐北는 이에 대한 註가 周나라 赧王 31年條에 보인다.
*) 註見周赧王三十一年：逐北는 패하여 달아나는 자를 좇는 것으로, 北方은 그윽한 陰地이기 때문에 군대가 패주하는 것을 北라 한다. 釋義의 내용은 ≪資治通鑑≫을 기준으로 한 것인 바, ≪通鑑節要≫는 이에 대한 주가 周 赧王 36年條(B.C.279)에 보인다.
7)〔釋義〕瀚海：瀚은 如字라 北海名이니 在沙漠北이라
瀚은 본자대로 읽는다. 北海의 이름이니, 사막의 북쪽에 있다.

且夫前世에 豈樂傾無量之費하고 役無罪之人하야 快心於狼望[1]之北哉리오마는 以爲不一勞者는 不久佚하고 不暫費者는 不永寧이라하야 是以로 忍百萬之師하야 以摧餓虎之喙하고 運府庫之財하야 塡盧山[2]之壑而不悔也하니이다 至本始之初하야 匈奴有桀心[3]하야 欲掠烏孫하고 侵公主[4]어늘 乃發五將[5]之師十五萬騎하야 以擊之하니 時에 鮮有所獲이요 徒奮揚威武하야 明漢兵若雷風耳라 雖空行空反이나 尙誅兩將軍[6]故로 北狄이 不服하야 中國이 未得高枕安寢也니이다 逮至元康, 神爵之間하야 大化神明하고 鴻恩溥洽하며 而匈奴內亂하야 五單于[7]爭立이라 日逐, 呼韓邪[8] 攜國歸死[9]하야 扶伏(匍匐)稱臣이라 然이나 尙羈縻[10]之하고 計不顓(專)制[11]하니 自此之後로 欲朝者를 不距하고 不欲者를 不彊이라 今單于歸義어늘 奈何疑而隙之하야 使有恨心하야 因以自絶하야 終無北面之心이니잇고 書奏에 天子寤焉하고 更(경)報單于書而遣之하다

또 前代에 어찌 한량없는 경비를 쓰고 죄 없는 백성들을 부역시켜서 狼望의 북쪽에서 마음을 유쾌하게 하는 것을 좋아했겠습니까. 그러나 한 번 수고롭지 않은 자는 오랫동안 편안하지 못하고 잠시 허비하지 않는 자는 오랫동안 편안하지 못하다고 생각하였습니다. 이 때문에 백만의 군사를 차마 버려서 굶주린 호랑이의 입에 넣고, 府庫의 재물을 운반하여 盧山과 같은 골짜기를 메우면서

도 후회하지 않은 것입니다. 本始의 初年에 이르러 匈奴가 건방진 마음이 있어서 烏孫을 침략하고 公主를 빼앗아 가고자 하자, 마침내 다섯 장군의 군사 15만 기병을 징발하여 공격하였으니, 이때 노획한 것이 적고 다만 위엄과 무력을 떨치고 드날려서 漢나라 군대가 우레와 바람처럼 신속함을 보여 주었을 뿐입니다. 비록 거저 갔다가 거저 돌아왔으나 오히려 두 장군을 처형하였기 때문에 북쪽 오랑캐들이 복종하지 않아 중국 사람들이 베개를 높이 베고 편안히 잘 수가 없었습니다. 그러다가 元康과 神爵 연간에 이르러 큰 교화가 신명하고 큰 은혜가 널리 흡족하며, 匈奴에 내란이 일어나서 다섯 선우가 왕위를 다투었습니다. 日逐王과 呼韓邪單于가 저들 나라의 사람들을 이끌고 돌아와 목숨을 바쳐서 부복하여 臣이라 일컬었습니다. 그러나 아직도 매어두기만 하고 계책은 우리 마음대로 제재하지 않았으니, 이후로부터 조회오려고 하는 자를 거절하지 않고 하고자 하지 않는 자를 억지로 시키지 않았습니다. 지금 單于가 義에 돌아오는데 어찌하여 의심하고 틈을 두어서 원망하는 마음을 품어 이로 인해 스스로 단절하여 끝내 北面할 마음이 없게 하십니까."

글을 아뢰자, 天子가 깨닫고 다시 單于에게 답서를 써서 보내었다.

1) 〔釋義〕 狼望 : 匈奴中地名이라
狼望은 匈奴 가운데에 있는 지명이다.

2) 〔釋義〕 盧山 : 卽盧朐山也니 在匈奴中이라
盧山은 바로 盧朐山이니, 匈奴 가운데에 있다.

3) 〔頭註〕 桀心 : 桀은 堅也니 言其起立不順이라
桀은 견고함이니, 일어서서 순종하지 않음을 말한 것이다.

4) 〔頭註〕 侵公主 : 武帝元封六年에 以宗室女로 爲公主하야 嫁烏孫하니라
武帝 元封 6년에 宗室의 딸을 공주로 삼아 烏孫으로 시집보냈다.

5) 〔頭註〕 五將 : 田廣明, 范明友, 韓增, 趙充國, 田順이라
다섯 장수는 田廣明·范明友·韓增·趙充國·田順이다.

6) 〔頭註〕 兩將軍 : 田順은 不至期〈會〉하고 詐增虜獲하며 田廣明은 知虜在前하고 逗留不進이라 皆下吏하니 自殺하니라
田順은 약속한 기한에 오지 않고 거짓으로 포로와 首級의 숫자를 부풀려 보고하였으며, 田廣明은 오랑캐가 앞에 있음을 알고는 머뭇거리고 전진하지 않았기

때문에 모두 옥리에게 회부하자 자살하였다.

7) 〔附註〕 五單于 : 宣帝五鳳甲子年에 稽侯𤚥이 爲呼韓邪單于하고 日逐王薄胥堂이 爲屠耆單于하고 呼揭王이 爲呼揭單于하고 {右}奧鞬王이 爲車犂單于하고 烏籍都尉 爲烏籍單于하니라

다섯 單于는 宣帝 五鳳 갑자년에 稽侯인 𤚥이 呼韓邪單于가 되고, 日逐王 薄胥堂이 屠耆單于가 되고, 呼揭王이 呼揭單于가 되고, 奧鞬王이 車犂單于가 되고, 烏籍都尉가 烏籍單于가 된 것이다.

8) 〔釋義〕 日逐, 呼韓邪 : 呼韓邪는 匈奴單于之號라 宣帝五鳳元年에 稽侯𤚥이 爲呼韓邪單于하야 甘露二年에 款塞請朝하고 後光武建武中에 日逐王比 爲呼韓邪單于하야 款塞願爲藩蔽하니라

呼韓邪는 匈奴單于의 칭호이다. 宣帝 五鳳 元年에 稽侯인 𤚥이 呼韓邪單于가 되어서 甘露 2년에 국경의 관문에 와서 복종하여 조회할 것을 청하였고, 뒤에 光武帝의 建武 연간에 日逐王 比가 呼韓邪單于가 되어서 복종하여 제후국이 될 것을 원하였다.

9) 〔頭註〕 歸死*) : 歸死命於漢也라

歸死는 죽음과 삶을 漢나라에 돌리는 것이다.

*) 歸死 : 王念孫이 말하기를 "살펴보건대 歸死 두 글자는 뜻에 있어서 통하지 않으니, 마땅히 歸化의 잘못일 것이다." 하였다.

10) 〔頭註〕 羈縻 : 馬曰羇(羈)요 牛曰縻니 言制四夷를 如馬牛之受羇縻라

말의 굴레를 羈라 하고 소의 고삐를 縻라 하니, 四夷를 제어하기를 소와 말이 굴레와 고삐에 제재를 받는 것과 같이 하는 것이다.

11) 〔頭註〕 計不顓制 : 不顓制는 言不爲臣妾이라

專制하지 않았다는 것은 臣妾이 되지 않음을 말한 것이다.

致堂管見曰 帝王이 於中國無事時에 鮮不欲開闢土地하고 行師荒外하여 服前代所不能服하고 臣昔人所不能臣하여 以爲一時駿功하야 自偉其代也라 若漢武之於西北兩垂(陲)에 其勤勞費耗가 蓋前無比, 後無繼矣니 苟使匈奴款塞[1]面內하여 不自欺翫이면 亦可以少殺(쇄)疲弊之恥而償侵侮之患也라 然이나 師行餘三十年에 卒不得如志러니 至於宣元成哀無意武功者하야는 乃坐享其成이라 至若渭上盛儀에 單于執國珍, 襲冠帶하고 稱臣贊謁하고 稽首而朝는 則武帝平

生所願欲而不得見者어늘 哀帝之世엔 漢旣衰矣로되 匈奴烏孫이 猶不廢禮하고 西域佩印이 五十餘君이니 雖曰中國榮觀이나 譬猶大木遠條하야 枝葉尙茂로되 而蠹生心腹하여 根幹將顚矣니 于是時에 縱使九夷八蠻[2)]이 罔不扶伏闕庭之下인들 夫亦何補리오 是故로 聖主는 專務治內以固其本하고 不勤遠略而忽邇圖하니 其慮遠矣로다

致堂(胡寅)의 ≪讀史管見≫에 말하였다.

"帝王 중에 中國이 아무 일이 없을 때에 국경을 개척하고 변경에 군대를 출동하여 前代에 복종시키지 못한 곳을 복종시키고 옛사람이 신하로 삼지 못한 자를 신하로 만들어서 이것을 한 때의 큰 공으로 삼아 스스로 한 시대를 훌륭하게 하고자 하지 않는 자가 드물었다. 漢나라 武帝는 西北의 두 변경에 들인 수고와 비용이 예전에 비할 데가 없고 후세에도 이을 자가 없었으니, 만일 匈奴가 국경의 관문에 와서 복종하여 스스로 속이거나 희롱하지 않았으면 또한 국가를 피폐하게 만든 치욕을 다소 줄이고 침략과 모욕을 당한 근심을 보상할 수 있었을 것이다. 그러나 군대를 출동한 지 30년이 넘었지만 끝내 뜻대로 하지 못하였는데, 武功에 관심이 없는 宣帝와 元帝, 成帝와 哀帝에 이르러서야 비로소 앉아서 그 성공을 누리게 되었다.

渭水 가의 성대한 의식에 單于가 匈奴 지역에서 생산된 진기한 보물을 잡고 冠帶를 하고는 신하라고 칭하여 배알하고 머리를 조아리며 조회하는 것으로 말하면 武帝가 평생토록 원하였지만 보지 못한 것이었는데, 哀帝 때에 漢나라가 이미 쇠약해졌으나 匈奴와 烏孫이 오히려 禮를 폐하지 않았으며 西域의 나라로서 漢나라의 印綬를 찬 것이 50여 군주였다. 이는 비록 中國의 영화로운 구경거리라고 말하겠지만 비유하면 큰 나무가 가지가 멀리 뻗어 가지와 잎이 무성하나 속은 좀이 먹어서 뿌리와 줄기가 장차 넘어지려 하는 것과 같으니, 이때에 비록 九夷와 八蠻이 대궐 아래에 포복하지 않은 자가 없은들 또한 무슨 보탬이 되겠는가. 이 때문에 聖主는 오로지 나라 안을 다스려서 근본을 견고하게 하는 것을 힘쓰고, 수고롭게 멀리 경략하느라 가까운 계책을 소홀히 하지 않는 것이니, 그 생각함이 원대하다."

1) 〔頭註〕 款塞 : 款은 叩也니 叩塞門하고 來服從也라

款은 두드림이니, 국경의 관문을 두드리고 와서 복종하는 것이다.

2)〔附註〕九夷八蠻：多之稱也라 東方之夷九種이니 曰畎夷, 于夷, 方夷, 黃夷, 白夷, 赤夷, 玄夷, 風夷, 陽夷요 又玄菟, 樂浪, 高麗, (蒲)〔滿〕飾, 鳧(吏)〔更〕, 索(豕)〔家〕, 東屠, 倭人, 天鄙也라 八蠻은 天竺, 咳首, 譙揥, 跛踵, 穿胸, 儋耳, 狗軹, 旁春이라

九夷八蠻은 많은 오랑캐를 칭한 것이다. 東方의 오랑캐가 아홉 종족이 있으니, 畎夷, 于夷, 方夷, 黃夷, 白夷, 赤夷, 玄夷, 風夷, 陽夷이고, 또 玄菟, 樂浪, 高麗, 滿飾, 鳧更, 索家, 東屠, 倭人, 天鄙이다. 八蠻은 天竺, 咳首, 譙揥, 跛踵, 穿胸, 儋耳, 狗軹, 旁春이다.

【己未】元壽元年이라

元壽 元年(기미 B.C.2)

以孔光爲丞相하다 **光**이 **知上欲尊寵董賢**하고 **下車拜謁**하야 **不敢以賓客鈞敵之禮**하니 **賢**이 **由是**로 **權與人主侔矣**러라

孔光을 승상으로 삼았다. 孔光은 上이 董賢을 높이고 총애하고자 하는 것을 알고는 그를 만나면 수레에서 내려 절하고 뵈어서 감히 賓客의 대등한 禮로 대하지 못하니, 董賢이 이로 말미암아 권세가 人主와 대등해졌다.

【庚申】二年이라

元壽 2년(경신 B.C.1)

六月에 **帝崩**하다 **帝睹孝成之世**에 **祿去王室**[1)]이러니 **及卽位**에 **屢誅大臣**[2)]하야 **欲彊主威**하야 **以則武, 宣**[3)]이나 **然而寵信讒諂**하고 **憎疾忠直**[4)]하니 **漢業**이 **由是遂衰**러라 〈出本紀 無然而寵信讒諂以下〉

6월에 황제가 승하하였다. 황제는 孝成帝 때에 祿(政權)이 왕실에서 떠난 것을 보았는데, 즉위하게 되자 여러 차례 大臣을 죽여서 군주의 위엄을 강화하여

武帝와 宣帝를 본받고자 하였다. 그러나 참소하고 아첨하는 자들을 총애하여 신임하고 충직한 자들을 미워하니, 漢나라 王業이 이로 말미암아 마침내 쇠퇴하였다. - ≪漢書 元帝紀≫에 나오는데, '然而寵信讒諂' 이하의 내용은 없음 -

1) 〔頭註〕 祿去王室 : 謂政在王氏也라
祿이 왕실에서 떠났다는 것은 정권이 王氏에게 있음을 이른다.
2) 〔頭註〕 屢誅大臣 : 誅大臣朱博王嘉等이라
대신인 朱博과 王嘉 등을 죽임을 이른다.
3) 〔釋義〕 以則武宣 : 則武宣은 謂以武帝宣帝爲法則也라
則武宣은 武帝와 宣帝를 법칙으로 삼았음을 이른다.
4) 〔頭註〕 寵信讒諂 憎疾忠直 : 讒諂은 趙昌, 董賢, 息夫躬等이요 忠直은 師丹, 傅喜, 鄭崇等이라
참소하고 아첨한 자들은 趙昌・董賢・息夫躬 등이요, 충직한 자들은 師丹・傅喜・鄭崇 등이다.

孝平皇帝※ **名衎**(간)이니 **元帝之孫**이요 **中山**(箕)〔孝〕**王之子**라 **哀帝崩**에 **無子**라 **太皇太后議迎立爲太子**하야 **九月**에 **卽皇帝位**하니 **帝年方九歲**라 **太皇太后臨朝**하고 **大司馬莽**이 **秉政**하니라 **在位五年**에 **王莽弑之**하니 **壽一十四**라

孝平皇帝는 이름이 衎이니, 元帝의 손자이고 中山孝王 興의 아들이다. 哀帝가 죽었는데 아들이 없으므로 太皇太后가 의논하여 迎立해서 태자로 삼아 9월에 황제에 즉위하니, 이때 황제의 나이가 9세였다. 太皇太后가 조회에 임하고 大司馬 王莽이 정권을 잡았다. 재위한 지 5년에 王莽이 시해하니, 壽가 14세이다.

※ 孝平不造하고 新都作宰하야 不伊不周하야 喪我四海하니라
孝平皇帝가 不幸하고, 新都侯(王莽)가 총재가 되어 伊尹처럼 하지 않고 周公처럼 하지 않아서 우리 四海를 망하게 하였다.

【辛酉】 元始元年이라

元始 元年(신유 A.D.1)

春正月에 **王莽**이 **風(諷)益州**하야 **令塞外蠻夷**로 **自稱越裳氏**하고 **重譯獻白雉一, 黑雉二**[1)]하니 **於是**에 **群臣**이 **盛陳莽功德**으로 **致周成白雉之瑞**하니 **莽**을 **宜賜號安漢公**이라하니라 〈出王莽傳〉

봄 정월에 王莽이 益州에 넌지시 지시하여 변방 밖에 있는 오랑캐들로 하여금 스스로 越裳氏라 칭하고, 여러 번 통역을 거쳐 흰 꿩 한 마리와 검은 꿩 두 마리를 바치게 하니, 이에 여러 신하들이 '王莽의 功德으로 周나라 成王 때 흰 꿩을 바친 祥瑞를 이루었으니, 王莽에게 마땅히 安漢公이라는 호를 하사해야 한다.'고 지극히 말하였다. - ≪漢書 王莽傳≫에 나옴 -

1) 〔釋義〕 自稱越裳氏 重譯獻白雉一黑雉二 : 越裳은 南方遠國名이니 在交趾南이라 周成王時에 嘗重九譯하야 獻白雉하니라

越裳은 남방에 있는 먼 나라의 이름이니, 交趾의 남쪽에 있다. 周나라 成王 때에 일찍이 아홉 번 통역을 거쳐 흰 꿩을 바쳤다.

〔新增〕 林氏曰 陳勝將起할새 以丹書帛[1)]으로 置之魚腹하고 使吳廣效狐鳴於叢祠[2)]러니 王莽將簒할새 風益州하야 塞外蠻夷自稱越裳氏하야 以獻白雉라 然이나 勝之謀는 僅足以誑戍卒이어늘 而漢朝公卿이 乃爲莽之所誑하니 其不知之耶아 抑知之而相率爲僞耶아

林氏가 말하였다.

"陳勝이 起兵하려 할 때에 丹書를 쓴 비단을 물고기의 뱃속에 넣어 두게 하였으며 吳廣으로 하여금 叢祠(樹木 가운데 세운 사당)에서 여우 울음소리를 흉내 내어 陳氏가 황제가 된다고 말하게 하였는데, 王莽이 찬탈하려 할 때에 益州에 넌지시 지시해서 변방 밖의 오랑캐들이 越裳氏라 자칭하고는 흰 꿩을 바치게 하였다. 그러나 陳勝의 꾀는 겨우 수자리 사는 병졸들을 속일 수 있을 뿐이었으나 漢나라 조정의 여러 公卿들은 도리어 王莽에게 속아 넘어갔으니, 이것을 알지 못하였는가? 아니면 알면서도 서로 따라서 거짓을 한 것인가?"

1)〔頭註〕丹書帛：勝以丹書帛曰 陳勝王이라하야 置魚腹中한대 卒買魚得書하고 已怪하니라

陳勝이 붉은색 朱砂로 비단에 "陳勝이 왕 노릇 한다."라고 써서 물고기 뱃속에 넣어 두었는데, 병졸들이 이 물고기를 사서 글을 얻고는 이미 괴이하게 여겼다.

2)〔頭註〕叢祠：令吳廣으로 之叢祠하야 中夜에 構(篝)火하고 狐鳴曰 大楚興, 陳勝王이라하니 卒皆夜恐이러니 旦日에 卒〈中〉往往指目勝廣하니라

陳勝이 吳廣으로 하여금 叢祠에 가서 한밤중에 등불을 켜고 여우 울음소리를 흉내 내어 말하기를 "大楚가 일어나고 陳勝이 왕 노릇 한다." 하니, 병졸들이 모두 밤에 두려워하였는데, 다음 날 아침 병졸들 중에서 陳勝과 吳廣이 제왕이 될 것이라고 지목하였다.

【壬戌】二年이라

元始 2년(임술 2)

春에 **越巂**(수)**郡**이 **上〈言〉黃龍游江中**이라하야늘 **太師孔光**과 **大司徒馬宮等**이 **咸稱莽功德**하야 **比周公**이러라

봄에 越巂郡이 강 가운데에서 黃龍이 논다고 上言하자, 太師 孔光과 大司徒 馬宮 등이 모두 王莽의 공덕을 칭송하여 周公에 견주었다.

○ **梅福**이 **知王莽必簒漢祚**하고 **一朝**에 **棄妻子去**하야 **不知所之**러니 **其後**에 **人有見福於會稽者**하니 **變名姓**하고 **爲吳市門卒云**이러라 〈出本傳〉

梅福은 王莽이 반드시 漢나라 國統을 찬탈할 것임을 알고 하루아침에 妻子를 버리고 떠나가서 어디로 갔는지 알 수 없었는데, 그 뒤에 어떤 사람이 會稽에서 그를 보니, 姓名을 바꾸고 吳나라 市門의 병졸이 되었다고 한다. －≪漢書 梅福傳≫에 나옴－

【癸亥】三年이라

元始 3년(계해 3)

北海逄萌이 謂友人曰 三綱이 絶[1]矣라 不去면 禍將及人이라하고 卽解冠하야 掛東都城門하고 歸하야 將家屬하야 浮海하야 客於遼東하다 〈出逄萌傳〉

北海의 逄萌이 친구에게 이르기를 "三綱이 끊어졌다. 떠나가지 않으면 禍가 장차 사람(자신)에게 미칠 것이다." 하고는 즉시 冠을 벗어 동쪽 도성문에 걸고 돌아와 家率들을 거느리고서 바다를 건너 遼東에 가서 나그네로 살았다. - ≪漢書 逄萌傳≫에 나옴 -

1) 〔附註〕 三綱絶 : 莽殺其叔父王商하고 又殺其冢嫡子하니 是滅其天性也요 殺其君之祖姑하고 又盡除忠直之臣 何武, 鮑宣, 辛慶忌等數百人하니 是無君也라 故曰三綱絶이라하니라
王莽이 숙부인 王商을 살해하고 또 그 큰 아들을 살해하였으니 이는 그 天性을 멸한 것이요, 人君의 祖姑를 죽이고 또 충직한 신하인 何武, 鮑宣, 辛慶忌 등 수백 명을 다 제거하였으니 이는 군주를 무시한 것이다. 그러므로 三綱이 끊어졌다고 말한 것이다.

〔新增〕 林氏曰 王莽逆節旣萌이로되 漢朝公卿이 爲之犬馬하여 曾不少愧어늘 而梅福은 隱會稽하고 逄萌은 客遼東하여 若將浼焉者라 夫子曰 篤信好學하고 守死善道하며 危邦不入하고 亂邦不居[1]라하시니 二子爲得之로다

林氏가 말하였다.

"王莽의 반역하는 일이 이미 싹텄는데도 漢나라 조정의 公卿들이 그의 忠犬 노릇을 하면서 일찍이 조금도 부끄러워하지 않았는데, 梅福은 會稽에 은둔하고 逄萌은 遼東에 나그네가 되어서 자기 몸이 장차 더럽혀질 듯이 여겼다. 夫子(孔子)께서 말씀하기를 '독실히 믿고 배우기를 좋아하며 죽음으로 지키고 道를 잘하며, 위태로운 나라에 들어가지 않고 어지러운 나라에 살지 않는다.' 하였으니, 두 사람이 이것을 행하였다."

1) 〔譯註〕 夫子曰……亂邦不居 : 이 내용은 ≪論語≫ 〈泰伯篇〉에 보인다.

【甲子】 四年이라

元始 4년(갑자 4)

夏에 采伊尹, 周公稱號하야 加安漢公하야 爲宰衡[1)]하다

여름에 伊尹과 周公의 칭호를 채택하여 安漢公에 가하여 宰衡이라 하였다.

1) 〔譯註〕 宰衡 : 宰는 冢宰로 周公의 관직명이고, 衡은 阿衡으로 伊尹의 관직명이다.

【乙丑】 五年이라

元始 5년(을축 5)

夏五月에 策命安漢公莽以九錫[1)]하다

여름 5월에 安漢公 王莽을 策命하여 九錫을 가하였다.

1) 〔釋義〕 九錫 : 王氏曰 禮緯云 禮有九錫하니 一輿馬요 二衣服이요 三樂則이요 四朱戶요 五納陛요 六虎賁이요 七弓矢요 八鈇鉞이요 九秬鬯이니 皆所以勸善扶不能이라 白虎通曰 能安民者는 賜輿馬하고 能富民者는 賜衣服하고 能和民者는 賜樂則하고 民衆多者는 賜朱戶하고 能進善者는 賜納陛하고 能退惡者는 賜虎賁하고 能誅有罪者는 賜鈇鉞하고 能征不順者는 賜弓矢하고 孝道備者는 賜秬鬯이라 하니라 舊說解에 輿馬는 謂大(太)輅戎輅各一과 玄馬二也요 衣服은 謂玄袞也요 樂則은 謂軒縣(懸)之樂[*)]也요 朱戶는 謂所居之室에 朱其戶也요 納陛는 謂從中階而升也요 虎賁은 謂三百人也요 弓矢는 謂彤(旅)〔玈〕之弓矢也요 鈇鉞은 謂大柯斧니 賜之專殺也요 秬鬯은 謂秬鬯之酒니 賜以祭祀也라

王氏가 말하였다. "≪禮緯 含文嘉≫에 이르기를 '禮에 九錫이 있으니, 첫 번째는 輿馬, 두 번째는 衣服, 세 번째는 樂則, 네 번째는 朱戶, 다섯 번째는 納陛, 여섯 번째는 虎賁, 일곱 번째는 弓矢, 여덟 번째는 鈇鉞, 아홉 번째는 秬鬯이니, 모두 善을 권장하고 능하지 못함을 붙들어 주는 것이다.' 하였다. ≪白虎通≫에 이르기를 '백성을 편안히 한 자에게는 輿馬를 하사하고, 백성을 부유하게 한 자에게는 衣服을 하사하고, 백성을 화목하게 한 자에게는 樂則을 하사하고, 백성이 많아지게 한 자에게는 朱戶를 하사하고, 善人을 등용한 자에게는 納陛를 하사하고,

악한 사람을 물리친 자에게는 虎賁을 하사하고, 죄 있는 자를 죽인 자에게는 鈇鉞을 하사하고, 순종하지 않는 자를 정벌한 자에게는 弓矢를 하사하고, 孝道가 구비된 자에게는 秬鬯을 하사한다.' 하였다. 옛날 해설에 輿馬는 太輅와 戎輅(兵車) 각각 한 대와 검은 말 두 필을 이르고, 衣服은 검은 곤룡포를 이르고, 樂則은 軒懸의 음악을 이르고, 朱戶는 거주하는 집에 그 문을 붉게 칠함을 이르고, 納陛는 가운데 계단을 따라 올라감을 이르고, 虎賁은 武士 300명을 이르고, 弓矢는 붉고 검은 활과 화살을 이르고, 鈇鉞은 큰 자루의 도끼를 이르니, 이를 하사함은 마음대로 죽일 수 있는 권한을 주는 것이고, 秬鬯은 검은 기장과 鬱金으로 빚은 술을 이르니, 하사하여 제사하게 하는 것이다." 하였다.

*) 軒縣(懸)之樂 : 軒懸은 鍾과 경쇠〔磬〕 등의 악기를 三面에 매달아 놓음을 이른다. 天子는 이들 악기를 四面에 모두 매다는데, 제후는 南面을 빼고 三面에만 설치한다.

○ 冬十二月에 莽이 因臘日[1]하야 上椒酒[2]할새 置毒酒中이러니 帝有疾이라 莽이 作策하야 請命於泰畤(치)[3]하야 願以身代하고 藏策金縢[4]하야 置于前殿하고 勅諸公하야 莫敢言이러니 丙午에 帝崩하다

겨울 12월에 王莽이 臘享日을 인하여 황제에게 椒酒를 올릴 때에 술 속에 독약을 넣으니, 황제가 병이 났다. 王莽이 策文을 지어서 泰畤에 명을 청하여 자신이 대신 죽기를 원하고 그 策文을 金縢에 보관하여 앞 宮殿에 두고는 諸公들에게 신칙하여 감히 말하지 못하게 하였는데, 丙午日에 황제가 승하하였다.

1) 〔釋義〕 臘日 : 漢以大寒後戌日로 爲臘이라 記月令에 孟冬에 臘先祖라하니 按臘은 獵也니 獵取禽獸하야 祭先祖니 重本始也라
漢나라는 大寒 후의 戌日을 臘享이라 하였다. ≪禮記≫ 〈月令〉에 "孟冬에 先祖에게 납향제사를 지낸다." 하였으니, 살펴보건대 臘은 사냥이니 禽獸를 사냥하여 先祖에게 제사 지내는 것으로, 本始(시초)를 중하게 여긴 것이다.

2) 〔頭註〕 上椒酒 : 元日에 服椒柏酒라
정월 초하루에 椒柏酒를 먹는다.

3) 〔譯註〕 泰畤 : 天祭를 지내는 祭壇을 이른다.

4) 〔釋義〕 藏策金縢 : 武王有疾이어시늘 周公이 請命(二)〔三〕王하야 欲以身代死러시니

史錄其策하야 藏之於匱할새 緘之以金이라 故曰金縢匱也라하니 縢은 卽束縛之義라
武王이 병환을 앓자, 周公이 세 왕(太王과 文王과 王季)에게 명을 청하여 자신이 대신 죽고자 하였는데, 史官이 그 策文을 기록하여 匱에 보관할 적에 쇠사슬로써 봉함하였다. 그러므로 금끈으로 묶은 궤라고 한 것이다. 縢은 바로 묶는다는 뜻이다.

班固贊曰 孝平之世에 政自莽出하니 褒善顯功하야 以自尊盛이라 觀其文辭하면 方外百蠻이 無思不服하고 休徵嘉應이 頌聲竝作이러니 至于變異見於上하고 民怨於下하야는 莽亦不能文也하니라 〈出本紀〉

班固의 ≪漢書≫ 〈平帝紀〉 贊에 말하였다.

"孝平帝 때에는 정사가 王莽으로부터 나오니, 善한 사람을 표창하고 功이 있는 사람을 드러내어 스스로 높이고 성대하게 하였다. 그 文辭를 살펴보면 外方의 온갖 오랑캐들이 복종하지 않음이 없었고 아름다운 징조와 좋은 응험이 있어서 칭송하는 소리가 함께 일어났는데, 재변이 위에서 나타나고 백성들이 아래에서 원망함에 이르러서는 王莽 또한 문식하지 못하였다."

〔新增〕 尹氏曰 平帝之終은 前史엔 雖明言置毒酒中이나 然皆以帝崩爲文이러니 至朱夫子綱目하여 書之曰 安漢公莽이 弑帝라하여 始正名定罪하여 直書弑逆者는 所以誅亂臣賊子하여 爲萬世戒耳니라

尹氏가 말하였다.

"平帝가 죽은 것을 예전의 역사책에는 비록 술에다가 독약을 탔다고 분명히 말하였으나 모두 '황제가 崩하였다.'고 썼는데, 朱子의 ≪資治通鑑綱目≫에 이르러서야 '安漢公 王莽이 황제를 시해하였다.'라고 써서 비로소 이름을 바로잡고 죄를 정하여 弑逆함을 곧바로 기록하였으니, 이는 亂臣賊子를 주벌하여 萬世의 경계로 삼은 것이다."

是月에 前煇光[1]謝囂奏호되 武功長孟通이 浚井이라가 得白石하니 上圓下方하고 有丹書著(착)石하야 文曰 告安漢公莽爲皇帝라하니 符命[2]之起 自此始矣라 於是에 群臣이 奏太后[3]하야 請安漢公踐阼[4]하고 謂之攝皇帝라한대 詔曰 可라하다 〈出莽傳〉

이달에 前煇光 사람 謝囂가 아뢰기를 "武功縣長 孟通이 우물을 파다가 흰 돌을 얻으니, 위는 둥글고 아래는 네모나며 붉은 글씨가 돌에 새겨져 있었는데, 그 글에 이르기를 '安漢公 王莽이 황제가 됨을 고한다.' 하였습니다." 하니, 符命이 나옴이 이로부터 시작되었다. 이에 신하들이 太后에게 아뢰어 安漢公을 踐阼(즉위)하게 하고 攝皇帝라고 이름할 것을 청하자, 조서를 내려 허락한다고 하였다. - ≪漢書 王莽傳≫에 나옴 -

1)〔釋義〕前煇光 : 莽分京師하야 置前煇光, 後承烈二郡하니라
王莽이 京師를 나누어 前煇光과 後承烈 두 郡을 두었다.
2)〔譯註〕符命 : 황제가 될 조짐을 쓴 秘記를 이른다.
3)〔頭註〕太后 : 太皇太后也니 元帝之后요 成帝之母라
太后는 太皇太后이니, 元帝의 后이고 成帝의 어머니이다.
4)〔釋義〕踐阼 : 記文王世子에 成王幼하야 不能涖阼어늘 周公相하야 踐阼而治하니라 注云 涖는 視요 踐은 履也니 成王不能視阼階*)하야 行人君之事일새 周公이 代履阼階하야 攝王位하야 治天下하니라
≪禮記≫ 〈文王世子〉에 "成王이 어려서 帝位에 오를 수가 없자, 周公이 정승이 되어 踐祚하여 다스렸다." 하였는데, 註에 이르기를 "涖는 봄(帝位에 임하여 살펴봄)이고 踐은 밟음이니, 成王이 동쪽 섬돌을 밟고서 人君의 일을 행할 수가 없기에 周公이 대신 동쪽 섬돌을 밟고서 王位를 대리하여 천하를 다스린 것이다." 하였다.
*) 阼階 : 동쪽 섬돌로 天子가 오르는 계단이며 阼는 祚와 통하는 바, 동쪽 섬돌을 밟는다는 것은 임금의 자리에 오름을 이른다.

〔史略 史評〕史斷曰 孝平이 幼弱하여 政自莽出하니 褒善顯功하여 以自尊大어늘 漢士大夫 若崩厥角稽首하야 靡然從之하야 一時에 上書頌莽者 四十八萬人이라 而炎漢之宗社 已繫於莽하니 哀哉라

史斷에 말하였다.

"孝平帝가 幼弱하여 정사가 王莽에게서 나왔다. 王莽은 善한 사람을 표창하고 功이 있는 사람을 드러내어 스스로 높이고 큰 체하였는데, 漢나라의 士大夫들이 마치 짐승이 뿔을 숙이듯이 머리를 조아리고 모두 그를 따라서 일시에 글을 올려 王莽의 功德을 칭송한 자가 48만 명이었다. 그리하여 漢나라

의 宗廟 社稷이 이미 王莽에게 매어 있었으니, 슬프다.”

歷年圖曰 高祖奮布衣하야 提三尺劍하야 (五)〔八〕年而成帝業하니 其收功之速如是는 何哉오 惟其知人善任使而已라 故로 高祖曰 鎭國家, 撫百姓은 不如蕭何요 運籌策決成敗는 不如子房이요 戰必勝, 攻必取는 不如韓信이라 三者는 皆人傑이어늘 吾能用之하니 所以取天下라하고 韓信亦曰 陛下不善將兵而善將將이라하니 斯言이 盡之矣라 呂氏之亂에 漢氏不絶如綫(線)이라 然而卒不能爲患者는 外有宗藩之强하고 內有絳灌之忠也일새니라 文景之時에 天下家給人足하야 幾致刑措하니 後世皆知稱慕하야 而莫能及之라 夫民之情이 何嘗不欲安樂而富壽哉아 文景이 能勿擾之而已矣라 孝武는 喜淫侈하고 慕神仙하야 宮室無度하고 巡遊不息하며 窮兵於四夷하고 嚴刑而重賦하니 迹其行事하면 視秦皇에 何遠哉리오 止以崇儒重道하고 求賢納諫故로 其成敗若此之殊也라 孝昭는 以童稚之年으로 辨霍光之忠하야 確然不可動하니 何天資之明也오 然이나 光猶專政而不歸하니 此則光之罪矣라 孝宣은 (總)〔綜〕覈名實하고 信賞必罰하야 使吏稱其職하고 民安其業하니 方之孝武하면 功烈優焉이라 孝元은 優游不斷하야 漢業始衰하고 孝成은 荒于酒色하고 委政外家하며 孝哀는 狠愎不明하야 嬖幸盈朝러니 陵夷至于孝平하야 以幼冲嗣位하니 王莽因之하야 遂移漢祚라 莽恃其詐慝하고 煩民玩兵하야 罪盈怨積而天下叛之矣니라

≪歷年圖≫에 말하였다.

“高祖가 布衣로 일어나 三尺劍을 가지고서 8년 만에 皇帝의 業을 이루었으니, 그 공을 거둠이 이와 같이 신속하였던 것은 어째서인가? 오직 사람을 알아 잘 맡기고 부렸기 때문이다. 그러므로 高祖가 스스로 이르기를 ‘국가를 진정시키고 백성을 어루만짐은 蕭何만 못하고, 계책을 운용하여 成敗를 결단함은 子房(張良)만 못하고, 싸우면 반드시 승리하고 공격하면 반드시 점령함은 韓信만 못하다. 이 세 사람은 모두 人傑인데 내가 이들을 등용하였으니, 이 때문에 천하를 취한 것이다.’ 하였으며, 韓信 또한 이르기를 ‘陛下는 군사를 거느리는 것은 잘하지 못하나 장수를 거느리는 것은 잘한다.’ 하였으니, 이 말이 다하였다.

呂氏의 亂에 漢氏가 끊어지지 않고 이어진 것이 실낱같았다. 그러나 끝내

禍가 되지 못했던 것은 밖으로 宗藩(宗室諸侯)의 강함이 있고 안으로 絳侯(周勃)와 灌嬰의 충성이 있었기 때문이다. 文帝와 景帝 때에는 天下가 집집마다 넉넉하고 사람마다 풍족해서 거의 형벌을 버리고 쓰지 않음에 이르렀으니, 후세가 모두 칭찬하고 사모할 줄 알아 이에 미칠 수 있는 자가 없었다. 백성들의 마음이 어찌 일찍이 안락하고 부유하고 장수하기를 바라지 않았겠는가. 文帝와 景帝는 백성들의 이 바람을 소요시키지 않았을 뿐이다.

孝武帝는 지나친 사치를 좋아하고 神仙術을 사모하여 宮室을 꾸밈이 한도가 없고 순행과 유람을 그치지 않았으며, 사방의 오랑캐를 계속 정벌하고 형벌을 엄하게 하고 부역을 무겁게 하였으니, 행한 일을 살펴보면 秦始皇에 비하여 어찌 차이가 멀겠는가. 다만 儒學을 높이고 道를 소중히 여기며 현자를 구하고 간언을 받아들였기 때문에 그 成敗가 이와 같이 달랐던 것이다.

孝昭帝는 어린 나이로 霍光의 충성을 분별해서 확고하여 동요하지 않았으니, 어쩌면 그리도 天資가 총명하였는가. 그러나 霍光이 오히려 정권을 독점하고 돌려주지 않았으니, 이는 霍光의 잘못이다. 孝宣帝는 名과 實을 자세히 살피고 賞과 罰을 분명히 내려서, 관리들은 직책을 잘 수행하고 백성들은 生業을 편안히 여겼으니, 孝武帝에 비하면 功烈이 더 낫다. 孝元帝는 우유부단하여 漢나라의 業이 처음으로 쇠하였고, 孝成帝는 酒色에 빠지고 정권을 外家에 맡겼으며, 孝哀帝는 성질이 모질고 괴팍하고 총명하지 못해서 총애하는 소인들이 조정에 가득하였는데, 침체하여 孝平帝에 이르러서 어린 나이로 즉위하니, 王莽이 이 틈을 타고 마침내 漢나라의 國統을 차지하였다. 王莽은 속임수와 간사함을 믿고 백성들을 번거롭게 동원하고 병난을 일으켜서 죄가 가득하고 원망이 쌓여 천하가 배반하였다."

右西漢은 十二帝에 二百一十四年이요 幷王莽, 更始하면 合二百三十年이라

이상 西漢(前漢)은 12帝에 214年이고, 王莽과 更始(劉玄)까지 넣으면 도합 230年이다.

漢 紀

孺子嬰[1] **廣威侯勳之孫**이요 **顯之子也**니 **年二歲**에 **王莽立之**라 **在位三年**이라 **附王莽**[※]이라 **字巨君**이니 **王曼子**라 **莽改國號曰新**이라 ○ **僭位一十八年**에 **漢兵殺之**하니라

孺子 嬰은 廣威侯 劉勳의 손자이고 劉顯의 아들이니, 2세 때에 王莽이 그를 황제로 세웠다. 재위가 3년이다. 뒤에 王莽을 붙인다. 王莽은 字가 巨君이니, 王曼의 아들이다. 王莽은 국호를 新으로 고쳤다.

○ 王莽이 황제의 지위를 참람하게 차지한 지 18년 만에 漢나라 군사가 죽였다.

1)〔增校〕 舊以王莽紀年이어늘 今黜而正之하노라

옛날에는 王莽을 紀元하여 햇수를 기록하였는데, 지금 물리치고 바로잡았다.

※ 莽이 匿情求名하고 繼四父而輔政하야 遂移漢祚러니 恃其詐慝하고 煩民玩兵이라가 罪盈怨積하야 而天下畔之하니라

王莽이 實情을 숨겨 명예를 구하고 네 叔父를 이어 정사를 보필하여 마침내 漢나라 國統을 옮겼는데, 사특함을 믿고는 백성들을 번거롭게 하고 군대를 함부로 동원하였다가 죄가 가득 차고 원망이 쌓여서 천하가 배반하였다.

【丙寅】 居攝元年이라

居攝 元年(병인 6)

三月에 **莽**이 **立宣帝玄孫**嬰하야 **爲皇太子**하고 **號曰孺子**[1]라하다

3월에 王莽이 宣帝의 玄孫 嬰을 세워 황태자로 삼고, 이름을 孺子라 하였다.

1) 〔附註〕 孺子：幼少之稱也라 元帝世絕하고 宣帝曾孫은 有見王五人, 列侯四十八人하니 莽惡其長大하야 曰 兄弟不得相爲後라하고 乃悉徵宣帝玄孫하야 選立之하니 時年{十}二라 託以卜吉이라하야 立之하니라

孺子는 어린아이의 칭호이다. 元帝는 代가 끊겼으며, 宣帝의 曾孫은 현재 王의 지위에 있는 자가 5명이고 列侯가 48명이 있었는데, 王莽이 그들이 장성함을 싫어하여 말하기를 "형제는 서로 후계자가 될 수 없다." 하고는 이에 宣帝의 玄孫을 모두 불러서 그중에 가려 세웠으니, 이때 孺子의 나이가 2세였다. 점괘가 길하다고 칭탁하여 그를 세웠다.

○ **五月**에 **詔莽稱假皇帝**하다

5월에 〈太皇太后가〉 명하여 王莽을 假皇帝라 칭하게 하였다.

【丁卯】 二年이라

居攝 2년(정묘 7)

東郡太守翟義[1] **擧兵西**하야 **誅不當攝者**라하고 **移檄郡國**하니 **衆**이 **十餘萬**이라 **莽**이 **聞之**하고 **惶懼不能食**하야 **乃使王邑等**으로 **擊義**하고 **莽**이 **依周書**하야 **作大誥**[2]하야 **諭告天下以當返位孺子之意**하니 **於是**에 **吏士攻義破之**하다 〈出莽傳〉

東郡太守 翟義가 군대를 일으켜 서쪽으로 가서 '攝政해서는 안 되는 자를 주벌한다.' 하고는 郡國에 檄文을 돌리니, 병력이 10여만 명이었다. 王莽은 이 말을 듣고 두려워서 밥을 먹지 못하고는 이에 王邑 등으로 하여금 翟義를 공격하게 하였다. 王莽이 〈周書〉를 따라 〈大誥〉를 지어서 天子의 지위를 孺子에게 돌려주겠다는 뜻을 천하에 告諭하니, 이에 관리와 군사들이 翟義를 공격하여 격파하였다. - ≪漢書 王莽傳≫에서 나옴 -

1) 〔釋義〕 翟義：翟方進之子也라

翟義는 翟方進의 아들이다.

2) 〔譯註〕 依周書 作大誥 : 〈周書〉는 周나라 시대의 글로, ≪書經≫은 〈虞書〉·〈夏書〉·〈商書〉·〈周書〉로 되어 있는 바, 大誥는 〈周書〉의 편명이다. 〈大誥〉는 武王이 殷나라를 이긴 다음 紂王의 아들인 武庚을 封하고 三叔(管叔·蔡叔·霍叔)에게 명하여 殷나라를 감시하게 하였는데, 武王이 崩하고 成王이 즉위하여 周公이 돕자, 三叔이 유언을 퍼뜨리기를 "公이 장차 孺子에게 이롭지 못할 것이다."라고 하니, 周公이 자리를 피하여 동쪽에 거하였다. 뒤에 成王이 깨닫고서 周公을 맞이하여 돌아오니, 三叔이 두려워하여 마침내 武庚과 함께 반란을 일으키므로 成王이 周公에게 명하여 東征하여 토벌할 적에 天下에 크게 고한〔大誥〕 것이다. 大道를 진열하여 천하를 가르쳤다 하여 붙인 이름인데, 王莽 역시 자신을 周公에 비유하고 자신이 지은 글을 大誥라 이름한 것이다.

【戊辰】初始元年이라

初始 元年(무진 8)

莽이 **自謂威德日盛**하야 **大獲天人之助**라하야 **遂謀卽眞之事矣**라 **十一月**에 **以居攝三年**으로 **爲初始元年**하고 **卽眞天子位**하야 **定有天下之號曰新**이라하다

王莽은 스스로 위엄과 德이 날로 성대하여 하늘과 사람의 도움을 크게 얻었다고 생각하여 마침내 진짜 황제에 즉위하는 일을 도모하였다. 11월에 居攝 3년을 初始 元年이라 하고 진짜 天子의 지위에 즉위하여 천하를 소유한 칭호〔國號〕를 정하여 新이라 하였다.

【己巳】〈新莽始建國元年〉

기사(9) - 新나라 王莽 始建國 元年 -

春正月에 **莽**이 **廢孺子**하야 **爲安定公**하고 **孝平皇后**로 **爲安定太后**하다

봄 정월에 王莽이 孺子를 폐하여 安定公으로 삼고, 孝平皇后를 安定太后라 하였다.

○ 莽이 因漢承平之業과 府庫百官之富하야 百蠻이 賓服하고 天下晏然이라 莽이 一朝有之하니 其心意未滿하야 陿小漢家制度하고 欲更爲疏闊하야 乃曰 古者에 一夫田百畝하고 什一而稅호되 則國給民富하야 而頌聲作이러니 秦이 壞聖制하야 廢井田하니 是以로 兼幷起하고 貪鄙生하야 彊者는 規田以千數하고 弱者는 曾無立錐之居라 漢氏減輕田租하야 三十而稅一호되 常有更賦하야 罷癃(파륭) 咸出하고 而豪民侵陵하야 分田劫假[1]하니 厥名은 三十稅一이나 實什稅伍也라 故로 富者는 犬馬餘菽粟하야 驕而爲邪하고 貧者는 不厭糟糠하야 窮而爲姦하야 俱陷于辜하야 刑用不錯(조)[2]라 今更名天下田曰王田이라하고 奴婢曰私屬이라하야 皆不得賣買하고 其男口不盈八而田過一井者는 分餘田하야 予九族隣里鄕黨하고 敢有非井田聖制하야 無法惑衆者어든 投諸四裔[3]하야 以禦魑魅[4]하라 〈出莽傳〉

王莽은 漢나라의 承平(太平)한 基業과 府庫·百官의 풍부함을 인습하여 여러 오랑캐들이 복종하고 천하가 편안하였다. 王莽이 하루아침에 이를 소유하니, 그의 마음에 만족스럽지 못하여 漢나라의 제도를 협소하게 여기고는 다시 크게 넓히고자 하여 마침내 말하기를 "옛날에 한 지아비가 백 묘를 경작하고 10분의 1을 세금으로 거두었으나 나라가 넉넉하고 백성들이 부유하여 칭송하는 소리가 일어났는데, 秦나라가 聖人의 제도를 파괴하여 井田法을 폐지하니, 이 때문에 한 사람이 田地를 兼幷하는 폐단이 일어나며 탐욕스럽고 비루한 자들이 생겨나서, 강한 자는 전답을 소유한 것이 千으로 헤아리고 약한 자는 일찍이 송곳을 꽂을 자리조차 없게 되었다. 漢나라는 농지의 조세를 경감하여 30분의 1을 세금으로 거두었으나 항상 그 밖에 다시 걷는 세금이 있어서 늙고 병든 자들이 모두 나오고, 豪族들이 침해하고 능멸해서 가난한 자들은 부자의 전답을 부쳐 먹고 부자는 도지세를 받아가니, 명목상으로는 30분의 1을 세금으로 거둔다고 하나 실제는 10분의 5를 세금으로 거두었다. 그러므로 부유한 자는 개와 말에게 곡식과 콩을 먹이고도 남아서 교만하여 간사한 짓을 하고, 가난한 자는 술지게미와 겨도 배불리 먹지 못해서 곤궁하여 간악한 짓을 하여, 모두 죄에 빠져서 형벌이 이 때문에 폐지되지 못하였다. 지금 천하의 田地를 명칭을 바꾸어 王田이라 하고 노비를 私屬이라 하여 모두 매매하지 못하게 하고, 남자의 숫자가 여덟 명 미만이면서 田地가 1井(9百畝)을 넘는 자는 남는 토지를 나누어 주어 九族과 隣里와 鄕黨에 주게 하며, 감히 聖人의 제도인 井田法을 비난하여 법을 무시하고 대중을 미혹시키는 자가 있으면 四裔(사방 먼 곳)로 귀양 보내어 魑魅(도깨비)를 막게 하라." 하였다. - ≪漢書 王莽傳≫에 나옴 -

1) 〔原註〕 分田劫假 : 劫은 謂富人이 劫奪其稅하야 侵欺之也요 假는 謂貧人이 賃富人之田也라 〔釋義〕 分田은 謂貧者無田하야 取富者田耕하고 共分所取也라

〔原註〕 劫은 부유한 사람이 〈자신의 세력을 믿고 가난한 사람의〉 세금을 빼앗아 침해하고 속이는 것이고, 假는 가난한 사람들이 부유한 사람의 田地를 세내어 경작하는 것이다. 〔釋義〕 分田은 가난한 자가 田地가 없어서 부자의 田地를 취하여 경작하고 소득을 함께 나눔을 이른다.

2) 〔釋義〕 刑用不錯 : 錯는 置也라 古者에 民不犯法하야 刑錯而不用이러니 今則刑用而不錯라

錯는 버려둠이다. 옛날에는 백성들이 법을 범하지 않아서 형벌을 폐지하고 쓰지 않았는데, 지금은 형벌을 쓰고 폐지하지 못하는 것이다.

3) 〔釋義〕 四裔 : 四裔之地는 去王城四千里라 裔는 衣裾也라

四裔의 땅은 王城에서 4천 리 떨어진 곳이다. 裔는 옷깃이다.

4) 〔釋義〕 魑魅*) : 魑는 音螭니 山神也요 魅는 音媚니 老物精也라

魑는 음이 리이니 山神이고, 魅는 음이 미(매)이니 낡고 오래된 물건의 妖精이다.

*) 魑魅 : 얼굴은 사람 모양이고 몸은 짐승 모양인 네 발 가진 도깨비를 이르는 바, 사람을 잘 홀리며 산이나 내에 있다고 한다.

〔新增〕 胡氏曰 井田은 良法이니 致治之本也라 古之帝王이 以天下爲公하여 視民飢寒을 如在己라 故로 均地利以子民하고 而不專其奉하며 加以公卿諸侯選賢擧德하야 共行此道하야 持以悠久라 故로 法立而弊不生하여 維持千有餘年이러니 及秦廢之하고 漢不能復이라 至董仲舒하여 始欲以限田으로 漸復古

制하여 其意甚美라 然이나 終不能行者는 以人主自爲兼并하여 無以使民興於廉也라 又況莽賊而能行乎아 然이나 井田은 實萬世之良法이요 而買賣奴婢之禁도 亦仁政所當先이니 不可以莽所嘗爲而指以爲非也니라

胡氏가 말하였다.

“井田은 좋은 제도이니 훌륭한 정치를 이룩하는 근본이다. 옛날 帝王들은 天下를 公共으로 여겨 백성들의 굶주림과 추위를 자신의 몸에 飢寒이 있는 것처럼 여겼다. 그러므로 토지에서 얻는 이익을 균등하게 하여 백성들을 사랑하고 그 봉양을 독차지하지 않았으며, 겸하여 公卿과 諸侯들을 어질고 덕 있는 사람을 선발해서 함께 이 道를 행하여 오랫동안 지켰다. 그러므로 法이 확립되고 폐단이 생기지 않아서 천여 년을 유지하였는데, 秦나라에 이르러 井田法을 폐지하였고 漢나라는 이것을 회복하지 못하였다. 董仲舒에 이르러 처음으로 限田法으로 옛 제도를 점차 회복하고자 하여 그 뜻이 매우 아름다웠다. 그러나 끝내 이것을 시행하지 못한 것은 군주가 스스로 兼并해서 백성들로 하여금 청렴함을 흥기하게 할 수 없었기 때문이었다. 그런데 또 하물며 역적인 王莽이 이것을 행할 수 있었겠는가. 그러나 井田法은 실로 萬代의 좋은 법이고 奴婢의 賣買를 금지한 것도 또한 仁政에 마땅히 먼저 해야 하는 것이니, 王莽이 일찍이 했던 것이라 하여 나쁜 제도라고 말해서는 안 된다.”

【辛未】〈新莽三年〉

신미(11) - 新莽 3년 -

莽이 **恃府庫之富**하고 **欲立威匈奴**하야 **乃遣孫(惠)〔建〕等**하야 **率十二將**하고 **分道竝出**이어늘 **嚴尤諫曰 匈奴爲害 所從來久矣**로되 **未聞上世有必征之者也**니이다 **後世三家周, 秦, 漢**이 **征之**나 **然而未有得上策者也**요 **周得中策**하고 **漢得下策**하고 **秦無策焉**이라 **周宣王時**에 玁狁(험윤)[1]**內侵**하야 **至于涇陽**이어늘 **命將征之**하야 **盡境而還**하니 **其視**玁狁**之侵**을 **譬猶蝱(蚊)**蝱(문맹)하야 **毆之而已**라 **故**로 **天下稱明**하니 **是爲中策**이니이다 **漢武帝**는 **選將鍊兵**하고 **約齎輕糧**하야 **深入**

遠戍하야 雖有克獲之功이나 胡輒報之라 兵連禍結하야 三十餘年에 中國疲弊하고 匈奴亦創艾(예)而天下稱武하니 是爲下策이니이다 秦皇은 不忍小恥而輕民力하야 築長城하니 延袤(무)萬里라 轉輸之行이 起於負海하야 疆境旣全호되 中國內竭하야 以喪社稷하니 是爲無策이니이다 今天下比年飢饉[2)]호되 北邊이 尤甚하니 大用民力이라도 功不可必이니 臣伏憂之하노이다 莽이 不聽하다

王莽은 府庫의 부유함을 믿고 匈奴에게 위엄을 세우려고 하여 마침내 孫建 등을 보내어 12명의 장군을 거느리고 길을 나누어 함께 출격하게 하였다. 이에 嚴尤가 다음과 같이 간하였다.

"匈奴가 中國의 폐해가 된 지 유래가 오래되었으나 上古時代에 반드시 정벌한 자가 있다는 말을 듣지 못했습니다. 후세에 세 나라인 周나라·秦나라·漢나라가 정벌하였으나 上策을 얻은 자가 있지 않았고, 周나라는 中策을 얻었고 漢나라는 下策을 얻었으며 秦나라는 無策이었습니다.

周나라 宣王 때에 玁狁(匈奴)이 국내로 침입하여 涇陽에 이르자 장수를 명하여 정벌하게 해서 국경까지 내쫓고 돌아왔으니, 玁狁의 침략을 보기를 비유하면 모기와 등에처럼 여겨서 몰아낼 뿐이었습니다. 그러므로 천하가 英明하다고 칭하였으니 이는 中策이 됩니다.

漢나라 武帝는 장군을 선발하고 군대를 훈련시키며 가벼운 軍裝과 양식을 휴대하고 깊숙이 쳐들어가고 멀리 수자리를 시켜 비록 적을 이기고 사로잡은 공이 있으나 오랑캐들이 번번이 보복하였습니다. 戰亂과 禍가 끊이지 않고 이어진 지 30여 년에 中國이 피폐해지고 匈奴 또한 징계되고 두려워하여 천하가 武帝라고 일컬으니 이는 下策이 됩니다.

秦나라 始皇은 작은 수치를 참지 못하고 백성들의 힘을 하찮게 여겨 만리장성을 쌓으니 길이가 만 리에 뻗쳤습니다. 물자를 수송하는 행렬이 바닷가에서부터 시작되어 국경은 이미 온전하였으나 중국은 안으로 고갈되어서 社稷을 망하게 하였으니 이는 無策이 됩니다.

지금 천하가 해마다 飢饉이 들었는데 북쪽 변경이 더욱 심하니 백성의 힘을 크게 쓰더라도 功을 기필할 수가 없으니, 신은 삼가 이를 걱정합니다."

그러나 王莽이 듣지 않았다.

1)〔釋義〕 玁狁：按匈奴之號는 唐虞以上曰山戎이요 亦曰獯鬻(훈육)이요 夏曰淳維요 殷曰鬼方이요 周曰玁狁이요 秦漢曰匈奴라

살펴보건대 匈奴의 칭호는 唐・虞 이전에는 山戎이라 하고 또한 獯鬻이라 하였으며, 夏나라는 淳維, 殷나라는 鬼方, 周나라는 玁狁, 秦・漢은 匈奴라 하였다.

2)〔頭註〕 飢饉：穀不熟曰飢요 菜不熟曰饉이라

곡식이 성숙하지 않은 것을 飢라 하고, 채소가 성숙하지 않은 것을 饉이라 한다.

○ 北邊이 自宣帝以來로 數世를 不見煙火之警하야 人民熾盛하고 牛馬布野러니 及莽이 撓亂匈奴하야 與之構難에 邊民이 死亡係獲하니 數年之間에 北邊이 空虛하고 野有暴(폭)骨矣러라 〈出匈奴傳〉

북쪽 邊境이 宣帝 이래로 여러 대 동안 봉화불을 올려 경계하는 것을 보지 못하여 人民들이 번성하고 소와 말이 들에 널려 있었는데, 王莽이 흉노를 소란하게 하여 그들과 병란을 일으킴에 미쳐서는 변경의 백성들이 사망하고 포로로 잡히니, 몇 년 사이에 북쪽 변경이 텅 비고 들에는 버려진 해골이 있었다. - ≪漢書 匈奴傳≫에 나옴 -

○ 莽이 遣使者하야 奉璽書印綬하고 迎龔勝하니 勝이 稱病篤이라 使者以印綬로 就加勝身한대 勝이 輒推(퇴)不受하고 謂門人高暉等曰 吾受漢家厚恩하야 無以報요 今年老矣라 誼豈以一身事二姓이리오하고 語畢에 遂不復開口飮食하야 積十四日에 死하니라 〈出勝傳〉

王莽이 使者를 보내어 璽書와 印綬를 받들고 가서 龔勝을 맞이하니, 龔勝은 병이 위독하다고 핑계 대었다. 使者가 印綬를 가지고 가서 龔勝의 몸에 가하자 龔勝이 곧 물리치고 받지 않고, 門人 高暉 등에게 이르기를 “내가 漢나라의 두터운 은혜를 입었으나 보답하지 못하고 이제 나이가 늙었다. 의리상 어찌 한 몸을 가지고 두 姓의 군주를 섬기겠는가.” 하고는 말을 마치자, 마침내 다시는 입을 벌려 음식을 먹지 않아서 14일 만에 죽었다. - ≪漢書

龔勝傳≫에 나옴 -

○ **是時**에 **清名之士**에 **又有紀逡**(준), **薛方**, **郇**(순)**越**, **郇相**, **唐林**, **唐遵**하니 **皆以明經飭行**으로 **顯名於世**라 **紀逡兩唐**은 **皆仕莽**하고 **郇相**은 **爲莽太子四友**[1]하다 **莽**이 **以安車迎薛方**한대 **方謝曰 堯**, **舜在上**에 **下有巢**, **由**[2]라 **今明主方隆唐虞之德**하시니 **小臣**이 **欲守箕山之節**[3]하노이다 **莽**이 **說其言**하야 **不彊致**하니라

이때 깨끗한 명성이 있는 선비 중에 또 紀逡·薛方·郇越·郇相·唐林·唐遵이 있었는데, 모두 經學에 밝고 행실을 삼가는 것으로 당세에 이름이 알려졌다. 紀逡·唐林·唐遵은 모두 王莽에게 벼슬하였고, 郇相은 王莽의 太子의 四友가 되었다. 王莽이 安車로 薛方을 맞이하자, 薛方은 사양하기를 "堯·舜이 임금으로 계실 때에 아래에는 巢父와 許由가 있었습니다. 지금 현명한 군주께서 막 唐·虞의 德을 높이시니, 小臣은 箕山의 절개를 지키고자 합니다." 하니, 王莽이 그 말을 기뻐하여 억지로 데려가지 않았다.

1) 〔頭註〕 莽太子四友 : 莽爲太子하야 置師友各四人호되 秩以大夫하니 師疑傅丞阿輔保弼이 是爲四師요 胥附犇走先後禦侮是爲四友라

王莽이 太子를 위하여 師와 友를 각각 네 사람씩 두었는데 大夫의 품계로 하였는 바, 師疑·傅丞·阿輔·保弼을 四師라 하고 胥附·犇走·先後·禦侮를 四友라 하였다.

2) 〔附註〕 巢, 由 : 巢父, 許由也라 高士傳에 許由는 字武仲이니 聞堯治天下而讓焉하고 遁於潁水之陽, 箕山之下하니라 堯又召爲九州之長한대 由不欲聞之하야 洗耳於潁濱이러니 巢父牽犢欲飮之라가 見由洗耳하고 曰 汚吾犢口라하고 遂牽犢上流하야 飮之하니라

巢와 由는 巢父와 許由이다. ≪高士傳≫에 "許由는 자가 武仲이니, 堯임금이 천하를 다스리다가 그에게 사양한다는 말을 듣고는 潁水의 물가 箕山의 아래에 은둔하였다. 堯임금이 또다시 불러 九州의 長으로 삼자, 許由는 그 말을 듣고자 하지 아니하여 潁水 가에서 귀를 씻었는데, 巢父가 송아지를 끌고 와서 이 물을 먹이려고 하다가 許由가 귀를 씻는 것을 보고는 말하기를 '내 송아지 입을 더럽힐 뻔 했다.' 하고는 마침내 송아지를 끌고 上流로 가서 물을 먹였다." 하였다.

3)〔譯註〕箕山之節：堯임금 때의 隱士인 許由와 巢父가 이곳에 살았으므로 이들의 높은 절개를 가리켜 말한 것이다.

班固贊曰 春秋列國卿大夫로 及至漢興將相名臣히 懷祿耽寵以失其世者多矣라 是故로 淸節之士 於是爲貴나 然大率多能自治而不能治人이라 王貢之材[1]는 優於龔鮑로되 守死善道[2]는 勝實蹈焉이요 貞而不諒[3]은 薛方近之하고 郭欽蔣詡는 好遯不汚[4]하야 絶紀唐矣니라〈出鮑宣等傳〉

班固의 ≪漢書≫〈王貢兩龔鮑傳〉贊에 말하였다.

"春秋時代 列國의 卿大夫로부터 漢나라가 건국한 뒤의 將相과 名臣들에 이르기까지 祿을 생각하고 은총을 탐하여 대대로 지켜 오는 문벌을 잃는 자가 많았다. 이 때문에 깨끗한 절개를 지키는 선비가 이에 귀하였다. 그러나 깨끗한 절개가 있는 선비들은 대체로 자기 몸은 잘 다스리지만 남을 잘 다스리지는 못한다. 王吉과 貢禹의 재주가 龔勝과 鮑宣보다 나았지만, 죽음으로 지키면서도 道를 잘한 것은 龔勝이 실로 이를 행하였으며, 바르고 곧으며 작은 신의에 얽매이지 않는 것은 薛方이 이에 가까웠고, 郭欽과 蔣詡는 은둔하기를 좋아하고 몸을 더럽히지 않아 紀逡과 唐林·唐遵보다 크게 뛰어났다."

1)〔釋義〕王貢之材：前漢王吉與貢禹라
王貢은 前漢 때의 王吉과 貢禹이다.

2)〔譯註〕守死善道：이 내용은 ≪論語≫〈泰伯篇〉에 보인다.

3)〔頭註〕貞而不諒：貞은 正而固也요 諒은 則不擇是非而必於信이라
貞은 바르고 곧음이요, 諒은 옳고 그름을 가리지 않고 信만 기필하는 것이다.

4)〔頭註〕郭欽蔣詡 好遯不汚：郭欽蔣詡는 莽居攝에 皆以病免歸鄕里하야 臥不出戶하고 卒於家하니라
郭欽과 蔣詡는 王莽이 居攝(섭정)할 때에 모두 병으로 면직하고 고향으로 돌아가 두문불출하고 집에서 죽었다.

【丁丑】〈天鳳四年〉

정축(17) - 天鳳 4년 -

莽이 **性躁擾**하야 **不能無爲**라 **每有所興造**에 **動欲慕古**하야 **不度**(탁)**時宜**하고 **制度**를 **又不定**하니 **吏緣爲姦**[1]이라 **天下謷謷**하야 **陷刑者衆**이러라 〈出食貨志〉

王莽은 성품이 조급하여 가만히 있지를 못하였다. 그리하여 매번 어떤 일을 일으키거나 만들 때마다 번번이 옛 제도를 흠모하여 時宜適切함을 헤아리지 않고 그대로 따르려 하였으며 제도를 또 정하지 않으니, 관리들이 이로 인해 간악한 짓을 하였다. 그러므로 천하 사람들이 원망하여 형벌에 빠지는 자가 많았다. - ≪漢書 食貨志≫에 나옴 -

1)〔釋義〕吏緣爲姦 : 吏는 治人者也니 旁緣而爲姦欺라
吏는 사람을 다스리는 자이니, 이를 인연하여 간사한 속임수를 쓴 것이다.

○ **莽**의 **法令**이 **煩苛**하니 **民**이 **搖手觸禁**하야 **不得耕桑**하고 **繇役煩劇**하며 **而枯旱蝗蟲**이 **相因**하고 **獄訟不決**이라 **吏用苛暴立威**하고 **旁緣莽禁**[1]하야 **侵刻小民**하니 **富者**는 **不能自保**하고 **貧者**는 **無以自存**이라 **於是**에 **竝起爲盜賊**이라 **荊州新市人王匡, 王鳳**과 **南陽馬武**와 **潁川王常, 成丹**이 **共聚藏於綠林山中**하야 **至七八千人**이러라

王莽의 법령이 번거롭고 까다로우니, 백성들이 손만 흔들면 禁網에 저촉되어 농사짓고 누에치지 못하고 繇役이 번다하고 심하였으며, 旱害와 蝗蟲이 서로 이어지고 獄訟을 결단하지 못하였다. 관리들이 가혹하고 포악함으로 위엄을 세우고 王莽의 禁網을 인연(이용)하여 백성들을 침해하니, 부유한 자는 스스로 보전하지 못하고 가난한 자는 스스로 생존할 수가 없어서 이에 함께 일어나 도적이 되었다. 荊州의 新市 사람인 王匡과 王鳳, 南陽의 馬武, 潁川의 王常과 成丹이 함께 모여 綠林山 가운데 숨어서 무리가 7, 8천 명에 이르렀다.

1)〔頭註〕旁緣[*)]莽禁 : 吏依旁因緣莽之禁制하야 而爲侵刻이라
관리들이 王莽의 禁制를 따라서 인연하여 침해한 것이다.

*) 旁緣 : 顔師古가 말하기를 "旁은 따름이다." 하였으니, 旁緣은 因緣과 같은 뜻

이다.

【戊寅】〈五年〉

무인(18) - 天鳳 5년 -

琅琊樊崇이 **起兵於莒**하니 **一歲間**에 **至萬餘人**이러라

琅琊 사람 樊崇이 莒에서 군대를 일으키니, 1년 사이에 1만여 명에 이르렀다.

【壬午】〈地皇三年〉

임오(22) - 地皇 3년 -

樊崇等이 **聞莽將討之**하고 **恐其衆與莽兵亂**하야 **乃皆朱其眉**하야 **以相識**(지)**別**[1)]하니 **由是**로 **號曰赤眉**라하다

樊崇 등은 王莽이 장차 자신들을 토벌하려 한다는 말을 듣고는 자기 무리들이 王莽의 군대와 뒤섞일까 염려하여, 마침내 모두 눈썹을 붉게 칠하여 서로 표시해서 구별하니, 이로 말미암아 赤眉라고 불렀다.

1)〔頭註〕以相識(지)別 : 識는 讀曰誌니 別異也라
識는 誌로 읽으니, 구별하여 다르게 하는 것이다.

○ **初**에 **長沙定王發**[1)]의 **四世孫南頓令欽**이 **生三男**하니 **縯**(연), **仲**, **秀**라 **縯**은 **性**이 **剛毅慷慨**하야 **有大節**하고 **秀**는 **隆準日角**[2)]이요 **性勤稼穡**하니 **縯**이 **常非笑之**[3)]하야 **比於高祖兄仲**[4)]이러라 **宛人李守 好星曆讖記**[5)]러니 **嘗謂其子通曰 劉氏當興**이니 **李氏爲輔**라하더라 **及新市**, **平林兵**[6)]**起**하야 **南陽**이 **騷動**이어늘 **通**의 **從弟軼**(일)이 **謂通曰 今四方擾亂**하니 **漢當復興**이라 **南陽宗室**에 **獨劉伯升兄弟 汎愛容衆**하니 **可與謀大事**라한대 **通**이 **笑曰 吾意也**라하고 **遣軼往迎秀**하야 **與**

相約結하야 **定謀議**하고 **歸春陵擧兵**[7)]하다 **於是**에 **縯**이 **自發春陵子弟**[8)]하니 **諸家子弟恐懼**하야 **皆亡匿**이러니 **及見秀絳衣大冠**[9)]하고 **皆驚曰 謹厚者**도 **亦復爲之**라하고 **乃稍自安**하야 **凡得子弟七八千人**하야 **與下江將王常及新市, 平林兵合**하니 **於是**에 **諸部齊心**하야 **銳氣益壯**이러라 〈出光武紀及劉縯, 王常傳〉

처음에 長沙定王 劉發의 4대손인 南頓令 劉欽이 세 아들을 낳으니, 劉縯·劉仲·劉秀이다. 劉縯은 성품이 剛毅하고 慷慨하여 큰 절개가 있고, 劉秀는 콧날이 우뚝하고 이마가 해처럼 불거져 나왔으며 성품이 농사를 부지런히 힘쓰니, 劉縯이 항상 아우를 비웃어서 高祖의 형인 劉仲에게 견주었다. 宛땅 사람 李守가 星曆(점성술)과 讖記(도참설)를 좋아하였는데, 일찍이 그 아들 李通에게 이르기를 "劉氏가 마땅히 일어날 것이니, 우리 李氏가 보필이 되어야 한다." 하였다.

新市와 平林의 군대가 일어나 南陽이 소란하자, 李通의 從弟인 李軼이 李通에게 이르기를 "지금 사방이 소란하니, 漢나라가 마땅히 다시 일어날 것이다. 南陽의 宗室 중에 유독 劉伯升(劉縯) 형제가 사람을 널리 사랑하고 무리들을 포용하니, 함께 大事를 도모할 수 있다."라고 하자, 李通이 웃으며 말하기를 "나의 뜻도 그러하다." 하고, 李軼을 보내어 가서 劉秀를 맞이해서 서로 약속하여 計策을 정하고 春陵으로 돌아가 군대를 일으키게 하였다.

이에 劉縯이 스스로 春陵의 자제들을 징발하니, 여러 집의 자제들이 두려워하여 모두 도망해 숨었는데, 劉秀가 붉은옷에 큰 관을 쓰고 온 것을 보고는 모두 놀라며 말하기를 "근후한 자도 다시 이 일을 한다." 하고, 이에 차츰 저절로 안정되었다. 그리하여 모두 7, 8천 명을 얻어서 下江의 장수인 王常과 新市·平林의 군대와 합하니, 이에 여러 부대가 마음을 함께하여 銳氣가 더욱 壯大하였다. - ≪漢書≫ 〈光武帝紀〉와 〈劉縯傳〉, 〈王常傳〉에 나옴 -

1) 〔頭註〕 定王發 : 景帝子라

定王 發은 景帝의 아들이다.

2) 〔釋義〕 隆準日角 : 隆은 高也요 準은 謂鼻頭也라 日角은 謂庭中骨起하야 狀如日也라

隆은 높음이고 準은 콧날을 이른다. 日角은 이마 가운데의 뼈가 불거져 나와서 모양이 해와 같은 것이다.

3)〔釋義〕縯常非笑之：縯好俠養士러니 每見其弟事田業하고 輒非而笑之하니라

劉縯은 義俠을 좋아하고 선비를 길렀는데, 그 아우가 농업에 종사하는 것을 보고는 그때마다 비웃었다.

4)〔釋義〕高祖兄仲：仲은 高祖兄之名也라 高祖曰 始大人이 常以臣亡(無)賴하야 不能治產業하야 不如仲力이라하시더니 今某之(力)〔業〕이 孰與仲多오하니라

劉仲은 高祖의 형의 이름이다. 高祖가 황제가 된 다음 그 아버지에게 이르기를 "처음 大人(부친)께서 항상 저더러 無賴하여 家產을 다스리지 못해서 仲의 힘(노력)만 못하다고 하시더니, 지금 제가 성취한 業이 仲과 더불어 누가 낫습니까?" 하였다.

5)〔頭註〕讖記：符命之書라 讖은 驗也니 凡讖緯는 皆言將來之驗이라

讖記는 符命의 글이다. 讖은 징험(징조)이니, 무릇 讖緯는 모두 미래의 〈길흉화복에 대한〉 징조를 말한 것이다.

6)〔附註〕新市, 平林兵：綠林賊이 乃各分散하야 王匡等은 北入南陽하야 號新市兵이라하고 王常等은 西入南郡하야 號下江兵이라하고 平林人陳牧, 廖湛(요담)等은 復聚衆千餘人하야 號平林兵이라하고 以應新市하니라

綠林山의 賊들이 마침내 각각 분산하여 王匡 등은 북쪽으로 南陽에 들어가 이름을 新市兵이라 하고, 王常 등은 서쪽으로 南郡에 들어가 이름을 下江兵이라 하고, 平林 사람 陳牧과 廖湛 등은 다시 무리 천여 명을 모아 平林兵이라 이름하고 新市에 응하였다.

7)〔釋義〕歸春陵擧兵：春陵은 鄕名이니 本屬零陵郡〈冷道縣〉이라 漢元時에 (從)〔徙〕南陽蔡陽縣白水鄕하고 仍號春陵하니라 按今道州 古春陵郡이라

春陵은 고을 이름이니, 본래 零陵郡 冷道縣에 속하였다. 漢나라 元帝 때에 南陽郡의 蔡陽縣 白水鄕으로 옮기고 인하여 春陵이라 이름하였다. 살펴보건대 지금의 道州가 옛날의 春陵郡이다.

8)〔頭註〕春陵子弟：定王發이 生春陵節侯買하니라

定王 發이 春陵節侯 買를 낳았다.

9)〔釋義〕絳衣大冠：大冠은 武冠也라 俗爲之大冠에 環纓無蕤하고 以青絲爲緄하야 加雙鶡(분)尾하야 豎左右하고 謂之鶡冠이라하니 鶡은 音芬이니 勇雉也라 其鬪對一死而止니라〔頭註〕即將軍服이라

〔釋義〕 大冠은 武冠이다. 세속에서 큰 冠을 만들 때에 고리로 갓끈을 만들되 끈을 늘어뜨림이 없고, 푸른 실로 끈을 만들어 鶡(새 이름)의 두 꼬리를 加하여 좌우에 세우고 이것을 鶡冠이라 하였다. 鶡은 음이 분이니, 용맹한 꿩인데, 둘이 싸워 하나가 죽어야만 싸움을 그친다. 〔頭註〕 붉은옷에 큰 관은 바로 장군의 복장이다.

淮陽王[1)※] 名玄이요 字聖公이니 光武族兄이라 在位二年이라

淮陽王은 이름이 玄이고 자가 聖公이니, 光武帝의 族兄이다. 재위가 2년이다.

1) 〔頭註〕 淮陽王 : 光武三從兄이라 乙酉十一月에 赤眉殺之한대 光武詔鄧禹하야 葬之於霸陵하니라

淮陽王은 光武帝의 三從兄이다. 을유년 11월에 赤眉가 그를 죽이자, 光武帝가 鄧禹에게 명하여 霸陵에 장례하게 하였다.

※ 莽末에 漢兵起하야 無所統一이라 諸將共議하야 立聖公爲帝러니 其後兵敗하야 降於赤眉라 建武元年에 光武詔封爲淮陽王하니라 人心思漢하야 衆共立之나 天下大器 豈庸才所能得哉아

王莽 말년에 漢나라 군대가 일어나 통일된 바가 없었다. 여러 장수들이 함께 의논하여 聖公을 세워 황제로 삼았는데, 그 뒤에 군대가 패배하여 赤眉에게 항복하였다. 建武 元年에 光武帝가 명하여 淮陽王에 봉하였다. 人心이 漢나라를 그리워하여 대중들이 함께 황제로 세웠으나 천하의 大器(황제의 자리)가 어찌 용렬한 재주를 가진 자가 얻을 수 있는 것이겠는가.

【癸未】〈更始元年〉

계미(23) - 更始 元年 -

正月에 漢兵이 圍宛하다 舂陵戴侯[1)]曾孫玄이 在平林兵中하야 號를 更(경)始將軍이라하니 時에 漢兵이 已十餘萬이라 欲立劉氏하야 以從人望할새 南陽豪傑과 及王常等은 皆欲立劉縯이로되 而新市, 平林將帥는 樂放縱하야 憚縯威明하고 貪

玄懦弱하야 **先共定策立之**하다 **玄**이 **卽皇帝位**하야 **朝群臣**할새 **羞愧流汗**하고 **擧手不能言**하니 **由是**로 **豪傑失望**하야 **多不服**이러라 〈出齊武王縯傳〉 **三月**에 **偏將軍劉秀等**이 **徇昆陽, 定陵, 郾**하야 **皆下之**하다 **莽**이 **遣王邑, 王尋**하야 **發兵平定山東**하고 **又驅諸猛獸虎豹犀象之屬**하야 **以助威武**하고 **號**를 **百萬**이라하야 **縱兵圍昆陽**하다

정월에 漢나라 군대가 宛邑을 포위하였다. 春陵 戴侯의 曾孫 劉玄이 平林의 군중에 있으면서 이름을 更始將軍이라 하니, 이때 漢나라 군대가 이미 10여 만이었다. 劉氏를 세워 사람들의 기대를 따르고자 하였는데, 南陽의 호걸들과 王常 등은 모두 劉縯을 세우고자 하였으나 新市와 平林의 장수들은 방종한 것을 좋아하여, 劉縯의 위엄과 명철함을 두려워하고 劉玄의 나약함을 탐해서 먼저 함께 계책을 정하여 劉玄을 세웠다. 劉玄이 황제에 즉위하여 여러 신하들에게 조회 받을 때에 부끄러워 땀이 흘렀으며 손을 들어 올리고 말을 하지 못하니, 이로 말미암아 호걸들이 실망하여 대부분 복종하지 않았다. - ≪後漢書 齊武王縯傳≫에 나옴 -

3월에 偏將軍 劉秀 등이 昆陽, 定陵, 郾을 순행하여 모두 항복시켰다. 王莽은 王邑과 王尋을 보내서 군대를 징발하여 山東 지방을 평정하게 하고, 또 여러 맹수인 호랑이・표범・무소・코끼리 등속을 몰고 가서 군대의 威武를 돕게 하고는 이름을 百萬大軍이라 하여 군대를 풀어 昆陽을 포위하였다.

1) 〔頭註〕 戴侯 : 節侯生戴侯熊渠하니라
春陵節侯(劉買)가 戴侯 劉熊渠를 낳았다.

○ **岑**(잠)**彭**이 **守宛**(원)이러니 **漢兵**이 **攻之數月**에 **乃擧城降**이어늘 **更始入都之**하다

岑彭이 宛邑을 지키고 있었는데, 漢나라 군대가 공격한 지 수개월 만에 마침내 온 城이 항복하므로 更始가 들어가 도읍하였다.

○ **劉秀至郾, 定陵**하야 **悉發諸營兵俱進**할새 **自將步騎千餘**하야 **爲前鋒**하니

尋, 邑이 亦遣兵數千하야 合戰할새 秀奔之하야 斬首數千級한대 諸將이 喜曰 劉將軍이 平生에 見小敵怯이러니 今見大敵勇하니 甚可怪也라하더라 秀復進한대 尋, 邑兵이 却이어늘 諸部共乘之하야 斬首數百千級[1]하고 連勝遂前하야 乘銳崩之하니 諸將이 膽氣益壯하야 無不一當百이라 遂殺王尋하고 城中이 亦鼓譟而出하야 中外合勢하니 震呼動天地라 莽兵이 大潰하다 會에 大雷風하야 屋瓦皆飛하고 雨下如注하야 滍川[2]이 盛溢하니 虎豹皆股戰하고 士卒이 赴水溺死者以萬數라 水爲不流러라 王邑, 嚴尤 輕騎로 乘死人하고 度(渡)水逃去어늘 盡獲其軍實輜重[3]하니 於是에 海內豪傑이 翕然響應하야 皆殺其牧守하고 自稱將軍하야 用漢年號하고 以待詔命이러라

劉秀가 郾과 定陵에 이르러 여러 진영의 군대를 모두 징발하여 함께 진격할 때에 스스로 步兵과 騎兵 천여 명을 인솔하여 선봉이 되니, 王尋과 王邑 또한 수천 명의 군대를 보내어 會戰하였다. 이때 劉秀가 적진으로 달려가 수천 명의 首級을 베니, 여러 장수들이 기뻐하며 말하기를 "劉將軍이 평소에 대수롭지 않은 敵을 보고는 겁을 먹더니, 이제 강한 적을 보고는 용감하니 매우 괴이한 일이다." 하였다. 劉秀가 다시 진격하자, 王尋과 王邑의 군대가 퇴각하였다. 여러 부대가 함께 이 틈을 타서 8, 9백 명에서 천 명에 이르는 적의 首級을 베고 連戰連勝하여 마침내 전진해서 銳氣를 타고 적을 무너뜨리니, 여러 장수들의 담력이 더욱 커져서 一當百의 기세로 싸우지 않는 자가 없었다.

마침내 王尋을 죽였으며, 昆陽城 안에서 또한 북을 치고 함성을 지르며 나와 성의 안팎이 합세하니, 고함소리가 천지를 진동하여 王莽의 군대가 크게 무너졌다. 마침 천둥이 크게 치고 바람이 세차게 불어서 지붕의 기왓장이 모두 날아가고 비가 쏟아 붓듯이 내려서 滍川이 가득 넘치니, 호랑이와 표범이 모두 무서워서 벌벌 떨고 士卒들이 물에 뛰어들어 익사한 자가 만 명으로 헤아려져서 물이 이 때문에 흐르지 않았다.

王邑과 嚴尤가 날랜 기병으로 죽은 사람을 타고 물을 건너 도망가자, 그

軍實과 輜重을 모두 노획하였다. 이에 海內의 호걸들이 일제히 호응하여 모두 王莽의 牧使와 守令들을 죽이고 스스로 장군이라 칭하여 漢나라의 年號를 따르고 詔命을 기다렸다.

1)〔通鑑要解〕數百千級：八九百或千人也라
數百千은 8, 9백 명 혹은 천 명이다.
2)〔釋義〕滍川：滍水는 出南陽魯陽縣하야 東北入汝라
滍水는 南陽 魯陽縣에서 나와 동북쪽으로 흘러 汝水로 들어간다.
3)〔釋義〕軍實輜重：軍實은 謂車徒器械芻糧之類요 輜重은 註見前하니라
軍實은 兵車·步卒·器械·꼴·糧食 따위를 이르고, 輜重은 註가 앞에 보인다.

○ **莽聞漢兵**이 **言莽鴆殺平帝**하고 **乃會公卿**하야 **開所爲平帝請命金縢之策**하야 **泣以示群臣**하다 〈出莽傳〉

王莽은 漢나라 군사들이 자신이 平帝를 독살했다고 말하는 것을 듣고는 마침내 公卿들을 모아 놓고 平帝를 위해서 泰畤에 명을 청하여 자신이 대신 죽기를 원하고 金縢에 보관한 그 策文을 꺼내어 울면서 여러 신하들에게 보여 주었다. - ≪漢書 王莽傳≫에 나옴 -

○ **新市, 平林諸將**이 **以劉縯兄弟威名益盛**이라하야 **陰勸更始除之**호되 **更始不敢發**이러니 **部將劉稷**이 **聞更始立**하고 **怒曰 本起圖大事者**는 **伯升兄弟也**어늘 **今更始**는 **何爲者耶**오 **更始收稷將誅之**어늘 **縯**이 **固爭**한대 **李軼, 朱鮪**(유) **勸更始幷執縯**하야 **卽日**에 **殺之**하다 〈出齊武縯傳〉

新市와 平林의 여러 장수들이 劉縯 형제의 위엄과 명성이 더욱 성대하다 하여 은밀히 更始(劉玄)에게 그들을 제거하도록 권하였으나 更始가 감히 擧事하지 못하였는데, 部將 劉稷이 更始가 즉위했다는 말을 듣고는 노하여 말하기를 "본래 大事를 일으켜 도모한 것은 劉伯升(劉縯) 형제인데, 지금 更始는 무엇하는 자인가?" 하였다. 更始가 劉稷을 잡아 죽이려 하자 劉縯이 굳이 간쟁하였는데, 李軼과 朱鮪가 更始에게 劉縯까지 아울러 잡을 것을 권하여

그날로 두 사람을 살해하였다. - ≪後漢書 齊武王縯傳≫에 나옴 -

○ 官屬이 迎弔秀어늘 秀不與交私語하고 惟深引過而已요 未嘗自伐昆陽之功하며 又不敢爲縯服喪하고 飮食言笑를 如平常하니 更始以是慙하야 拜秀爲破虜大將軍하고 封武信侯하니라 〈光武紀〉

官屬들이 劉秀를 맞이하여 조문하자, 劉秀는 이들과 사사로운 말을 나누지 않고 오직 깊이 자신에게 책임을 돌릴 뿐이었고, 일찍이 스스로 昆陽을 정벌한 功을 자랑하지 않았으며, 또 감히 劉縯을 위하여 喪服을 입지 않고 평상시처럼 마시고 먹고 말하고 웃으니, 更始가 이 때문에 부끄러워하여 劉秀를 임명하여 破虜大將軍으로 삼고 武信侯에 봉하였다. - ≪後漢書 光武帝紀≫에 나옴 -

○ 莽이 憂懣不能食하고 但飮酒啗(담)鰒魚[1]하고 讀軍書라가 倦이면 因馮(憑)几寐하고 不復就枕矣러라 〈出莽傳〉

王莽이 근심하고 고민하여 밥을 먹지 못하고 다만 술만 마시고 전복을 먹었으며 兵書를 읽다가 피곤해지면 그대로 책상에 기대어 자고 다시는 잠자리에 들어 잠을 자지 않았다. - ≪漢書 王莽傳≫에 나옴 -

1)〔釋義〕鰒魚 : 鰒은 海魚名이라 鰒은 無鱗有殼하니 一面附石하고 細孔雜雜하야 或七或九라
鰒은 바다 어물의 이름이다. 鰒은 비늘은 없고 껍질이 있으니, 한 面은 돌에 붙어 있고 작은 구멍이 여러 개 있는데, 혹은 일곱 개이고 혹은 아홉 개이다.

○ 成紀[1]人隗囂(외효) 與周宗等으로 起兵以應漢하야 移檄郡國하고 勒兵十萬하야 攻隴西, 武都하야 皆下之하다

成紀 사람 隗囂가 周宗 등과 함께 군대를 일으켜 漢나라에 호응하여 郡國에 檄文을 돌리고 10만 명의 군대를 무장시켜 隴西와 武都를 공격하여 모두 함락시켰다.

1)〔釋義〕成紀：王氏曰 天水郡에 有成紀縣하니 今秦州是也라
王氏가 말하기를 "天水郡에 成紀縣이 있으니, 지금의 秦州가 이곳이다." 하였다.

○ 茂陵公孫述이 起兵成都하야 自稱輔漢將軍兼益州牧이라하다

茂陵의 公孫述이 成都에서 군대를 일으켜 스스로 輔漢將軍 兼 益州牧이라 칭하였다.

○ 更始遣將攻武關한대 三輔鄧曄(엽), 于匡이 起兵應漢하야 開武關迎漢兵하고 諸縣大姓이 亦各起兵하야 稱漢將하고 而長安旁兵이 四會城下하다 九月戊申에 兵從宣平門入하니 火及掖庭[1]承明이라 莽이 避火宣室하야 旋席隨斗柄而坐[2]曰 天生德於予하시니 漢兵이 其如予何[3]리오하다 庚戌旦明에 群臣이 扶莽之漸臺[4]러니 晡時[5]에 衆兵이 上臺하야 斬莽[6]首하고 分莽身하야 節解臠(련)分하니 爭相殺者數十人이라 傳莽首詣宛[7]이어늘 縣(懸)於市하니 百姓이 共提擊之하고 或切食其舌하니라 〈以上 出莽傳〉

更始가 장수를 보내어 武關을 공격하게 하자, 三輔의 鄧曄과 于匡이 군대를 일으켜 漢나라에 호응해서 武關을 열어 漢나라 군대를 맞이하고, 여러 縣의 大姓들이 또한 각각 군대를 일으켜 漢나라 장군이라 칭하였으며, 長安 부근에 있던 군사들이 사방에서 長安城 아래로 모여들었다. 9월 戊申에 군대가 宣平門을 따라 들어가니, 불길이 掖庭의 承明殿에까지 미쳤다. 王莽이 불길을 피하여 宣室로 달아나서 자리를 돌려 北斗星 자루가 가리키는 곳을 따라 앉으며 말하기를 "하늘이 나에게 德을 내려 주셨으니, 漢나라 군대가 나를 어떻게 하겠는가." 하였다.

庚戌日 아침에 여러 신하들이 王莽을 부축하여 漸臺로 갔는데, 申時에 여러 군사들이 漸臺에 올라가 王莽의 머리를 베고 王莽의 몸을 분해하여 마디마다 해체하고 살점을 나누니, 다투어 서로 죽인 자가 수십 명이었다. 王莽의 머리를 파발마로 전달하여 宛邑에 이르자 시장에 매다니, 백성들이 함께

때리고 혹은 그 혀를 잘라 먹었다. - 이상은 ≪漢書 王莽傳≫에 나옴 -

1) 〔頭註〕 掖庭 : 掖宮은 傍舍也니 如人之有臂掖也라
掖宮은 곁에 딸린 집이니, 사람에게 팔과 겨드랑이가 있는 것과 같다.

2) 〔附註〕 斗柄而坐 : 以五石*1)銅爲之하니 若北斗요 長一尺五寸이니 欲以厭(壓)勝衆兵이라 令司命負之하고 莽出在前, 入在旁하니라 三奇吉門*2)云 順罡(강)者吉하고 逆罡者凶이라하니 卽斗柄也라 正月은 戌時建寅하니 至寅時라야 方指午하고 二月은 亥時建卯하니 至卯時라야 方指未라 餘月倣此하야 晝夜循環하니 斗罡杓所指之處에 必敗라
斗柄은 5石의 구리로 만드니 모양이 북두칠성과 같고 길이가 1尺 5寸인 바, 여러 군대를 눌러 이기고자 한 것이다. 司命에게 명하여 이것을 지게 하고 王莽이 나갈 때에는 앞에 있고 들어올 때에는 곁에 있게 하였다. 三奇吉門에 이르기를 "罡을 순히 하는 자는 길하고 罡을 거스르는 자는 흉하다." 하였으니, 罡은 바로 북두성 자루이다. 正月은 戌時에 북두성 자루가 寅方을 가리키니 寅時에 이르러야 비로소 午方을 가리키고, 2월은 亥時에 卯方을 가리키니 卯時에 이르러야 비로소 未方을 가리킨다. 나머지 달도 이와 같아서 晝夜가 순환하니, 북두성 자루가 가리키는 곳에는 반드시 패한다.

*1) 五石 : 1石은 120斤이니, 5석은 600근이다.

*2) 三奇吉門 : 術數의 일종으로 三奇는 六甲의 十干 중에 乙·丙·丁을 天上三奇라 하고, 甲·戊·庚을 地下三奇라 하고, 辛·壬·癸를 人間三奇라 한다. 吉門은 休·生·傷·杜·景·死·驚·開를 일러 八門이라고 하는데, 그중 三門은 吉하고 나머지 五門은 凶한 바, 그중에 길한 문(開·休·生)을 가리킨 것이다. 奇門遁甲術 등은 모두 이러한 말을 따른다.

3) 〔譯註〕 天生德於予 漢兵其如予何 : 漢兵其如予何는 漢나라 군사가 자신을 해칠 수 없다는 뜻으로 ≪論語≫ 〈述而〉에 "하늘이 나에게 德을 내려 주셨으니, 桓魋가 나를 어찌하겠는가.〔天生德於予 桓魋其如予何〕"라고 한 孔子의 말씀을 흉내 낸 것이다.

4) 〔釋義〕 漸臺 : 漸은 浸也라 臺在池中하야 爲水所浸이라 故名漸臺라
漸은 침몰함이다. 臺가 못 안에 있어서 물속에 잠기므로 이름을 漸臺라 한 것이다.

5) 〔釋義〕 晡時 : 說文曰 申時食也라
晡時는 ≪說文解字≫에 이르기를 "晡는 申時(오후 3시~5시)에 밥을 먹는 것이

다.” 하였다.

6)〔通鑑要解〕上臺斬莽：商縣人杜吳殺莽하고 校尉公賓이 斬莽首하니라
商縣 사람 杜吳가 王莽을 죽이고 校尉 公賓이 王莽의 목을 베었다.

7)〔釋義〕傳莽首詣宛：詣宛句絶이니 宛은 音鴛이라 括地志云 南陽郡邑은 古(仲)〔申〕伯國이니 城在宛大城南이라 其西南二縣이 皆故宛城也라
詣宛에서 句를 떼니, 宛은 음이 원이다. ≪括地志≫에 “南陽郡邑은 옛날 申伯의 나라이니, 城이 宛邑의 큰 성 남쪽에 있다. 그 서남쪽의 두 縣이 모두 옛날 宛城이다.” 하였다.

〔新增〕尹氏曰 甚矣라 亂臣賊子之欺世也여 禮施於國은 宋鮑之所以弑其君[1]이요 厚施於民은 田氏之所以倂其國[2]이니 自古姦僞之徒가 往往若此라 方莽未簒之前에 折節下士하고 輕財好施하여 虛譽隆洽하니 元后爲其所惑하고 爲之宗主[3]하여 浸淫[4]至於盜國하여 毒流四海라 然後에 大兵四合하여 克殄元惡하여 雖漢祚復還이나 而其禍亦慘矣라 朱子綱目에 書衆共誅莽者는 明莽之極惡을 人人皆得而討니 衆所共誅之者也라 自莽之敗가 出於劉氏之復興이라 由是로 後世簒國之人이 往往殄滅前代種族하여 至無遺育하니 是는 莽不獨貽禍當時요 亦且貽禍萬世니 其爲害也大矣라 玆故로 因而及之하노라

尹氏가 말하였다.

“심하다. 亂臣賊子들이 세상을 속임이여. 禮가 나라에 시행됨은 宋鮑가 군주를 시해한 이유이고, 백성들에게 후하게 은혜를 베푼 것은 田氏가 그 나라를 겸병한 이유이니, 예로부터 간사하고 속이는 무리들이 왕왕 이와 같았다. 王莽이 황제의 지위를 찬탈하기 전에는 몸을 낮추어 선비들에게 겸손하고 재물을 가볍게 여겨 사람들에게 베풀기를 좋아해서 헛된 명예가 융숭하니, 元后가 그에게 현혹당하고 그를 宗主로 삼았다. 그리하여 점점 國權을 도둑질함에 이르러서 해독이 온 천하에 퍼지게 되니, 그런 뒤에야 많은 군대가 사방에서 모여들어 元惡인 王莽을 죽여서 비록 漢나라의 國統이 다시 돌아왔으나 그 禍가 또한 참혹하였다. 朱子의 ≪資治通鑑綱目≫에 ‘여러 사람이 王莽을 함께 죽였다.’고 쓴 것은 極惡無道한 王莽을 사람마다 누구나 토벌할 수 있으니, 여러 사람이 함께 죽일 수 있음을 밝힌 것이다. 王莽의 실패는 劉氏

가 다시 일어난 데에서 연유하였다. 이 때문에 후세에 나라를 찬탈하는 자들은 왕왕 前代의 皇族들을 모조리 죽여 남은 자가 없는 지경에 이르렀으니, 이는 王莽이 당시에 禍를 끼쳤을 뿐만 아니라 또한 萬世에 화를 끼친 것이니, 그 폐해가 크다. 이 때문에 인하여 여기에 언급하는 것이다."

1)〔附註〕禮施於國 宋鮑之所以弑其君：左文十六年에 宋公子鮑禮於國人하고 宋飢에 竭其粟而貸之러니 昭公無道한대 國人이 奉鮑而殺之하고 鮑卽位하니 是爲文公이니 昭公庶弟也라

≪春秋左傳≫ 文公 16年條에 宋나라 公子 鮑가 나라 사람들을 예우하였고 宋나라가 흉년이 들었을 적에 곡식을 다 내어 백성들에게 꾸어 주었는데, 昭公이 無道하자 나라 사람들이 鮑를 받들어 昭公을 죽이고 鮑가 즉위하니, 이가 文公인바 昭公의 庶弟이다.

2)〔譯註〕厚施於民 田氏之所以併其國：田氏는 春秋時代 齊나라의 大夫였던 陳恒 一族을 가리킨다. 국가의 재물을 가지고 백성들에게 은혜를 베푼 다음 簡公을 시해하고 國權을 독차지하였으며, 曾孫인 和에 이르러 제나라를 차지하고 王이 되었다. 陳氏는 뒤에 姓을 田으로 고쳤으며, 恒은 文帝의 諱이므로 ≪史記≫에는 田常으로 기록되어 있다. ≪春秋左傳≫ 哀公 14年條에 보인다.

3)〔頭註〕宗主：元后詔莽하야 稱假皇帝라

元后가 王莽에게 명하여 假皇帝를 칭하도록 한 일을 가리킨다.

4)〔頭註〕浸淫：隨其脈理而浸漬也라

浸淫은 그 결을 따라서 젖어드는 것이다.

〔史略 史評〕班固曰 王莽이 始起外戚하여 折節力行하여 以要名譽하고 及居位輔政에 勤勞國家하야 直道而行하니 豈所謂色取仁而行違[1]者耶아 莽旣不仁而有佞邪之材하고 又乘四父歷世之權하며 遭漢中微하야 國統三絶[2]하고 而太后壽考하야 爲之宗主라 故로 得肆其奸慝하야 以成簒盜之禍라 及其竊位南面에 顚覆之勢 險於桀紂어늘 而莽이 晏然自謂黃虞復出[3]也라하야 乃始恣睢하고 奮其威詐하여 毒流諸夏하고 亂延蠻貊호되 猶未足以逞其欲焉이라 是以로 四海囂然에 遠近俱發하야 城池不守하고 支體分裂하니 自書傳所載亂臣賊子로 考其禍敗하면 未有如莽之甚者也라 昔에 秦燔詩書하야 以立私議하고 莽誦六

籍하야 以文姦言하니 同歸殊途하여 俱用滅亡이라 皆聖王之驅除云爾로다

班固의 〈王莽傳〉 贊에 말하였다.

"王莽이 처음에 外戚으로 일어나 몸을 낮추고 행실을 힘써 명예를 구하였고, 높은 지위에 올라 정사를 보필함에 미쳐서는 국가의 일에 힘을 다하여 정직한 道로 행하였으니, 어찌 이른바 '얼굴빛은 仁을 취하나 행실은 위배된다.'는 것이 아니겠는가. 王莽은 이미 不仁하면서 간사한 재주가 있었고, 또 네 叔父가 대대로 이어 온 권세를 탔으며, 漢나라가 중간에 미약해져서 國統이 세 번 끊어지고 太后가 장수하여 宗主가 됨을 만났다. 그러므로 그 간악한 꾀를 부려서 찬탈하고 도둑질하는 禍를 이룬 것이다. 皇帝의 지위를 도둑질하여 南面하자, 顚覆할 형세가 桀·紂보다도 심하였으나 王莽은 태연하게 스스로 생각하기를 黃帝와 虞舜이 다시 나왔다고 여겼다. 그리하여 마침내 함부로 행동하고, 위엄과 속임수를 부려 해독이 中夏에 퍼지고 혼란이 蠻貊에게까지 뻗쳤으나 오히려 그 욕망을 충족시키지 못하였다. 이 때문에 四海가 시끄러워지자 遠近이 함께 일어나서 城과 垓子가 지켜지지 못하고 四肢가 분해되고 찢겼으니, 서책에 기재된 亂臣賊子 중에 그 禍敗를 상고해 보면 王莽같이 심한 자가 있지 않다. 옛날 秦나라는 詩·書를 불태워서 사사로운 의논을 세웠고 王莽은 六經을 외워서 간사한 말을 문식하였으니, 길은 다르나 귀결되는 곳은 같아서 한결같이 멸망하였다. 그러니 이는 모두 聖王(光武帝)을 위하여 환란을 제거해 준 것이다."

1) 〔譯註〕 色取仁而行違 : 외모는 仁한 것처럼 꾸미나 실제 행실은 그렇지 못한 것으로, ≪論語≫ 〈顔淵〉에 보이는 바, 孔子가 子張에게 대답한 말이다.
2) 〔譯註〕 國統三絶 : 成帝, 哀帝, 平帝가 모두 후손이 없음을 이른다.
3) 〔譯註〕 黃虞復出 : 王莽이 古代의 聖君인 黃帝와 虞舜으로 자처함을 말한 것이다.

更始將都洛陽할새 **以劉秀**로 **行司隷校尉**하고 **使前整修宮府**어늘 **秀乃置僚屬**하고 **作文移**[1]하고 **從事**[2]**司察**을 **一如舊章**하다 **時**에 **三輔吏士 東迎更始**할새 **見諸將過**에 **皆冠幘**(책)[3]**而服婦人衣**하고 **莫不笑之**러니 **及見司隷僚屬**하야는 **皆**

歡喜不自勝하고 **老吏或垂涕曰 不圖今日**에 **復見漢官威儀**라하니 **由是**로 **識者皆屬心焉**이러라 〈出光武紀〉

更始가 장차 洛陽에 도읍하려 할 적에 劉秀로써 司隷校尉의 임무를 행하게 하고 미리 가서 宮府를 정돈하고 수리하게 하니, 劉秀가 마침내 官屬을 두고 移文을 만들어 州縣에 돌리고 從事官을 두어 사무를 맡아 다스리기를 한결같이 옛 법대로 하였다. 이때 三輔 지방의 관리와 군사들이 동쪽으로 洛陽에 이르러서 更始를 맞이할 때에 여러 장수들이 지나감에 모두 冠幘을 쓰고 婦人의 의복을 입은 것을 보고는 비웃지 않은 이가 없었는데, 司隷校尉의 官屬들을 보자 모두 기쁨을 스스로 이기지 못하였고 늙은 관리는 혹 눈물을 흘리며 말하기를 "오늘날에 다시 漢나라 官吏의 威儀를 보게 될 줄은 생각지도 못했다." 하니, 이로 말미암아 유식한 자들이 모두 劉秀에게 마음을 두었다. - ≪後漢書 光武帝紀≫에 나옴 -

1) 〔釋義〕 作文移 : 移는 箋表之類也라 官曹公府에 不相臨敬이면 則爲移也라
移는 箋文과 表文의 종류이다. 官曹와 公府에서 서로 임하여 직접 상대할 수 없으면 移文을 만들어 돌린다.

2) 〔釋義〕 從事 : 官名이라 漢舊儀에 司隷校尉置從事(吏)〔史〕十二人하야 以主察擧하니라
從事는 官名이다. 漢나라 옛 의식에 司隷校尉는 從事의 관리 12명을 두어서 察擧를 주관하게 하였다.

3) 〔釋義〕 冠幘 : 冠은 弁冕之總名也요 幘은 巾也라 古有冠無幘하니 幘者는 卑賤執事者所服이러니 其後에 貴賤皆服之하고 稍稍作顔題하야 有赤幘, 靑幘, 素幘, 布幘하니라
冠은 弁冕의 총칭이고 幘은 頭巾이다. 옛날에는 冠은 있고 幘은 없었으니 幘은 비천한 執事들이 쓰는 것이었는데, 그 뒤에 귀한 자와 천한 자가 모두 썼고, 차츰 顔題(두건의 이마를 덮는 테두리 부분)를 만들어서 赤幘, 靑幘, 素幘, 布幘이 있었다.

○ **更始拜劉秀行大司馬事**하야 **持節北度河**하야 **鎭慰州郡**이라 **秀至河北**하야

所過郡縣에 **考察官吏**하야 **黜陟能否**하고 〈上句文不同〉 **平遣囚徒**[1)]하며 **除王莽苛政**하고 **復漢官名**하니 **吏民**이 **悅喜**하야 **爭持牛酒迎勞**어늘 **秀皆不受**하다 〈出光武紀 無末句〉

更始가 劉秀를 임명하여 大司馬의 일을 행하게 해서 節을 가지고 북쪽으로 黃河를 건너 州郡을 진정하고 慰撫하게 하였다. 劉秀가 河北에 이르러 지나가는 곳의 郡縣에 관리들을 고찰하여, 능력이 있는 자를 승진시키고 능력이 없는 자를 내치고 - 위의 句는 글이 똑같지 않음 - 죄수들을 공평히 다스려 석방하며 王莽의 가혹한 정사를 제거하고 漢나라의 官名을 회복시키니 관리와 백성들이 기뻐하여 다투어 쇠고기와 술을 가지고 맞이하여 위로하였으나 劉秀는 모두 받지 않았다. - ≪後漢書 光武帝紀≫에 나오는데, 末句가 없음 -

1) 〔釋義〕 平遣囚徒 : 平은 音病이니 平其不平也요 遣은 縱放也라 囚徒는 械繫服役者라
 平은 음이 병(평)이니 공평하지 못함을 공평하게 하는 것이고, 遣은 석방하는 것이다. 囚徒는 형틀에 매여 服役하는 자이다.

〔新增〕 尹氏曰 帝王之興에 其施爲氣象이 必有大過人者라 觀漢祖入關之始에 除秦苛法과 與世祖徇河北之日에 除莽苛政하면 則區區逐鹿爭雄之徒 豈可同日而語리오 然則祀夏配天[1)]하야 不失舊物이 亦豈偶然之故哉리오

尹氏(尹起莘)가 말하였다.

"帝王이 일어날 때에 施行하는 것과 氣象이 반드시 보통 사람보다 크게 뛰어난 점이 있다. 漢 高祖가 關中에 들어간 초기에 秦나라의 가혹한 法을 제거한 것과 世祖(光武帝)가 河北을 순행하는 날에 王莽의 가혹한 정사를 제거한 것을 보면 구구하게 사슴(帝位)을 좇아 雌雄(우열)을 겨룬 무리들과 어찌 똑같이 놓고 말할 수 있겠는가. 그렇다면 夏나라 祖宗을 제사하여 天帝에게 짝해서 옛일을 잃지 않은 것이 또한 어찌 우연이겠는가."

1) 〔頭註〕 祀夏配天[*)] : 祀夏祖宗以配天帝하야 不失禹治天下之舊事를 引以爲喩라
 夏나라 祖宗을 제사하여 天帝에게 짝해서 禹王이 天下를 다스린 옛일을 잃지

않은 것을 인용하여 비유한 것이다.

*) 祀夏配天 : 옛날 夏나라가 過나라의 澆에게 멸망당하였다가 小康이 중흥하여 옛 천하를 다시 되찾고 禹王을 제사하였으므로 이로써 光武帝가 新나라를 평정하고 다시 漢나라 皇室을 수복하였음을 비유한 것이다.

南陽鄧禹 杖策追秀하야 及於鄴[1)]이어늘 秀曰 我得專封拜[2)]하니 生이 遠來는 寧欲仕乎아 禹曰 不願也요 但願明公威德이 加於四海어든 禹得効其尺寸하야 垂功名於竹帛爾로이다 秀笑하고 因留宿이러니 禹進說曰 今山東이 未安하야 赤眉, 靑犢之屬[3)]이 動以萬數요 更始旣是常才而不自聽斷하고 諸將이 皆庸人屈(崛)起[4)]라 志在財幣하야 爭用威力하야 朝夕自快而已요 非有忠良明智深慮遠圖하야 欲尊主安民也라 明公이 素有盛德大功하야 爲天下所嚮服이라 軍政이 齊肅하고 賞罰이 明信하니 〈本傳에 無明公素有盛德以下四句〉 爲今之計컨대 莫如延攬英雄하고 務悅民心하야 立高祖之業하고 救萬民之命이니 以公而慮[5)]컨대 天下를 不足定也니이다 秀大悅하고 因令禹常宿止於中[6)]하야 與定計議하고 每任使諸將에 多訪於禹하니 皆當其才러라 〈出禹本傳〉

南陽의 鄧禹가 지팡이를 짚고 劉秀를 따라 鄴縣에 이르자, 劉秀가 말하기를 "내가 마음대로 侯에 封하고 장수로 임명할 수 있으니, 그대가 멀리서 찾아온 것은 벼슬을 원해서가 아니겠는가?" 하니, 鄧禹가 대답하기를 "벼슬하기를 원치 않고 다만 明公의 威嚴과 德이 四海에 가해지면 제가 얼마 안 되는 작은 功을 바쳐서 功名을 竹帛(역사책)에 남기기를 원할 뿐입니다." 하였다. 劉秀가 웃고는 인하여 유숙하였는데, 鄧禹가 나아가 다음과 같이 설득하였다.

"지금 山東 지방이 편안하지 못해서 赤眉와 靑犢의 무리들이 모두 만으로 헤아려지고, 更始는 이미 보통의 평범한 인물에 불과하여 스스로 다스리고 결단하지 못하며, 諸將들은 모두 용렬한 사람들이 흥기하였으므로 그 뜻이 재물과 폐백에 있어서 다투어 위엄과 무력을 사용하여 당장 스스로 만족하게 할 뿐이요, 충성스럽고 어질고 밝고 지혜로워 깊이 생각하고 멀리 도모해서 군주를 높이고 백성을 편안히 하려는 자가 있지 않습니다. 明公은 본래 성대한 德과 큰 功이 있어서 천하 사람들이 향하고 복종하는 바가 되었습니다. 軍政이 整齊되고 엄숙하며 賞罰이 분명하고 信實하니 - ≪後漢書≫ 〈鄧禹傳〉에는 '明公素有盛德' 이하의 네 句가 없다. - 지금을 위한 계책으로는 영웅을 맞이하고 백성들의 마음을 기쁘게 하기를 힘써서 漢 高祖가 當年에 이룩한 功業을 세우고 만백성의 목숨을 구하는 것만 한 것이 없으니, 公을 가지고 생각해 보건대 천하는 굳이 평정할 것이 못 됩니다.(천하를 평정하기가 어렵지 않을 것입니다.)"

劉秀가 크게 기뻐하고, 인하여 鄧禹를 항상 군막 안에 머물게 하여 그와 함께 계책과 의논을 결정하고, 매번 여러 장수들에게 임무를 맡기고 부릴 때에 鄧禹에게 많이 물었는데, 모두 그 재주에 합당하게 하였다. - ≪後漢書 鄧禹傳≫에 나옴 -

1) 〔釋義〕 追秀及於鄴 : 鄴은 地理志에 魏郡에 有鄴縣이라 括地志에 故鄴都城은 在漳河北西南하니 去(漳)〔彰〕德府二十里라 〔通鑑要解〕 禹年十三에 誦詩하고 受業長安하니 時光武亦遊學京師라 禹雖年少나 而光武知非常하야 遂相親附하니라
〔釋義〕 鄴은 ≪漢書≫ 〈地理志〉에 "魏郡에 鄴縣이 있다." 하였고, ≪括地志≫에 "옛날 鄴都의 城은 漳河 북쪽의 서남쪽에 있으니, 彰德府에서 20리쯤 떨어져 있다." 하였다. 〔通鑑要解〕 禹가 나이 13세에 詩를 외우고 長安에서 수업하니, 이때 光武도 京師(長安)에서 遊學하였는데, 鄧禹가 비록 나이가 어렸으나 光武는 그가 비상한 인물임을 알아보고는 마침내 서로 가까이하고 따랐다.

2) 〔釋義〕 我得專封拜 : 言封侯拜將을 我得專擅此權이라
侯에 봉하고 장수로 임명함에 자신이 이러한 권한을 마음대로 결정할 수 있음을 말한 것이다.

3) 〔釋義〕 赤眉青犢之屬 : 赤眉與青犢은 皆賊之號라
赤眉와 青犢은 모두 賊의 이름이다.

4) 〔釋義〕 屈起 : 屈은 或作(掘)〔崛〕하니 說文曰 勃起曰(掘)〔崛〕起라
屈은 혹 崛로도 쓰니, ≪說文解字≫에 이르기를 "勃起한 것을 崛起라 한다." 하였다.

5) 〔釋義〕 以公而慮 : 公은 稱劉秀也라 說文云 慮는 謀思也라

公은 劉秀를 이른다. ≪說文解字≫에 "慮는 도모하고 생각하는 것이다." 하였다.
6)〔釋義〕中 : 謂幕府中이라
中은 幕府의 가운데를 이른다.

〔新增〕胡氏曰 蕭王之至鄴에 禹杖策追及하야 從容畫(획)策은 不如子房이요 險難出奇는 不如陳平이요 餉食補卒은 不如蕭何요 攻城略地는 不如曹參이요 纔一將兵出關에 又爲赤眉所敗어늘 而二十八將에 禹顧居首로되 當時無異議하고 後世無貶辭하니 光武何取於禹며 而禹何以致之也오 曰 禹初見帝에 觀其延攬英雄하고 務悅民心하야 立高祖之業하고 救萬民之命이라하니 此數語는 自李通耿弇賈復吳漢으로 皆未之嘗言이요 且任使諸將에 各當其才하니 此固高出諸將之上이라 一日에 帝披輿地圖曰 天下郡國如是어늘 今始得其一하니 如何오한대 禹曰 古之興者는 在德厚薄이요 不以小大라하니 是又非諸臣所能及이라 雖伊周之徒 啓告其君者라도 不過如此하니 嗚呼라 此光武之所深知요 而禹之所以自許者乎인저 以此而圖形雲臺하고 藏名太室[1]하야 爲東京元功이 眞無愧矣로다

胡氏가 말하였다.

"蕭王(光武帝)이 鄴縣에 이르렀을 때에 鄧禹가 지팡이를 짚고 쫓아와서 조용히 계책을 세운 것은 子房(張良)만 못하였고, 험난할 때에 기이한 계책을 낸 것은 陳平만 못하였고, 양식을 보급하고 병졸을 보충한 것은 蕭何만 못하였고, 성을 공격하고 땅을 경략한 것은 曹參만 못하였으며, 겨우 한 번 군대를 거느리고 關門을 나가자 또 赤眉에게 패하였다. 그런데도 28명의 장수 중에 鄧禹가 맨 앞에 있었으나 당시에 異論이 없었고 후세에 폄하하는 말이 없었으니, 光武帝는 어찌하여 鄧禹를 취하였으며 鄧禹는 무엇으로 이것을 이루었는가?

鄧禹가 처음 光武帝를 뵈었을 때에 '영웅을 맞이하고 민심을 기쁘게 하여 高祖의 功業을 세우고 萬民의 목숨을 구하라.'고 말하였으니, 이 몇 마디 말은 李通・耿弇・賈復・吳漢이 모두 일찍이 말하지 않았던 것이고, 또 여러 장수들에게 임무를 맡기고 부릴 때에 각각 재능에 합당하게 하였으니, 이는

진실로 여러 장수들보다 높이 빼어난 것이다.

하루는 光武帝가 輿地圖를 펴놓고 '천하의 郡國이 이와 같이 많은데 이제 비로소 그 하나를 얻었으니, 어떠한가?' 하고 묻자, 鄧禹는 대답하기를 '옛날에 興旺했던 자들은 德의 厚薄에 달려 있었고, 영토의 크기에 달려 있지 않았습니다.' 하였으니, 이는 또 여러 신하들이 능히 미칠 수 있는 바가 아니다. 비록 伊尹과 周公의 무리가 군주에게 아뢴다 해도 이와 같은 것에 지나지 않으니, 아, 이는 光武帝가 깊이 인정한 바이고 鄧禹가 스스로 자신한 바일 것이다. 이 때문에 얼굴을 雲臺에 그리고 이름을 太室에 보관하여 東京(東漢)의 元勳이 됨에 진실로 부끄러움이 없었던 것이다."

1) 〔頭註〕 太室 : 淸廟中央之室이라
淸廟 중앙에 있는 廟室이다.

秀自兄縯之死[1]로 **每獨居**[2]에 **輒不御酒肉**하고 **枕席**에 **有涕泣處**라 **主簿馮**(풍)**異 獨寬譬之**[3]한대 **秀止之曰 卿勿妄言**하라 **異因進說曰 更始政亂**에 **百姓**이 **無所依戴**라 **夫人久飢渴**이면 **易爲充飽**하나니 **今公**이 **專命方面**하시니 **宜分遣官屬**하야 **循行郡縣**[4]하야 **宣布惠澤**하소서 **〈本傳無宣字〉 秀納之**하다 **〈出馮異傳〉**

劉秀는 형 劉縯이 죽은 뒤로 언제나 홀로 거처할 때에는 번번이 술과 고기를 먹지 않았고, 베개와 자리에는 눈물을 흘린 자국이 있었다. 主簿 馮異가 홀로 너그럽게 위안하고 타이르자, 劉秀가 그의 말을 가로막으며 말하기를 "卿은 함부로 말하지 말라." 하였다. 馮異가 인하여 나아가 설득하기를 "更始의 정사가 혼란하여 백성들이 의지하고 추대할 곳이 없습니다. 사람이 오랫동안 굶주리고 목마르면 배 채우는 물건이 되기가 쉬운 법입니다. 이제 公께서 한 方面의 임무를 마음대로 명령할 수 있으니, 官屬들을 나누어 보내서 郡縣을 순행하여 혜택을 펴게 하소서." 하니, - ≪漢書 馮異傳≫에는 宣字가 없음 - 劉秀가 이 말을 받아들였다. - ≪漢書 馮異傳≫에 나옴 -

1) 〔原註〕 秀自兄縯之死 : 更始殺縯이라
更始가 劉縯을 죽였다.

2) 〔釋義〕 獨居 : 無人傍侍라 故曰獨居라
옆에서 모시는 사람이 없으므로 홀로 거처한다고 한 것이다.

3) 〔釋義〕 寬譬之 : 寬은 緩이요 譬는 匹也니 緩爲辭說하야 匹而諭之라
寬은 관대함이고 譬는 비유함이니, 관대하게 말해서 딴 일을 비유하여 타이르는 것이다.

4) 〔釋義〕 循行郡縣 : 循은 謂撫徇之徇이니 徇其人民也라
循은 撫徇(어루만져 따르게 함)의 徇을 이르니, 人民을 따르게 하는 것이다.

○ **騎都尉耿純**이 **謁秀於邯鄲**(한단)이러니 **退見官屬將兵法度不與他將同**하고 **遂自結納**하니라 〈出純本傳〉

騎都尉 耿純이 劉秀를 邯鄲에서 뵈었는데, 물러 나와서 官屬과 將兵들의 법도가 다른 장수들과는 다른 것을 보고 마침내 스스로 교분을 맺었다. -《後漢書 耿純傳》에 나옴 -

○ **王莽時**에 **長安中**에 **有自稱成帝子子輿者**어늘 **莽**이 **殺之**러니 **邯鄲卜者王郎**[1]이 **緣是**하야 **詐稱眞子輿**라한대 **百姓**이 **多信之**하야 **立郎爲天子**하니 **趙國以北**과 **遼東以西 皆望風響應**이러라

王莽 때에 長安에 成帝의 아들 子輿라고 자칭하는 자가 있으므로 王莽이 그를 죽였는데, 邯鄲의 점치는 자인 王郎이 이로 인하여 자신이 진짜 子輿라고 사칭하자 백성들이 이를 많이 믿고서 王郎을 세워 천자로 삼으니, 趙나라 以北과 遼東 以西 지방이 모두 風聲만 듣고도 호응하였다.

1) 〔釋義〕 王郎 : 姓名이요 又名昌이라
王郎은 성명이고, 또 이름은 昌이다.

【甲申】 〈二年〉

갑신(24) - 更始 2년 -

更始至長安하야 居長樂宮할새 升前殿하니 郞吏以次列庭中이라 更始羞怍(수작)하야 俛首刮席[1]하야 不敢視하고 委政於趙萌[2]하고 日夜飮讌後庭하야 以至群小膳夫[3]히 皆濫授官爵하니 長安이 爲之語曰 竈下養은 中郞將[4]이요 爛羊胃는 騎都尉[5]요 爛羊頭는 關內侯[6]라하니 由是로 關中離心하고 四海怨叛이러라

更始가 長安에 이르러서 長樂宮에 거처할 적에 前殿에 오르니, 郞吏들이 차례로 뜰 가운데에 나열하였다. 更始가 부끄러워하여 머리를 숙이고 자리만 만지작거리며 감히 신하를 쳐다보지 못하였으며, 정사를 趙萌에게 맡기고는 밤낮으로 後庭에서 술 마시고 잔치하면서 여러 소인들과 膳夫에 이르기까지 모두 함부로 관작을 제수하였다. 長安 사람들이 이 때문에 말하기를 "부엌에서 밥 짓고 요리하는 사람은 中郞將이고 羊의 밥통을 굽는 사람은 騎都尉이고 羊의 머리를 삶는 사람은 關內侯이다." 하니, 이로 말미암아 關中 지방의 民心이 이반되고 온 천하가 원망하고 배반하였다.

1) 〔釋義〕 俛首刮席 : 俛은 與俯同하니 低頭也라 刮은 古刹反이니 摩也라
俛은 俯와 같으니 머리를 숙이는 것이다. 刮은 古刹反(괄)이니 만지는 것이다.

2) 〔譯註〕 趙萌 : 딸이 更始의 夫人이 됨으로 인해 大司馬에 오르고 권력을 자행하였다.

3) 〔通鑑要解〕 膳夫 : 具食也니 庖人知味하야 必加善故로 字形以善이라
膳夫는 음식을 장만하는 자이니, 푸줏간을 맡은 사람은 음식 맛을 잘 알아서 반드시 더 좋게 하기 때문에 字形에 善字를 붙인 것이다.

4) 〔釋義〕 竈下養 中郞將 : 王氏曰 炊烹爲養이니 言此徒亦得授中郞將이라 按百官表에 中郞有五官左右三將하니 秩皆比二千石이라
王氏가 말하였다. "밥 짓고 요리하는 것을 養이라 하니, 이러한 무리 또한 中郞將에 제수될 수 있음을 말한 것이다. ≪漢書≫ 〈百官表〉에 '中郞은 五官中郞將과 左中郞將, 右中郞將 3명이 있으니, 품계가 모두 比二千石이었다.' 하였다."

5) 〔釋義〕 騎都尉 : 初에 武帝置羽林騎러니 至宣帝하야 令騎都尉監之하고 〈秩〉比二千石하니라
처음에 武帝가 羽林騎를 두었는데, 宣帝 때에 이르러서 騎都尉를 두어 이들을 감독하게 하고 품계가 比二千石이었다.

6) 〔釋義〕 關內侯：列侯는 出關就國이요 侯但爵(身其)〔其身〕이니 有家累者는 與之關內之邑하야 食其租稅하니라

列侯는 關門을 나가 本國으로 나아가고, 關內侯는 다만 자신에게만 관작을 내리는 것이니, 딸린 家率이 있는 자는 關內의 邑을 주어 조세를 먹게 한 것이다.

○ 大司馬秀至薊(계)하니 會에 王子接[1]이 起兵薊中하야 以應王郎이라 城內擾亂[2]이어늘 秀趣(促)駕而出하야 不敢入城邑하고 舍食[3]道傍하다 〈出本紀〉至蕪蔞(무루)亭[4]하니 時에 天寒洌이라 馮異上豆粥하고 至下曲陽[5]傳하야 聞王郎兵在後하고 從者皆恐이러니 至滹沱(호타)河[6]하니 候吏還白호되 河水流澌(시)[7]하고 無船不可濟니이다 秀使王霸往視之한대 霸恐驚衆하고 欲且前阻水[8]하야 還卽詭曰 冰堅可度(渡)라하니 官屬이 皆喜라 秀笑曰 候吏果妄語也로다하고 遂前比至河하니 河冰이 亦合이라 乃令王霸護度하야 未畢數騎而冰解하니라 〈出王霸傳〉

大司馬 劉秀가 薊縣에 이르니, 마침 王子 接이 薊縣에서 군대를 일으켜 王郎에게 호응하였다. 城 안이 요란하자 劉秀가 멍에를 재촉하여 나와서 감히 城邑으로 들어가지 못하고 길가에 묵으면서 밥을 먹었다. - ≪後漢書 光武帝紀≫에 나옴 -

蕪蔞亭에 이르니 이때 날씨가 몹시 추웠다. 馮異가 〈먹을 것이 없어서〉 팥죽을 올렸고, 下曲陽의 여관에 이르러서 王郎의 군대가 뒤에 있다는 말을 듣고 수행하던 자들이 모두 두려워하였는데, 滹沱河에 이르니 정탐하는 관리가 돌아와 아뢰기를 "河水가 解冰이 되어 流冰이 떠다니고 배가 없어 건널 수가 없습니다." 하였다. 劉秀가 王霸로 하여금 가서 살펴보게 하자 王霸는 사람들이 놀랄까 염려하고 또 앞으로 나아가 물에 의지하여 막고자 해서 돌아와 즉시 거짓말하기를 "얼음이 단단히 얼어 건널 수가 있습니다." 하니, 官屬들이 모두 기뻐하였다. 劉秀가 웃으며 말하기를 "정탐하는 관리가 참으로 망령된 말을 하였다." 하고는 마침내 앞으로 나아가 河水에 이르니, 河水의 얼음이 또한 얼어 있었다. 이에 王霸로 하여금 호위하여 건너게 하였는데, 몇 騎가 남아 다 건너기 전에 얼음이 풀렸다. - ≪後漢書 王霸傳≫에 나옴 -

1)〔頭註〕王子接 : 接은 名也니 武帝五世孫廣陽王嘉之子라
接은 이름이니, 武帝의 5세손인 廣陽王 劉嘉의 아들이다.

2)〔頭註〕城內擾亂 : 王郎移檄하야 購光武하니라
王郎이 檄文을 돌려서 光武를 잡으면 상을 주겠다고 내걸었다.

3)〔通鑑要解〕舍食 : 師一宿曰舍라
군대가 하룻밤을 묵는 것을 舍라고 한다.

4)〔釋義〕蕪蔞亭 : 蕪蔞故城은 在晉州饒陽縣北하니 亭亦在焉이라
蕪蔞의 옛 城이 晉州 饒陽縣 북쪽에 있으니, 정자도 있다.

5)〔釋義〕曲陽 : 在鉅鹿郡이라
曲陽은 鉅鹿郡에 있다.

6)〔釋義〕滹沱河 : 沱는 或作沲라 地理志에 滹沱河는 自代郡鹵城縣東으로 去參合縣하고 又東經眞定南關하고 又東過霸州文安하야 入海라
沱는 혹 沲로도 쓴다. ≪漢書≫ 〈地理志〉에 "滹沱河는 代郡 鹵城縣 동쪽으로부터 參合縣으로 흘러가고, 또 동쪽으로 眞定 南關을 경유하고, 또 동쪽으로 霸州 文安을 지나 바다로 들어간다." 하였다.

7)〔釋義〕河水流澌 : 澌는 音斯니 流冰也라
澌는 음이 사(시)이니 流冰(물 위에 떠다니는 얼음덩이)이다.

8)〔頭註〕且前阻水 : 前은 進也요 阻는 恃險自固也라
前은 전진함이고, 阻는 험함을 믿고 스스로 견고하게 하는 것이다.

永嘉陳氏曰 古之人君이 不恃其或然之數而忽其必然之理하니 或然之數者는 天也요 必然之理者는 人也라 天意之不集이라도 人事猶可以自盡이어니와 幸乎天而人不繼之면 鮮有不敗事者矣라 漢之高帝光武는 蓋嘗得乎天矣라 睢水之圍에 幾入乎項氏之掌握이러니 而以大風脫하고 滹沱之役에 幾墳於餓虎之喙矣러니 而以冰合濟하니 是豈人力也哉아 天也라 二君於此에 不以其幾不免者自沮하고 亦不以其幸而免者自賀하야 方且益聽三傑[1]之謀하고 而延攬二十八將之族하야 以伺其隙하고 而俟其可乘之機하야 卒之垓下之圍合而項氏擒하고 邯鄲之戰交而王郎虜하니 是果天耶아 人耶아 能知高帝五年之業이 不成於睢水之脫而成於垓下之勝하고 光武之中興이 亦不在於滹沱之濟而在於邯鄲之克이면 則知人君之有爲於天下者 其始也는 雖天啓之나 而成之者는 常以人也라 嗟乎라

天之欲啓是君而使之有所就者는 不遽爾也라 置諸危而福之하고 投諸難而全之하야 使之迫於利害하야 而深其謀하고 臨於死生하야 以固其志하며 挫其驕矜하고 抑其果銳하야 以大其所受어늘 而人君者不能因乎天而善用之하고 而方且安乎天而棄其所以在人하야 退處乎無事之地하야 亦坐觀夫自定之勢면 則向之所以福之者는 乃所以禍之也요 全之者는 所以敗之也라 嗚呼라 人君이 有天下之慮어든 其毋以天之所以福我而全我者로 而自取禍敗也哉인저

永嘉陳氏(陳傅良)가 말하였다.

"옛날의 人君은 或然(혹 그럴지도 모르는)의 운수를 믿고서 필연적인 이치를 소홀히 하지 않았으니, 或然의 운수라는 것은 天運이고 필연적인 이치라는 것은 사람이다. 하늘의 뜻이 사람과 합하지 않더라도 사람의 일은 오히려 스스로 다할 수 있지만 하늘에 요행만을 바라고 사람의 일이 뒤따르지 못하면 실패하지 않는 자가 드물다. 漢나라 高帝와 光武帝는 일찍이 天運을 얻었었다. 高祖는 睢水에 포위되었을 때에 項氏의 손아귀에 들어갈 뻔하였으나 큰 바람 때문에 벗어났고, 光武帝는 滹沱河의 싸움에서 굶주린 호랑이의 입에 들어갈 뻔하였으나 얼음이 얼어서 물을 건넜으니, 이것이 어찌 人力이었겠는가? 天運이다.

그러나 이 두 임금은 이때 거의 면하지 못할 뻔한 禍를 가지고 스스로 沮喪하지 않고, 또한 우연히 禍를 면한 것을 가지고 스스로 축하하지 않았다. 그리하여 高祖는 세 豪傑의 계책을 더욱 따르고 光武帝는 스물여덟 장수의 무리를 취해서 상대방의 틈을 엿보고 탈 만한 기회를 기다려서, 高祖는 끝내 垓下에서 포위하여 項氏를 사로잡았고 光武帝는 邯鄲에서 交戰하여 王郎을 사로잡았으니, 이것이 과연 天運인가? 人力인가?

高帝가 5년 동안 이룩한 帝業이 睢水의 탈출에서 이루어지지 않고 垓下의 승리에서 이루어졌음을 알며, 光武帝의 中興이 또한 滹沱河를 건넘에 있지 않고 邯鄲의 승리에 있었음을 안다면, 人君으로서 천하에 훌륭한 일을 행하는 자가 그 처음은 비록 하늘이 열어 주지만 성공함은 항상 사람에게 달려 있음을 알게 될 것이다.

아, 하늘이 이 임금을 열어 주어 성취하게 하려고 할 때에는 갑자기 그렇

게 하는 것이 아니라 위태로운 곳에 두어 福을 내려 주고 어려운 곳에 던져 두어 온전하게 해 주어서 利害에 절박하여 그 계책을 깊게 세우고 死生에 임하여 의지를 굳게 하며, 교만함과 자랑하는 마음을 꺾고 과단성과 날카로운 기세를 억제해서 큰 器局을 만들어 受容하는 바를 크게 하려고 하는 것인데, 임금된 자가 하늘이 내려 준 기회를 잘 이용하지 못하고, 하늘이 정한 운수에 안주하여 사람에게 달려 있는 일을 버리고 아무 탈이 없는 곳에 물러나 있으면서 또한 스스로 안정되는 형세를 앉아서 보기만 한다면 지난번에 복을 내려 준 것은 바로 禍를 준 것이고 지난번에 온전하게 해 준 것은 바로 패망하게 한 것이다. 아, 임금이 천하를 다스릴 뜻을 가지고 있다면 하늘이 나에게 복을 내려 주고 나를 온전하게 해 주는 것을 가지고 스스로 화와 패망을 취하는 일이 없도록 하여야 할 것이다."

1)〔頭註〕三傑：子房, 蕭何, 韓信이라
세 호걸은 子房(張良), 蕭何, 韓信이다.

至南宮[1)]하야 遇大風하야 秀引車入道傍空舍하니 馮異는 抱薪하고 鄧禹는 爇(설)火라 秀對竈燎衣러니 馮異復進麥飯하다 馳赴信都[2)]하니 是時에 郡國이 皆降王郞호되 獨信都太守任光과 和戎[3)]太守邳肜(비융)이 不肯從이러니 光이 聞秀至大喜하고 邳肜이 亦自和戎來會하다 〈以上 參用任光邳肜二傳文〉 議者多言호되 可因信都兵하야 自送西還長安이라한대 邳肜曰 吏民이 歌吟思漢이 久矣라 今卜者王郞이 假名因勢하야 驅集烏合之衆하야 遂振燕, 趙之地나 無有根本之固하니 明公이 奮二郡之兵하야 以討之면 何患不克이리오 今釋此而歸면 豈徒空失河北이리오 必更驚動三輔하야 墮(휴)損威重하리니 非計之得者也니이다 秀乃止하다 任光이 發傍縣하야 得精兵四千人하니 衆이 稍合至萬人이라 移檄邊郡하야 共擊邯鄲하니 郡縣이 還復響應이러라 〈出本紀〉

南宮에 이르러 큰 바람을 만나서 劉秀가 수레를 이끌고 길가의 빈집에 들어가니, 馮異는 나무섶을 안아 오고 鄧禹는 불을 피웠다. 劉秀가 아궁이에

옷을 말리고 있었는데 馮異가 다시 보리밥을 올렸다. 달려서 信都郡에 이르니, 이때 郡國이 모두 王郎에게 항복하였으나 오직 信都太守 任光과 和戎太守 邳彤만은 따르려고 하지 않았는데, 任光은 劉秀가 왔다는 말을 듣고는 크게 기뻐하였고 邳彤 또한 和戎에서 와서 모였다. - 이상은 ≪後漢書≫ 〈任光傳〉과 〈邳彤傳〉의 글을 참고하여 썼음 -

의논하는 자들이 많이 말하기를 "信都의 군대를 인하여 스스로 호송하고 長安으로 돌아가야 한다."라고 하자, 邳彤이 아뢰기를 "관리와 백성들이 노래하면서 漢나라를 그리워한 지가 오래입니다. 지금 점치는 자인 王郎이 이름을 빌리고 세력을 이용해서 오합지졸들을 모아 마침내 燕·趙 지방에서 세력을 떨치고 있으나 근본의 견고함이 없으니, 明公께서 信都와 和戎 두 郡의 군대를 분발시켜 토벌한다면 어찌 이기지 못함을 걱정할 것이 있겠습니까. 이제 이들을 버려두고 돌아간다면 어찌 다만 헛되이 河北만을 잃을 뿐이겠습니까. 반드시 다시 三輔 지방을 놀라게 하여 중한 위엄을 훼손시킬 것이니, 좋은 계책이 아닙니다." 하니, 劉秀가 마침내 중지하였다. 任光이 이웃 縣에서 징발하여 精兵 4천 명을 얻으니, 병력이 차츰 모여 만 명에 이르렀다. 변방 고을에 檄文을 돌려서 함께 邯鄲을 공격하게 하니, 郡縣들이 돌아와 다시 호응하였다. - ≪後漢書 光武帝紀≫에 나옴 -

1) 〔釋義〕 南宮 : 地理志에 信都郡南宮縣이라 按信都는 今冀州是也라
南宮은 ≪漢書≫ 〈地理志〉에 "信都郡 南宮縣이다." 하였다. 살펴보건대 信都는 지금의 冀州가 이곳이다.

2) 〔釋義〕 信都 : 地理志에 趙地北有信都라하니 按今冀州是라 春秋에 爲晉東陽地러니 三家分晉하야 因屬趙라 秦於此에 置信都縣하고 屬鉅鹿하니라
信都는 ≪漢書≫ 〈地理志〉에 "趙나라 땅 북쪽에 信都가 있다." 하였으니, 살펴보건대 지금의 冀州가 이곳이다. 春秋時代에는 晉나라 東陽 땅이었는데, 三家(韓, 魏, 趙)가 晉나라를 나눔에 따라 趙나라에 소속되었다. 秦나라가 여기에 信都縣을 설치하고 鉅鹿郡에 소속시켰다.

3) 〔釋義〕 和戎 : 郡名也니 王莽이 分鉅鹿〈郡〉하야 爲和戎하니라
和戎은 고을 이름이니, 王莽이 鉅鹿郡을 나누어 和戎을 만들었다.

○ 秀披輿地圖[1)]하야 指示鄧禹曰 天下郡國이 如是어늘 今始乃得其一[2)]하니 子前言以吾慮天下不足定은 何也오 禹曰 方今海內殽(효)亂이라 人思明君을 猶赤子之慕慈母하나니 古之興者는 在德薄厚요 不以大小也니이다 〈出鄧禹傳〉

劉秀가 輿地圖를 펴서 鄧禹에게 가리켜 보이며 말하기를 "천하의 郡國이 이와 같이 많은데 지금에야 비로소 그중 하나를 얻었으니, 그대가 전에 나를 가지고 생각해 보건대 천하는 굳이 평정할 것도 못 된다고 말한 것은 어째서인가?" 하니, 鄧禹가 대답하기를 "현재 海內가 소란합니다. 그래서 사람들이 明君을 생각하기를 赤子가 慈母를 사모하듯이 하니, 옛날에 興旺한 자는 德의 厚薄에 달려 있었고 국토의 크기로써 하지 않았습니다." 하였다. - ≪漢書 鄧禹傳≫에 나옴 -

1)〔釋義〕披輿地圖 : 披는 閱視也요 圖는 畫也라 地象車輿載物이라 故曰輿(也)〔地〕라
披는 펴보는 것이고 圖는 그림이다. 땅은 수레가 물건을 싣는 것과 비슷하므로 輿地라고 한 것이다.

2)〔頭註〕得其一 : 初得廣阿郡也라
그 하나를 얻었다는 것은 처음으로 廣阿郡을 얻은 것이다.

○ 四月에 秀進攻邯鄲하야 連戰破之하다

4월에 劉秀가 邯鄲으로 진격하여 연달아 싸워 격파하였다.

○ 五月에 王霸追斬王郞하다 秀收郞文書하야 得吏民與郞交關[1)]謗毁者數千章하야 秀不省하고 會諸將燒之하고 曰 令反側子自安하노라 〈出本紀〉

5월에 王霸가 王郞을 추격하여 목을 베었다. 劉秀가 王郞의 문서를 거두어 관리와 백성들이 王郞과 交關(內通)하여 劉秀를 훼방한 문서를 수천 장 얻었는데, 劉秀가 살펴보지 않고 諸將들을 모아 놓고 문서를 불태우며 말하기를 "反側子(輾轉反側하여 불안해하는 자)로 하여금 스스로 안심하게 한다." 하였다. - ≪後漢書 光武帝紀≫에 나옴 -

1)〔頭註〕交關：交는 結이요 關은 通也라
交는 결탁함이요, 關은 통함이다.

○ 秀部分吏卒하야 各隷諸軍할새 士皆言願屬大樹將軍이라하니 大樹將軍者는 偏將軍馮異也라 爲人이 謙退不伐[1]하야 勅吏士하야 非交戰受敵이면 常行諸營之後하고 每所止舍에 諸將이 竝論功이어든 異常獨屛樹下라 故로 軍中이 號曰 大樹將軍이라하니라 〈出馮異傳〉

劉秀가 관리와 병졸들을 나누어서 각각 諸軍에 예속시킬 때에 군사들이 모두 말하기를 "大樹將軍에게 소속되기를 원한다."라고 하니, 大樹將軍은 偏將軍 馮異였다. 사람됨이 겸손하고 공로를 자랑하지 않아서 관리와 군사들에게 명령하여 적과 교전하거나 적의 침공을 받은 경우가 아니면 항상 여러 군영의 뒤에 있게 하고, 매번 머무는 곳에서 諸將들이 함께 功을 논하면 馮異는 항상 홀로 나무 아래로 물러가 있었다. 그러므로 군중에서 그를 大樹將軍이라 불렀다. - ≪後漢書 馮異傳≫에 나옴 -

1)〔釋義〕不伐：(隸)〔語〕에 孟之反不伐이라한대 (堯)〔饒〕氏曰 伐은 如伐木之伐이니 凡人矜誇其能은 乃所以自(伐)〔戕〕其能也라 故謂之伐이라하니라
≪論語≫에 "孟之反은 공을 자랑하지 않았다." 하였는데, 饒氏(饒魯)가 말하기를 "伐은 伐木의 伐과 같으니, 모든 사람들이 자신의 재능을 자랑함은 바로 자신을 해치는 것이다. 그러므로 자신의 공을 자랑함을 伐이라 한다." 하였다.

○ 更始遣使하야 立秀爲蕭王[1]하고 悉令罷兵이어늘 耿弇이 進曰 百姓이 患苦王莽하야 復思劉氏러니 今更始爲天子에 而諸將擅命하고 貴戚縱橫[2]하야 虜掠自恣하니 元元叩心하야 更思莽朝라 是以로 知其必敗也하노이다 公이 功名已著하니 〈本傳에 無此句라〉 以義征伐이면 天下를 可傳檄而定也라 天下는 至重하니 公可自取하고 毋令他姓得之하소서 〈以上 出弇本傳〉 蕭王이 乃辭以河北未平하야 不就徵하니 始貳於更始러라 〈以上 出本紀〉

更始가 使者를 보내어 劉秀를 세워 蕭王으로 삼고 군대를 모두 해산하게 하자, 耿弇이 나아가 아뢰기를 "백성들이 王莽에게 시달려 다시 劉氏를 그리워하였는데, 이제 更始가 天子가 됨에 諸將들이 제멋대로 명령을 내리고 貴戚들이 방종하고 횡포를 부려 노략질을 자행하니, 백성들이 가슴을 치고 다시 王莽의 조정을 생각합니다. 저는 이 때문에 更始가 반드시 패할 줄을 압니다. 公은 功名이 이미 드러났으니, - ≪後漢書 更始傳≫에는 이 句가 없음 - 義로써 정벌한다면 檄文만 돌리고도 천하를 평정할 수 있습니다. 천하는 지극히 소중하니, 公은 스스로 취하고 他姓으로 하여금 얻게 하지 마소서." 하였다. - 이상은 ≪後漢書 耿弇傳≫의 내용임 -

蕭王이 마침내 河北이 아직 평정되지 않은 것을 구실삼아 부름에 나아가지 않으니, 비로소 更始와 갈라지게 되었다. - 이상은 ≪後漢書 光武帝紀≫에 나옴 -

1) 〔釋義〕 蕭王 : 括地志에 今徐州縣이 古蕭叔國也라
蕭는 ≪括地志≫에 "지금 徐州縣이 옛날 蕭叔國이다." 하였다.

2) 〔頭註〕 縱橫 : 縱은 放縱也요 橫은 恣橫也라
縱은 방종함이요, 橫은 제멋대로 함이다.

○ 是時에 諸賊銅馬, 鐵脛, 尤來, 大槍, 上江, 青犢, 富平, 獲索[1]等이 各領部曲[2]하니 衆이 合數百萬人이라 所在寇掠이러니 秋에 蕭王이 擊銅馬於鄡(교)[3]할새 吳漢이 將突騎하고 來會清陽하니 士馬甚盛이라 銅馬食盡夜遁이어늘 蕭王이 追擊於館陶하야 悉破降之하고 封其渠帥하야 爲列侯하다 諸將이 未能信賊하고 降者亦不自安이러니 王이 知其意하고 勅令降者로 各歸營勒兵하고 自乘輕騎하야 按行部陳한대 降者更(경)相語曰 蕭王이 推赤心하야 置人腹中[4]하니 安得不投死乎리오하고 由是皆服이어늘 悉以降人으로 分配諸將하니 衆이 遂數十萬이라 故로 關西號秀爲銅馬帝라하니라 〈出本傳〉

이때 여러 賊인 銅馬, 鐵脛, 尤來, 大槍, 上江, 青犢, 富平, 獲索 등이 각각 部曲(군대)을 거느리니, 무리가 합하여 수백만 명이었다. 있는 곳마다 도둑질

하고 노략질하였는데, 가을에 蕭王이 銅馬를 鄡縣에서 공격할 때에 吳漢이 突騎를 거느리고 淸陽으로 와서 모이니, 군사와 말이 매우 强盛하였다. 銅馬가 양식이 다하여 밤에 도망하자, 蕭王이 館陶에서 추격해서 모두 격파하여 항복시키고 큰 우두머리를 봉하여 列侯로 삼았다. 諸將들도 賊을 믿지 못하고 항복한 자들도 스스로 안심하지 못하였는데, 蕭王이 그 뜻을 알고는 칙령을 내려 항복한 자들로 하여금 각각 자기 진영으로 돌아가 무장하게 한 다음 직접 경무장한 기마를 타고서 部隊와 陣營을 순행하니, 항복한 자들이 번갈아 서로 말하기를 "蕭王이 眞心을 미루어 사람의 뱃속에 넣어 두니, 어찌 목숨을 바치지 않을 수 있겠는가." 하고는 이로 말미암아 모두 복종하였다. 이에 항복한 사람을 여러 장수들에게 나누어 주어 배속시키니, 무리가 마침내 수십만이었다. 그러므로 關西 지방에서는 劉秀를 이름하여 銅馬帝라 하였다. - ≪後漢書 吳漢傳≫에 나옴 -

1)〔釋義〕銅馬……獲索：八者는 皆是賊名이라〔頭註〕獲索等諸賊이 或以山川土地爲名하고 或以軍容强盛爲號하니라

〔釋義〕銅馬 이하 여덟 가지는 모두 賊의 이름이다.〔頭註〕獲索 등 여러 賊들이 혹은 산천과 토지에 따라 이름하고, 혹은 軍容의 강성함을 따라 이름한 것이다.

2)〔譯註〕各領部曲：≪續漢志≫에 이르기를 "대장군의 營에는 5部가 있고 部에는 3校尉가 있으며, 部 아래에는 曲이 있고 曲에는 軍候 1인이 있다.〔大將軍營有五部 部三校尉 部下有曲 曲有軍候一人〕" 하였다.

3)〔釋義〕鄡：地理志에 鉅鹿郡에 有鄡縣이라

鄡는 ≪漢書≫〈地理志〉에 "鉅鹿郡에 鄡縣이 있다." 하였다.

4)〔譯註〕推赤心 置人腹中：赤心은 진심으로, 곧 蕭王이 자기들을 의심하지 않고 진심으로 믿음을 말한 것이다.

○ 赤眉樊崇等이 將兵攻長安이어늘 蕭王이 將北徇燕, 趙러니 度(탁)赤眉必破長安하고 又欲乘釁并關中이나 而不知所寄하야 乃拜鄧禹前將軍[1]하야 中分麾下精兵三萬人하야 遣西入關하다

赤眉의 樊崇 등이 군대를 거느리고 長安을 공격하자, 蕭王이 장차 북쪽으

로 燕·趙 지방을 순행하려 하였는데, 赤眉가 반드시 長安을 격파할 것을 헤아리고는 또 이 틈을 타서 關中(長安)을 겸병하고자 하였으나 맡길 만한 사람을 찾지 못하였다. 이에 鄧禹를 前將軍에 임명하고 휘하의 精兵 3만 명을 반으로 나누어 주고 서쪽으로 보내 關中에 들어가게 하였다.

1)〔頭註〕前將軍 : 漢有前將軍, 後將軍하니라
漢나라에는 前將軍과 後將軍이 있었다.

○ **蕭王**이 **以河內險要富實**이라하야 **欲擇諸將守河內者而難其人**하야 **問於鄧禹**한대 **禹曰 寇恂**이 **文武備足**하야 **有牧民御衆之才**하니 **非此子**면 **莫可使也**니이다 **乃拜恂河內太守**하야 **行大將軍事**하고 **蕭王**이 **謂恂曰 昔**에 **高祖留蕭何守關中**이러시니 **吾今**에 **委公以河內**하노니 **當給足軍粮**하고 **率厲士馬**하야 **防遏他兵**하야 **勿令北度而已**로라 〈出恂傳〉

蕭王은 河內 지방이 험한 요새이고 풍부하고 충실하다 하여 諸將 중에서 河內를 지킬 자를 뽑으려 하였는데 적임자를 신중히 가리기 위하여 鄧禹에게 물으니, 鄧禹가 대답하기를 "寇恂은 文武를 겸비하여 백성을 기르고 무리를 거느릴 수 있는 재주가 있으니, 이 사람이 아니면 시킬 수가 없습니다." 하였다. 이에 寇恂을 河內太守로 임명하여 大將軍의 일을 행하게 하고는 蕭王이 寇恂에게 이르기를 "옛날에 高祖가 蕭何를 남겨 두어 關中을 지키게 하였는데, 지금 내가 公에게 河內를 맡기노니, 마땅히 군량을 풍족하게 공급하며 병사와 軍馬를 인솔하고 격려하여, 다른 군대를 막아서 다시 북쪽으로 건너오지 못하게 할 뿐이다." 하였다. - ≪後漢書 寇恂傳≫에 나옴 -

○ **蕭王**이 **親送鄧禹**하야 **至野王**이러니 **禹旣西**에 **蕭王**이 **乃復引兵而北**하다 **寇恂**이 **調餱糧**[1)]하고 **治器械**하야 **以供軍**하야 **軍雖遠征**이나 **未嘗乏絶**이러라 〈以上 出寇恂等傳〉

蕭王이 친히 鄧禹를 전송하여 野王에 이르렀는데, 鄧禹가 서쪽으로 가자

蕭王이 마침내 다시 병력을 이끌고 북쪽으로 갔다. 寇恂이 餱糧을 조달하고 병기를 수리하여 군대에 공급해서 군대가 비록 멀리 정벌하였으나 일찍이 물자가 떨어진 적이 없었다. - 이상은 ≪後漢書 寇恂傳≫ 등에 나옴 -

1) 〔原註〕 調餱糧 : 調는 謂計發之也라 〔通鑑要解〕 餱는 乾食也니 詩乃裹餱糧이라 하니라

〔原註〕 調는 계산하여 징발함을 이른다. 〔通鑑要解〕 餱는 말린 밥이니 ≪詩經≫에 "말린 밥과 양식을 싼다." 하였다.

東漢紀(後漢紀)

世祖光武皇帝 上[1)※] **名秀**요 **字文叔**이니 **南陽人**이라 **漢景帝七世孫**이요 **長沙定王發之後**요 **南頓令欽之子也**라 **在位三十三年**이요 **壽六十二**라

世祖光武皇帝는 이름이 秀이고 字가 文叔이니, 南陽 사람이다. 漢나라 景帝의 7世孫이고 長沙定王 發의 후손이며, 南頓令 欽의 아들이다. 재위가 33년이고 壽가 62세이다.

1) 〔頭註〕 世祖光武皇帝 : 能紹前業曰光이요 克定禍亂曰武라

前代의 功業을 능히 잇는 것을 光이라 하고 禍亂을 평정하는 것을 武라 한다.

※ 恢廓大度요 才明勇略이라 故能芟刈(삼예)群雄하고 克復舊物하며 未及下車에 先訪儒雅하고 表行義, 興學校하야 東漢之俗이 於斯爲美라 然不任三公하야 事歸臺閣하고 建武, 永平之間에 吏事刻深하니 所以中興之美 蓋未盡焉이라

光武帝는 탁 트인 큰 도량에 재주와 지혜가 있고 용맹과 智略이 있었다. 그러므로 여러 群雄들을 제거하고 옛 물건(나라)을 수복하였으며, 미처 戎車에서 내리기 전에 먼저 선비를 방문하였으며, 훌륭한 행실이 있는 자를 표창하고 학교를 일으켜서 東漢의 풍속이 이에 아름답게 되었다. 그러나 三公에게 맡기지 아니하여 정사가 臺閣으로 돌아가고, 建武와 永平 연간에 관리들의 일이 까다롭고 혹심하였으니, 이 때문에 中興의 아름다움이 미진하였다.

【乙酉】 建武元年이라

建武 元年(을유 25)

蕭王이 **北擊尤來, 大槍, 五幡**(번)[1]**於元氏**하야 **追至北平**하야 **連破之**[2]하다

蕭王이 북쪽으로 尤來·大槍·五幡을 元氏縣에서 공격하여 北平에서 따라잡아 연달아 격파하였다.

1)〔釋義〕尤來, 大槍, 五幡：槍은 梢也요 幡은 幟也라 更始初에 諸賊竝起하야 各以軍容强盛爲號라 故로 鐵脛, 大槍, 五幡三者에 幷尤來하여 四者는 皆賊之名也라
槍은 창이고 幡은 깃발이다. 更始 초기에 여러 적들이 함께 일어나서 각각 군대의 威容의 강성함을 가지고 이름하였다. 그러므로 鐵脛(정강이가 쇠처럼 단단함), 大槍, 五幡 세 가지에 尤來까지 아울러 네 가지가 모두 賊의 명칭이다.

2)〔通鑑要解〕蕭王……連破之：元氏는 縣名이라 蕭王이 是年四月에 擊諸部하야 連破之라가 反爲所敗하고 歸保范陽하니 軍中不見王이라 或云已死라하니 諸將不知所爲러니 吳漢曰 卿曹努力하라 王兄子章及興이 在南陽하니 何憂無主리오한대 衆乃定이라 居數日에 王從范陽하야 悉破諸賊也하니라
元氏는 縣의 이름이다. 蕭王이 이해 4월에 여러 部를 공격하여 연달아 격파하다가 도리어 패배를 당하고는 范陽으로 돌아가 보전하였다. 軍中에서 王을 볼 수 없으므로 혹자가 이르기를 "王이 이미 죽었다."고 하니, 諸將들이 어찌할 바를 몰랐는데, 吳漢이 말하기를 "卿들은 努力하라. 王의 兄의 아들인 劉章과 劉興이 南陽에 있으니, 어찌 군주가 없음을 걱정하는가?" 하니, 무리들이 마침내 안정되었다. 며칠 뒤 王이 范陽으로부터 여러 賊들을 모두 격파하였다.

○ **馮異, 寇恂**은 **擊走朱鮪**[1]하고 **吳漢**은 **率耿弇, 景丹等十三將軍**하고 **追尤來等**하야 **斬首萬三千餘級**하니 **賊**이 **散入遼西, 遼東**이라가 **爲烏桓, 貊人**의 **所鈔(抄)擊略盡**[2]하다

馮異와 寇恂은 朱鮪를 공격하여 패주시키고, 吳漢은 耿弇과 景丹 등 13명의 장군을 거느리고 尤來 등을 추격하여 1만 3천여 명의 수급을 베니, 적들이 흩어져 遼西와 遼東으로 들어갔다가 烏桓과 貊人에게 습격당하여 모두 다 잡혔다.

1)〔頭註〕朱鮪：更始將으로 見上卷癸未年이라
朱鮪는 更始의 장수로 上卷(15권) 癸未年條(23 更始元年)에 보인다.

2)〔釋義〕鈔擊略盡：略은 取也라

略은 취함이다.

○ 都護將軍賈復이 與五校로 戰於眞定이라가 復이 傷瘡甚이어늘 王이 大驚曰 我所以不令賈復別將者는 爲其輕敵也러니 果然失吾名將이로다 聞其婦有孕이라하니 生女耶인댄 我子娶之요 生男耶인댄 我女嫁之하야 不令其憂妻子也호리라 復이 病尋愈하야 追及於薊(계)하니 相見甚讙이러라 〈出復傳〉

都護將軍 賈復이 五校와 眞定縣에서 싸우다가 賈復이 부상당하여 상처가 심했는데, 왕이 크게 놀라 말하기를 "내가 賈復으로 하여금 별도로 군대를 거느리지 않게 한 것은 그가 적을 가볍게 여기기 때문이었는데, 과연 나의 名將을 잃었도다. 내 들으니 그의 부인이 임신했다 하니, 딸을 낳는다면 나의 아들을 장가보내고, 아들을 낳는다면 나의 딸을 시집보내어 그로 하여금 처자식을 걱정하지 않게 하겠다." 하였다. 賈復이 얼마 후 상처가 나아서 뒤따라 薊 땅에 이르니, 서로 만나 보고 매우 기뻐하였다. - ≪後漢書 賈復傳≫에 나옴 -

○ 還至中山하니 諸將이 請上尊號[1]호되 王이 不聽하고 行至南平棘[2]하야 諸將이 固請之호되 王이 不許라 耿純이 進曰 天下士大夫 捐親戚, 棄土壤하고 從大王於矢石之間者는 其計固望攀龍鱗, 附鳳翼[3]하야 以成其志耳어늘 今大王이 留時逆衆하야 不正號位하시니 純은 恐士大夫望絶計窮이면 則有去歸之思하야 無爲久自苦也일까하노니 大衆이 一散이면 難可復合이니이다 王이 深感曰 吾將思之호리라 行至鄗(호)[4]하야 召馮異하야 問四方動靜한대 異曰 更始[5]必敗라 宗廟之憂 在於大王하니 宜從衆議니이다 〈出耿純馮異傳〉 會에 儒生彊華[6] 自關中으로 奉赤伏符[7]來하야 詣王하니 曰 劉秀發兵捕不道하니 四夷雲集하야 龍鬪野[8]라 四七之際에 火爲主[9]리하야늘 群臣이 因復奏請한대 六月에 王이 卽皇帝位于鄗南[10]하고 改元[11]大赦하다 〈出本紀〉

돌아와 中山郡에 이르니 여러 장수들이 尊號를 올릴 것을 청하였으나 왕이 따르지 않았고, 행군하여 南平棘에 이르러서 여러 장수들이 굳이 청하였으나 왕이 허락하지 않았다. 耿純이 나아가 아뢰기를 "천하의 士大夫(勇士와 大夫)들이 친척을 버리고 土壤(고향)을 떠나 화살과 돌이 빗발치는 전쟁터에서 大王을 따르는 것은 그 계책(목적)이 진실로 용의 비늘을 붙잡고 봉황의 날개에 붙어서 그 뜻을 이루기를 바라서인데, 지금 大王께서 시일을 지체하고 무리들의 마음을 거슬려 황제의 칭호와 지위를 바로잡지 않으시니, 저는 천하의 士大夫들이 희망이 끊어지고 계책이 궁해지면 고향으로 돌아가려는 생각을 두어 오랫동안 스스로 괴로워하지 않을까 두려우니, 큰 무리가 한 번 흩어지면 다시 모으기가 어렵습니다." 하였다. 왕이 깊이 감동하여 말하기를 "내 장차 생각하겠다." 하였다.

행군하여 鄗邑에 이르러서 馮異를 불러 사방의 動靜을 묻자, 馮異가 대답하기를 "更始(劉玄)는 반드시 패할 것입니다. 宗廟 社稷의 우려가 대왕에게 있으니, 마땅히 여러 사람의 의논을 따라야 할 것입니다." 하였다. - ≪後漢書≫ 〈耿純傳〉과 〈馮異傳〉에 나옴 -

이때 마침 儒生 彊華가 關中에서 赤伏符를 받들고 왕에게 찾아오니, 여기에 이르기를 "劉秀가 군대를 내어 無道한 자를 토벌하니, 사방 오랑캐들이 구름처럼 모여 龍이 들에서 싸우는데 四七의 즈음에 火가 주인이 된다." 하였다. 여러 신하들이 이로 인하여 다시 주청하자, 6월에 왕이 鄗邑의 남쪽에서 황제의 지위에 오르고 연호를 바꾸고 大赦하였다. - ≪後漢書 光武帝紀≫에 나옴 -

1) 〔譯註〕 尊號 : 임금과 后妃 또는 先王과 宗廟 등의 호칭을 높임을 이른다.

2) 〔釋義〕 平棘 : 地志에 常山郡에 有平棘縣이라
≪漢書≫ 〈地理志〉에 "常山郡에 平棘縣이 있다." 하였다.

3) 〔譯註〕 攀龍鱗, 附鳳翼 : 용이나 봉황은 모두 帝王을 상징하므로 帝王이 될 사람에게 의지하여 功業을 세움을 이른다.

4) 〔釋義〕 鄗 : 地志에 常山郡에 有鄗邑이라하니 光武於鄗南에 卽帝位하고 改曰高邑이라
≪漢書≫ 〈地理志〉에 "常山郡에 鄗邑이 있다." 하였으니, 光武帝가 鄗邑의 남쪽

에서 황제에 즉위하고 이름을 高邑으로 고쳤다.

5) 〔譯註〕 更始 : 淮陽王 劉玄의 칭호이다.

6) 〔釋義〕 彊華 : 姓名이니 光武同舍生也라

彊華는 성명이니, 光武帝의 同舍生(學舍에서 함께 공부한 사람)이다.

7) 〔釋義〕 赤伏符*) : 讖記之書曰符니 赤伏은 其符之名이라 漢德尙火하니 赤은 火色이라 伏은 藏也라

圖讖說을 기록한 글을 符라 하니, 赤伏은 符의 이름이다. 漢나라는 火德을 숭상하니, 赤은 불〔火〕의 색깔이다. 伏은 감춘다는 뜻이다.

*) 赤伏符 : 王莽의 新나라 말기에 圖讖說을 주장하는 자들이 만든 것으로, 劉秀가 天命에 응하여 漢나라 國統을 이어 황제가 된다고 하였다.

8) 〔釋義〕 四夷雲集龍鬪野 : 龍鬪野는 謂群雄角力也니 易坤卦云 龍戰于野라하니라

용이 들에서 싸운다는 것은 群雄들이 힘을 겨룸을 이르니, ≪周易≫ 坤卦에 이르기를 "용이 들에서 싸운다." 하였다.

9) 〔釋義〕 四七之際 火爲主 : 王氏曰 四七은 二十八也라 自高祖로 至光武初起히 合二百二十八年이니 卽四七之際也라 或謂光武以二十八歲起兵이라 故云四七之際라 又二十八將도 亦應四七之數라 漢火德이라 故火爲主也라

王氏가 말하였다. "四七은 28이다. 高祖로부터 光武帝가 처음 起兵할 때까지가 합하여 228년이니, 이것이 바로 四七의 즈음이다. 혹자는 이르기를 '光武帝가 28세에 起兵하였기 때문에 四七의 즈음이라 했다.' 한다. 또 28명의 장수도 또한 四七의 數에 응한다. 漢나라는 火德이기 때문에 火가 주인이 된다고 한 것이다."

10) 〔通鑑要解〕 卽皇帝位于鄗南 : 設壇於鄗南千秋亭五城之陌이라

鄗邑의 남쪽 千秋亭 五城의 경계에 壇을 설치하였다.

11) 〔譯註〕 改元 : 後主가 先主를 계승하면 그 즉위한 해를 元年으로 삼고 先主의 紀年한 연호를 사용하지 않는데, 이를 改元이라고 한다. 연호는 B.C.140 漢나라에서 처음으로 사용하였는데, 元나라에 이르기까지 국가에 상서로운 일 또는 상서롭지 못한 일이 발생하였을 때 中世 改元(중간에 와서 元年을 고침)하는 경우가 있었으나 明나라 이후로는 一世一元의 원칙이 확립되었다.

〔史略 史評〕 石氏曰 更始는 雖庸才나 南面之君也요 光武는 雖豪傑이나 北面之臣也라 更始未亡而光武先立하니 是叛君也니라

石氏가 말하였다.

"更始는 비록 용렬한 재주이나 南面한 군주였고, 光武帝는 비록 호걸이었으나 北面한 신하였다. 更始가 망하기 전에 光武帝가 먼저 즉위하였으니, 이는 군주를 배반한 것이다."

〔史略 史評〕 愚謂更始雖君而柔懦無爲하고 遊燕無度하며 加以諸將暴橫하야 億兆離心하니 其亡을 可立而待也요 光武는 以帝室之胄로 才明勇略하야 中外屬心하니 苟不早正位號하야 以收衆望이면 則社稷爲他人有也 必矣니 蓋當此之時하야 社稷爲重이요 君爲輕하니 卽位於鄗南者는 所以爲社稷計也니 何叛之有哉리오 故로 綱目於其起兵也에 書興復帝室하고 於其卽位也에 書卽皇帝位하니 則其予之意를 可見矣니 學者宜玩心焉이니라

내가 생각건대 更始가 비록 군주였으나 나약하여 무슨 일을 하지 못하였고 놀고 잔치하여 법도가 없었으며, 겸하여 여러 장수들이 횡포를 부려 억조 백성들의 마음이 떠났으니 그 망함을 서서 기다릴 수 있었다. 그리고 光武帝는 皇室의 후손으로 재주와 지혜와 勇略이 있어서 中外의 마음이 그에게 돌아갔으니, 만일 일찍 지위와 칭호를 바로잡아서 여러 사람의 희망을 거두지 않는다면 社稷이 다른 사람의 소유가 될 것이 틀림없었다. 이때를 당하여 社稷은 중하고 군주는 가벼우니, 鄗邑의 남쪽에서 즉위한 것은 社稷을 위한 계책이었으니, 무슨 배반함이 있겠는가? 그러므로 ≪資治通鑑綱目≫은 光武帝가 군대를 일으켰을 때에 황실을 다시 일으켰다고 썼고, 즉위했을 때에는 황제에 즉위했다고 썼으니, 그렇다면 그 허여한 뜻을 볼 수 있으니, 배우는 자가 마땅히 마음으로 살펴보아야 할 것이다.

○ 赤眉[1)]**西向帝城**할새 **以名爲群賊**이면 **不可以久**라하야 **乃立宗室劉盆子**[2)]하야 **爲上將軍**[3)]하다 〈出盆子傳〉

赤眉가 서쪽으로 帝城(長安)을 향할 때에 이름을 여러 賊이라 하면 오래 유지할 수가 없다 해서 마침내 宗室인 劉盆子를 세워 上將軍으로 삼았다. -≪後漢書 劉盆子傳≫에 나옴-

1) 〔譯註〕 赤眉 : 西漢 말기에 王莽이 漢을 찬탈하자, 琅琊의 樊崇이 莒에서 군사를 일으키고는 王莽의 군대와 구별하기 위해 눈썹을 붉게 칠하고 赤眉라 이름하였다. 이들은 劉玄을 공격하여 패배시키고 劉盆子를 세워 황제로 삼아 江淮 사이에서 횡행하다가 뒤에 光武帝에 의해 평정되었다.

2) 〔頭註〕 劉盆子 : 高帝孫朱盧侯章之後로 在軍中하야 爲人牧羊이라

劉盆子는 高帝의 손자인 朱盧侯(景王) 章의 후손으로, 軍中에 억류되어 있으면서 남을 위하여 羊을 길렀다.

3) 〔通鑑要解〕 爲上將軍 : 故式侯萌이 有三子하니 恭, 茂, 盆子라 恭在長安하고 茂, 盆子는 留軍中하야 主牧羊이라 是時에 立將軍할새 求軍中景王後하야 得茂盆子及西安侯孝三人하다 崇이 乃以三札置(筩)〔笥〕中하고 書其一爲符曰上將軍이라하고 於鄭北에 設壇場하고 劉盆子等三人이 居中立하야 以年次로 探札이러니 盆子得符한대 諸將皆稱臣拜하니 盆子時年十五也라

예전에 式侯였던 劉萌은 세 아들이 있었으니 恭, 茂, 盆子이다. 恭은 長安에 있고 茂과 盆子는 軍中에 남아서 양을 기르는 일을 맡았다. 이때 將軍을 세우려고 할 적에 景王(朱盧侯 劉章)의 후손을 軍中에서 찾아 茂와 盆子 및 西安侯 孝세 사람을 얻었다. 樊崇이 마침내 세 개의 簡札을 상자 속에 넣고 그중 하나에 '上將軍'이라는 信標를 써서 鄭나라 북쪽에 壇場을 설치하고 劉盆子 등 세 사람이 가운데에 서서 나이 순서대로 簡札을 뽑게 하였는데, 劉盆子가 上將軍이라 쓴 신표를 얻으니, 諸將들이 모두 신하라 칭하고 절을 하였는 바, 劉盆子는 이때 나이가 15세였다.

○ 七月에 **帝使使**(사시)**持節**하야 **拜鄧禹爲大司徒**하고 **封酇侯**[1]하니 **禹時**에 **二十四**러라 〈出禹傳〉 **又議選大司空**할새 **帝以赤伏符曰 王梁主衛作玄武**[2]라하야 **以野王令王梁爲大司空**하고 **吳漢爲大司馬**하다 〈出王梁傳〉

7월에 황제가 使者를 보내어 節을 가지고 가서 鄧禹를 임명하여 大司徒로 삼고 酇侯에 봉하니, 鄧禹가 이때 24세였다. - ≪後漢書 鄧禹傳≫에 나옴 -

또 大司空을 뽑을 것을 의논할 적에 황제가 赤伏符에 "王梁이 衛 지방을 주장하여 玄武가 된다."는 내용이 있다 해서 野王令인 王梁을 大司空으로 삼고, 吳漢을 大司馬로 삼았다. - ≪後漢書 王梁傳≫에 나옴 -

1)〔釋義〕 鄼侯 : 鄼은 音贊이니 卽蕭何所封이니 屬南陽이라 〔通鑑要解〕 蕭何所封이니 蓋以禹功比於蕭何故로 封之라
〔釋義〕 鄼은 음이 찬이니 바로 蕭何를 봉한 곳이니, 南陽에 속하였다. 〔通鑑要解〕 鄼은 蕭何를 봉한 곳이니, 鄧禹의 功이 蕭何에게 비할 만하기 때문에 이곳에 봉한 것이다.

2)〔通鑑要解〕 王梁主衛作玄武*) : 帝以野王은 衛之所屬이요 玄武는 水神之名이요 司空은 水土之官이라 故로 用(武)〔梁〕爲司空也라
光武帝가 野王은 衛의 땅이고 玄武는 水神의 이름이고 司空은 水土를 맡은 관직이므로 王梁을 司空으로 삼은 것이다.

*) 玄武 : 玄武는 北方의 神인데, 북방은 水에 해당하므로 水神의 이름이라 한 것이다. 東方은 青龍, 南方은 朱雀, 西方은 白虎, 北方은 玄武인데, 玄武는 거북과 뱀이 어우러져 있다. 野王縣은 河內郡에 속하였다.

○ 初에 更始以伏湛(담)爲平原太守하니 時에 天下兵起호되 湛이 獨晏然撫循百姓이러니 門下督이 謀爲湛起兵이어늘 湛이 收斬之하니 於是에 吏民이 信向하야 平原一境이 賴湛以全이라 帝徵湛爲尙書하야 使典定舊制하고 又以鄧禹西征이라하야 拜湛爲司直하야 行大司徒事하니 車駕每出征伐에 常留鎭守러라 〈出伏湛傳〉

처음에 更始가 伏湛을 平原太守로 삼으니, 이때 천하에 병란이 일어났으나 伏湛만은 홀로 편안히 백성들을 어루만졌다. 문하에 있는 督이 伏湛을 위하여 군사를 일으킬 것을 도모하자 伏湛이 거두어 목을 베니, 이에 관리와 백성들이 믿고 향하여 平原 한 고을이 伏湛을 힘입어 온전하였다. 황제가 伏湛을 불러 尙書로 삼아서 옛 제도를 주관하여 정하게 하고, 또 鄧禹가 서쪽으로 정벌갔다 하여 伏湛을 司直으로 임명해서 大司徒의 일을 행하게 하니, 車駕(天子)가 나가서 정벌할 때마다 伏湛이 항상 남아 鎭撫하고 지켰다. - ≪後漢書 伏湛傳≫에 나옴 -

○ 九月에 赤眉入長安하니 更始走하고 將相이 皆降이어늘 詔封更始하야 爲淮陽王하다 〈出本紀及劉玄傳 後爲赤眉所殺〉

9월에 赤眉가 長安으로 들어가니, 更始가 달아나고 將相들이 모두 항복하였다. 이에 명하여 更始를 봉하여 淮陽王으로 삼았다. - ≪後漢書≫ 〈光武帝紀〉와 〈劉玄傳〉에 나옴. 更始는 뒤에 赤眉에게 살해당하였다. -

〔史略 史評〕 司馬公曰 更始는 雖漢宗室이나 以懦而立이라 考其卽位하면 南面立하야 朝群臣에 羞愧刮席하야 殊失人君之態러니 厥後에 委政趙萌하고 日夜飮宴하여 群臣이 欲見言事에 輒醉而不視朝하니 是以로 旣得之하고 又失之矣니라

司馬溫公이 말하였다.

"更始(劉玄)는 漢나라의 宗室이었으나 나약한 재주로 즉위하였다. 그가 즉위하였을 때를 살펴보면 南面하여 서서 신하들에게 조회 받을 때에 부끄러워서 자리를 만지작거려 자못 임금의 태도를 잃었는데, 그 후에 정사를 趙萌에게 맡기고는 밤낮으로 술을 마시고 잔치를 벌여 신하들이 뵙고 정사를 말하려 하면 그때마다 술에 취하여 조회를 보지 않았다. 이 때문에 이미 황제의 자리를 얻었으나 또 잃은 것이다."

○ 初에 宛人卓茂 寬仁恭愛하고 恬淡樂道하야 雅實不爲華貌하고 行己在於淸濁之間하야 自束髮至白首히 與人未嘗有爭競하니 〈出東觀記 又茂傳〉 鄕黨故舊 雖行能이 與茂不同이라도 而皆愛慕欣欣焉이러라 哀, 平間에 爲密[1]令하야 視民如子하야 擧善而敎하고 口無惡言하니 吏民이 親愛하야 不忍欺之러라

처음에 宛 땅 사람 卓茂가 너그럽고 인자하고 공손하고 사랑하며 性情이 편안하고 담박하며 道를 좋아해서, 바르고 진실하여 화려한 외모에 치중하지 않고 몸가짐이 淸濁의 사이에 있어서 총각 때부터 老年에 이르기까지 사람들과 일찍이 경쟁하는 일이 없으니, - ≪東觀漢記≫에 나오고, 또 ≪後漢書 卓茂傳≫에도 나옴 - 鄕黨의 오래된 벗들이 비록 행실과 재능이 卓茂와 똑같지 않더라도 모두 그를 좋아하고 사모하여 기뻐하였다. 哀帝와 平帝 때에 密縣의 令이 되어 백성들을 자식처럼 여겨서 善한 사람을 들어 가르치고 입으로

나쁜 말을 하지 않으니, 관리와 백성들이 친애하여 차마 속이지 못하였다.

1)〔釋義〕密 : 北魏置高密郡하고 隋改密州하니라
北魏에서는 高密郡을 두고 隋나라에서는 密州로 고쳤다.

民이 常(嘗)有言部亭長[1)]이 受其米肉遺者어늘 茂曰 亭長이 爲從汝求乎아 爲汝有事囑之而受乎아 將平居에 自以恩意遺之乎아 民曰 往遺之耳니이다 茂曰 遺之而受어늘 何故言耶오 民曰 竊聞賢明之君은 使民不畏吏하고 吏不取民이라하니 今我畏吏라 是以遺之러니 吏旣卒受故로 來言耳니이다 茂曰 汝爲敝民[2)]矣로다 凡人이 所以群居不亂하야 異於禽獸者는 以有仁義禮愛하야 知相敬事也어늘 汝獨不欲修之하니 寧能高飛遠走하야 不在人間耶아 吏顧不當乘威力彊求請耳니 亭長은 素善吏요 歲時遺之는 禮也니라 民曰 苟如此인댄 律에 何故禁之닛고 茂笑曰 律은 設大法이요 禮는 順人情이니 今我以禮敎汝면 汝必無怨惡(오)어니와 以律治汝면 汝何所措其手足乎리오 一門之內에 小者는 可論이요 大者는 可殺也니 且歸念之하라

백성이 일찍이 部(屬縣)의 亭長이 자신이 뇌물로 준 쌀과 고기를 받아먹었다고 말하자, 卓茂가 말하기를 "亭長이 너에게 요구하였느냐? 아니면 네가 일이 있어서 청탁하였는데 받았느냐? 아니면 평소에 은혜로운 뜻으로 주었느냐?" 하니, 백성이 말하기를 "가서 그냥 주었습니다." 하였다. 卓茂가 말하기를 "주어서 받았는데, 무슨 이유로 나에게 말하는가?" 하니, 백성이 말하기를 "삼가 듣건대 '현명한 군주는 백성들로 하여금 관리를 두려워하지 않게 하고, 관리가 백성들에게서 취하지 않게 한다.'고 하였습니다. 지금 제가 관리를 두려워하기 때문에 물건을 준 것인데, 관리가 끝내 받았기 때문에 와서 말하는 것입니다." 하였다.

卓茂가 말하기를 "너는 〈禮義를〉 파괴하는 백성이다. 무릇 사람이 여럿이 함께 살면서도 어지럽지 않아서 금수와 다른 까닭은 仁義와 禮와 사랑이 있어서 서로 공경하고 섬길 줄 알기 때문인데 너만 홀로 이것을 닦으려 하지

않으니, 어찌 높이 날고 멀리 달아나서 인간에 있지 않을 수 있겠는가. 관리는 다만 위엄과 힘을 이용하여 억지로 요구하거나 청하지 않을 뿐이니, 亭長은 평소 선량한 관리이고 歲時에 선물을 주는 것은 禮이다." 하였다.

백성이 말하기를 "만일 이와 같다면 법률에 무슨 연고로 이것을 금합니까?" 하니, 卓茂가 웃으며 말하기를 "법률은 큰 法(강령)을 베풀어 놓은 것이고 禮는 人情을 따르는 것이니, 지금 내가 禮로써 너를 가르치면 네가 반드시 원망과 미움이 없겠지만 법률로써 너를 다스리면 네가 어디에 수족을 두겠느냐. 한 廳舍(동일한 종류의 일) 안에서 작은 잘못은 죄를 논할 수 있고 큰 잘못은 죽일 수 있으니, 우선 돌아가 생각하라." 하였다.

1) 〔頭註〕 部亭長 : 部는 謂所部也요 亭者는 停留니 行旅宿食處니 猶今之館驛也라 秦法에 十里一亭이요 亭置長하여 主督盜賊이라
部는 관할하는 部門을 이르고, 亭은 가다가 멈추어 머무르는 것이니, 여행객들이 宿食하는 곳으로 지금의 館驛과 같다. 秦나라 法에 10里마다 1亭이 있고 亭에는 長을 두어 도적을 감독하게 하였다.

2) 〔釋義〕 汝爲敝民 : 敝民은 爲敝壞之民이라
敝民은 禮義를 피폐하게 하고 파괴하는 백성이다.

初에 **茂到縣**하야 **有所廢置**하니 **吏民**이 **笑之**하고 **隣城聞者 皆嗤**(치)[1]**其不能**이라 **河南郡**이 **爲置守令**[2]호되 **茂不爲嫌**하고 **治事自若**이러니 **數年**에 **敎化大行**하야 **道不拾遺**[3]라 **遷京部丞**하니 **密人老少 皆涕泣隨從**이러라 **及王莽居攝**에 **以病免歸**러니 **上卽位**에 **先訪求茂**하니 **茂時七十餘**라 **甲申**에 **詔曰 夫名冠天下**면 **當受天下重賞**이니 **今以茂爲太傅**[4]하고 **封褒德侯**하노라

처음에 卓茂가 縣에 이르러 폐지하고 새로 설치하는 바가 있자, 관리와 백성들이 〈이해하지 못하여〉 그를 비웃고, 이웃 城의 듣는 자들도 모두 그의 무능함을 비웃었다. 〈卓茂가 수령으로 있는데〉 河南郡에서 다시 수령을 두었으나 卓茂는 혐의하지 않고 일을 다스리기를 예전과 똑같이 하였는데 몇 년 만에 교화가 크게 행해져 길에 버려진 물건을 사람들이 줍지 않게 되었다.

京部의 丞으로 승진하니 密縣의 늙은이와 젊은이들이 모두 눈물을 흘리며 따랐다. 王莽이 居攝할 때에 병으로 면직하고 집에 돌아가 있었는데, 上이 즉위하자 맨 먼저 卓茂를 찾아 구하니, 卓茂가 이때 70여 세였다. 甲申日에 詔書를 내리기를 "이름이 천하에 으뜸이면 마땅히 천하의 중한 상을 받아야 하니, 지금 卓茂를 太傅로 삼고 褒德侯로 봉한다." 하였다.

1)〔釋義〕嗤：輕侮也라
嗤는 경시하고 업신여기는 것이다.

2)〔通鑑要解〕河南郡爲置守令：茂正爲令이어늘 郡復置守令하야 使與茂竝居也라
卓茂가 바로 수령으로 있는데, 河南郡에서 다시 수령을 두어 卓茂와 한 곳에 함께 거하게 한 것이다.

3)〔釋義〕道不拾遺：言雖遺棄於道라도 人不拾之니 言其俗淳也라
비록 길에 물건이 버려져 있더라도 사람들이 줍지 않는 것이니, 풍속이 순후함을 말한 것이다.

4)〔通鑑要解〕今以茂爲太傅：太傅는 位上公이니 絶席在三公之右也라
太傅는 지위가 上公이니, 자리를 띄워 三公의 위에 있었다.

溫公曰 孔子稱 擧善而敎不能이면 則勸[1]이라하시니 是以로 舜擧皐陶하고 湯擧伊尹에 而不仁者遠[2]은 有德故也라 光武即位之初에 群雄競逐하야 四海鼎沸하니 彼摧堅陷敵之人과 權略詭辯之士가 方見重於世어늘 而獨能取忠厚之臣하고 旌循良之吏하야 拔於草萊之中하야 寘(置)諸群公之首하니 宜其光復舊物하고 享祚久長이니 蓋由知所先務而得其本原故也니라

溫公이 말하였다.

"孔子께서 말씀하기를 '善한 이를 들어 쓰고 능하지 못한 이를 가르치면 백성들이 권면된다.' 하였다. 그러므로 舜임금이 皐陶를 등용하고 湯임금이 伊尹을 등용함에 不仁한 자가 멀어진 것이니, 이는 德이 있었기 때문이다. 光武帝가 즉위한 초기에 群雄들이 角逐을 벌여 온 천하가 솥 안에 끓는 물처럼 떠들썩하였으니, 저 견고한 敵陣을 꺾고 적을 무찌르

는 사람과 권모술수와 詭辯을 늘어놓는 선비가 막 세상에 소중하게 여겨졌을 터인데, 光武帝가 홀로 忠厚한 신하를 취하고 循良한 관리를 표창해서 초야에서 선발하여 여러 公의 위에 두었으니, 예부터 내려오는 물건(漢나라 王室)을 光復하여 國祚(國統)를 장구하게 누린 것이 마땅하니, 이는 먼저 힘쓸 바를 알아서 그 本原을 얻었기 때문이다."

1) 〔譯註〕 孔子稱……則勸 : 이 내용은 ≪論語≫ 〈爲政篇〉에 보이는 바, 孔子께서 季康子의 물음에 대답한 말씀이다.

2) 〔譯註〕 舜擧皐陶……而不仁者遠 : 이 내용은 ≪論語≫ 〈顔淵篇〉에 보이는 바, 子夏가 樊遲의 물음에 대답한 말이다.

帝遣諸將하야 **圍洛陽**한대 **朱鮪出降**이어늘 **十月**에 **車駕入洛陽**하야 **幸南宮**하고 **遂定都焉**하다 〈出本紀〉

황제가 여러 장수들을 보내어 洛陽을 포위하자, 朱鮪가 나와 항복하였다. 10월에 車駕가 洛陽에 들어가서 南宮에 행차하였고, 마침내 이곳에 도읍을 정하였다. - ≪後漢書 光武帝紀≫에 나옴 -

○ **劉盆子數**(삭)**暴虐吏民**하야 **百姓**이 **不知所歸**러니 **聞鄧禹乘勝獨克而師行有紀**[1]하고 **皆望風**하야 **相携負**[2]**以迎軍**하니 **降者日以千數**라 **衆號百萬**이러라 **禹所止**에 **輒停車駐節**하야 **以勞來之**[3]하니 **父老童穉**[4] **垂髮戴白**[5]이 **滿其車下**하야 **莫不感悅**하니 **於是**에 **名震關西**라 **諸將豪傑**이 **皆勸禹徑攻長安**이어늘 **禹曰 不然**하다 **今**에 **吾衆**이 **雖多**나 **能戰者少**하며 **前無可仰之積**(자)[6]하고 **後無轉饋之資**어늘 **赤眉新拔長安**하야 **財穀充實**하니 **鋒銳**를 **未可當也**라 **夫盜賊群居**에 **無終日之計**하야 **財穀**이 **雖多**나 **變故萬端**이니 **寧能堅守者也**리오 **上郡, 北地, 安定三郡**이 **土廣人稀**하고 **饒穀多畜**하니 **吾且休兵北道**하고 **就糧養士**하야 **以觀其敝**면 **乃可圖也**라하고 **於是**에 **引軍北至栒邑**[7]하니 **所到**에 **諸營堡郡邑**이 **皆開門歸附**러라 〈出禹傳〉

劉盆子가 관리와 백성들을 자주 포악하게 대하여 백성들이 돌아갈 곳을 알지 못했는데, 鄧禹가 승세를 타고 홀로 이기며 군사들이 紀律이 있다는 말을 듣고는 모두 명망을 듣고 사모하여 서로 물건을 손에 들고 등에 짊어지고 와서 군대를 위로하니, 항복하는 자가 날마다 천 명으로 헤아려졌다. 그리하여 무리를 百萬이라 이름하였다. 鄧禹는 머무는 곳마다 수레를 정지하고 節을 멈추어(세워) 백성들을 위로하고 오게 하니, 父老과 어린아이들, 머리를 땋아 늘어뜨린 아이들과 백발이 성성한 노인들이 그 수레 아래에 가득히 모여서 감격하여 기뻐하지 않는 이가 없으니, 이에 명성이 關西(長安) 지방에 진동하였다.

여러 장수와 호걸들이 모두 鄧禹에게 곧바로 長安을 공격할 것을 권하자, 鄧禹가 말하기를 "그렇지 않다. 지금 우리 무리가 비록 많으나 싸울 수 있는 자가 적으며, 앞에는 믿을 만한 저축이 없고 뒤에는 실어다가 먹일 만한 물자가 없는데, 赤眉는 새로 長安을 함락하여 재물과 곡식이 충실하니, 저들의 날카로운 기세를 당할 수 없다. 저 도적들이 모여 삶에 장구한 계책이 없어서 재물과 곡식이 비록 많으나 변고가 수없이 많을 것이니, 어찌 이것을 굳게 지킬 수 있는 자이겠는가. 上郡, 北地, 安定 세 郡은 토지가 넓고 인민이 적으며 곡식이 풍부하고 가축이 많으니, 내 우선 이 북쪽 지역에서 군대를 휴식시키고 양식을 가져다가 군사들을 기르면서 저들의 피폐함을 살핀다면 이에 도모할 수 있다." 하고, 이에 군사들을 이끌고 북쪽으로 栒邑에 이르니, 이르는 곳마다 여러 軍營과 堡壘와 郡邑들이 모두 성문을 열고 귀순하였다. - ≪後漢書 鄧禹傳≫에 나옴 -

1)〔釋義〕師行有紀：謂軍師之行이 有紀律이라

師行有紀는 군사들의 행렬이 紀律이 있음을 이른다.

2)〔釋義〕携負：携는 在手요 負는 在背也라

携는 짐이 손에 있는 것이고, 負는 짐이 등에 있는 것이다.

3)〔釋義〕勞來之：勞來는 謂慰勉而招延之也라

勞來는 위로하고 권면하여 불러서 맞이함을 이른다.

4)〔釋義〕穉：幼稚也니 與稚同이라

稺는 어린 것이니, 稚字와 같다.

5)〔釋義〕垂髮戴白 : 垂髮은 謂小兒髮之垂者요 戴白은 謂老人頭戴白髮者라
垂髮은 머리를 땋아서 늘어뜨린 小兒를 이르고, 戴白은 머리에 백발을 이고 있는 老人을 이른다.

6)〔釋義〕可仰之積 : 積는 韻會에 訓聚也라〔通鑑要解〕仰은 猶恃也라
〔釋義〕積(자)는 ≪古今韻會擧要≫에 聚라고 訓하였다.〔通鑑要解〕仰은 恃와 같다.

7)〔釋義〕栒邑 : 地志에 在扶風이라
栒邑은 ≪漢書≫〈地理志〉에 "扶風郡에 있다." 하였다.

○ 初에 成紀[1]隗囂 起兵應漢이어늘 更始徵囂한대 囂至長安이라가 後에 逃歸天水하야 復招聚其衆하고 興修故業하야 自稱西州上將軍이라하니 三輔[2]士大夫避亂者 多歸囂라 囂傾身引接하야 爲布衣交하야 以馬援, 班彪(표)之屬으로 爲賓客하니 由此로 名震西州하야 聞於山東이러라 〈出囂傳〉

처음에 成紀縣의 隗囂가 군대를 일으켜 漢나라에 호응하자, 更始가 隗囂를 불렀는데 隗囂가 長安에 이르렀다가 뒤에 도망하여 天水로 돌아가서 다시 그 무리를 불러 모으고 옛 기반을 일으켜 닦아서 스스로 西州上將軍이라 칭하니, 三輔 지방의 피난하는 士大夫들이 隗囂에게 많이 귀의하였다. 隗囂가 힘을 다해 선비들을 맞이하여 대접해서 布衣의 사귐을 맺어 馬援과 班彪 등을 빈객으로 삼으니, 이로 말미암아 이름이 西州에 진동하여 山東 지방에까지 알려졌다. - ≪後漢書 隗囂傳≫에 나옴 -

1)〔頭註〕成紀 : 縣名이니 屬天水郡이라
成紀는 縣의 이름이니 天水郡에 속하였다.

2)〔譯註〕三輔 : 漢代에 長安 부근에 둔 세 행정 구역 또는 그곳의 장관을 가리키는 바, 長安 동쪽을 京兆尹이라 하고 長陵 북쪽을 左馮翊이라 하고 渭城 서쪽을 右扶風이라 한다.

○ 馬援이 少時에 以家用不足이라하야 辭其兄況하고 欲就邊郡田牧이어늘 況曰

汝는 大才니 當晩成이라 良工은 不示人以朴(璞)이니 且從所好하라 遂之北地하야 田牧이러니 常謂賓客曰 丈夫爲志에 窮當益堅이요 老當益壯이라하더라 後有畜數千頭, 穀數萬斛이러니 旣而嘆曰 凡殖[1]財產은 貴其能賑施也니 否則守錢虜耳라하고 乃盡散於親舊하다 聞隗囂好士하고 往從之한대 囂甚敬重하야 與決籌策이러라 〈出馬援傳〉

馬援이 젊었을 때에 집에 財用이 부족하다 하여 그 형 馬況을 하직하고 변방 고을에 나아가 농사와 목축을 하고자 하니, 馬況이 말하기를 "너는 큰 재목이니, 마땅히 늦게 이루어질 것이다. 훌륭한 工人은 다듬지 않은 거친 玉石을 사람들에게 보이지 않는 법이니, 우선 너 좋을대로 하라." 하였다. 馬援이 마침내 北地에 가서 농사짓고 목축을 하였는데, 항상 빈객들에게 이르기를 "대장부가 뜻을 세울 때에는 곤궁할수록 더욱 견고하고, 늙을수록 더욱 건장해야 한다." 하였다. 뒤에 수천 마리의 가축과 수만 斛의 곡식을 소유하였는데, 이윽고 탄식하기를 "무릇 재산을 늘리는 것은 가난한 사람을 구휼하고 베푸는 것을 귀하게 여기니, 그렇지 않으면 돈만 지키는 노예일 뿐이다." 하고는, 이에 친구들에게 재물을 다 흩어 주었다. 隗囂가 선비를 좋아한다는 말을 듣고 馬援이 찾아가 따르자, 隗囂가 매우 공경하고 소중하게 여겨서 그와 함께 계책을 결정하였다. - ≪後漢書 馬援傳≫에 나옴 -

1) 〔釋義〕 殖 : 興生財利曰殖이라
재물을 경영하여 이익을 내는 것을 殖이라 한다.

【丙戌】 二年이라

建武 2년(병술 26)

悉封諸功臣하야 爲列侯할새 陰鄕侯陰識(지)는 貴人[1]之兄也라 以軍功으로 當增封이러니 識叩頭讓曰 臣이 托屬掖庭[2]하니 仍加爵邑이면 不可以示天下니이다 帝從之하다 〈出陰識傳〉

여러 功臣들을 다 봉하여 列侯로 삼을 때에 陰鄕侯 陰識는 貴人의 오라비였다. 軍功이 있으므로 더 봉해 주려 하자, 陰識가 머리를 조아리며 사양하기를 "신은 掖庭에 친족을 의탁하고 있으니, 그대로 爵邑을 가한다면 이것을 천하에 보여 줄 수 없습니다."라고 하니, 황제가 그의 말을 따랐다. - ≪後漢書 陰識傳≫에 나옴 -

1)〔譯註〕貴人 : 女官의 명칭으로 지위가 皇后의 다음이었다.

2)〔釋義〕托屬掖庭*) : 掖庭은 謂宮苑之中이라

掖庭은 宮苑 가운데를 이른다.

*) 托屬掖庭 : 屬은 친족이고, 掖庭은 궁전 곁에 딸린 집으로 妃嬪들이 거처하는 곳인바, 陰識의 여동생이 後宮이 되었으므로 掖庭에 친족을 의탁했다고 말한 것이다.

○ **故事**에 **尙書郞**을 **以令史久次**로 **補之**러니 **帝始用孝廉**하야 **爲尙書郞**하다

故事(국가의 前例)에 尙書郞을 令史(書記) 중에 오래 근무한 차례에 따라 補任하였는데, 황제가 처음으로 효도하고 청렴한 사람을 등용하여 尙書郞으로 삼았다.

○ **起高廟於洛陽**하야 **四時**에 **合祭高祖, 太宗, 世宗**하고 **建社稷于宗廟之右**하고 **立郊兆於城南**[1]하다

高廟를 洛陽에 건립하여 四時에 高祖, 太宗(文帝), 世宗(武帝)을 합하여 제사하고, 社稷을 宗廟의 오른쪽에 세우고 郊兆를 城의 남쪽에 세웠다.

1)〔附註〕立郊兆*)於城南 : 制郊兆於雒陽城南七里호되 爲〈圓〉壇八陛하고 中又爲重壇하야 天地位皆在壇上하고 其外壇上에 爲五帝位하니 靑帝位在甲寅하고 赤帝位在丙巳하고 黃帝位在丁未하고 白帝位在庚申하고 黑帝位在壬亥하며 其外爲壝하고 重營〈皆紫〉하야 〈以〉像紫宮하고 有四通道하야 以爲門이라 日月은 在營內南道하니 日在東, 月在西요 北斗在北道之西라 外營, 中營에 凡千五百一十四神이니 高皇帝配食焉하니라

郊兆를 雒陽城 남쪽 7리 되는 곳에 세우되 8층의 둥근 壇을 만들고 둥근 단 가운데에 또다시 작은 壇을 二重으로 만들어서, 하늘과 땅의 자리가 모두 작은 壇

위에 있고 그 바깥의 큰 壇 위에 五帝의 자리를 만드니, 靑帝의 자리는 甲寅方에 있고 赤帝의 자리는 丙巳方에 있고 黃帝의 자리는 丁未方에 있고 白帝의 자리는 庚申方에 있고 黑帝의 자리는 壬亥方에 있으며, 큰 단 밖에 담을 치고 中營과 外營의 두 營은 모두 자주색으로 하여 하늘의 紫微宮을 형상하고, 네 개의 통로가 있어서 문을 만들었다. 해와 달은 營 안의 남쪽 길에 있으니, 해는 동쪽에 있고 달은 서쪽에 있으며 北斗星이 北道의 서쪽에 있었다. 外營과 中營에 모두 1,514개의 神이 있으니 高皇帝를 배향하였다.

*) 郊兆 : 하늘에 제사하는 祭壇을 이른다.

○ **長安城中**이 **糧盡**하니 **赤眉縱火殺掠**하고 **遂入安定, 北地**하다 〈出盆子傳〉

長安城 안에 양식이 떨어지니, 赤眉가 불을 놓아 사람들을 죽이고 노략질하고는 마침내 安定과 北地로 들어갔다. - ≪後漢書 劉盆子傳≫에 나옴-

○ **鄧禹引兵南至長安**하야 **軍昆明池**하야 **謁高廟**하고 **收十一帝**[1]**神主**하야 **送詣洛陽**하고 **因巡行園陵**[2]하야 **爲置吏士**하고 **奉守焉**하다 〈出禹傳〉

鄧禹가 군대를 이끌고 남쪽으로 長安에 이르러서 昆明池에 군대를 주둔시킨 다음 高廟를 배알하고, 11명의 皇帝의 神主를 거두어 洛陽으로 보내었다. 인하여 園陵(帝王의 무덤)을 순행하여 관리와 군사를 두고 받들어 지키게 하였다. - ≪後漢書 鄧禹傳≫에 나옴 -

1) 〔頭註〕 十一帝 : 高, 惠, 文, 景, 武, 昭, 宣, 元, 成, 哀, 平也라
11명의 皇帝는 高帝·惠帝·文帝·景帝·武帝·昭帝·宣帝·元帝·成帝·哀帝·平帝이다.

2) 〔頭註〕 巡行園陵 : 行은 去聲이니 巡視也라 帝王所葬曰陵이요 栽植草木處를 謂之園이라
行은 去聲이니 巡視하는 것이다. 帝王을 장례한 곳을 陵이라 하고, 草木을 심은 곳을 園이라고 이른다.

○ **以宋弘爲大司空**하다 **湖陽公主**[1]**新寡**러니 **帝與共論朝臣**하야 **微觀其意**한

대 主曰 宋公의 威容德器는 群臣莫及[2)]이러이다 帝曰 方且圖之호리라 後에 弘이 被引見에 帝令主坐屛風後하고 因謂弘曰 諺에 言貴易交요 富易妻라하니 人情乎아 弘曰 臣은 聞貧賤之知는 不可忘이요 糟糠之妻는 不下堂이라하니이다 帝顧謂主曰 事不諧矣로다 〈出本傳〉

宋弘을 大司空으로 삼았다. 湖陽公主가 새로 과부가 되었는데, 황제가 공주와 함께 조정의 신하들을 논하여 은근히 그녀의 뜻을 관찰하려 하니, 공주가 말하기를 "宋公의 위엄 있는 용모와 덕스러운 도량은 여러 신하들이 따르지 못합니다." 하였다. 황제가 말하기를 "바야흐로 장차 도모해 보겠다." 하였다. 뒤에 宋弘이 인견을 당할 적에 황제가 공주로 하여금 병풍 뒤에 앉아 있게 하고, 인하여 宋弘에게 이르기를 "속담에 '귀해지면 사귀던 친구를 바꾸고 부유해지면 아내를 바꾼다.' 하였으니, 이것이 人情인가?" 하니, 宋弘이 대답하기를 "신은 들으니 '빈천할 때 알았던 친구는 잊을 수 없고, 술지게미와 겨로 끼니를 이으며 함께 고생한 아내는 堂을 내려가게 할 수 없다.' 하였습니다." 하였다. 황제는 공주를 돌아보고 이르기를 "일이 뜻대로 잘 되지 않겠다." 하였다. - ≪後漢書 宋弘傳≫에 나옴 -

1) 〔頭註〕 湖陽公主 : 帝姊也라
光武帝의 누이이다.

2) 〔通鑑要解〕 群臣莫及 : 弘薦桓譚하야 爲議郎한대 譚善鼓琴하니 帝聞而悅之이어늘 弘不悅하고 後에 弘坐府中하야 召譚讓之하다 明日에 大會群臣하고 使譚鼓琴할새 譚見弘하고 失其常度어늘 帝怪而問之하니 弘直讓之[*)]라 故로 群臣莫能及矣라하니라
宋弘이 桓譚을 천거하여 議郎에 임명하였는데 桓譚이 거문고를 잘 타니 황제가 듣고서 매우 기뻐하였다. 그러나 宋弘은 기뻐하지 않았으며, 그 후 宋弘이 府中에 앉아 桓譚을 불러 〈오게 하여〉 꾸짖었다. 다음 날 황제가 신하들을 크게 모아놓고 桓譚에게 거문고를 타게 하자, 桓譚이 宋弘을 보고는 어찌할 줄 모르므로 황제가 이상하게 여겨 그 이유를 물으니, 宋弘이 곧은 말로 꾸짖었다. 그러므로 여러 신하들이 따르지 못한다고 한 것이다.

*) 弘直讓之 : 宋弘이 冠을 벗고 사죄하기를 "신이 桓譚을 천거한 것은 그가 충실하고 올바름으로 군주를 인도할 수 있으리라 기대했던 것인데, 결국 조정으로 하여

금 음탕한 鄭나라 음악을 즐기게 하였으니, 신의 죄입니다.〔臣所以薦譚者 望其能以忠直導主 而令朝廷 耽悅鄭聲 臣之罪也〕" 하니, 황제가 옷깃을 여미고 사례하였다. 이후로 宋弘의 威容과 德器를 사람들이 모두 칭찬하게 되었다.

○ 帝之討王郎也에 彭寵이 發突騎하야 以助軍하고 轉糧食하야 前後不絶이라 自負其功이러니 帝接之에 不能滿其意하니 以此로 懷不平[1)]하야 遂發兵反하야 攻朱浮於薊[2)]하다

황제가 王郎을 토벌할 때에 彭寵이 突騎(돌격 기병)를 징발하여 군대를 도왔으며 양식을 수송하여 전후로 끊어지지 않게 하였으므로 그 공로를 自負하였는데, 황제가 그를 대하는 것이 뜻에 만족스럽지 못하자, 이 때문에 불평하는 마음을 품고서 마침내 군대를 일으켜 배반하여 朱浮를 薊에서 공격하였다.

1)〔譯註〕懷不平 : 光武帝가 邯鄲에 포위되었을 때에 彭寵은 군량을 조달하여 전후로 끊어지지 않게 하였다. 吳漢이 일찍이 북쪽에서 군대를 일으키자 光武帝는 吳漢의 功을 기려 차고 있던 劍을 그에게 주고 또 北道의 主人으로 삼았는데, 彭寵에게는 그렇게 하지 않았으므로 불평하는 마음을 품게 된 것이다.

2)〔頭註〕攻朱浮於薊 : 光武拜浮幽州牧이러니 漁陽太守彭寵이 不從其令하고 頗有不平이라 浮奏之하니 寵聞攻之라

光武帝가 朱浮를 幽州牧에 임명하였는데, 漁陽太守 彭寵이 명령을 따르지 않고 자못 불평하는 기색이 있었다. 朱浮가 이를 아뢰자, 彭寵이 그 말을 듣고 朱浮를 공격하였다.

○ 更始諸大將이 時在南方하야 未降者尙多라 遣賈復하야 擊郾破之하니 尹尊이 降하고 吳漢이 擊宛하니 宛王賜 降[1)]하다

更始의 여러 대장이 이때 南方에 있어서 항복하지 않은 자가 아직 많았다. 賈復을 보내어 郾을 공격하여 격파하니 尹尊이 항복하였고, 吳漢이 宛을 공격하니 宛王 劉賜가 항복하였다.

1)〔通鑑要解〕宛王賜降 : 賜奉更始妻子來降하니 帝封愼侯라

宛王 劉賜가 更始의 妻子를 받들고 와서 항복하니, 황제가 그를 愼侯에 봉하였다.

○ 秋에 賈復이 南擊召陵, 新息하야 平之하다 復의 部將이 殺人於潁川이어늘 潁川太守寇恂이 捕得繫獄하다 時尙草創하야 軍營犯法을 率多相容호되 恂이 戮之於市하다 復以爲恥하야 過潁川할새 謂左右曰 吾與寇恂으로 竝列將帥어늘 而爲其所陷하니 今見恂이면 必手劍之하리라 恂이 知其謀하고 不與相見이어늘 姊子谷崇曰 崇은 將也라 得帶劍侍側이라가 卒有變이면 足以相當하리이다 恂曰 不然하다 昔에 藺相如不畏秦王而屈於廉頗[1]者는 爲國也라하고 乃勅屬縣하야 盛供具, 儲酒醪(료)라가 執金吾[2]軍이 入界어든 一人을 皆兼兩人之饌하라하고 恂이 出迎於道라가 稱疾而還하다 復이 勒兵欲追之호되 而吏士皆醉라 遂過去하다 恂이 遣谷崇하야 以狀聞한대 帝乃徵恂하니 恂至引見할새 時에 賈復이 先在坐라가 欲起相避어늘 帝曰 天下未定에 兩虎安得私鬪리오 今日에 朕이 分之호리라 於是에 竝坐極歡하고 遂共車同出하야 結友而去하다 〈出寇恂傳〉

가을에 賈復이 남쪽으로 召陵과 新息을 공격하여 평정하였다. 賈復의 部將이 潁川에서 사람을 죽이자, 潁川太守 寇恂이 체포하여 옥에 가두어 두었다. 이때는 아직 초창기여서 軍營에서 법을 범한 자들을 대부분 서로 용납해 주었으나 寇恂이 그 部將을 시장에서 죽였다. 賈復은 이를 수치로 여겨 潁川을 지날 때에 좌우 사람들에게 이르기를 "내가 寇恂과 똑같이 장수의 대열에 있는데 그에게 모욕을 당하였으니, 이제 寇恂을 보면 반드시 내 손으로 劍을 사용하여 직접 그를 죽이겠다." 하였다. 寇恂이 이 계책을 알고는 서로 만나보려 하지 않자, 누이의 아들 谷崇이 말하기를 "저는 장수입니다. 검을 차고 곁에서 모시다가 갑작스럽게 변고가 생기면 충분히 당해낼 수 있습니다." 하였다. 寇恂이 말하기를 "그렇지 않다. 옛날 藺相如가 秦王을 두려워하지 않으면서도 廉頗에게 굽혔던 것은 국가를 위해서였다." 하였다.

마침내 屬縣에 명하여 군사들에게 먹일 음식을 성대히 장만하고 술과 막걸리를 준비해 두었다가 執金吾(賈復)의 군대가 경내에 들어오거든 한 사람마다 모두 두 사람 분의 음식을 겸하여 주라고 하고는, 寇恂이 나가 길에서 맞이하다가 병을 칭탁하고 돌아왔다. 賈復이 군대를 무장하고 추격하려 하였으나 관리와 군사들이 모두 취했으므로 마침내 그대로 지나갔다.

寇恂이 谷崇을 보내어 이 사실을 보고하였는데 황제가 마침내 寇恂을 부르니, 寇恂이 조정에 이르러 인견할 때에 賈復이 먼저 와서 자리에 있다가 일어나서 서로 피하려고 하였다. 황제가 말하기를 "천하가 아직 평정되지 않았는데 두 마리 범이 어찌 사사로이 싸운단 말인가. 금일에 朕이 이것을 풀어주겠다." 하고는 이에 함께 앉아서 지극히 즐거워하고 마침내 함께 수레를 타고 나와서 친구를 맺고 떠났다. - ≪後漢書 寇恂傳≫에 나옴 -

1) 〔譯註〕 藺相如不畏秦王而屈於廉頗 : 이 일은 周 赧王 36년 壬午年條(B.C.279)에 보인다.

2) 〔頭註〕 執金吾 : 時復爲執金吾라하니 本中尉兵으로 屬北軍이어늘 武帝更名爲執金吾라 吾는 禦也니 執金革以禦非常也라

이때에 賈復이 執金吾로 있었으니, 본래 中尉兵으로 北軍에 속하였는데, 武帝가 이름을 고쳐 執金吾라 하였다. 吾는 막는 것이니, 金革(병기)을 잡고서 비상시를 대비하는 것이다.

〔新增〕 胡氏曰 議者或以賈寇之事로 擬諸廉藺하니 藺之釁은 先起於頗하니 釁은 爭端也라 相如降心에 頗卽引罪하니 此所以爲賢也라 賈復이 不戢部將[1]하야 殺人他境이어늘 寇恂戮之하니 天下之惡(오)一也라 使復明達이면 必且謝過어늘 乃更蓄憤하야 欲手刃之하고 逮至帝前하야도 忿猶未解하야 殊無責己訓勅不嚴之意어늘 待以禮而避其鋒하니 恂則得矣어니와 復이 豈可與廉將軍班乎아 帝當先以曲直曉之하야 使復慚謝然後에 開宣慰勉하야 聽其自釋이면 則尤善矣리라

胡氏가 말하였다.

"의논하는 자들은 혹 賈復과 寇恂의 일을 가지고 廉頗와 藺相如에게 비하는데 藺相如의 틈은 먼저 廉頗에게서 일어났으니 틈은 다투는 단서이다. 藺相如가 마음을 낮추자 廉頗가 즉시 죄를 자기 몸에 돌렸으니 이 때문에 어진 것이다. 賈復이 部將을 단속하지 못해서 딴 境內에서 사람을 죽였으므로 寇恂이 그를 죽였으니, 천하 사람의 증오함이 똑같은 것이다. 만약 賈復이 밝

고 통달했다면 반드시 장차 사과하였을 터인데 도리어 다시 분한 마음을 쌓아서 직접 자기 손으로 죽이고자 하였고, 황제의 앞에 이르러서도 분이 오히려 풀리지 않아서 부하를 엄하게 훈계하지 못한 자신을 책망할 뜻이 전혀 없었는데, 寇恂은 禮로써 대우하고 그 칼날을 피하였으니, 寇恂은 잘했지만 賈復은 어찌 廉將軍과 똑같이 놓을 수 있겠는가. 황제가 먼저 잘잘못을 가지고 타일러서 賈復으로 하여금 부끄러워하여 사죄하게 한 뒤에 열어 타일러서 위로하고 권면하여 스스로 풀리도록 내버려 두었다면 더욱 좋았을 것이다."

1)〔頭註〕不戢部將：戢은 斂也, 止也니 訓勅戒也라
戢은 거두고 그치는 것이니, 타일러서 경계하는 것이다.

鄧禹自馮愔叛[1]**後**로 **威名**이 **稍損**하고 **又乏糧食**하야 **戰數不利**하니 **歸附者日益離散**이러라 〈出禹傳〉 **赤眉暴亂三輔**하고 **郡縣大姓**이 **各擁兵衆**하니 **禹不能定**이라 **帝乃遣偏將軍馮異**하야 **代禹討之**할새 **車駕送至河南**하야 **勅異曰 三輔遭王莽, 更始之亂**하고 **重以赤眉, 延岑之酷**하야 **元元塗炭**[2]하야 **無所依訴**라 **將軍**이 **今奉辭**하야 **討諸不軌營堡**하니 **降者**는 **遣其渠帥**하야 **詣京師**하고 **散其小民**하야 **令就農桑**하고 **壞其營壁**하야 **無使復聚**하라 **征伐**은 **非必略地屠城**이라 **要在平定安集之耳**니 **諸將**이 **非不健鬪**나 **然好虜掠**이라 **卿**은 **本能御吏士**하니 **念自修勅**하야 **無爲郡縣所苦**하라 **異頓首受命**하고 **引而西**하야 **所至**에 **布威信**하니 **群盜多降**이러라 〈出馮異傳〉

鄧禹가 馮愔이 배반한 뒤로부터 위엄과 명망이 차츰 떨어지고 또 양식이 부족하여 싸움에서 자주 승리하지 못하니, 歸附했던 자들이 날로 더욱 이산하였다. - ≪後漢書 鄧禹傳≫에 나옴 -

赤眉가 三輔 지방에서 포악한 짓을 하고 어지럽히며 郡縣의 큰 姓氏들이 각기 병력을 보유하고 있으니, 鄧禹가 평정하지 못하였다. 황제가 이에 偏將軍(副將軍) 馮異를 보내 鄧禹를 대신하여 이들을 토벌하게 할 때에 車駕가 친히 전송하여 河南에 이르러 馮異에게 칙명하기를 "三輔 지방은 王莽과 更

始의 난리를 만나고 赤眉와 延岑의 혹독함까지 겹쳐서 善한 백성들이 도탄에 빠져 의지하고 하소연할 곳이 없다. 장군이 이제 황제의 辭命을 받들어 법을 따르지 않는 營堡들을 토벌하니, 항복하는 자들은 그 추장을 보내어 京師에 오게 하고, 백성들을 해산하여 농사짓고 뽕나무를 가꾸게 하며 그 營壁을 파괴해서 다시 모이지 않게 하라. 征伐은 굳이 땅을 經略하고 城을 屠戮하려는 것이 아니라 요점이 평정하여 백성들을 편안히 살게 하려는 데에 있을 뿐이니, 諸將들이 용감히 싸우지 않는 것은 아니나 노략질하기를 좋아한다. 卿은 본래 관리와 군사들을 잘 제어하니, 생각건대 스스로 닦고 신칙하여 郡縣들이 고통을 당하지 않게 하라." 하였다. 馮異가 머리를 조아리고 명령을 받고는 군대를 이끌고 서쪽으로 가서 이르는 곳마다 위엄과 신의를 베푸니, 여러 도적들이 대부분 항복하였다. - ≪後漢書 馮異傳≫에 나옴 -

1) 〔通鑑要解〕 馮愔叛 : 愔은 禹之部將也라 禹攻上郡時에 馮愔宗歆守栒邑이러니 爭權相攻하야 愔遂殺歆하고 因反擊禹하니 帝聞之하고 使愔之親人黃防送之하야 縛而歸하니라

馮愔은 鄧禹의 部將이다. 鄧禹가 上郡을 공격할 때에 馮愔과 宗歆이 栒邑을 지키고 있었는데 권세를 다투어 서로 공격하여 馮愔이 마침내 宗歆을 죽이고는 배반하여 鄧禹를 공격하니, 황제가 이 말을 듣고 馮愔의 친구인 黃防을 보내어 포박하여 돌아오게 하였다.

2) 〔釋義〕 元元塗炭 : 元者는 善人也니 元元者는 非一人也라 民이 陷於塗하고 爇於炭이라

元은 善한 사람이니, 元元은 한 사람이 아니다. 塗炭은 백성들이 진흙에 빠지고 숯불에 타는 것이다.

溫公曰 昔에 **周人頌武王之德曰 鋪時繹思**하야 **我徂惟求定**[1]이라하니 **言王者之志**가 **在布陳威德安民而已**라 **觀光武所以取關中**하면 **用是道也**니 **豈不美哉**아

溫公이 말하였다.

"옛날에 周나라 사람이 武王의 德을 칭송하여 이르기를 '이 백성들이

생각하는 文王의 功德을 펴서 내가 가서 천하를 안정시키기를 구한다.' 하였으니, 王者의 뜻은 위엄과 덕을 펴서 백성들을 편안하게 함에 있을 뿐임을 말한 것이다. 光武帝가 關中을 취한 것을 보면 이 道를 사용하였으니, 어찌 아름답지 않겠는가."

1)〔頭註〕鋪時繹思 我徂惟求定：周頌賚篇注에 敷는 布요 時는 是也라 布此文王功德之在人而可繹思者하여 以賚有功하여 而往求天下之安定이라하니라
≪詩經≫〈周頌 賚篇〉注에 "敷는 폄이요, 時는 이것이다. 이 文王의 功德이 사람에게 남아 있어 찾아 생각하는 것을 펴서 功이 있는 이에게 주어 가서 天下의 안정을 구함을 말한 것이다." 하였다.

又詔徵鄧禹還曰 愼毋與窮寇爭鋒하라 〈本傳에 無此句라〉 **赤眉無穀**하니 **自當來**라 **吾以飽待飢**하며 **以逸待勞**하야 **折箠(추)笞之**하리니 **非諸將憂也**라 **無得復妄進兵**하라 〈出鄧禹傳〉

또 詔書를 내려 鄧禹를 불러 돌아오게 하고 말하기를 "조심하여 궁지에 몰린 賊과 銳鋒을 다투지 말라. - ≪後漢書 鄧禹傳≫에는 이 句가 없다. - 赤眉는 곡식이 없으니 저절로 항복해 올 것이다. 우리는 배불리 먹으면서 적이 굶주리기를 기다리고, 편안하게 있으면서 적이 피로하기를 기다리다가 회초리를 꺾어 때리면 될 것이니, 여러 장수들이 걱정할 일이 아니다. 다시는 함부로 군대를 진격시키지 말라." 하였다. - ≪後漢書 鄧禹傳≫에 나옴 -

【丁亥】 三年이라

建武 3년(정해 27)

立四親廟[1)]於雒陽[2)]하다

四親의 사당을 雒陽에 세웠다.

1)〔附註〕四親[*)]廟：祀父南頓君以上하야 至春陵節侯라 景帝子長沙定王發이 生春陵節侯買하고 買生鬱林太守處하고 處生鉅鹿都尉回하고 回生南頓令欽하고 欽生

光武하니라

四親의 사당은 光武帝의 아버지인 南頓君 이상을 제사하여 春陵節侯에게까지 이른 것이다. 景帝의 아들인 長沙定王 發이 春陵節侯 買를 낳았고, 買가 鬱林太守 處를 낳았고, 處가 鉅鹿都尉 回를 낳았고, 回가 南頓令 欽을 낳았고, 欽이 光武帝를 낳았다.

＊) 四親：高祖 이하 4代의 조상을 이른다.

2) 〔釋義〕 雒陽：雒本作洛하니 成周洛陽也라 在澗水東하니 漢河南郡(寓)〔屬〕縣이라 (漁)〔魚〕豢云 光武以漢火行忌水라 故去水加隹라 自光武後로 改爲雒字하니 其地在成皐西宛縣北하니라

雒은 본래 洛으로 썼으니, 成周의 洛陽이다. 澗水의 동쪽에 있으니, 漢나라 河南郡에 속한 縣이다. 魚豢의 ≪魏略≫에 이르기를 "光武帝가 漢나라는 火行(火德)이어서 水를 꺼리므로 洛字에 水를 버리고 隹를 가했다." 하였다. 光武帝 이후로 雒字로 고쳤으니, 그 지역이 成皐의 서쪽, 宛縣의 북쪽에 있다.

○ 馮異與赤眉로 約期會戰할새 使壯士變服하야 與赤眉同하고 伏於道側하다 旦日에 赤眉使萬人으로 攻異前部어늘 異少出兵以救之한대 賊見勢弱하고 遂悉衆攻異어늘 異乃縱兵大戰이러니 日昃에 賊氣旣衰하고 伏兵이 卒(猝)起하야 衣服이 相亂이라 赤眉不復識別하야 衆遂驚潰어늘 追擊大破之於殽底[1)]하야 降男女八萬人하다 帝降璽書勞異曰 始雖垂翅(시)回谿[2)]나 終能奮翼澠(민)池하니 可謂失之東隅[3)]요 收之桑楡[4)]로다 方論功賞하야 以答大勳하리라 赤眉餘衆이 東向宜陽이어늘 帝親勒六軍하야 嚴陳(陣)以待之러니 赤眉忽遇大軍에 驚震不知所謂(爲)하야 乃遣劉恭하야 乞降曰 盆子將百萬衆降하리니 陛下將何以待之잇고 帝曰 待汝以不死耳니라 盆子及丞相徐宣以下三十餘人이 肉袒降하고 上所得傳國璽綬[5)]하고 積兵甲宜陽城西하니 與熊耳山齊라 赤眉衆이 尙十餘萬人이어늘 帝令縣廚[6)]하야 皆賜食하다

馮異가 赤眉와 期日을 약속하고 會戰할 때에 壯士들로 하여금 赤眉와 똑같이 變服하고 길가에 매복하게 하였다. 아침에 赤眉가 1만 명으로 하여금 馮

異의 先鋒 부대를 공격하게 하였는데, 馮異가 병력을 조금 내보내 구원하자, 賊은 馮異의 軍勢가 약한 것을 보고는 마침내 무리들을 다 동원하여 馮異를 공격하였다. 馮異가 이에 군대를 풀어 크게 싸웠는데, 해가 기울자 賊의 기운이 이미 쇠하였고, 馮異가 매복해 놓은 군사들이 갑자기 일어나니, 의복이 서로 비슷하여 혼란하였다. 赤眉가 다시 彼我를 식별하지 못하여 무리들이 마침내 놀라 潰走하였는데, 추격하여 殽山 아래에서 크게 격파하여 남녀 8만 명을 항복시켰다.

황제가 璽書(옥새가 찍힌 친서)를 내려 馮異를 위로하기를 "처음에는 비록 回谿에서 날개를 펴지 못하였으나(失意하였으나) 끝에는 澠池에서 나래를 떨쳤으니(得意하였으니), 東隅에서는 잃고 桑楡에서 거두었다고 이를 만하다. 이제 功을 논하여 賞을 내려서 큰 공로에 보답하겠다." 하였다.

赤眉의 잔당들이 동쪽으로 宜陽을 향하자, 황제가 친히 六軍을 무장시켜 엄하게 陣을 치고 기다리고 있었다. 赤眉는 갑자기 황제의 大軍을 만나자 놀라서 어찌할 바를 몰라 마침내 劉恭을 보내어 항복을 청하기를 "劉盆子가 백만의 군대를 거느리고 항복할 것이니, 폐하께서는 장차 어떻게 대우해 주시겠습니까?" 하였다. 황제가 "너를 죽이지 않음으로써 대우하겠다." 하니, 劉盆子와 승상 徐宣 이하 30여 명이 웃통을 벗어 항복하고, 노획한 傳國璽와 인끈을 올리며 병기와 갑옷을 宜陽城 서쪽에 쌓아 놓으니, 높이가 熊耳山과 똑같았다. 赤眉의 무리가 아직도 10여만 명이었는데, 황제가 宜陽縣의 廚官으로 하여금 모두 음식을 하사하게 하였다.

1)〔釋義〕殽底 : 殽는 通作崤하니 山名也니 今陝縣東二崤 是也라 底는 下也라 括地志에 洛州永寧西北二十里가 古殽道也라 杜預曰 在弘農澠池縣西하니라

殽는 崤와 통하니, 山 이름으로 지금의 陝縣 동쪽의 두 崤山이 이곳이다. 底는 아래이다. ≪括地志≫에 "洛州 永寧縣 서북쪽 20리 지점이 옛날 殽道이다." 하였다. 杜預가 말하기를 "殽山은 弘農의 澠池縣 서쪽에 있다." 하였다.

2)〔釋義〕垂翅回谿 : 翅는 翼也라 回谿는 在澠池之北하니 俗名回坑이라

翅는 날개이다. 回谿는 澠池의 북쪽에 있으니, 세속에서는 回坑이라 한다.

3)〔釋義〕東隅 : 隅는 陬也니 東隅는 日出處也라

隅는 모퉁이이니, 東隅는 해가 뜨는 곳이다.

4) 〔釋義〕 桑榆 : 木名이라 王氏曰 前書[*]에 谷永曰 太白出西方六十하면 日法當參入이어늘 今已過期로되 尙在桑榆之間이라한대 註에 桑榆는 謂晩也라 或云 日入處也라 淮南子曰 西日垂하야 景在樹端을 謂之桑榆라

桑(뽕나무)과 榆(느릅나무)는 나무 이름이다. 王氏가 말하였다. "≪漢書≫에 谷永이 이르기를 '太白星이 西方에서 60도를 나오면 해가 마땅히 들어가야 하는데, 지금 이미 시기가 지났으나 아직도 桑榆의 사이에 있다.' 하였는데, 註에 '桑榆는 늦음을 이른다.' 하였다. 혹자는 이르기를 '해가 들어가는 곳이다.' 하였다. ≪淮南子≫에 이르기를 '해가 서쪽으로 기울어 그림자가 나무 끝에 있는 것을 桑榆라 이른다.' 하였다."

*) 前書 : ≪前漢書≫를 가리킨다.

5) 〔釋義〕 傳國璽綬 : 王氏曰 璽는 王者印也요 綬는 帶也니 所以繫璽라 黃赤綬四采요 武都紫泥封하고 盛以靑囊白素裹호되 兩端無縫하고 尺一版中約署라 衛宏云 秦以前엔 以金銀爲方寸璽러니 秦得和氏璧하고 乃以玉爲之하니 螭獸(組)〔紐〕요 在六璽[*]之外라 李斯書其文曰 受命于天 旣壽永昌이라하고 號曰傳國璽라하다 漢高定三秦에 子嬰獻之러니 後王莽簒逆하고 就元后取之하다 莽敗에 王憲得之러니 李松入長安하야 斬憲取璽하고 送上更始하며 更始奉赤眉하고 赤眉立劉盆子러니 盆子奉上光武하다 後에 董卓作亂한대 掌璽者投諸井이러니 孫堅入洛하야 討卓軍於城南할새 見井中有五色光하고 堅乃浚井得璽하다 袁術僭逆하야 乃拘堅妻奪之러니 時에 徐璆(구)被徵하고 詣京師라가 道爲術所刦하다 後術死에 璆得璽하야 還以上獻帝하고 曹氏取之漢이러니 後以奉于晉하다 前趙劉聰이 使劉曜入洛陽하야 執晉懷하고 取璽하야 詣平陽하고 後爲石勒所幷(倂)하야 璽乃屬勒하다 勒爲冉閔所滅하고 璽屬閔이러니 閔敗에 璽存閔大將軍蔣幹하다 幹求救於晉謝尙하니 時에 尙使戴施로 據枋頭라 遂入鄴하야 助守紿幹하고 得璽러니 以晉穆帝永和八年에 還建康하니라

王氏가 말하였다. "璽는 王者의 印이고, 綬는 띠(끈)이니 옥새를 매는 것이다. 黃赤色 끈으로 네 가지 채색을 하고 武都의 붉은 인주로 봉함한 다음 흰 비단으로 안감을 댄 푸른 주머니에 넣되 양끝을 꿰매지 않고 한 자쯤 되는 판자 가운데에 글을 새겼다. 衛宏이 말하기를 '秦나라 이전에는 金과 銀으로 사방 한 치 크기의 옥새를 만들었는데 秦나라가 和氏璧을 얻고는 마침내 玉으로 만드니, 끈에 용과 짐승 모양이 서려 있으며 여섯 옥새 이외에 따로 있었다.' 하였다. 李斯가 그

글을 쓰기를 '受命于天 旣壽永昌〔하늘에서 천명을 받아 이미 장수하고 길이 창성하다.〕' 하고는 이름하기를 傳國璽라 하였다. 漢高祖가 三秦을 평정할 때에 子嬰이 이것을 바쳤는데, 뒤에 王莽이 찬탈하고서 元后에게서 가져갔다. 王莽이 패망하자 王憲이 이것을 얻었는데 李松이 長安으로 들어가 王憲을 목 베고 옥새를 취하여 更始에게 보내어 올렸으며, 更始가 赤眉에게 받들어 올리고 赤眉가 劉盆子를 세웠는데 劉盆子가 光武帝에게 받들어 올렸다. 뒤에 董卓이 난을 일으키자 옥새를 관장하는 자가 우물 속에 던져 넣었는데, 孫堅이 洛陽에 들어가서 도성 남쪽에서 董卓의 군대를 토벌할 때에 우물 속에서 五色의 광채가 나는 것을 보고는 孫堅이 마침내 우물을 치워 옥새를 얻었다. 袁術이 참람하여 반역을 하고는 마침내 孫堅의 아내를 구류하고 옥새를 빼앗았는데, 이때 徐璆가 天子의 부름을 받고 京師로 가다가 길에서 袁術에게 협박당하여 袁術에게 귀의하였다. 뒤에 袁術이 죽자 徐璆가 옥새를 얻어 다시 獻帝에게 올렸고, 曹氏(曹丕)가 이것을 漢나라에서 취하였는데, 뒤에 이것을 晉나라에 받들어 올렸다. 前趙의 劉聰이 劉曜로 하여금 洛陽에 들어가 晉나라 懷帝를 사로잡고 옥새를 취하여 平陽으로 가져갔으며, 뒤에 石勒에게 합병당하여 옥새가 마침내 石勒에게 귀속되었다. 石勒이 冉閔에게 멸망당하고 옥새가 冉閔에게 귀속되었는데, 冉閔이 패하자 옥새가 冉閔의 大將軍 蔣幹에게 보관되었다. 蔣幹이 晉나라 謝尙에게 구원을 청하니, 이때 謝尙이 戴施로 하여금 枋頭를 점거하게 하였다. 마침내 鄴城에 들어가 蔣幹을 도와주고 옥새를 얻었는데, 晉나라 穆帝 永和 8년에 建康으로 돌아왔다."

*) 六璽 : 秦나라와 漢나라 皇帝의 傳國璽 이외에 오히려 여섯 개의 옥새가 있었는데, 모두 白玉으로 만들고 끈에 용과 호랑이 모양이 서려 있으며 武都의 紫泥로 봉함하였다. 첫 번째는 皇帝行璽로 封國할 때에 사용하였고, 두 번째는 皇帝之璽로 여러 王侯에게 하사할 때에 사용하였고, 세 번째는 皇帝信璽로 發兵할 때에 사용하였고, 네 번째는 天子行璽로 大臣을 부를 때에 사용하였고, 다섯 번째는 天子之璽로 外國의 君主를 策封할 때에 사용하였고, 여섯 번째는 天子信璽로 天地鬼神에게 제사할 때에 사용하였다. 그 후 晉나라로부터 隋나라 때까지 용도와 제도는 자주 바뀌었으나 그 명칭은 바뀌지 않았다. ≪後漢書 武帝紀 上≫

6) 〔通鑑要解〕帝令縣廚 : 縣은 宜陽縣이니 縣有廚官也라
縣은 宜陽縣이니, 縣에 廚官이 있다.

○ **初**에 **梁王劉永**[1)]이 **據國起兵**하야 **以董憲, 張步**로 **爲將軍**하고 **專據東方**하야

稱帝睢(수)陽하고 **復立步爲齊王**이러니 **帝方北憂漁陽**[2]하고 **南事梁, 楚**라 **故**로 **步得專集齊地**하야 **據郡十二焉**하다

처음에 梁王 劉永이 나라를 점거하고 군대를 일으켜 董憲과 張步를 장군으로 삼고 東方을 독차지하여 睢陽城에서 황제라 칭하고, 다시 張步를 세워 齊王으로 삼았다. 황제가 이때 막 북쪽으로 漁陽을 근심하고 남쪽으로 梁과 楚를 정벌하였기 때문에 張步가 齊나라 땅을 독차지하여 12개 郡을 점거할 수 있었다.

1)〔頭註〕梁王劉永：文帝子梁孝王武八世孫이라
劉永은 文帝의 아들 梁孝王 武의 8세손이다.

2)〔譯註〕帝方北憂漁陽：蕭王(劉秀)이 북쪽으로 尤來・大槍・五幡을 元氏에서 공격하여 연달아 격파하였는데, 승세를 타고 경솔하게 진군했다가 도리어 패배를 당하였다. 그리하여 적들이 퇴각하여 漁陽으로 들어가서 지나가는 곳마다 노략질을 하였으므로 蕭王이 이를 근심한 것이다.

○ **涿郡太守張豐**이 **反**하야 **與彭寵連兵**하다 **時**에 **關中衆寇猶盛**이라 **馮異且戰且行**하야 **屯兵上林苑中**하야 **以擊豪傑不從令者**하니 **威行關中**이러라

涿郡太守 張豐이 배반하여 彭寵과 군대를 연합하였다. 이때 關中의 여러 도둑들이 아직 성하였으므로, 馮異가 한편으로는 전투를 하고 한편으로는 행군을 하여 上林苑 가운데에 군대를 주둔하고서 명령을 따르지 않는 호걸들을 공격하니, 위엄이 關中 지방에 행해졌다.

○ **蓋延**이 **圍睢陽**하야 **斬劉永**한대 **蘇茂奔垂惠**하야 **共立永子紆**하야 **爲梁王**하다

蓋延이 睢陽城을 포위하여 劉永을 목 베자, 蘇茂가 垂惠로 달아나 〈周建 등과〉 함께 劉永의 아들 紆를 세워서 梁王으로 삼았다.

○ **耿弇**이 **從容言於帝**하야 **自請北收上谷兵**하야 **定彭寵於漁陽**하고 **取張豐於涿郡**하고 **還收富平, 獲索**[1]하고 **東攻張步**하야 **以平齊地**한대 **帝壯其意**하야 **許**

之하다

耿弇이 조용히 황제에게 말하여 북쪽으로 上谷의 군대를 수습하여 彭寵을 漁陽에서 평정하고 張豐을 涿郡에서 취하고, 돌아와 富平과 獲索을 거두고 동쪽으로 張步를 공격해서 齊나라 땅을 평정할 것을 자청하자, 황제가 그의 뜻을 장하게 여겨서 이를 허락하였다.

1)〔譯註〕富平, 獲索 : 모두 賊의 이름인데 혹은 산천과 토지에 따라 이름하고, 혹은 軍容의 강성함을 따라 이름하여 名目이 번다하였다.

〔新增〕養心吳氏曰 此事는 與韓信請益兵事同이니라

養心吳氏가 말하였다.
"이 일은 韓信이 병력을 증가해 줄 것을 요청한 일과 똑같다."

【戊子】四年이라

建武 4년(무자 28)

吳漢, 王梁이 擊破五校於臨平하다

吳漢과 王梁이 五校를 臨平에서 격파하였다.

○ 耿弇, 祭(채)遵等이 討張豐於涿郡하야 禽(擒)之하다

耿弇과 祭遵 등이 張豐을 涿郡에서 토벌하여 사로잡았다.

○ 王莽末에 天下亂이어늘 臨淮大尹侯霸 獨能保全其郡이러니 帝徵霸會壽春하야 拜尚書令하다 時에 朝廷에 無故典하고 又少舊臣이라 霸明習故事하야 收錄遺文하야 條奏前世善政法度하야 施行之하다 〈出霸傳〉

王莽 말엽에 천하가 혼란하였는데, 臨淮大尹 侯霸가 홀로 그 고을을 보전하니, 황제가 侯霸를 불러 壽春에서 만나 尙書令을 제수하였다. 이때 조정에는

옛 典籍이 없고 또 옛 신하가 적었다. 侯霸가 故事를 밝게 익혀 遺文을 수록해서 前代의 좋은 정사와 법도를 조목조목 아뢰어 시행하게 하였다. - ≪後漢書 王霸傳≫에 나옴 -

○ 更始之末에 公孫述이 卽皇帝位於成都하다 隗囂使馬援으로 往觀述한대 援이 素與述同里閈(한)相善[1]이라 以爲旣至에 當握手歡如平生이러니 而述이 盛陳陛衛[2]하고 以延援入하야 交拜禮畢에 使出就館하고 更爲援하야 製都布單衣[3], 交讓冠[4]하고 會百僚於宗廟中하고 立舊交之位하다 述이 鸞旗[5]旄騎[6]로 警蹕[7]就車하야 磬折[8]而入하니 禮饗官屬이 甚盛이러라 欲授援以封侯大將軍位하니 賓客이 皆樂留어늘 援이 曉之曰 天下雌雄이 未定이어늘 公孫이 不吐哺走迎國士[9]하야 與圖成敗하고 反修飾邊幅[10]하야 如偶人形하니 此子何足久稽天下士乎아하고 因辭歸하야 謂囂曰 子陽은 井底蛙[11]耳라 而妄自尊大하니 不如專意東方[12]이니이다 囂乃使援하야 奉書洛陽하니 援이 初到에 帝在宣德殿南廡下하야 但幘[13]坐迎이라 笑謂援曰 卿이 遨遊二帝間하니 今見卿에 使人大慙[14]이로다 援이 頓首辭謝하고 因曰 當今之世에 非但君擇臣이라 臣亦擇君[15]耳니이다 臣與公孫述同縣하야 少相善이라 臣前至蜀에 述陛戟[16]而後에 進臣하더니 臣今遠來어늘 陛下何知非刺客姦人而簡易若是잇고 帝復笑曰 卿非刺客이라 顧說客耳로다 援曰 天下에 反復盜名字者[17]를 不可勝數러니 今見陛下호니 恢廓大度 同符高祖라 乃知帝王이 自有眞也로소이다 〈馬援傳〉

更始 말년에 公孫述이 成都에서 황제에 즉위하였다. 隗囂가 馬援으로 하여금 가서 公孫述을 만나 보게 하였는데, 馬援은 평소 公孫述과 한 마을 사람으로 서로 친하였다. 馬援은 자신이 찾아가면 손을 잡고 평소처럼 반가워할 것이라고 생각하였는데, 公孫述이 뜰에 호위병을 진열하고 馬援을 맞이하여 들어오게 해서 交拜禮를 마친 다음 나가서 館舍에 있게 하고, 다시 馬援을 위해서 都布單衣와 交讓冠을 만들어 착용시키고 百官들을 종묘 가운데 모아

놓고서 옛날 사귀던 친구의 자리를 세우게 하였다. 公孫述이 鸞旗와 旄騎로 警蹕(辟除)을 하고 수레에 올라 경쇠 모양처럼 허리를 굽혀 揖을 하고 들어오니 禮로 연향함과 官屬들이 매우 성대하였다. 馬援을 侯에 봉하고 大將軍의 지위를 제수하려 하니, 빈객들은 모두 머무는 것을 좋아하였다. 馬援이 그들을 깨우치기를 "천하가 아직 雌雄이 정해지지 않았는데, 公孫이 먹던 밥을 뱉고 달려가 國士를 맞이해서 함께 成敗를 도모하지 않고, 도리어 邊幅(위의와 용모)을 수식하여 허수아비 인형과 같으니, 이 사람이 어찌 천하의 선비를 오랫동안 머물게 하겠는가." 하고는, 인하여 하직하고 돌아가서 隗囂에게 이르기를 "子陽(公孫述의 字)은 우물 안의 개구리일 뿐입니다. 망령되이 스스로 높은 체하고 큰 체하니, 東方(洛陽의 光武帝)에 전념하는 것만 못합니다." 하였다.

隗囂가 마침내 馬援을 사신으로 삼아 洛陽에 글을 받들어 올리게 하니, 馬援이 처음 이르렀을 때에 황제가 宣德殿 남쪽 행랑 아래에서 두건만 쓰고 앉아서 맞이하였다. 황제가 웃으며 馬援에게 이르기를 "卿이 두 황제(公孫述과 자신)의 사이에서 왔다갔다 하니, 지금 卿을 만남에 사람으로 하여금 크게 부끄럽게 한다." 하였다. 馬援이 머리를 조아려 사례하고 인하여 말하기를 "지금 세상엔 단지 군주가 신하를 가려서 쓸 뿐만 아니라, 신하 또한 군주를 가려서 섬겨야 합니다. 신은 公孫述과 한 고을 사람이라서 어려서부터 서로 친합니다. 신이 지난번 蜀에 이르렀을 때에 公孫述은 창을 잡은 호위병을 뜰에 세운 뒤에야 신을 나오게 하였습니다. 신이 지금 먼 곳에서 왔는데, 폐하께서는 어찌 刺客과 간사한 사람이 아닌 줄을 아시고, 소탈하고 쉽게 대하기를 이와 같이 하십니까?" 하니, 황제가 다시 웃으며 말하기를 "경은 刺客이 아니라 다만 說客일 뿐이다." 하였다. 馬援이 말하기를 "천하에 반복하여 帝王의 名字를 도둑질한 자를 이루 셀 수가 없었는데, 이제 폐하를 뵈니 넓고 큰 도량이 高祖와 똑같습니다. 이제야 帝王이 본래 진짜가 있다는 것을 알겠습니다." 하였다. - ≪後漢書 馬援傳≫에 나옴 -

1) 〔釋義〕援……里閈相善 : 閈은 閭也니 里門曰閈이라 蓋援, 述이 皆扶風茂陵人故云이라

閈은 마을이니, 마을의 문을 閈이라 한다. 馬援과 公孫述이 모두 扶風縣 茂陵 사람이기 때문에 말한 것이다.

2) 〔通鑑要解〕 盛陳陛衛 : 於階陛間에 大布兵衛也라

뜰에 호위병을 많이 세운 것이다.

3) 〔釋義〕 都布單衣 : 都는 一作答하니 答布는 白疊布[*1)]也니 出安子國이라 單衣는 若朝服中單[*2)]也라

都는 어떤 本에는 答으로 되어 있으니, 答布는 白疊布이니 安子國에서 나온다. 單衣는 朝服의 中單과 같은 것이다.

＊1) 〔頭註〕 白疊布 : 疊은 本作氎이라 南史云 高昌國에 有草實하니 如繭中絲라 爲細纑하고 名曰白疊이라하니 取以爲布면 甚軟白이라 纑는 布縷也라

疊은 본래 氎으로 되어 있다. ≪南史≫에 이르기를 "高昌國에 초목의 열매(木花를 가리킴)가 있는데, 누에고치 속의 실과 같으므로 가느다란 실을 만들고 이름하기를 白疊이라고 하니, 이것을 취하여 布를 만들면 매우 부드럽고 희다." 하였다. 纑는 布縷이다.

＊2) 中單 : 옛날 朝服의 속옷이며, 汗衫을 널리 가리키기도 한다.

4) 〔通鑑要解〕 交讓冠 : 謂賓主相見禮之冠이라

交讓冠은 賓主間에 禮로 서로 만나 볼 때에 쓰는 관을 이른다.

5) 〔頭註〕 鸞旗 : 編羽毛하야 列繫幢傍하고 載於車上을 謂之鸞旗니 駕出則陳於道而先行이라

깃털과 털을 엮어서 깃발 옆에 나열하여 매달고 수레 위에 싣고 다니는 것을 鸞旗라 하니, 車駕가 출행하면 길에 늘어놓아 앞서 간다.

6) 〔釋義〕 旄騎 : 旄頭之騎[*)]也라

旄騎는 旄頭의 騎兵이다.

＊) 旄頭之騎 : 旄頭는 騎士의 별칭으로, ≪漢官儀≫에 "옛날에는 羽林軍을 뽑아서 旄頭를 삼아 머리를 풀고 행렬의 선두가 되게 했다.〔舊選羽林爲旄頭 被髮先驅〕" 하였으며, 魏文帝의 ≪列異傳≫에 "秦나라 文公이 南山의 큰 梓나무를 베니, 한 마리의 푸른 소가 달아나 豐水 속으로 들어갔다. 그 뒤에 소가 豐水에서 나오자 기병을 시켜 소를 공격하였으나 승리하지 못하고, 땅에 떨어져 상투가 풀어져 머리가 흩어지자, 소가 두려워하여 물속으로 뛰어 들어가 나오지 않았다. 이로 인하여 旄頭騎를 설치하여 先驅가 되게 했다." 하였다.

7) 〔釋義〕 警蹕 : 所警者는 戒肅也요 蹕은 止行人也라 〔頭註〕 天子出則稱警하니 示

戒肅也요 入則言蹕하니 所以止行人淸道也라 言出入者는 互文*)耳라

〔釋義〕警은 경계하고 엄숙히 하는 것이고, 蹕은 行人을 멈추게 하는 것이다.

〔頭註〕天子가 나갈 때에는 警이라고 칭하니 경계하고 엄숙히 함을 보이는 것이요, 들어올 때에는 蹕이라고 하니 行人을 멈추게 하여 길을 치우는 것이다. 出入이라고 말한 것은 互文이다.

*) 互文 : 똑같은 내용이 두 곳에 나올 경우 같은 내용을 일일이 쓰지 않고 각기 한 가지만 쓰는 것을 이른다. 예컨대 제왕이 나갈 때에도 警·蹕을 하고 들어올 때에도 警蹕을 하는데, 나갈 때에는 警만 말하고 들어올 때에는 蹕만 말한 것이 바로 互文이다.

8) 〔釋義〕磬折 : 謂人曲體揖之를 若磬之形也라 按磬은 一片黑石이니 縣(懸)在簴上하여 擊之라 其形中曲하야 垂兩頭하니 言人要(腰)側似也라

磬折은 사람이 몸을 굽혀 읍하기를 石磬의 모양과 같이 함을 이른다. 磬은 한 조각의 검은 돌이니, 이것을 종틀 위에 매달아 두드린다. 그 모양이 중간이 구부러져서 양끝이 아래를 향하니, 사람이 허리를 굽힌 모양이 이와 비슷함을 말한 것이다.

9) 〔釋義〕吐哺走迎國士 : 按魯世家에 周公戒伯禽曰 我嘗一沐三握髮하고 一飯三吐哺하야 起以待士로되 猶恐失天下之賢人이라하니라

살펴보건대 ≪史記≫ 〈魯世家〉에 "周公이 아들 伯禽에게 경계하기를 '〈식사할 때나 머리 감을 때에 선비가 찾아오면〉 나는 일찍이 한 번 머리 감을 때에도 세 번 감던 머리를 거머쥐고, 한 번 밥을 먹을 때에도 세 번 먹던 밥을 뱉고 일어나서 선비를 영접하면서도 행여 천하 賢人들의 마음을 잃을까 두려워하였다.' 했다." 하였다.

10) 〔釋義〕修飾邊幅 : 王氏曰 邊은 畔也니 田有界畔이라 布帛廣曰幅이니 修飾者若布帛之修整邊幅也라

王氏가 말하였다. "邊은 밭두둑이니, 밭에는 경계에 두둑이 있다. 布帛의 너비를 幅이라 하니, 외면을 修飾하는 것이 布帛의 邊幅(올이 풀리지 않게 짠 가장자리 부분)을 정돈하는 것과 같은 것이다."

11) 〔釋義〕井底蛙 : 蛙는 水蟲이니 形似蝦蟆하니 言如蛙坐井中하야 所見者小也라

蛙는 물에서 사는 동물이니, 모양이 蝦蟆와 같은 바, 개구리가 우물 안에 앉아 있는 것과 같아서 보는 것이 작음을 말한 것이다.

12) 〔譯註〕專意東方 : 專意는 專念과 같으며, 東方은 光武帝가 있는 洛陽을 가리킨다.

13)〔釋義〕帝在宣德殿南廡下 但幘*)：廡는 堂下周屋也라 髮有巾曰幘이라
廡는 堂 아래에 둘러 있는 집이다. 머리에 두건이 있는 것을 幘이라 한다.
*) 幘：冠은 弁冕의 총칭이고 幘은 頭巾이다. 옛날에는 冠만 있고 幘은 없었으니, 幘은 비천한 執事들이 쓰는 것이었는데 그 뒤에 귀한 자와 천한 자가 모두 썼는바, 곧 武裝을 하지 않음을 말한 것이다.
14)〔通鑑要解〕大慙：言自慙德薄而稱帝也라
德이 적으면서 황제라고 칭함을 스스로 부끄러워함을 말한 것이다.
15)〔譯註〕非但君擇臣 臣亦擇君：≪孔子家語≫〈觀周〉에 "군주가 비록 그 신하의 德器를 헤아리지 않더라도 신하는 그 군주에게 충성하지 않을 수 없다. 그러므로 군주는 이미 신하를 가려서 맡기고 신하 또한 군주를 가려서 섬기는 것이다.〔君雖不量於其身 臣不可以不忠於其君 是故 君旣擇臣而任之 臣亦擇君而事之〕"라고 보인다.
16)〔釋義〕陛戟：謂陳列棨戟於階陛之下하야 以爲儀衛라
陛戟은 계단과 뜰 아래에 창을 진열하여 세워서 威儀와 護衛로 삼음을 이른다.
17)〔頭註〕反復盜名字者：盜名字는 謂僭竊名號하야 稱帝稱王也라
名字를 도둑질한다는 것은 帝王의 名號를 참람하게 훔쳐서 帝를 칭하고 王을 칭함을 이른다.

【己丑】五年이라

建武 5년(기축 29)

帝使來歙(흡)持節하야 **送馬援歸隴右**하다 **隗囂與援共臥起**하야 **問以東方事**한대 **曰 前到朝廷**호니 **上**이 **引見數十**하사 **每接燕語**하사되 **自夕至旦**하시니 **才明勇略**이 **非人敵也**요 **且開心見誠**하야 **無所隱伏**하니 **闊達多大節**은 **略與高帝同**하고 **經學博覽**과 **政事文辨**1)은 **前世無比**러이다 **囂曰 卿謂何如高帝**오 **援曰 不如也**니 **高帝**는 **無可無不可**2)어니와 **今上**은 **好吏事**하야 **動如節度**하고 **又不喜飮酒**러이다 **囂意不懌(역)曰 如卿言**인댄 **反復(부)勝耶**아하다 〈出援傳〉

황제가 來歙으로 하여금 節을 가지고 馬援을 전송하여 隴右로 돌아가게 하

였다. 隗囂가 馬援과 함께 기거하면서 東方(洛陽)의 일을 묻자, 말하기를 "지난번 조정에 이르니, 上이 수십 번 접견하여 접견할 때마다 사사로이 말씀하시되 저녁부터 아침까지 하였습니다. 才明(재주와 지혜)과 勇略은 보통 사람이 대적할 바가 아니고 또 마음을 열어 진심을 보여서 숨기는 바가 없으니, 활달하여 大節에 치중함은 대략 高帝와 같고 經學과 博覽, 政事와 文辨은 前代에 비할 사람이 없습니다." 하였다.

隗囂가 말하기를 "卿이 생각하기에 高帝에 비하여 어떠한가?" 하니, 馬援이 대답하기를 "高帝만 못하니 高帝는 가함도 없고 불가함도 없거니와, 今上은 관리의 일을 처리하기를 좋아하여 번번이 節度대로 하고 또 술 마시는 것을 좋아하지 않습니다." 하니, 隗囂가 마음에 좋아하지 않으며 말하기를 "卿의 말과 같다면 今上이 高帝보다 도리어 더 낫단 말인가?" 하였다. -≪後漢書 馬援傳≫에 나옴-

1) 〔頭註〕 文辨 : 文華辨別也라
 문장이 아름답고 화려하며, 사물에 대한 분별이 있는 것이다.
2) 〔譯註〕 無可無不可 : 이 내용은 ≪論語≫ 〈微子〉에 보이는 바, 可는 가하다고 여겨 반드시 하는 것이고, 不可는 불가하다고 여겨 반드시 하지 않는 것으로, 무슨 일을 할 때에 미리 주장하는 것이 없고 오직 시의적절하게 함을 이른다.

〔新增〕 胡氏曰 無可無不可는 孔子自謂之言也니 以五字成文은 當渾全以會其意요 不當分析以求其義라 設有人焉이 絶世離俗하야 無一可者면 有是理乎아 行之而善이라도 亦孤介一隅之士爾요 設有人焉이 和光同塵하야 無一不可者면 有是理乎아 行之而善이라도 亦委隨茍合之人爾라 蓋聖人은 從容中道하야 無所偏倚者也라 後世에 有狀人之通儻[1]不泥者면 必曰無可無不可라하나니 窮究要歸하면 則纔足謂之無不可爾니라

胡氏가 말하였다.

" '가함도 없고 불가함도 없다.〔無可無不可〕'는 것은 孔子께서 자신을 두고 스스로 하신 말씀이니, 다섯 글자를 가지고 문장을 이룸은 완전히 한 덩어리로 그 뜻을 이해해야 하고 분석해서 그 뜻을 찾아서는 안 된다. 설령 어떤 사

람이 세속을 끊고 떠나가서 한 가지라도 可한 것이 없다면 이런 이치가 있겠는가. 이것을 행하여 善하더라도 또한 홀로 절개를 지켜 세속을 따르지 않는 협소한 선비일 뿐이다. 그리고 설령 어떤 사람이 광채(德)를 감추고 塵世에 섞여 있어서 한 가지라도 不可한 것이 없다면 이런 이치가 있겠는가. 이것을 행하여 善하더라도 또한 나약하고 무능하여 구차히 영합하는 사람일 뿐이다. 聖人은 저절로 道에 맞아서 치우치거나 의지함이 없는 자이다. 후세에 통달하고 초탈하여 어느 한쪽에 빠지지 않는 자를 형용할 때에 반드시 '無可無不可'라 하니, 그 귀결을 궁구해 보면 겨우 '불가함이 없다〔無不可〕'고 이르기에 충분할 뿐이다."

1)〔頭註〕通儻：通은 達也요 儻은 倜儻이니 卓異也라
通은 통달함이요, 儻은 뜻이 크고 기개가 뛰어난 것이니 卓異한 것이다.

馬武, 王霸가 擊蘇茂, 周建하야 破之한대 建은 於道死하고 茂는 犇下邳[1]하야 與董憲合하고 劉紆는 犇佼彊[2]하다

馬武와 王霸가 蘇茂와 周建을 공격하여 격파하자, 周建은 길에서 죽고, 蘇茂는 下邳로 도망하여 董憲과 연합하고, 劉紆는 佼彊에게로 달려갔다.

1)〔釋義〕下邳：邳는 東海邑이니 本在薛이러니 其後徙此라 有上邳라 故曰下邳라
邳는 東海의 邑이니, 본래 薛에 있었는데 그 후 이곳으로 옮겼다. 上邳가 있기 때문에 下邳라 한 것이다.

2)〔釋義〕佼彊：佼는 姓也니 或作姣라〔頭註〕佼彊은 梁王永之將이라
〔釋義〕佼는 姓이니 혹은 姣로도 쓴다.〔頭註〕佼彊은 梁王 劉永의 장수이다.

○ 彭寵의 蒼頭[1]子密等三人이 殺寵以降이어늘 帝封子密하야 爲不義侯하다

彭寵의 蒼頭(노예)인 子密 등 세 사람이 彭寵을 죽이고 항복하자, 황제가 子密을 봉하여 不義侯로 삼았다.

1)〔釋義〕蒼頭：漢名奴爲蒼頭者하니 (服)〔非〕純黑以別於良人也라
漢나라는 노예를 蒼頭라 이름하였으니, 순흑색이 아닌 것으로 良人과 구별하

였다.

權德輿議曰 伯通之叛命과 子密之戕君은 同歸於亂하니 罪不相蔽라 宜各置於法하야 昭示王度어늘 反乃爵於五等[1]하고 又以不義爲名이라 且擧以不義면 莫可侯也어늘 此而可侯하니 漢爵이 爲不足勸矣니라

權德輿가 논하였다.

"伯通(彭寵의 字)이 황제의 명령을 배반한 것과 子密이 군주를 해침은 똑같이 亂에 돌아가니, 죄가 서로 가릴 수 없다. 마땅히 각각 법대로 처치하여 왕의 法度를 밝게 보여야 할 터인데, 도리어 公·侯·伯·子·男 다섯 등급의 작위를 내리고 또 不義를 侯의 이름으로 삼았다. 또 不義한 짓을 거행하였으면 侯를 시켜서는 안 되는데 이런 사람에게 侯를 시켰으니, 漢나라의 官爵이 족히 善을 권할 수 없게 되었다."

1)〔釋義〕五等 : 謂公侯伯子男이라
다섯 등급은 公·侯·伯·子·男을 이른다.

吳漢이 率耿弇等하고 擊富平獲索[1]於平原하야 大破之어늘 上이 因詔弇하야 進討張步[2]하다

吳漢이 耿弇 등을 거느리고 富平의 獲索을 平原郡에서 공격하여 大破하자, 上이 인하여 耿弇에게 명해서 나아가 齊나라 王 張步를 토벌하게 하였다.

1)〔釋義〕富平獲索 : 地理志에 平原에 有富平縣이라 獲索은 賊名이라
≪漢書≫ 〈地理志〉에 "平原郡에 富平縣이 있다." 하였다. 獲索은 賊의 이름이다.
2)〔頭註〕張步 : 齊王也라
張步는 齊나라 王이다.

○ 帝以郭伋(급)爲漁陽太守하다 伋이 承離亂之後하야 養民訓兵하야 開示威信하니 盜賊이 銷散하고 匈奴遠迹하야 在職五年에 戶口增倍러라 〈出本傳〉

황제가 郭伋을 漁陽太守로 삼았다. 郭伋은 난리를 치른 뒤를 이어서 백성들

을 기르고 군사들을 훈련시켜 위엄과 신의를 열어서 보여 주니, 도적들이 사라지고 흉노가 멀리 도망하여 在職한 지 5년에 戶口가 배로 증가하였다. - ≪後漢書 郭伋列傳≫에 나옴 -

○ 平敵將軍龐萌의 爲人이 遜順하니 帝信愛之하야 常稱曰 可以托六尺之孤하고 寄百里之命[1]者는 龐萌이 是也라하다 使與蓋延共擊董憲이러니 時에 詔書獨下延하고 而不及萌이라 萌以爲延譖己라하야 自疑遂反하야 襲延軍破之하고 與董憲連和하야 自號東平王하다 帝聞之大怒하야 自將討萌할새 與諸將書曰 吾常以龐萌爲社稷臣이러니 將軍이 得無笑其言乎아 老賊을 當族이니 其各厲兵馬하야 會睢陽하라

平敵將軍 龐萌의 사람됨이 겸양하고 공손하니, 황제가 믿고 사랑하여 항상 칭찬하기를 "六尺의 어린 군주를 맡길 수 있고, 百里(諸侯國)의 命令(國政)을 부탁할 수 있는 자는 龐萌 이 사람이다."라고 하였다. 蓋延과 함께 董憲을 공격하게 하였는데, 이때에 조서가 蓋延에게만 내려지고 龐萌에게는 미치지 않았다. 龐萌은 蓋延이 자신을 참소한 것이라고 여겨 스스로 의심하고는 마침내 배반하여 蓋延의 군대를 기습 격파하고 董憲과 연합하여 東平王이라 자칭하였다.

황제가 이 말을 듣고 크게 노하여 스스로 군대를 거느리고 龐萌을 토벌할 적에 諸將들에게 편지를 보내기를 "내가 항상 龐萌을 社稷의 신하라고 하였는데, 장군들이 어찌 나의 말을 비웃지 않겠는가. 老賊을 마땅히 滅族해야 할 것이니, 각기 병기와 말을 정돈하여 睢陽으로 모이도록 하라." 하였다.

1) 〔譯註〕 可以托六尺之孤 寄百里之命 : 이 내용은 ≪論語≫ 〈泰伯〉에 보인다.

○ 隗囂問於班彪曰 往者周亡에 戰國이 竝爭하야 數世然後定하니 意者컨대 從橫之事 復起於今乎아 將承運迭興이 在於一人也아 彪曰 周之廢興은 與漢殊異라 昔에 周爵五等하야 諸侯從政하야 本根旣微에 枝葉彊大라 故로 其末流

에 有從橫之事하니 勢數然也어니와 漢承秦制하야 改立郡縣[1])하니 主有專己之威하고 臣無百年之柄이라 至於成帝하야 假借外家[2])하며 哀, 平이 短祚하고 國嗣三絶[3])이라 故로 王氏擅朝하야 能竊號位하니 危自上起요 傷不及下라 是以로 卽眞之後에 天下引領而歎이러니 十餘年間에 中外騷擾하고 遠近俱發하야 假號雲合에 咸稱劉氏하야 不謀同辭라 方今에 雄桀(傑)帶州域者 皆無六國世業之資하고 百姓이 謳吟思仰하니 漢必復興을 已可知矣니이다 囂曰 生言周, 漢之勢는 可也어니와 至於但見愚人의 習識劉氏姓號之故로 而謂漢復興은 疎矣로다 昔에 秦失其鹿에 劉季逐而掎(기)之[4])하니 時民이 復知漢乎아

隗囂가 班彪에게 묻기를 "예전에 周나라가 멸망할 때에 戰國의 群雄들이 함께 다투어서 몇 대가 지난 뒤에야 天下가 정해졌으니, 생각건대 合從과 連橫의 일이 오늘날에 다시 일어나겠는가? 아니면 〈漢나라가 망하고〉 天命을 받아 漢나라를 대신하여 일어나는 것이 한 사람에게 있겠는가?" 하니, 班彪가 다음과 같이 대답하였다.

"周나라가 망하고 흥함은 漢나라와는 크게 다릅니다. 옛날에 周나라는 다섯 등급의 관작을 두어서 제후들이 정사에 종사하여 根本(天子國)이 이미 미약해지자 枝葉(제후국)이 강대해졌습니다. 그러므로 末流에 合從과 連橫의 일이 있었으니, 이는 형세와 운수가 그러했던 것입니다. 그러나 漢나라는 秦나라의 제도를 이어받아 封建制度를 고쳐 郡縣制度를 세우니, 군주는 자기 마음대로 하는 위엄이 있고 신하는 百年의 장구한 권세가 없었습니다. 그런데 成帝 때에 이르러 外戚에게 권력을 빌려 주었으며 哀帝와 平帝가 제위를 누린 것이 짧고 國統이 세 번이나 끊어졌습니다. 그러므로 王氏(王莽)가 조정을 제멋대로 차지하여 天子의 칭호와 지위를 도둑질하였으니, 위태로움이 위에서부터 일어났고 傷害가 아래의 백성들에게 미치지 않았습니다. 이 때문에 王莽이 진짜 皇帝에 즉위한 뒤에 천하 사람들이 목을 길게 빼고 한탄하였는데, 10여 년 사이에 中外가 소란하고 遠近이 함께 일어나서 名號를 빌려 무리들을 구름처럼 모을 적에 모두 劉氏라고 칭하여 상의하지 않고도 똑같

이 말하였습니다. 지금 영웅호걸로서 州의 경계를 차지하고 있는 자들은 모두 六國처럼 대대로 基業을 이어 내려오는 바탕이 없고, 백성들은 漢나라를 노래하고 그리워하니, 漢나라가 반드시 부흥하리라는 것을 이미 알 수 있습니다."

隗囂가 말하기를 "生이 周나라와 漢나라의 형세를 말한 것은 可하지만 다만 어리석은 사람들이 劉氏의 姓과 이름을 익숙히 아는 것을 보았다고 해서 漢나라가 다시 부흥할 것이라고 말하는 것은 고루하다. 옛날 秦나라가 사슴(帝位)을 잃자 劉季(劉邦)가 쫓아가서 잡았으니, 그 당시 백성들이 다시 漢나라를 알았겠는가?" 하였다.

1) 〔譯註〕 漢承秦制 改立郡縣 : 漢나라 초기에는 周나라의 封建제도와 秦나라의 郡縣제도를 절충하여, 수도에 가까운 지역은 郡縣을 두어 황제가 직접 다스리고, 먼 지역은 황족이나 공신들을 제후로 봉하여 다스리게 하였다.

2) 〔釋義〕 假借外家 : 外家는 王氏也니 謂以權勢로 假貸與諸舅라
外家는 王氏이니, 권세를 여러 외삼촌들에게 빌려 주었음을 이른다.

3) 〔譯註〕 哀平短祚 國嗣三絶 : 哀帝는 재위가 6년이었고 平帝는 재위가 5년이었으므로 帝位를 누린 것이 짧다고 말한 것이다. 國統이 세 번이나 끊어졌다는 것은 成帝, 哀帝, 平帝가 모두 後嗣가 없었음을 이른다.

4) 〔釋義〕 秦失其鹿 劉季逐而掎之 : 按淮陰傳에 秦失其鹿에 天下共逐之하니 於是에 高材疾足者先得焉이라한대 註云 以鹿喩帝位也라 劉季는 高帝也니 諱邦이요 字季라 又左傳에 譬如捕鹿에 諸戎掎之라한대 註에 從後牽曰掎라하니라
살펴보건대 ≪史記≫ 〈淮陰侯列傳〉에 "秦나라가 그 사슴을 잃자 천하가 함께 쫓으니, 이에 재주가 뛰어나고 발이 빠른 자가 먼저 얻었다." 하였는데, 註에 이르기를 "사슴을 가지고 황제의 지위를 비유한 것이다." 하였다. 劉季는 高帝이니, 諱가 邦이고 字가 季이다. 또 ≪春秋左傳≫에 "비유하건대 사슴을 잡을 때에 여러 오랑캐들이 뒷다리를 잡는 것과 같다." 하였는데, 註에 "뒤에서 잡아끄는 것을 掎라 한다." 하였다.

彪乃爲之著王命論하야 **以風切之**하니 〈出彪傳 末句不同〉 **曰 昔堯之禪舜**[1]에 **曰 天之曆數**[2]**在爾躬**이라하시고 **舜亦以命禹**하시며 **洎**(계)**于稷, 契**(설)하야 **咸佐**

唐, 虞[3]러니 至湯, 武而有天下라 劉氏는 承堯之祚하니 堯據火德이어늘 而漢紹之하야 有赤帝之符[4]라 俗見高祖興於布衣하고 不達其故하야 至比天下於逐鹿하야 幸捷而得之라하고 不知神器有命하야 不可以智力求也하니 悲夫라 此世所以多亂臣賊子也로다 夫饑饉流隷[5] 飢寒道路에 所願이 不過一金이나 然終轉死溝壑은 何則고 貧窮亦有命也일새니 況乎天子之貴와 四海之富와 神明之祚를 可得而妄處哉아 故로 雖遭離阨會하야 竊其權柄하야 勇如信, 布[6]하고 强如梁, 籍[7]하고 成如王莽[8]이라도 然卒潤鑊(확)伏質[9]하야 烹醢分裂이어든 又況幺麽(야마)[10]不及數子요 而欲闇奸[11]天位者虖(乎)아

班彪가 이에 隗囂를 위하여 〈王命論〉을 지어서 풍자하니, 그 내용은 다음과 같다. - ≪後漢書 班彪傳≫에 나오는데, 末句가 같지 않음 -

“옛날 堯임금이 舜임금에게 禪讓할 때에 말씀하기를 ‘하늘의 曆數(天運)가 네 몸에 있다.’ 하였고, 舜임금 또한 이로써 禹임금에게 명하셨으며, 稷과 契에 이르러는 모두 唐·虞를 도왔는데, 湯王과 武王에 이르러서 천하를 소유하였다. 劉氏는 堯임금의 옛 國統을 이으니, 堯임금은 火德에 의거하였는데 漢나라가 이것을 이어서 赤帝의 符瑞가 있었다. 俗人들은 高祖가 布衣로 일어난 것을 보고는 그 까닭을 알지 못해서 심지어 사슴을 쫓는 데에 천하를 견주어서 다행히 발이 빨라 얻었다 하고, 神器(황제의 지위)가 天命이 있어서 지혜와 힘으로 구할 수 없다는 것을 알지 못하니, 슬프다. 이 때문에 세상에 亂臣賊子가 많은 것이다. 饑饉이 들어 이리저리 떠돌아다니는 노예들이 길에서 굶주리고 추위에 떨 적에 원하는 것이 1金에 지나지 않으나 끝내 전전하다가 도랑과 구덩이에서 죽는 것은 어째서인가? 貧窮도 天命이 있기 때문이니, 하물며 天子의 존귀함과 四海의 부유함과 神明이 복을 내리는 것을 망령되이 차지할 수 있겠는가. 그러므로 비록 곤궁한 때를 만나 권력을 도둑질하여 용맹함이 韓信과 黥布와 같고 강함이 項梁과 項籍과 같고 형세가 이루어짐이 王莽과 같다 하더라도 끝내 가마솥에 들어가고 도끼 모탕에 엎드려서 삶겨지고 젓 담가져 육신이 나뉘고 찢기는데, 더구나 저 하찮은 자들

은 위의 몇 사람에게 미치지 못하면서 천자의 지위를 남몰래 범하고자 한단 말인가.

1)〔頭註〕堯之禪舜 : 禪은 去聲이니 除地爲禪하야 告天而傳位를 後因謂之禪이라 改墠曰禪은 神之也라

禪은 去聲이니, 天子가 郊外에 나가 땅을 소제하여 禪을 만들어 하늘에 고하고 천자의 자리를 물려주는 것을 후세에 인하여 禪이라 하였다. 墠을 고쳐 禪이라 한 것은 神으로 여긴 것이다.

2)〔頭註〕曆數 : 帝王相繼之次第가 猶歲時氣節之先後라

帝王이 서로 계승하는 차례가 歲時에 節氣의 〈변화가 철에 따라 돌아가는〉 순서와 같은 것이다.

3)〔譯註〕洎于稷契 咸佐唐虞 : 唐은 堯임금의 국호이고 虞는 舜임금의 국호이다. 稷과 契이 모두 堯임금과 舜임금을 보필하였는데, 稷은 周나라 武王의 시조이고 契은 商나라 湯王의 시조이다.

4)〔譯註〕赤帝之符 : 이 일은 秦나라 二世 元年條(B.C.209)에 보인다.

5)〔釋義〕饑饉流隸 : 蔬不熟曰饉이라 流隸는 謂流離之人과 皀隸(조례)之徒也라

채소가 성숙하지 않은 것을 饉이라 한다. 流隸는 이곳저곳으로 떠돌아다니는 사람과 노예의 무리이다.

6)〔釋義〕信, 布 : 謂韓信, 黥布라

信, 布는 韓信과 黥布를 이른다.

7)〔釋義〕梁, 籍 : 謂項梁, 項籍이라

梁, 籍은 項梁과 項籍을 이른다.

8)〔釋義〕成如王莽 : 謂王莽簒位하야 其勢已成也라

王莽이 천자의 지위를 찬탈하여 그 형세가 이미 이루어짐을 이른다.

9)〔釋義〕伏質 : 質은 鑕也니 伏於鑕上而斬之라〔頭註〕質은 本作櫍하니 椹也라 古者 斬人에 伏於椹上而斫之라

〔釋義〕質은 도끼 모탕(나무를 패거나 자를 때에 받쳐 놓는 나무토막)이니, 도끼 모탕 위에 엎드려 베어지는 것이다.〔頭註〕質은 본래 櫍로 쓰니 도끼 모탕이다. 옛날에 사람을 베어 죽일 때에 죄인을 모탕 위에 엎드리게 하고서 베었다.

10)〔釋義〕幺麽*) : 皆微少之稱이라

幺와 麽는 모두 매우 작음을 비유하는 칭호이다.

*) 幺麽 : 前漢 末年에 각지에서 군대를 일으켜 할거하고 있던 자들을 가리킨 것이다.

11)〔釋義〕闇奸：闇은 隱晦貌요 奸은 犯非禮也라
闇은 숨기는 모양이고, 奸은 禮가 아닌 것을 범하는 것이다.

昔에 陳嬰之母는 以嬰家世貧賤하니 卒富貴不祥이라하야 止嬰勿王[1]하고 王陵之母는 知漢必得天下하고 伏劍而死하야 以固勉陵[2]하니 夫以匹婦之明으로도 猶能推事理之致하고 探禍福之機하야 而全宗祀於無窮하고 垂策書於春秋[3]어든 而況大丈夫之事乎아 是故로 窮達有命하고 吉凶由人이라 嬰母는 知廢하고 陵母는 知興하니 審此二者면 帝王之分이 決矣라 加之高祖寬明而仁恕하고 知人善任使라 當食吐哺하야 納子房之策하고 拔足揮洗하야 揖酈生之說하며 擧韓信於行陳하고 收陳平於亡命하야 英雄陳力하고 群策畢擧라 此高帝之大略이 所以成帝業也라 若乃靈瑞符應[4]은 其事甚衆이라 故로 淮陰, 留侯謂之天授요 非人力也[5]라하니 英雄이 誠知覺寤하야 超然遠覽하고 淵然深識하야 收陵, 嬰之明分하고 絶信, 布之覬覦[6]하면 則福祚流於子孫하야 天祿이 其永終矣리라 〈出前漢敍傳〉

옛날 陳嬰의 어머니는 陳嬰의 가문이 대대로 빈천하였으니 갑자기 부귀해지는 것은 상서롭지 못하다 하여 陳嬰을 만류해서 왕이 되지 못하게 하였고, 王陵의 어머니는 漢나라가 반드시 천하를 얻을 것을 알고 칼에 엎드려 죽어 王陵을 굳게 권면하였으니, 匹婦의 밝음으로도 오히려 事理의 이치를 추측하고 禍福의 기미를 살펴서 宗祀를 무궁한 후세에 보전하고 策書를 春秋(역사책)에 전했는데, 하물며 大丈夫의 일이겠는가. 이 때문에 곤궁하고 영달함은 天命이 있고, 길하고 흉함은 사람에게 말미암는 것이다. 陳嬰의 어머니는 〈陳嬰이 王이 되면〉 망할 줄을 알았고 王陵의 어머니는 漢나라가 흥할 줄을 알았으니, 이 두 가지를 자세히 살펴보면 帝王의 구분이 결정될 것이다. 더구나 高祖는 활달하고 밝고 어질고 너그러우며 사람을 잘 알아보아 맡겼다. 밥을 먹다가 먹던 밥을 뱉고서 子房(張良)의 계책을 받아들이고, 발을 씻다가 씻던 발을 빼고서 酈生(酈食其)의 말을 읍하고 받아들이며, 韓信을 行伍

에서 들어 쓰고 陳平을 망명한 데에서 거두어 써서 영웅들이 힘을 바치고 여러 계책이 모두 거행되었다. 이는 高帝의 큰 智略이 帝業을 이룬 것이다. 祥瑞와 符應으로 말하면 그 일이 매우 많다. 그러므로 淮陰(韓信)과 留侯(張良)가 이르기를 '하늘이 준 것이지 사람의 힘이 아니다.'라고 한 것이니, 영웅이 진실로 알고 깨달아서 超然히 멀리 보고 淵然히 깊이 알아서 王陵과 陳嬰의 명확한 구분을 받아들이고, 韓信과 黥布의 帝位를 엿봄을 끊어 버린다면 福祚가 자손에게 전해져 天祿이 영원할 것이다." - ≪漢書 敍傳≫에 나옴 -

1) 〔譯註〕 陳嬰之母……止嬰勿王 : 陳嬰은 옛날 東陽의 令史였는데, 縣에 있을 때에 평소 성실하고 근신하여 長者라고 일컬어졌다. 東陽의 少年들이 縣令을 죽이고 무리를 모아 2만 명에 이르렀는데, 陳嬰을 왕으로 삼으려 하자, 그 어머니가 陳嬰에게 이르기를 "내가 너의 집에 시집온 뒤로 일찍이 너의 先代에 귀한 분이 있었다는 말을 들은 적이 없는데, 지금 갑자기 큰 이름을 얻는 것은 상서롭지 못하니, 소속되는 곳이 있는 것만 못하다. 남에게 소속되어 부하가 되면 일이 이루어질 경우 侯에 봉해질 수 있을 것이요, 일이 실패하더라도 도망하기가 쉬워서 세상에서 지목받지 않을 것이다."라고 하였다. 陳嬰이 마침내 왕이 되지 않고 項梁에게 속하였다가 高祖를 따라 侯에 봉해졌다.
2) 〔譯註〕 王陵之母……以固勉陵 : 이 일은 漢 高祖 元年條(B.C.206)에 보인다.
3) 〔譯註〕 垂策書於春秋 : 策書는 옛날 帝王들이 관원을 임명한 글을 이르며, 春秋는 옛날 編年體 史書의 通稱인 바, 周나라의 ≪春秋≫, 燕나라의 ≪春秋≫ 등과 漢나라 이후의 ≪楚漢春秋≫·≪吳越春秋≫ 등이 있다.
4) 〔譯註〕 符應 : 하늘에서 보여 주고 인간의 일이 서로 맞는 징조로, 곧 황제가 될 징표나 도참설 등을 이른다.
5) 〔譯註〕 淮陰……非人力也 : 淮陰의 일은 漢 高祖 6年條(B.C.201)에 보이고, 留侯의 일은 秦 二世 2年條(B.C.208)에 보인다.
6) 〔釋義〕 覬覦 : 覬는 音冀요 覦는 音踰니 覬는 幸也요 覦는 欲也니 謂幸得其所欲이라
覬는 音이 기이고 覦는 音이 유이니, 覬는 요행이고 覦는 하고자 하는 것인 바, 요행으로 그 하고자 하는 바를 얻음을 이른다.

囂不聽이어늘 **彪遂避地河西**한대 **竇融**이 **以爲從事**하야 **甚禮重之**라 **彪遂爲融**

畫策하야 使之專意事漢焉이러라 〈出彪傳〉

隗囂가 듣지 않자 班彪가 마침내 河西 지방으로 몸을 피하였는데, 竇融이 그를 종사관으로 삼아서 매우 예우하고 존중하였다. 班彪가 마침내 竇融을 위하여 계책을 세워 竇融으로 하여금 오직 一念으로 漢나라를 섬기게 하였다. - ≪後漢書 班彪傳≫에 나옴 -

○ 初에 竇融이 自守河西러니 聞帝威德하고 心欲東向이나 以河西隔遠하야 未能自通이라하야 乃從隗囂하야 受建武正朔[1]한대 囂皆假其將軍印綬[2]하다 囂外順人望이나 內懷異心하야 使辯士張玄으로 說融等曰 更始事已成이라가 尋復亡滅하니 此는 一姓不再興之效라 當各據土宇하야 與隴, 蜀合從[3]이면 高可爲六國[4]이요 下不失尉佗[5]니라 融等이 召豪傑議之하니 其中識者皆曰 今皇帝姓名이 見於圖書하니 漢有再受命[6]之符라하다

처음에 竇融이 스스로 河西 지방을 지키고 있었는데, 황제의 위엄과 덕을 듣고는 마음속으로 光武帝에게 귀의하고자 하였으나 河西가 멀리 떨어져 있어서 직접 통할 수가 없다 하여 마침내 隗囂를 따라 建武의 正朔을 받으니, 隗囂가 將軍의 印綬를 임시로 맡겨 주어 그 지방을 맡아 다스리게 하였다. 隗囂가 겉으로는 사람들의 바람을 따랐으나 속으로는 딴 마음을 품어 辯士인 張玄으로 하여금 竇融 등을 설득하기를 "更始가 일이 이미 이루어졌다가 얼마 안 되어 다시 멸망하였으니, 이는 한 姓(劉氏)이 다시 興旺하지 않을 징험이다. 마땅히 각각 土宇(영토)를 점거하여 隴·蜀과 합종한다면 높게는 六國처럼 될 수 있고 낮아도 南海尉 趙佗를 잃지 않을 것이다." 하였다.

竇融 등이 호걸을 불러 의논하니, 그 가운데 유식한 자들이 모두 말하기를 "지금 皇帝의 姓名이 圖讖書에 보이니, 漢나라가 다시 天命을 받을 符瑞가 있다." 하였다.

1) 〔譯註〕 受建武正朔 : 正朔은 正月 초하루로, 帝王이 새로 나누어 주는 曆法을 이른다. 옛날 帝王들은 나라를 처음 세우면 정월을 달리하여 새로운 曆法을 반포

하였다. 그러므로 光武帝의 연호인 建武의 正朔을 받았다고 한 것이다. 그러나 후대에는 그대로 夏正을 사용하였으며, 단지 제후국이 되어 천자의 명령을 받음을 이르는 말로 쓰였다.

2) 〔譯註〕 假其將軍印綬 : 隗囂가 竇融에게 將軍의 印綬를 임시로 맡겨 주어 그 지방을 맡아 다스리게 한 것이다.

3) 〔釋義〕 隴蜀合從*) : 隴은 謂隗囂요 蜀은 謂公孫述이라 以和合爲從이요 以威勢相脅爲橫이라

隴은 隗囂를 이르고 蜀은 公孫述을 이른다. 화합하는 것을 從이라 하고, 위엄과 형세로 서로 위협하는 것을 橫이라 한다.

*) 合從 : 여기의 合從에 대한 해설은 異同이 있음을 밝혀 둔다.

4) 〔釋義〕 六國 : 戰國時 韓, 魏, 趙, 燕, 楚, 齊니 戰國之世에 各據其地하니라

六國은 戰國時代의 韓, 魏, 趙, 燕, 楚, 齊이니, 戰國시대에 각각 그 지역을 점거하였다.

5) 〔釋義〕 尉佗 : 佗는 名也니 姓趙라 秦二世時에 南海尉任囂 病且死에 召龍川令趙佗하야 語曰 聞項羽, 劉季等이 各起兵하야 中國擾亂이라하니 吾欲興兵自備러니 會病甚이라 且南海는 東西數千里니 可以立國이라하고 卽以佗行南海尉事하니라 囂死에 佗卽自立爲南粤(越)武王하니라

〈尉는 官名이고〉 佗는 이름이니, 姓이 趙氏이다. 秦나라 二世皇帝 때에 南海尉 任囂가 병들어 죽으려 할 때에 龍川令 趙佗를 불러 이르기를 "내 들으니, 項羽와 劉季 등이 각각 군대를 일으켜서 中國이 소란하다 한다. 내가 군대를 일으켜 스스로 방비하고자 하였는데, 마침 병이 심하다. 또 南海는 동서 지방이 수천 리이니, 나라를 세울 수 있다." 하고는, 즉시 趙佗로 南海尉의 일을 행하게 하였다. 任囂가 죽자, 趙佗가 즉시 스스로 서서 南粤武王이라 하였다.

6) 〔譯註〕 再受命 : 受命은 天命을 받아 천자가 됨을 이르니, 다시 천명을 받는다는 것은 中興함을 가리킨다.

融이 遂決策東向하고 遣長史劉鈞等[1]하야 奉書詣洛陽한대 帝見鈞懽甚하야 禮饗畢에 乃遣還할새 賜融璽書曰 今益州에 有公孫子陽하고 天水에 有隗將軍하니 方蜀, 漢相攻에 權在將軍이라 擧足左右에 便有輕重[2]하니 以此言之컨대 欲相厚豈有量哉아 欲遂立桓, 文하야 輔微國[3]인대 當勉卒功業이요 欲三分鼎

足하야 連衡合從[4)]인대 亦宜以時定[5)]하라 天下未幷하니 吾與爾絶域하야 非相吞之國이라 今之議者 必有任囂敎尉佗制七郡之計[6)]하리니 王者는 有分土하고 無分民[7)]하니 自適己事[8)]而已라하고 因授融爲涼州牧하다 璽書至河西하니 河西皆驚하야 以爲天子明見萬里之外라하더라 〈出竇融傳〉

竇融이 마침내 光武帝에게 귀의하기로 계책을 결단하고 長史 劉鈞 등을 보내어 글을 받들어 洛陽에 이르렀다. 황제가 劉鈞을 보고는 매우 기뻐하여 禮로 연향하기를 마친 다음 마침내 돌려보낼 때에 竇融에게 내린 璽書에 이르기를 "지금 益州에는 公孫子陽이 있고 天水에는 隗將軍이 있으니, 蜀과 漢이 서로 공격함에 권세(결정권)가 장군에게 달려 있다. 발을 들어 왼쪽으로 향하느냐 오른쪽으로 향하느냐에 따라 곧 輕重이 그쪽으로 쏠리게 되니, 이것을 가지고 말한다면 두 사람이 서로 厚待하고자 함이 어찌 한량이 있겠는가. 마침내 齊 桓公과 晉 文公처럼 이름난 盟主를 세워 미약한 나라를 돕고자 한다면 마땅히 힘써 功業을 끝마쳐야 할 것이요, 셋으로 나누어 솥발처럼 서서 合從하고 連橫하고자 한다면 또한 이때에 결정하라. 천하가 아직 통일되지 못하였으니, 나와 그대는 멀리 떨어져 있어서 서로 병탄할 나라가 아니다. 지금 의논하는 자들 중에는 반드시 옛날 任囂가 尉佗에게 7郡을 제압하는 것을 가르쳐 준 계책을 내는 자가 있을 것이니, 王者는 땅을 나누어 分封해 줌은 있고 백성을 나누어 줌은 없으니, 스스로 자기 하고 싶은 대로 할 뿐이다." 하고는 인하여 竇融을 涼州牧에 제수하였다.

璽書가 河西에 이르니, 河西 사람들은 모두 놀라서 이르기를 "天子가 萬里 밖까지 밝게 내다본다." 하였다. - ≪後漢書 竇融傳≫에 나옴 -

1) 〔通鑑要解〕 遣長史劉鈞等 : 時에 衆推融爲大將軍이라 故로 置長史也라
이때에 무리들이 竇融을 추대하여 大將軍으로 삼았다. 그러므로 長史를 둔 것이다.

2) 〔通鑑要解〕 便有輕重 : 言左投則蜀重하고 右投則漢重也라
왼쪽으로 향하면 蜀이 중해지고, 오른쪽으로 향하면 漢이 중해짐을 말한 것이다.

3) 〔釋義〕 欲遂立桓文 輔微國 : 齊桓公, 晉文公이 春秋時號爲賢君이라 能糾合諸侯

하야 尊周室, 治强楚하니 諸侯皆尊之하야 以爲霸主하니라

齊 桓公과 晉 文公은 春秋時代에 어진 임금으로 일컬어졌다. 이들은 제후들을 규합하여 미약한 周나라 왕실을 높이고 강한 楚나라를 다스리니, 제후들이 모두 높여서 霸主로 삼았다.

4)〔釋義〕連衡合從 : 註見周安王十五年이라

註가 周 安王 15年條(B.C.387)에 보인다.

5)〔頭註〕連衡合從 亦宜以時定 : 衡은 橫通이라 時定은 開兩說以觀融去就라

衡은 橫과 通한다. 이때에 결정하라는 것은 合從과 連橫 두 가지 說을 말하여 竇融의 去就를 살피고자 한 것이다.

6)〔釋義〕任囂敎尉佗制七郡之計 : 秦二世時에 南海尉任囂病에 敎趙佗以制七郡之謀하다 按七郡은 南海, 鬱林, 蒼梧, 合浦, 交趾, 九眞, 日南이 是也라

秦나라 二世皇帝 때에 南海尉 任囂가 병들자, 趙佗에게 7郡을 제압하는 계책을 가르쳐 주었다. 7郡은 南海, 鬱林, 蒼梧, 合浦, 交趾, 九眞, 日南이 바로 이곳이다.

7)〔釋義〕王者……無分民*) : 凡裂土以封諸侯하니 其受封者 各有分也라 地志註에 有分土者는 謂立封疆也요 無分民者는 謂通往來하야 不常厥居라

무릇 땅을 나누어 제후를 봉해 주니, 封地를 받은 자가 각각 땅을 나누어 가지고 있는 것이다. ≪漢書≫〈地理志〉註에 "땅을 나누어 줌이 있다는 것은 封疆(국경)을 세움을 이르고, 백성을 나누어 줌이 없다는 것은 마음대로 왕래해서 그 거처가 일정하지 않음을 이른다." 하였다.

*) 無分民 : 領地는 각기 다르지만 백성은 모두 천자의 백성이므로 백성을 나누어 줌은 없다고 말한 것이다.

8)〔釋義〕自適已事 : 謂宜自謀順適已身之事라

自適已事는 스스로 자신의 마음에 순하고 맞는 일을 도모해야 함을 이른다.

○ **張步聞耿弇至**하고 **使其將軍歷下**1)하고 **又分兵屯祝阿**2)하고 **別於泰山, 鍾城**에 **列營數十**하야 **以待之**어늘 **弇**이 **渡河**하야 **先擊祝阿拔之**하다 **時**에 **張步都劇**이라 **弇**이 **至臨淄城**하야 **出不意**하야 **半日**에 **拔之**하고 **入據其城**하야 **以激怒步**러니 **步兵二十萬**이 **至臨淄大城東**하야 **將攻弇**이어늘 **弇**이 **大破之**하다 **是時**에 **帝在魯**3)러니 **聞弇爲步所攻**하고 **自往救之**할새 **未至**에 **陳俊**이 **謂弇曰 劇虜**4)**兵盛**하

니 可且閉營休士하야 以須上來니이다 弇曰 乘輿且到하시니 臣子當擊牛釃(시)酒[5)]하야 以待百官이어늘 反欲以賊虜遺君父耶아하고 乃出兵大戰하야 自旦至昏에 復大破之하니 殺傷이 無數하야 溝塹이 皆滿이라 弇이 知步困將退하고 豫置左右翼[6)]하야 爲伏以待之러니 人定[7)]時에 步果引去어늘 復起兵縱擊하야 追至鉅昧水[8)]上하니 八九十里에 僵尸相屬하고 收得輜重二千餘兩하다 步還劇後數日에 車駕至臨淄하야 自勞軍할새 群臣이 大會라 帝謂弇曰 昔에 韓信이 破歷下以開基러니 今將軍이 攻祝阿以發迹하니 此는 皆齊之西界라 功足相方이요 而韓信은 襲擊已降[9)]이어늘 將軍은 獨拔勍敵하니 其功이 又難於信也로다 又田橫이 烹酈生이러니 及田橫降에 高帝詔衛尉하야 不聽爲仇[10)]하니 張步前殺伏隆이나 若步來歸命이면 吾當詔大司徒하야 釋其怨[11)]하리니 又事尤相類也로다 將軍이 前在南陽에 建此大策[12)]하니 常以爲落落[13)]難合이러니 有志者事竟成也로다 〈出弇傳〉

張步는 耿弇이 쳐들어온다는 말을 듣고는 장수로 하여금 歷下에 주둔하게 하고, 또 군대를 나누어 祝阿에 주둔한 다음 별도로 泰山의 鍾城에 수십 개의 陣營을 나열하여 대기하게 하였는데, 耿弇이 黃河를 건너 먼저 祝阿를 공격하여 함락하였다. 이때 張步가 劇縣에 도읍하였다. 耿弇은 臨淄城에 이르러 敵이 예상치 못했을 때에 출격하여 반나절 만에 함락하고, 들어가 그 城을 점거하여 張步를 격노케 하였다. 張步의 군사 20만이 臨淄의 큰 城 동쪽에 이르러 耿弇을 공격하려 하였는데, 耿弇이 이들을 大破하였다. 이때 황제가 魯 지방에 있었는데, 耿弇이 張步에게 공격당한다는 말을 듣고는 직접 가서 구원하려 하였다.

황제가 도착하기 전에 陳俊이 耿弇에게 이르기를 "劇縣의 오랑캐 군대가 강성하니, 우선 營門을 닫고 군사들을 휴식시키면서 上이 오시기를 기다려야 합니다." 하였다. 耿弇이 말하기를 "大駕가 장차 이르실 것이니, 신하들은 마땅히 소를 잡고 술을 걸러 百官을 대접하여야 할 터인데, 도리어 저 오랑캐를 君父에게 남겨 드리고자 하는가?" 하고는 마침내 출병하여 크게 싸워서 아침부터 저녁까지 계속하여 다시 대파하니, 張步의 군사 중에 죽거나 부상당한 자가 헤아릴 수 없을 정도로 많아서 도랑에 모두 시신이 가득하였다. 耿弇은 張步가 곤궁하여 장차 후퇴하려 할 줄을 알고는 미리 左翼과 右翼을 설치하고 매복하여 기다렸는데, 人定(오후 10시경) 때에 張步가 과연 군대를 이끌고 떠나가자, 耿弇은 다시 매복했던 군대를 일으켜 크게 공격해서 추격하여 鉅昧水 가에 이르니, 8, 90리에 죽은 시체가 서로 이어졌으며, 輜重車 2천여 대를 거두어 얻었다.

張步가 劇縣으로 돌아간 뒤 며칠 만에 車駕가 臨淄에 이르러서 직접 군사들을 위로하였는데, 여러 신하들이 크게 모였다. 황제가 耿弇에게 이르기를 "옛날 韓信이 歷下를 격파하여 기반을 닦았는데, 지금 장군이 祝阿를 공격하여 자취를 드러냈으니, 이는 모두 齊나라의 서쪽 지역이다. 功이 충분히 서로 비견할 만하고, 韓信은 이미 항복한 齊나라를 습격하였는데 장군은 홀로 강한 敵을 함락시켰으니, 그 功이 韓信보다 더 어렵다. 또 옛날 田橫이 酈生(酈食其)을 삶아 죽였는데, 田橫이 항복하자 高帝는 衛尉(酈食其의 아우 酈商)에게 명하여 원수가 되는 것을 허락하지 않았으니, 張步가 전에 伏隆을 죽였으나 만약 張步가 귀순해 온다면 내 마땅히 大司徒(伏隆의 아들 伏湛)에게 명하여 그 원한을 풀게 할 것이니, 또 일이 더욱 서로 비슷하다. 장군이 지난번 南陽에 있을 때에 이 큰 계책을 세웠는데 나는 항상 소활하여 부합하기 어렵다고 여겼으나 뜻을 가지고 있는 자는 일이 끝내 이루어지는군요." 하였다. - ≪後漢書 耿弇傳≫에 나옴 -

1)〔釋義〕歷下 : 地理志에 歷下古城이 枕泰山之麓하야 極爲雄壯하고 又襟帶濟水라
≪漢書≫ 〈地理志〉에 "歷下의 옛 성이 泰山 기슭을 베고 있어서 지극히 웅장하고, 또 濟水를 띠처럼 두르고 있다." 하였다.

2)〔原註〕祝阿 : 註見周烈王六年이라
祝阿는 註가 周 烈王 6年條(B.C.370)에 보인다.

3)〔釋義〕魯 : 今兗(연)州曲阜縣이 古魯國也라 括地志에 故〈魯〉城은 今兗州許昌縣南四十里니 本魯之朝宿邑*)이라

지금 兗州의 曲阜縣이 옛날 魯國이다. ≪括地志≫에 "옛 魯城은 지금 兗州의 許昌縣 남쪽 40리 지점이니, 본래 魯나라의 朝宿邑이다." 하였다.

*) 朝宿邑 : 제후가 천자에게 조회하려 할 때에 묵는 고을이다.

4) 〔釋義〕 劇虜 : 時에 張步都劇이라 故로 呼爲劇虜라 括地志에 菑川劇縣故城이 在靑州壽光南三十里라

이때 張步가 劇에 도읍하였으므로 그를 불러 劇 땅의 오랑캐라 한 것이다. ≪括地志≫에 "菑川 劇縣의 옛 성이 靑州 壽光縣 남쪽 30리에 있다." 하였다.

5) 〔釋義〕 釃酒 : 謂以筐籭滲(漉)酒也라

釃酒는 소쿠리(용수)를 가지고 술을 거름을 이른다.

6) 〔釋義〕 左右翼 : 旁引其騎하야 若鳥翼之爲也라

左右翼은 곁에 기병들을 배치하여 새의 날개처럼 하는 것이다.

7) 〔通鑑要解〕 人定 : 日入而群動息故로 甲夜*)를 謂之人定이라

해가 지면 모든 움직임이 그친다. 그러므로 甲夜를 일러 人定이라고 한다.

*) 甲夜 : 甲夜는 初更을 이른다. 옛날 밤을 다섯으로 나누어 初更부터 五更까지 있었는 바, 이것을 甲·乙·丙·丁·戊로 나누기도 하였다.

8) 〔釋義〕 鉅昧水 : 鉅昧는 水名이니 一名巨洋이라 按洋水는 在靑州樂安國이라

鉅昧는 물 이름이니, 일명 巨洋이다. 살펴보건대 洋水는 靑州 樂安國에 있다.

9) 〔譯註〕 韓信襲擊已降 : ≪前漢書≫에 이르기를 "酈食其가 齊王 田廣을 설득하니 田廣이 항복하고는 마침내 酈食其와 술을 마시고 수비를 해제하였다. 韓信이 齊나라가 이미 항복했다는 말을 듣고 공격을 중지하고자 하였는데, 蒯通(蒯徹)이 韓信을 설득하여 齊나라를 공격하게 하였다.〔酈食其說齊王田廣 廣降之 乃與食其縱酒 罷守備 韓信聞齊已降 欲止 蒯通說信令擊之〕" 하였다.

10) 〔譯註〕 田橫降……不聽爲仇 : 이 일은 漢 高祖 5年條(B.C.202)에 보인다. 衛尉는 관명으로 당시 이 벼슬을 하고 있던 酈食其의 아우 酈商을 이른다. 齊王 田榮은 酈食其의 화친하자는 말을 믿고 漢나라의 공격에 대비하지 않았다가 韓信의 공격을 받고는 酈食其를 삶아 죽였다. 田榮이 韓信에게 죽자, 그의 아우 田橫이 즉위하였는데, 高祖가 천하를 통일한 다음 田橫을 부르니, 이때 酈商은 田榮이 자기 형을 죽인 원수라 하여 田橫이 오면 원수를 갚으려 하였다. 이에 高祖는 酈商에게 화해하도록 명하였다.

11) 〔譯註〕 張步前殺伏隆……釋其怨 : 大司徒는 관명으로 伏湛을 가리킨다. 光武帝가 伏隆을 張步에게 사신으로 보내어 항복하게 하자 張步는 노하여 伏隆을 살해

하였는데, 伏湛은 伏隆의 아들이므로 이렇게 말한 것이다.

12) 〔譯註〕 大策 : 光武帝 建武 3년(27)에 耿弇이 황제에게 말하여 북쪽으로 上谷의 군대를 거두어서 彭寵을 漁陽에서 평정하고, 張豐을 涿郡에서 취하고 돌아와 富平과 獲索을 거두고 동쪽으로 張步를 공격해서 齊나라 땅을 평정할 것을 자청한 일을 가리킨다.

13) 〔釋義〕 落落 : 猶疎闊也니 一云言不相入也라

落落은 疎闊과 같은 뜻이니, 一說에는 "말이 서로 먹혀들지 않는 것이다." 한다.

帝進幸劇할새 **耿弇**이 **復追張步**하니 **步犇平壽**라 **蘇茂將萬餘人**하야 **來救之**어늘 **帝遣使**하야 **告步, 茂**호되 **能相斬降者**면 **封爲列侯**라하니 **步遂斬茂**하고 **詣弇軍門降**하다 **弇**이 **入據其城**[1]하니 **衆**이 **尙十餘萬**이요 **輜重**이 **七(十)〔千〕餘兩**이라 **皆罷遣歸鄕里**하고 **封步爲安丘**[2]**侯**하다 **弇**이 **復引兵至城陽**[3]하야 **降五校餘黨**하니 **齊地悉平**이어늘 **振旅還京師**하다 **弇**이 **爲將**에 **凡所平郡**이 **四十六**이요 **屠城**이 **三百**이라 **未嘗挫折焉**이러라 〈出弇步傳〉

황제가 전진하여 劇에 행차할 때에 耿弇이 다시 張步를 추격하니, 張步가 平壽로 도망하였다. 蘇茂가 군사 만여 명을 거느리고 와서 구원하자, 황제가 使者를 보내어 張步와 蘇茂에게 고하기를 "상대방을 베고 항복하면 봉하여 列侯로 삼겠다." 하니, 張步가 마침내 蘇茂를 목 베고 耿弇의 軍門에 나와 항복하였다. 耿弇이 들어가 그 城을 점거하니, 병력이 아직 10여 만이고 輜重車가 7천여 대였다. 모두 파하여 鄕里로 돌려보내고 張步를 봉하여 安丘侯로 삼았다. 耿弇이 다시 군대를 이끌고 城陽에 이르러서 五校의 잔당을 항복시키니, 齊나라 땅이 모두 평정되었으므로 군대를 거두어 京師로 돌아왔다. 耿弇은 장수가 되어서 평정한 郡이 모두 46개이고 도륙한 城이 300개였는데, 일찍이 전투에 패한 적이 없었다. - ≪後漢書 耿弇傳, 張步傳≫에 나옴 -

1) 〔通鑑要解〕 入據其城 : 其城은 卽平壽城也라

그 성은 곧 平壽城이다.

2) 〔釋義〕 安丘 : 北海郡安丘縣이니 屬靑州라

安丘는 北海郡 安丘縣이니 靑州에 속하였다.

3) 〔釋義〕 城陽 : 地理志에 濟陰郡南에 有泰山城陽이라 括地志에 本濮州雷澤縣이 是라
《漢書》〈地理志〉에 "濟陰郡 남쪽에 泰山 城陽이 있다." 하였다. 《括地志》에 "본래 濮州의 雷澤縣이 이곳이다." 하였다.

○ **初起太學**하고 **車駕還宮**[1]**幸太學**하야 **稽式古典**하고 **修明禮樂**하니 **煥然文物**이 **可觀矣**러라 〈出儒林傳〉

처음으로 太學을 일으키고 車駕(天子)가 궁중으로 돌아와 太學에 행차해서 옛날 법식을 상고하고 禮樂을 닦고 밝히니, 찬란하여 文物이 볼 만하였다. - 《後漢書 儒林傳》에 나옴 -

1) 〔頭註〕 車駕還宮 : 還은 音旋이니 幸魯하여 祀孔子而還宮也라
還은 音이 선이니, 魯 지방에 거둥하여 孔子를 제사하고 궁중으로 돌아온 것이다.

朱黼曰 帝方被甲躍馬하야 以平寇亂이어늘 乃首建學校하야 以復三代之盛하니 可謂得致治之本矣라 終漢之衰토록 學校修設하야 儒士半天下하야 獨以淸議로 扶持王室하야 姦夫大盜가 環視九鼎[1]而不敢動者는 蓋權輿[2]於此歟인저

朱黼가 말하였다.

"황제가 막 갑옷을 입고 말에 뛰어올라서 寇亂을 평정하였는데 마침내 먼저 학교를 세워서 三代의 거룩함을 회복하였으니, 훌륭한 정치를 이룩하는 근본을 알았다고 이를 만하다. 漢나라가 쇠하기까지 학교가 닦여지고 잘 베풀어져 儒士들이 천하의 반을 차지해서 홀로 淸議로써 王室을 유지하여 간사한 지아비와 큰 도둑들이 九鼎(황제의 자리)을 둘러보면서도 감히 동요하지 못한 것은 여기에서 시작되었을 것이다."

1) 〔附註〕 九鼎 : 禹收九州貢金하야 鑄九鼎하야 以象九州之物하니 乃三代傳國之寶라 後에 秦昭王取之하니 一은 飛入泗水하고 餘八은 入秦中이러니 始皇幷天下而蔑聞焉하니라
禹임금이 九州에서 바친 쇠를 거두어 아홉 개의 솥〔九鼎〕을 만들어서 九州의 물건을 형상하니, 바로 三代時代에 나라를 물려주는 보배였다. 뒤에 秦나라 昭王

이 이것을 취하니, 하나는 泗水로 날아 들어가고 나머지 여덟 개는 秦中으로 들여왔는데, 始皇이 천하를 겸병한 뒤로 알려진 것이 없다.

2) 〔頭註〕 權輿 : 始也니 造衡自權始요 造車自輿始故也라
權輿는 시초이니, 저울을 만들 때에는 저울대〔權〕부터 만들고, 수레를 만들 때에는 수레 바탕〔輿〕부터 만들기 때문이다.

〔新增〕 尹氏曰 禮王制에 王親視學하니 則學謂之視者古也라 自漢以來로 則爲之幸矣러니 朱子特書曰 初起太學하고 帝還(旋)視之라하니 蓋亦推原古制也라 然則崇師重道之意가 特嚴於一字之間하니 亦豈無所本歟아

尹氏가 말하였다.

"≪禮記≫ 〈王制〉에 '왕이 직접 학교를 시찰한다.' 하였으니, 그렇다면 학교를 시찰한다고 말한 지가 오래되었다. 漢나라 이래로 이것을 '幸'이라 말하였는데 朱子가 특별히 쓰기를 '처음 太學을 일으키고 황제가 還宮하여 시찰했다.'라고 하였으니, 이것은 또한 옛 제도를 미루어 근원한 것이다. 그렇다면 스승을 높이고 道를 소중히 하는 뜻이 특별히 한 글자의 사이에서 엄격한 것이니, 또한 어찌 근본한 바가 없겠는가."

馮異治關中하야 **出入三歲**에 **上林**이 **成都**[1)]라 **人有上章言**호되 **異威權至重**하니 **百姓歸心**하야 **號爲咸陽王**이라하야늘 **帝以章示異**한대 **異皇(惶)懼**하야 **上書陳謝**어늘 **詔報曰 將軍之於國家**에 **義爲君臣**이요 **恩猶父子**하니 **何嫌何疑**완대 **而有懼意**리오 〈出異傳〉

馮異가 關中을 다스려서 출입한 지 3년 만에 上林苑이 도읍을 이루었다. 어떤 사람이 글을 올려 말하기를 "馮異의 위엄과 권세가 지극히 중하니, 백성들의 마음이 그에게로 돌아가서 咸陽王이라고 부릅니다." 하였다. 황제가 이 글을 馮異에게 보이자, 馮異가 두려워하여 글을 올려 사례하니, 조서로 답하기를 "장군은 우리 국가에 있어서 의리는 군신간이요 은혜는 부자간과 같으니, 어찌 의심하고 혐의하여 두려워하는 뜻이 있는가?" 하였다. - ≪後漢書 馮異傳≫에 나옴 -

1)〔頭註〕上林成都：時異屯軍上林苑中이라 成都는 言歸附者衆也라 史記曰 三年成都라
이때 馮異가 上林苑에 군대를 주둔하였다. 도읍을 이루었다는 것은 歸附한 자가 많음을 말한 것이다. ≪史記≫에 이르기를 "〈舜임금이 머무는 곳은〉 3년 만에 도읍을 이루었다." 하였다.

○ 隗囂矜己飾智하야 每自比西伯[1]이라 其將王元이 說囂曰 天水完富하고 士馬最强하니 元이 請以一丸泥로 爲大王하야 東封函谷關하리니 圖王不成이라도 其敝猶足以霸라 要之컨대 魚不可脫於淵이니 神龍失勢면 與蚯蚓同이니이다 囂心然元計하야 雖遣子入侍[2]나 然負其險阨하야 欲專制方面이러라 〈出囂傳〉

隗囂가 자신을 자랑하고 지혜가 있는 것처럼 꾸며서 언제나 자신을 西伯(文王)에게 견주곤 하였다. 그 장수 王元이 隗囂를 설득하기를 "天水郡은 완전하고 풍부하며 군사와 말이 가장 강하니, 제가 청컨대 한 줌의 진흙(소수의 병력)을 가지고 大王을 위해서 동쪽으로 函谷關을 봉함할 것이니, 王天下를 도모하다가 이루지 못하더라도 그 종말에는 오히려 霸者가 될 수 있습니다. 요컨대 물고기는 깊은 못을 벗어나서는 안 되니, 신묘한 용이 형세를 잃으면 지렁이와 같습니다." 하였다.

隗囂가 마음속으로 王元의 계책을 옳게 여겨서 비록 아들을 보내어 入侍하게 하였으나 지형의 험함을 믿고서 오로지 한 방면을 통제하고자 하였다. －≪後漢書 隗囂傳≫에 나옴－

1)〔譯註〕每自比西伯：西伯은 서쪽 제후의 우두머리로 곧 周나라 文王을 가리키는 바, 天水郡이 서쪽 지역이므로 隗囂가 자신을 文王에 비유한 것이다.

2)〔通鑑要解〕遣子入侍：囂聞劉永, 彭寵皆已破滅하고 乃遣長子恂하야 隨歙詣闕하니 帝以爲胡騎校尉하고 封鐫羌侯하니라
隗囂가 劉永과 彭寵이 모두 이미 파멸되었다는 말을 듣고 마침내 長子 恂을 보내어 來歙을 따라 대궐에 나오니, 황제가 胡騎校尉로 삼고 鐫羌侯에 봉하였다.

○ 是歲에 詔徵處士太原周黨과 會稽嚴光[1]等하야 至京師하니 黨이 入見할새

伏而不謁[2)]하고 自陳願守所志라 博士范升이 奏曰 伏見太原周黨과 東海王良과 山陽王成等이 蒙受厚恩하야 使者三聘에 乃肯就車하고 及陛見帝庭에 黨이 不以禮屈하고 伏而不謁하며 偃蹇驕悍[3)]하야 同時俱逝하니이다 黨等이 文不能演義하고 武不能死君[4)]하고 釣采華名하야 庶幾三公之位하니 臣은 願與(예)坐雲臺之下[5)]하야 考試圖國之道하야 不如臣言이어든 伏虛妄之罪요 而敢私竊虛名하야 誇上求高어든 皆大不敬이니이다 書奏에 詔曰 自古로 明王聖主 必有不賓之士하니 伯夷, 叔齊[6)]는 不食周粟하고 太原周黨은 不受朕祿하니 亦各有志焉이라 其賜帛四十匹하야 罷之하라 帝少與嚴光同遊學이러니 及卽位에 以物色訪之[7)]하야 得於齊國하야 累徵乃至어늘 拜諫議大夫한대 不肯受하고 去하야 耕釣於富春山[8)]中하야 以壽終於家하니라 王良은 後歷沛郡太守, 大司徒, 司直하니 在位恭儉하야 布被瓦器하고 妻子를 不入官舍라 後에 以病歸러니 一歲에 復徵이어늘 至滎陽하야 疾篤하야 不任進道[9)]일새 過其友人한대 友人이 不肯見曰 不有忠言奇謀하고 而取大位하야 何其往來屑屑不憚煩也오하고 遂拒之한대 良慙하야 自後로 連徵不應하고 卒於家하니라

이 해에 명하여 處士인 太原의 周黨과 會稽의 嚴光 등을 불러 京師에 이르게 하니, 周黨이 들어와 뵐 적에 엎드리기만 하고 拜謁하지 않고는 스스로 뜻한 바를 지키기를 원한다고 말하였다.

博士 范升이 아뢰기를 “삼가 보니, 太原의 周黨과 東海의 王良과 山陽의 王成 등이 국가의 후한 은혜를 입었으면서도 使者가 세 번이나 초빙한 뒤에야 비로소 수레에 오르고, 섬돌에 미쳐 조정에서 뵐 적에 周黨은 禮로 자신을 굽히지 않고 엎드리기만 하고 拜謁하지 않았으며, 교만하고 사나워 동시에 함께 가버렸습니다. 周黨 등은 文은 義理를 부연하지 못하고 武는 군주를 위하여 죽지 못하면서 화려한 명예를 낚아 취하여 거의 三公의 지위에 올랐으니, 신은 원컨대 그들과 雲臺의 아래에 앉아서 국가를 도모하는 방도를 考試해서 신의 말대로 저들이 형편없는 무리가 아니면 신이 허망한 죄를 받을 것이요, 만

일 제 말대로 저들이 감히 헛된 이름을 사사로이 도둑질하여 上에게 과시하고 높아지기를 구한 것이라면 저들은 모두 크게 不敬한 것입니다." 하였다.

글을 아뢰자 조서를 내리기를 "예로부터 明王과 聖主는 반드시 빈객이 되지 않는 선비가 있었다. 伯夷와 叔齊는 周나라의 녹을 먹지 않았고 太原의 周黨은 朕의 녹을 받지 않았으니, 또한 각기 뜻이 있는 것이다. 그에게 비단 40필을 하사하여 돌려보내라." 하였다.

황제가 젊었을 때 嚴光과 함께 遊學하였는데, 즉위하게 되자 嚴光의 모습을 그림으로 그려 齊나라에서 찾아내어 여러 번 부르니, 嚴光이 비로소 왔다. 諫議大夫를 임명하였으나 받으려 하지 않고 떠나가 富春山 가운데에서 밭 갈고 낚시질하여 天壽를 누리고 집에서 죽었다. 王良은 뒤에 沛郡太守와 大司徒, 司直을 지냈는데, 지위에 있을 때에 공손하고 검소하여 삼베 이불을 덮고 질그릇을 사용하였으며 妻子들을 官舍에 들이지 않았다. 뒤에 병 때문에 돌아갔는데, 같은 해에 다시 부름을 받았다. 王良이 上京次 滎陽에 이르러 병이 심해져서 길에 오를 수가 없으므로 친구를 방문하였는데, 친구가 만나려 하지 않으며 말하기를 "충성스러운 말과 뛰어난 계책이 있지 않으면서 높은 지위를 취하고서 어찌 그리도 자주 왕래하여 번거로움을 꺼리지 않는가?" 하고 마침내 거절하니, 王良이 부끄러워하여 이후로는 연이어 불러도 응하지 않고 집에서 죽었다.

1) 〔頭註〕 嚴光 : 本姓莊이니 避明帝諱하야 改姓이라 嚴光은 一名遵[*]이라
   嚴光은 본래의 姓이 莊이니 明帝의 諱를 피하여 姓을 고친 것이다. 嚴光은 一名 遵이다.

*) 嚴光一名遵 : 頭註에는 이렇게 기록되어 있으나 嚴遵은 前漢 成帝 때 사람으로 字가 君平인 바, 卜術을 잘하여 유명하였다.

2) 〔譯註〕 伏而不謁 : 謁은 朝謁로, 황제를 알현하는 자는 반드시 절한 다음 머리를 조아리고 姓名을 아뢰는데, 이렇게 하지 않았음을 이른다.

3) 〔釋義〕 偃蹇驕悍 : 偃蹇은 驕傲貌라 悍은 猛也라
   偃蹇은 교만한 모양이다. 悍은 사나움이다.

4) 〔釋義〕 武不能死君 : 言其武勇이 不能爲君盡死節이라
   그 武勇이 군주를 위하여 목숨을 바치는 절개를 다하지 못함을 말한 것이다.

5)〔釋義〕與坐雲臺之下：與는 讀作預라 雲臺는 在南宮하니 明帝永平三年에 圖建武中名臣列將於其中하니라

與는 預로 읽는다. 雲臺는 南宮에 있으니, 明帝 永平 3년에 建武 연간의 名臣들과 여러 장수들의 초상을 여기에 그렸다.

6)〔附註〕伯夷, 叔齊：孤竹君之二子니 夷, 齊는 諡也라 姓은 默氏요 或曰墨氏라 孤竹君은 是殷湯所封이니 夷, 齊父니 名은 初요 字子朝라 伯夷는 名元이니 或曰允이요 字公信이며 叔齊는 名致니 或曰智요 字公達이라 伯叔은 少長之字也라

伯夷와 叔齊는 孤竹君의 두 아들이니, 夷와 齊는 시호이다. 姓은 默氏요 혹은 墨氏(墨胎氏)라고 한다. 孤竹國은 바로 殷나라 湯王이 봉한 것으로 孤竹君은 伯夷, 叔齊의 아버지이니, 이름은 初이고 字는 子朝이다. 伯夷는 이름이 元이니 혹은 允이라 하고 字가 公信이며, 叔齊는 이름이 致이니 혹은 智라 하고 字가 公達이다. 伯과 叔은 少長(연소한 자와 연장자)의 字이다.

7)〔釋義〕以物色訪之：畫象其人物顔色以訪求之라

物色은 그 생김새와 얼굴 모습을 그려서 찾아 구한 것이다.

8)〔釋義〕富春山：新安志云 漢富春縣西에 有富春山하니 後改富陽*)이라 按嚴光傳컨대 耕於富春山이라하니 圖經에 不載此山하고 但云 今名嚴陵山者 是其所耕處라 嚴光은 富陽人이요 耕於富春山하니 則嚴陵山〈卽富春山〉이 是無疑矣라

≪新安志≫에 "漢나라 富春縣 서쪽에 富春山이 있으니, 뒤에 富陽으로 이름을 고쳤다." 하였다. ≪後漢書≫ 〈嚴光傳〉을 살펴보면 "富春山에서 밭을 갈았다." 하였는데, ≪圖經≫에 이 山의 이름이 실려 있지 않고 다만 이르기를 "지금 嚴陵山이라고 이름한 것이 그가 밭 갈았던 곳이다." 하였다. 嚴光은 富陽 사람이고 富春山에서 밭을 갈았으니, 그렇다면 嚴陵山이 바로 富春山임이 의심할 나위가 없다.

*) 後改富陽：晉나라 孝武帝가 太元 연간에 簡文帝 鄭太后의 諱인 春을 피하여 富陽이라고 고친 것이다.

9)〔釋義〕不任進道：任은 音壬이니 堪也니 不堪登途也라

任은 音이 임으로 감당한다는 뜻이니, 길에 오름을 감당하지 못하는 것이다.

〔史略 史評〕高平范氏曰 非光武면 不能遂子陵之高요 非子陵이면 不能成光武之大也니라

高平范氏(范仲淹)가 말하였다.

"光武帝가 아니었다면 子陵의 높은 절개를 이루지 못했을 것이요, 子陵이

아니었다면 光武帝의 큰 도량을 이루지 못했을 것이다.”

本傳曰 光은 **字子陵**이니 **少與光武**로 **同遊學**이러니 **及光武卽位**에 **光**이 **乃變姓名**하고 **隱身不見**하다 **帝思其賢**하야 **乃令以物色訪之**러니 **後**에 **齊國上言**호되 **有一男子被羊裘**하고 **釣澤中**이라하야늘 **帝疑其光**하야 **乃備安車玄纁**[1]하야 **遣使聘之**러니 **三反而後**에 **至**라 **車駕卽日**에 **幸其館**하니 **光臥不起**어늘 **帝卽其臥所**하야 **撫光腹曰** 咄(돌)咄**子陵**아 **不可相助爲理耶**아 **光乃張目熟視曰 昔**에 **唐堯著德**에 **巢父洗耳**하니 **士故有志**라 **何至相迫乎**잇가 **帝曰 子陵**아 **我竟不能下汝耶**아하고 **於是**에 **升輿歎息而去**러니 **復引光入**하야 **論道舊故**하야 **相對累日**하고 **因共偃臥**할새 **光以足加帝腹上**이라 **明日**에 **太史奏**호되 **客星**이 **犯御座甚急**이러이다 **帝笑曰 朕**이 **故人嚴子陵**으로 **共臥爾**로라 **除爲諫議大夫**한대 **不屈**하고 **乃耕於富春山**하니 **後人**이 **名其釣處**하야 **爲嚴陵瀨焉**이라하니라

≪後漢書≫〈嚴光傳〉에 말하였다.

“嚴光은 字가 子陵이니, 젊어서 光武帝와 함께 遊學하였는데, 光武帝가 卽位하자 嚴光이 마침내 姓名을 바꾸고 몸을 숨겨 나타나지 않았다. 황제는 그의 어짊을 생각하여 마침내 물색해서 찾게 하였는데, 뒤에 齊나라에서 上言하기를 ‘한 남자가 양가죽 갖옷을 입고 못 가운데에서 낚시질을 한다.’ 하였다. 황제는 그가 嚴光인가 의심하여 마침내 安車와 玄纁의 폐백을 갖추어서 使者를 보내 초빙하였는데, 세 번 갔다 돌아온 뒤에야 嚴光이 이르렀다. 車駕가 당일로 그가 머무는 館舍에 행차하니, 嚴光이 누워서 일어나지 않았다. 황제는 그가 누워 있는 곳으로 나아가 嚴光의 배를 어루만지며 말하기를 ‘아, 子陵아. 서로 도와 정치를 할 수 없는가?’ 하니, 嚴光이 마침내 눈을 크게 뜨고 한동안 자세히 들여다보다가 말하기를 ‘옛날에 唐堯가 德을 드러냄에 巢父가 귀를 씻었으니, 선비는 본래 뜻이 있는 법입니다. 어찌 내버려 두지 않고 서로 핍박함에 이르신단 말입니까.’ 하였다. 황제가 말하기를 ‘子陵아, 내가 끝내 너를 굴복시킬 수 없단 말인가?’ 하고는 이에 수레를 타고 탄식하며

돌아갔다.

뒤에 다시 嚴光을 불러 궐 안에 들어오게 해서 옛날 일을 논하고 말하여 여러 날 동안 상대하고, 인하여 함께 누워 잘 적에 嚴光이 발을 황제의 배 위에 올려놓았다. 다음 날 太史가 아뢰기를 '客星이 御座星를 침범하여 몹시 급박하였습니다.' 하니, 황제가 웃으며 말하기를 '朕이 옛 친구인 嚴子陵과 함께 잤기 때문이다.' 하였다. 嚴光에게 諫議大夫를 제수하였으나 뜻을 굽히지 않고 마침내 富春山에서 밭을 가니, 후세 사람들이 그가 낚시질하던 곳을 이름하여 嚴陵瀨라 하였다."

1)〔頭註〕玄纁：纁은 淺絳色也라 玄纁은 天地之正色이니 幣帛之色이라
纁은 옅은 붉은색이다. 玄纁은 天地의 正色이니 幣帛의 색깔이다.

致堂管見曰 善哉라 光武嚴陵君臣之際也여 高平范仲淹이 論之[1]曰 光武於是時에 當屯之初九하야 陽剛方亨이어늘 而能以貴下賤[2]하고 子陵於是時에 當蠱之上九하야 衆方有爲어늘 而獨不事王侯[3]하니 非光武면 不能遂子陵之高요 非子陵이면 不能成光武之大也라하니라 先君子[4]有言曰 創業垂統與增光前烈之君이 待遇臣下에 其(體)〔禮〕雖一이나 然嚴威儼恪을 常施於爪牙介胄之士하야 以折其驕悍難使之氣하고 柔巽謙裕를 常施於林壑退藏之人하야 以厲其廉靖無求之節이라 故로 能駕馭人才하고 表正風俗이라 漢高祖能立召田橫於海島之中이로되 而終身不能致四皓하고 世宗이 踞見大將軍青이로되 而不冠則不見汲黯하고 光武制御功臣에 不少假借로되 而詔徵處士嚴光等하야 或陛見帝廷할새 伏而不謁하고 或使者再聘호되 不肯就車라 雖博士范升이 有誇上求高之奏로되 帝亦不以爲然하야 各從所志하니라 夫三君者는 內平四海하고 外讋百蠻하니 可謂英雄豪傑之主矣라 然이나 高祖之威 能行於暴秦强楚로되 而不能行於四皓하고 世宗之威 能行於匈奴西域이로되 而不行於汲黯하고 光武之威 行於尋邑王郎[5]이로되 而不行於嚴光周黨은 何也오 威有所當加하고 勢有所當屈하니 加於所當加以立威則强이요 屈於所當屈以忘勢則昌이라 反是道者는 難乎免於亂亡之禍矣니라

致堂(胡寅)의 ≪讀史管見≫에 말하였다.

"훌륭하다. 光武帝와 嚴陵의 군신간이여! 高平의 范仲淹이 논하기를 '光武帝는 이때에 屯卦의 初九爻를 당하여 陽剛이 막 형통하였는데 귀한 사람으로서 천한 사람에게 낮추었고, 子陵은 이때에 蠱卦의 上九爻를 당하여 여러 사람들이 막 훌륭한 일을 하였는데 홀로 王侯를 섬기지 않았으니, 光武帝가 아니었다면 子陵의 높은 절개를 이루지 못했을 것이고 子陵이 아니었다면 光武帝의 큰 도량을 이루지 못했을 것이다.' 하였다.

先君子(先親, 胡安國을 가리킴)께서 말씀하기를 '창업하여 전통을 드리우고 前烈을 빛내는 군주가 신하를 대우할 적에 그 禮가 비록 똑같으나 위엄있고 엄숙하고 삼감을 항상 갑옷을 입고 투구를 쓰는 爪牙의 용사에게 베풀어서 그 교만하고 사나워 부리기 어려운 기운을 꺾었고, 유순하고 겸손하고 굽힘을 항상 林壑에 물러가 은둔하는 사람에게 베풀어서 청렴하고 안정하여 바람이 없는 절개를 장려하였다. 그러므로 능히 人才를 마음대로 부리고 풍속을 바로잡은 것이다.

漢나라 高祖가 田橫을 海島의 가운데에서 불렀으나 종신토록 四皓를 데려오지 못하였고, 世宗(武帝)이 걸터앉아 大將軍 衛青를 만나 보았으나 冠을 쓰지 않고서는 汲黯을 만나 보지 못하였고, 光武帝가 功臣들을 제어할 때에 조금도 용서함이 없었으나 處士 嚴光 등을 詔書로 불러서 혹은 뜰에서 황제를 뵐 때에 엎드리기만 하고 배알하지 않았으며 혹은 使者가 두 번 聘問하였으나 수레에 오르려고 하지 않았다. 그리하여 비록 博士 范升이 윗사람에게 과시하고 높은 것을 구한다는 아룀이 있었으나 황제는 또한 그 말을 옳게 여기지 않고 각각 뜻한 바를 따르게 하였다.

세 군주들은 안으로 四海를 평정하고 밖으로 여러 오랑캐들을 두렵게 하였으니, 영웅호걸의 군주라고 이를 만하였다. 그러나 高祖의 위엄이 사나운 秦나라와 강한 楚나라에 행해졌으나 四皓에게는 행해지지 못하였고, 世宗의 위엄이 匈奴와 西域에 행해졌으나 汲黯에게는 행해지지 못하였고, 光武帝의 위엄이 王尋・王邑・王郎에게 행해졌으나 嚴光과 周黨에게 행해지지 못함은 어째서인가? 위엄은 마땅히 가해야 할 상대가 있고 세력은 마땅히 굽혀야 할 상대가 있으니, 마땅히 가해야 할 상대에게 가하여 위엄을 세우면 강해지고,

마땅히 굽혀야 할 상대에게 굽혀서 권세를 잊으면 창성해진다. 이 道를 반대로 하는 자는 亂亡의 禍를 면하기 어렵다.' 하였다."

1) 〔譯註〕 高平范仲淹 論之 : 이 내용은 范仲淹의 〈嚴先生祠堂記〉에 보인다.
2) 〔頭註〕 以貴下賤 : 屯之爲卦 震下坎上이라 當屯難時하야 以陽下陰하야 爲民所歸하니 侯之象也라
 屯卦는 震이 아래에 있고 坎이 위에 있다. 어려운 때를 당하여 陽으로 陰에게 낮추어 백성들이 歸依하는 바가 되었으니, 王侯의 象이다.
3) 〔頭註〕 不事王侯 : 蠱之爲卦 巽下艮上이라 蠱는 事也니 上九는 以剛明之才로 無應援而處事之外하야 無所事之地니 是는 賢人君子不遇於時而高潔自守하여 不累於世務者也라
 蠱卦는 巽이 아래에 있고 艮이 위에 있다. 蠱는 일이니, 上九는 剛明한 才質로 應援이 없고 일의 밖에 처하여 일하는 바가 없는 자리이니, 이는 賢人과 君子가 세상을 만나지 못하여 고결함으로 스스로 지켜서 세상의 일에 얽매이지 않는 자이다.
4) 〔譯註〕 先君子 : 胡寅의 선친인 文定公 胡安國을 가리킨다.
5) 〔頭註〕 尋邑王郎 : 王尋王邑은 竝見十五卷癸未年이라
 王尋과 王邑에 대한 내용은 모두 15卷 癸未年條(23 更始元年)에 보인다.

〔新增〕 尹氏曰 嚴光之節이 奮乎百世之上하니 下聞者莫不興起而見之어늘 乃與周黨王良竝召하니 觀范升之毁黨과 與友人之誚良하면 則二人은 非光之比明矣니 宜光之愈不屈也라 且光은 乃帝握手故人이어늘 帝不以手書招致하고 乃以詔書從事는 何哉오 嘗卽光傳考之컨대 見其譏切侯霸之語[1]하면 則光은 固非碌碌隱者라 況光은 少有高名하고 帝旣與之同學하니 必知其才智果有大過人者라 是以로 始焉에 帝思其賢하고 而終焉에 帝傷惜之하니 向使帝不屈光以官爵하고 而惟以故人待之하야 從容訪問이면 必有興治致化之方하야 補益中興이어늘 惜乎라 帝不及此爾라 按中元二年丁巳歲에 帝聖壽六十二니 則是今年己丑은 蓋三十有四矣라 光以建武十七年으로 再召不屈이라가 至年八十終이어늘 帝猶詔郡縣하야 賜錢穀하니 由是推之컨대 當光同學之時하야 固已年尊於帝라 至帝君臨大寶하야 召至闕下하야는 光是時에 蓋亦年踰耳順矣라 以年尊德卲之人으로 帝不能待以賓師之禮하고 乃欲臣而用之하니 宜乎光之不應也라

後之論者 但知光之不屈爲高하고 而不知光之所以不屈者 其意固自有在하야 特其識量素高라하니 此意渾然하야 不露圭角이라 是以로 天下後世 莫得而測識爾라 故로 備而論之하노라

尹氏(尹起莘)가 말하였다.

"嚴光의 절개가 百世의 위에서 떨치니 아래(뒤)에서 듣는 자들이 흥기하여 보지 않은 이가 없었는데, 마침내 周黨과 王良과 함께 불렀으니, 范升이 周黨을 훼방한 것과 친구가 王良을 꾸짖은 것을 보면 이들 두 사람은 嚴光의 비교 대상이 아님이 분명한 바, 嚴光이 더욱 굽히지 않은 것이 당연하다. 또 嚴光은 황제와 손을 잡는 친구였는데 황제가 手書(親書)로써 초치하지 않고 마침내 詔書로써 불러 종사함은 어째서인가?

일찍이 《後漢書》〈嚴光傳〉을 가지고 살펴보건대 侯霸를 기롱한 말을 보면 嚴光은 진실로 녹록한 은자가 아니다. 더구나 嚴光은 젊어서부터 높은 명망이 있었고 황제가 이미 그와 함께 배웠으니, 반드시 그의 재주와 지혜가 과연 보통 사람들보다 크게 뛰어남을 알았을 것이다. 이 때문에 처음에 皇帝가 그의 어짊을 생각하였고 나중에 皇帝가 그가 떠나는 것을 서글퍼하고 애석히 여긴 것이니, 그때 만일 황제가 嚴光에게 관작으로써 굽히지 말고 오직 친구로만 대우해서 조용히 계책을 물었더라면 반드시 다스림을 일으키고 교화를 이루는 방법이 있어서 中興에 보탬이 되었을 터인데 황제가 이에 미치지 못한 것이 애석하다.

살펴보면 中元 2년 정사년에 황제의 聖壽가 62세였으니, 그렇다면 올해 기축년은 34세이다. 嚴光이 建武 17년에 다시 부름을 받았으나 은둔한 뜻을 굽히지 않다가 나이 80세에 죽었는데, 황제는 오히려 郡縣에 명해서 돈과 곡식을 하사하게 하였다. 이로써 미루어 본다면 嚴光이 황제와 함께 배울 때를 당하여 진실로 이미 나이가 황제보다 많았을 것이다. 황제가 寶位에 군림해서 嚴光을 불러 闕下에 이르렀을 때에는 嚴光이 이때 또한 나이가 耳順(60세)을 넘었다. 나이가 많고 德이 높은 사람을 황제가 손님과 스승의 禮로 대우하지 못하고 도리어 신하로 삼아 등용하고자 하였으니, 嚴光이 응하지 않은 것이 당연하다.

후세에 논하는 자들은 다만 嚴光이 굽히지 않은 것이 높은 줄만 알고 嚴光이 굽히지 않은 까닭이 그 뜻이 진실로 다른 데에 있는 줄을 알지 못하여, 다만 그 지식과 도량이 평소 높았다고 하니, 이 뜻이 모나지 않고 渾然하여 圭角을 드러내지 않았다. 이 때문에 천하와 후세가 측량하여 알지 못하는 것이다. 그러므로 내가 이것을 자세히 논하는 것이다."

1) 〔附註〕 譏切侯霸之語：本傳에 光이 三聘而後至하니 司徒侯霸 與光素舊라 遣使奉書하고 使人因謂光曰 公聞先生至하고 區區欲卽詣造로되 迫於典司하야 是以不獲이로라 光乃投札하고 與之口授曰 君房이 位至鼎足하니 甚善이라 懷仁輔義天下悅이요 阿諛順旨要領絶이라하다 霸得書하고 封奏之한대 帝笑曰 狂奴古態也라하니라 君房은 霸字也라

≪後漢書≫ 〈嚴光傳〉에 嚴光이 세 번 초빙한 뒤에 이르니, 司徒 侯霸는 嚴光과 평소 친구였다. 사자를 보내어 편지를 올리고, 사람을 시켜 嚴光에게 이르기를 "侯公은 선생이 왔다는 말씀을 듣고 구구히 즉시 찾아가고자 하나 맡은 사무에 급하여 이 때문에 오실 수 없습니다." 하니, 嚴光이 마침내 편지를 던져 버리고 그에게 입으로 전하기를 "君房이 지위가 鼎足(정승)에 이르렀으니 매우 좋다. 仁을 품고 義로 도우면 천하가 기뻐할 것이요, 아첨하여 군주의 뜻에 순종하면 허리와 목이 끊어질 것이다." 하였다. 侯霸가 이 편지를 받고는 봉함하여 아뢰자, 황제가 웃으며 말하기를 "미친 종의 옛 태도이다." 하였다. 君房은 侯霸의 字이다.

東漢紀

世祖光武皇帝 下

【庚寅】 六年이라

建武 6년(경인 30)

吳漢等이 **拔**朐[1)]하야 **斬董憲**, **龐萌**하니 **江淮**, **山東**이 **悉平**하다

吳漢 등이 朐邑을 함락하여 董憲과 龐萌을 목 베니, 江淮 지방과 山東 지방이 모두 평정되었다.

1) 〔原註〕 拔朐 : 其于反이니 東海邑이라 〔附註〕 己丑年에 董憲이 合劉紆하야 奔佼强하고 龐萌叛하야 與憲連이어늘 帝自將討之한대 董憲, 劉紆 使蘇茂, 佼强救萌이러니 强以衆降하니 茂, 張步, 憲, 萌은 奔朐하고 梁人이 斬紆以降하니라
〔原註〕 朐는 其于反(구)이니, 東海의 邑이다. 〔附註〕 기축년에 董憲이 劉紆와 연합하여 佼强에게로 달려가고 龐萌이 배반하여 董憲과 연합하자, 光武帝가 직접 군대를 거느리고 토벌하였는데, 董憲과 劉紆가 蘇茂와 佼强으로 하여금 龐萌을 구원하게 하였으나 佼强이 군대를 거느리고 光武帝에게 항복하였다. 蘇茂와 張步와 董憲과 龐萌은 朐邑으로 달아났으며, 梁나라 사람이 劉紆를 목 베고 항복하였다.

○ **帝積苦兵間**[1)]이라 **以**隗囂**遣子內侍**하고 **公孫述**이 **遠據邊**陲라하야 **乃謂諸將曰 且當置此兩子於度外耳**라하고 **因休諸將於**雒**陽**하고 **分軍士於河內**하고

數(삭)**騰書**[2)]**隴, 蜀**하야 **告示禍福**[3)]하니라 〈出囂傳〉

황제가 전쟁터에서 오랫동안 고생하였다. 隗囂가 아들을 보내어 안에서 모시게 하고 公孫述이 멀리 변방을 점령하고 있다 하여, 마침내 여러 장수들에게 이르기를 "우선 이 두 사람은 度外로 내버려 두어야 한다." 하고는 인하여 여러 장수들을 雒陽에서 쉬게 하고 군사들을 河內에 나누어 주둔시켰으며, 隴(隗囂)과 蜀(公孫述)에 자주 편지를 보내어 禍福을 말하여 보여주었다. - ≪後漢書 隗囂傳≫에 나옴 -

1)〔頭註〕帝積苦兵間 : 積은 久也라
　積은 오래이다.
2)〔釋義〕騰書 : 騰은 傳也라
　騰은 전함이다.
3)〔通鑑要解〕數騰書隴蜀 告示禍福 : 隴은 隗囂요 蜀은 公孫述이라 且書曰 君은 非吾亂臣賊子라 倉卒時에 人皆欲爲君事耳나 天下神器는 不可以力爭이니 宜留三思하라
　隴은 隗囂를 이르고 蜀은 公孫述을 이른다. 황제가 이들에게 편지를 보내어 이르기를 "그대들은 나의 亂臣賊子가 아니다. 창졸간에 사람은 누구나 다 임금의 일을 하려고 한다. 그러나 神器(天子의 자리)는 힘으로써 다투어 얻을 수 있는 것이 아니니, 마땅히 심사숙고하기 바란다." 하였다.

○ **馮異自長安入朝**어늘 **帝謂公卿曰 是**는 **我起兵時主簿**[1)]**也**라 **爲吾**하야 **披荊棘**[2)], **定關中**이라하고 **旣罷**에 **賜珍寶錢帛**하고 **詔曰 倉卒**[3)]에 **蕪蔞**(무려)**亭豆粥**과 **滹沱河麥飯**[4)]**厚意**를 **久不報**로라 **異稽首謝曰 臣聞**호니 **管仲**이 **謂齊桓公曰 願君**은 **無忘射鉤**[5)]하소서 **臣**은 **無忘檻車**[6)]라하야 **齊國賴之**라하니 **臣亦願國家**[7)]는 **無忘河北之難**하소서 **小臣**은 **不敢忘巾車之恩**[8)]호리이다 **留十餘日**에 **令與妻子還西**하니라 〈出異傳〉

馮異가 長安으로부터 들어와 조회하자, 황제가 公卿에게 이르기를 "이 사람은 내가 군대를 일으킬 때 主簿였다. 나를 위해서 온갖 荊棘(苦難)을 헤치

고 關中을 평정했다." 하고는 접견을 파한 뒤에 진귀한 보물과 돈과 비단을 하사하고, 조서를 내리기를 "창졸간에 蕪蔞亭의 팥죽과 滹沱河의 보리밥을 올린 厚意를 오랫동안 갚지 못하였다." 하였다. 馮異가 머리를 조아려 사례하기를 "신은 들으니, 管仲이 齊나라 桓公에게 이르기를 '원컨대 임금께서는 띠의 갈고리에 화살을 맞았던 것을 잊지 마소서. 신은 檻車에 갇혔던 것을 잊지 않겠습니다.' 하여 齊나라가 이에 힘입었다 하니, 신은 또한 國家(天子)는 河北의 고난을 잊지 않으시기를 바랍니다. 이 小臣은 巾車鄕의 은혜를 감히 잊지 않겠습니다." 하였다. 10여 일 동안 머물러 있자, 妻子와 함께 서쪽으로 돌아가게 하였다. - ≪後漢書 馮異傳≫에 나옴 -

1) 〔通鑑要解〕 我起兵時主簿 : 光武起兵하여 徇永川할새 馮異降하니 光武以爲主簿하니라
   光武帝가 군대를 일으켜 永川을 순행할 때에 馮異가 항복하니, 光武帝가 그를 主簿로 삼았다.
2) 〔釋義〕 披荊棘 : 披는 開也요 荊棘은 榛梗之謂也라 〔頭註〕 荊棘은 以喩紛亂也라
   〔釋義〕 披는 열어 헤침이요, 荊棘은 개암나무와 산느릅나무를 이른다. 〔頭註〕 荊棘은 紛亂을 비유한 것이다.
3) 〔釋義〕 倉卒 : 忽遽貌라
   倉卒은 갑자기 급한 모양이다.
4) 〔譯註〕 蕪蔞亭豆粥 滹沱河麥飯 : 이 일은 淮陽王 更始 2년 甲申年條(24)에 보인다.
5) 〔釋義〕 君無忘射鉤 : 春秋에 齊襄公이 醉殺魯桓公하고 通其夫人하며 又數欺大臣하니 群弟恐及禍라 故次弟糾는 奔魯하니 管仲傅之하고 次弟小白은 奔莒하니 鮑叔傅之하다 後에 襄公被弑어늘 齊人이 召小白於莒한대 魯亦送子糾하고 而使管仲으로 將兵遮莒道하야 射中小白帶鉤러니 小白佯死라가 得先入하야 齊立之하니 是爲桓公이라 魯人患之하야 遂殺子糾하고 囚管仲이러니 及齊境에 鮑叔이 脫其桎梏하야 以見桓公이라 管仲旣任政에 九合諸侯하야 一匡天下하니라
   ≪春秋≫에 齊나라 襄公이 술에 취하여 魯나라 桓公을 죽이고 그 부인과 간통하였으며 또 자주 大臣들을 능멸하니, 여러 아우들이 화가 미칠까 두려워하였다. 그러므로 다음 아우인 糾는 魯나라로 도망하였는데 管仲이 師傅가 되어 그를 가르쳤고, 다음 아우인 小白은 莒나라로 도망하였는데 鮑叔이 師傅가 되어 그를 가르쳤다. 뒤에 襄公이 시해당하자 齊나라 사람들이 小白을 莒나라에서 불렀는데,

魯나라에서도 子糾를 보내고는 管仲으로 하여금 군대를 거느리고 가서 莒나라에서 오는 小白의 길을 막게 하였다. 그리하여 管仲이 小白의 허리띠 갈고리를 쏘아 맞혔는데, 小白이 거짓으로 죽은 체하다가 驛馬를 타고 먼저 들어와서 齊나라 사람들이 그를 세우니, 이가 桓公이다. 魯나라 사람은 〈齊나라의 보복을〉 염려하여 마침내 子糾를 죽이고 管仲을 수레에 가두어 齊나라로 보냈는데, 齊나라 국경에 이르자 鮑叔이 그의 형틀을 벗겨 주고 桓公을 뵙게 하였다. 管仲이 이미 국정을 맡자 諸侯들을 糾合하여 한 번 천하를 바로잡았다.

6) 〔釋義〕 臣無忘檻車 : 載囚之車也니 車上著板四周하야 如檻形이요 載囚其中이라
檻車는 죄수를 실은 수레이니, 수레 위의 사방 둘레에 판자를 대어서 난간의 모양과 같게 하고, 죄수를 그 가운데에 실었다.

7) 〔通鑑要解〕 臣亦願國家 : 臣子率謂天子爲國家也라
臣子는 대체로 天子를 일러 國家라 한다.

8) 〔原註〕 巾車之恩 : 異在巾車鄕이라가 爲漢兵所獲이러니 光武釋而用之하니라
馮異가 巾車鄕에 있다가 漢나라 군대에 붙잡혔는데, 光武帝가 풀어 주고 그를 등용하였다.

○ 隗囂發兵反하다

隗囂가 군대를 일으켜 배반하였다.

○ 六月에 詔曰 夫張官置吏는 所以爲民也라 今百姓遭難하야 戶口耗少호되 而縣官吏職이 所置尙繁하니 其令司隸州牧[1]으로 各實所部[2]하야 省減吏員하고 縣國에 不足置長吏者를 幷之하라 於是에 幷省(생)四百餘縣하니 吏職이 減損하야 十置其一이러라 〈出本紀〉

6월에 詔書를 내리기를 "관청을 설치하고 관리를 두는 것은 백성을 위한 것이다. 지금 백성들이 난리를 만나서 戶口가 줄어들었으나 縣官과 관리의 직책을 설치한 것이 아직도 많으니, 司隸에 속한 州牧으로 하여금 각각 거느리고 있는 고을을 충실히 조사하여 관리의 수를 줄이고 縣과 國 중에 長吏(수령)를 둘 만하지 않은 곳을 겸병하라." 하였다. 이에 4백여 縣을 모두 합

병하여 줄이니, 관리의 직책이 줄어들어 10분의 1만 남겨 두었다. －≪後漢書 光武帝紀≫에 나옴－

1)〔頭註〕司隷州牧：司隷校尉*)는 部管河南河內河東右扶風左馮翊京兆弘農七郡於洛陽이라 故로 謂東京爲司隷라
 司隷校尉는 河南, 河內, 河東, 右扶風, 左馮翊, 京兆, 弘農의 7郡을 洛陽에서 관할하였다. 그러므로 東京(洛陽)을 일러 司隷라고 한 것이다.

*) 司隷校尉：漢나라 武帝 때에 司隷校尉를 설치하였는 바, 병사 1천2백 명을 두어 巫蠱에 관련된 자들을 체포하였으며 간사하고 교활한 자들을 督察하게 하였다. 그후 병력을 해산하고 바꾸어 三輔(右扶風, 左馮翊, 京兆)와 三河(河南, 河內, 河東)와 弘農의 7郡을 관찰하게 하였다. 哀帝 때에 司隷라고 칭하다가 東漢 때에 다시 司隷校尉라 칭하고 그대로 7郡을 관찰하게 하였다.

2)〔頭註〕各實所部：謂所部郡縣을 各考覈其實也라
 관할하고 있는 고을에 대하여 각각 그 실제를 조사하여 밝힘을 이른다.

○ 執金吾朱浮上疏曰 昔에 堯, 舜之盛에 猶加三考[1)]하고 大漢之興에도 亦累功效하니 吏皆積久하야 至長子孫[2)]이러니 間者에 守宰數換易하야 迎新相代에 疲勞道路하고 尋其視事日淺하야 未足昭見其職이요 旣加嚴切하니 人不自保라 願陛下는 遊意於經年之外하고 望治於一世之後[3)]하시면 天下幸甚이리이다 帝采其言하야 自是로 牧守易代頗簡하니라 〈出浮傳〉

執金吾 朱浮가 상소하기를 "옛날 堯·舜과 같은 태평한 시대에도 오히려 세 번 考課를 가하였고 大漢이 일어났을 때에도 공적을 쌓게 하였으니, 관리들이 모두 오랫동안 근무하여 자손들이 장성함에 이르렀습니다. 그런데 근래에는 守宰를 자주 바꾸어서 새로운 사람을 맞이하여 서로 교대하느라 도로에서 지치고, 또 사무를 본 날짜가 짧아서 자신의 직책을 밝게 알지 못하며, 게다가 이미 준엄하게 견책을 가하니, 사람들이 스스로 자기 몸을 보전하지 못합니다. 원컨대 폐하께서는 몇 해가 지난 뒤에 효과가 나타나는 데에 뜻을 두시고 한 代가 지난 뒤에 국가가 다스려지기를 바라신다면 천하가 매우 다행일 것입니다."라고 하니, 황제가 그 말을 채택하여 이로부터 牧守들을 바

꾸고 교대함이 자못 줄어들게 되었다. - ≪後漢書 朱浮傳≫에 나옴 -

1) 〔釋義〕 三考 : 書舜典에 三考에 黜陟幽明이라한대 蔡傳曰 考는 核實也라 三考는 九載也니 九載則人之賢否와 事之得失을 可見이라 於是에 陟其明而黜其幽라하니라

≪書經≫ 〈舜典〉에 "세 번 考課함에 成績이 나쁜 자를 내치고 좋은 자를 올려준다." 하였는데, 蔡沈의 傳에 이르기를 "考는 실제를 조사하는 것이다. 세 번 고찰함은 9년이니, 9년이면 사람의 賢愚와 일의 잘하고 잘못함을 볼 수 있다. 이에 그 실적이 분명한 자를 올려 쓰고 어두운 자를 내쫓는 것이다." 하였다.

2) 〔釋義〕 吏皆積久 至長子孫 : 文帝時에 吏居官者 或長子孫이라한대 註云 時無事하야 吏不數遷하야 甚至於子孫長大而不轉職任이라하니라

文帝 때에 관리로서 관직에 있는 자가 오랫동안 근무하여 혹 자손을 키우기도 하였다고 하였는데, ≪前漢書≫ 〈王嘉傳〉 如淳의 註에 이르기를 "당시에는 아무 일이 없어 관리들이 자주 자리를 바꾸지 않아서 심지어는 자손이 장성하여 컸는데도 직임을 바꾸지 않은 것이다." 하였다.

3) 〔通鑑要解〕 一世之後 : 孔子曰 如有王者라도 必世而後에 仁[*]이니라

孔子가 말씀하기를 "만일 王者가 있더라도 반드시 한 대가 지난 뒤에야 백성들이 仁해진다." 하였다.

*) 孔子曰……仁 : 내용은 ≪論語≫ 〈子路篇〉에 보이는 바, 一世는 30년을 가리킨다.

○ **十二月**에 **詔曰 頃者**에 **師旅未解**하야 **用度不足**이라 **故**로 **行什一之稅**러니 **今糧儲稍積**하니 **其令郡國**으로 **收見(現)田租**호되 **三十稅一**하야 **如舊制**[1]하라 〈出本紀〉

12월에 詔書를 내리기를 "지난번에 군대가 해산되지 아니하여 用度(재정)가 부족하였다. 그러므로 10분의 1을 세금으로 내는 법을 시행하였는데 지금 양식의 저축이 다소 비축되었으니, 郡國으로 하여금 현재 있는 田租를 거두되 30분의 1을 내게 하여 옛 제도와 같게 하라." 하였다. - ≪後漢書 光武帝紀≫에 나옴 -

1) 〔通鑑要解〕 舊制 : 景帝元年에 令田租三十而稅一이러니 今依景帝故로 云舊制라

景帝 元年에 백성들로 하여금 30분의 1을 田租로 내게 하였는데, 지금 景帝 때 시행했던 것을 따랐으므로 옛 제도라 한 것이다.

○ 先是에 馬援이 聞隗囂欲貳於漢하고 數(삭)以書責譬[1)]之한대 囂得書增怒러니 及囂發兵反에 援이 乃上書하야 願聽詣行在所하야 極陳滅囂之術하니 帝乃召之하야 具言謀畫하다 〈出援傳〉

이보다 먼저 馬援은 隗囂가 漢나라를 배반하려 한다는 말을 듣고는 자주 편지를 보내어 꾸짖고 타이르니, 隗囂가 편지를 받고 더욱 노하였다. 隗囂가 군대를 동원하여 반란을 일으키자 馬援은 마침내 글을 올려서 行在所에 나아가 隗囂를 없앨 방법을 지극히 아뢰는 것을 들어주기를 청하니, 황제가 마침내 그를 불러서 계책을 자세히 말하게 하였다. - ≪後漢書 馬援傳≫에 나옴 -

1) 〔頭註〕 責譬 : 譬는 比也니 比而喩之라
譬는 비유함이니, 비유하여 깨닫게 하는 것이다.

【辛卯】 七年이라

建武 7년(신묘 31)

三月晦에 日有食之어늘 詔百僚하야 各上封事호되 其上書者 不得言聖하라하다 〈出本紀〉

3월 그믐에 日食이 있자 〈황제가〉 百官들에게 명하여 각각 封事를 올리게 하였는데, 글을 올리는 자들이 〈황제를〉 聖이라고 칭하지 못하게 하였다. - ≪後漢書 光武帝紀≫에 나옴 -

〔新增〕 尹氏曰 人君이 莫不憚於聽言이어늘 而詔各上封事하고 人君이 莫不喜於好高어늘 而詔不得言聖하야 書之于冊하니 光武於是乎不可及矣로다

尹氏가 말하였다.

"人君은 신하들의 말을 듣는 것을 꺼리지 않는 이가 없는데 光武帝는 각각

封事를 올리도록 명하였고, 人君은 높은 것을 좋아함을 기뻐하지 않는 이가 없는데 〈皇帝를〉 聖이라고 말하지 못하게 하여 이것을 史冊에 썼으니, 光武帝의 훌륭함을 이에 따라갈 수가 없다."

太中大夫鄭興이 **上疏曰 頃年日食**이 **每多在晦**하야 **先時而合**[1]하니 **皆月行**이 **疾也**라 **日**은 **君象**이요 **月**은 **臣象**이니 **君亢急**[2]**則臣促迫**이라 **故**로 **月行**이 **疾**하나니 **今陛下高明**하사 **而群臣惶促**하니 **宜留思柔克之政**하고 **垂意洪範之法**[3]이니이다 **帝躬勤政事**하야 **頗傷嚴急**이라 **故**로 **興奏及之**러라 〈出本傳 無末三句〉

太中大夫 鄭興이 상소하기를 "近年의 日食이 매번 대부분 그믐에 있어서 시기보다 앞서 해와 달이 합하였으니, 이는 모두 달의 운행이 빠르기 때문입니다. 해는 군주의 象이고 달은 신하의 象이니, 임금이 높고 급하면 신하가 촉박합니다. 이 때문에 달의 운행이 빠른 것이니, 이제 폐하께서 高明하시어 여러 신하들이 황급해 하니, 마땅히 柔克의 정사에 유념하고 洪範의 법에 뜻을 두소서." 하였다. 이때 황제가 몸소 정사를 부지런히 하여 자못 지나치게 엄하고 급했다. 그러므로 鄭興이 아룀에 이를 언급한 것이었다. －≪後漢書 鄭興傳≫에 나오는데 끝의 세 句가 없다.－

1) 〔釋義〕 日食……先時而合：先은 去聲이니 謂不俟朔日而會合이라 〔通鑑要解〕 凡先事而爲曰先은 則平聲이니 易先天, 先甲先庚之類 是也요 又當後而前曰先은 則去聲이니 左傳不先父食과 孟子疾行先長之類 是也라
〔釋義〕 先은 去聲이니, 초하룻날을 기다리지 않고 해와 달이 앞서 합하여 日蝕이 일어남을 이른다. 〔通鑑要解〕 일보다 앞서서 먼저 하는 것을 先이라고 할 때의 先은 平聲이니 ≪周易≫의 先天, 先甲 先庚 따위가 이것이고, 또 뒤에 있어야 하는데 앞에 가는 것을 先이라고 할 때의 先은 去聲이니 ≪春秋左傳≫의 '不先父食'과 ≪孟子≫의 '疾行先長' 따위가 이것이다.

2) 〔釋義〕 君亢急：亢은 高極也니 謂君之行이 過於嚴急이라
亢은 높음이 지극한 것이니, 군주의 행실이 지나치게 엄하고 급함을 말한 것이다.

3) 〔釋義〕 陛下高明……洪範之法：書洪範에 六三德[*]은 高明柔克이라한대 蔡傳曰

高明者는 高亢明爽하야 過乎中也요 克은 治也니 高明柔克은 宜以柔治剛也라하니라

≪書經≫ 〈洪範〉에 "여섯 번째 三德은 高明한 사람은 柔로 이겨야 한다.〔高明柔克〕" 하였는데, 蔡沈의 傳에 이르기를 "高明은 高亢(뜻이 높음)하고 明爽(밝음)하여 中道를 넘는 것이고 克은 다스림이니, 高明柔克은 마땅히 유순함으로써 강함을 다스려야 함을 이른다." 하였다.

*) 六三德 : ≪書經≫ 〈洪範〉에 "여섯 번째 三德은 첫 번째는 정직함이요, 두 번째는 剛으로 다스림이요, 세 번째는 柔로 다스림이니, 平康은 正直이고, 彊하여 순하지 않은 자는 剛으로 다스리고, 和하여 순한 자는 柔로 다스리며, 沈潛한 자는 剛으로 다스리고, 高明한 자는 柔로 다스린다.〔六三德 一曰正直 二曰剛克 三曰柔克 平康正直 彊弗友剛克 燮友柔克 沈潛剛克 高明柔克〕"라고 보인다. 正直과 剛·柔의 三德은 군주의 입장에서는 모두 백성을 다스림을 위주로 하고 백성의 입장에서는 각기 군주의 다스림을 따르는 것인바, 백성들의 習俗이 剛하거나 타고난 기품이 柔하면 군주가 모두 剛으로 다스리고, 백성들의 습속이 柔하거나 기품이 剛하면 군주가 모두 柔로 다스리는 것이다.

○ 大司農江馮이 上言호되 宜令司隸校尉로 督察三公이니이다 司空掾陳元이 上疏曰 臣聞호니 師臣者는 帝하고 賓臣者는 霸라 故로 武王이 以太公爲師하고 齊桓이 以夷吾爲仲父하고 近則高帝 優相國之禮[1)]하고 太宗이 假宰輔之權[2)]하니 陛下宜修文武之聖典하고 襲祖宗之遺德하야 勞心下士하고 屈節待賢이요 誠不可使有司察公輔之罪니이다 帝從之하다

大司農 江馮이 上言하기를 "마땅히 司隸校尉로 하여금 三公을 감독하게 하여야 합니다." 하니, 司空掾으로 있는 陳元이 다음과 같이 상소하였다.

"신이 들으니, 신하를 스승으로 삼는 자는 皇帝가 되고 신하를 손님으로 예우하는 자는 霸者가 된다고 하였습니다. 이 때문에 武王은 太公을 스승으로 삼았고 齊나라 桓公은 管夷吾(管仲)를 仲父로 삼았으며, 근래에 高帝는 相國을 禮로 우대하고 太宗(文帝)은 宰輔에게 권한을 빌려 주었으니, 폐하께서는 마땅히 文王과 武王의 성스러운 법을 닦고 祖宗이 남기신 德을 따라서 마음

을 수고롭게 하여 선비에게 몸을 낮추고 절개를 굽혀 현자를 대해야 할 것이요, 진실로 有司들로 하여금 公輔의 죄를 살피게 해서는 안 됩니다." 하니, 황제가 그 말을 따랐다.

1) 〔譯註〕 高帝優相國之禮 : 高帝가 蕭何를 相國으로 삼고, 蕭何에게 검을 차고 武官이 신는 신을 신고 大殿에 올라오며 조정에 들어와 종종걸음으로 달리지 않도록 하는 恩典을 내렸다.

2) 〔譯註〕 太宗假宰輔之權 : 太宗은 孝文帝이다. 申屠嘉를 宰相으로 삼았는데, 이때 鄧通이 군주의 총애를 믿고 태만한 禮가 있자, 申屠嘉가 丞相府에 앉아서 檄文을 만들어 鄧通을 불러 목을 베려 하였다. 이에 孝文帝가 使者를 시켜 節을 가지고 가서 鄧通을 부르고, 승상에게 사례하기를 "이는 내가 희롱하는 신하이니, 그대는 풀어 주라."고 한 일이 있으므로 宰輔에게 권한을 빌려 주었다고 한 것이다.

○ 帝好圖讖이라 與鄭興으로 議郊祀事할새 帝曰 吾欲以讖斷之하노니 何如오 對曰 臣은 不爲讖이니이다 帝怒曰 卿不爲讖은 非之耶아 興이 皇(惶)恐曰 臣이 於書에 有所未學이요 而無所非也니이다 帝意乃解하다 〈出興傳〉

황제가 圖讖說을 좋아하였으므로 鄭興과 함께 郊祀의 일을 의논할 때에 황제가 말하기를 "나는 圖讖으로 결단하고자 하는데 어떠한가?" 하니, 鄭興이 대답하기를 "신은 圖讖을 하지 않습니다." 하였다. 황제가 노하여 말하기를 "卿이 圖讖을 하지 않는 것은 圖讖說을 그르다고 여겨서인가?" 하니, 鄭興이 황공하여 아뢰기를 "신은 圖讖書에 대해 배우지 않았기 때문이요, 그르다고 여기는 것은 없습니다." 하니, 황제의 노여움이 비로소 풀렸다. - ≪後漢書 鄭興傳≫에 나옴 -

〔新增〕 胡氏曰 知道者는 以義處命하야 理行則行하고 理止則止하니 術數之學을 蓋不取也라 鄭興이 身遇明君하니 當極論以解主惑이어늘 一被詰責에 遽出孫(遜)言하니 君子非之하니라

胡氏가 말하였다.

"道를 아는 자는 義理로써 天命에 대처하여 이치가 행할 만하면 행하고

이치가 그만둘 만하면 그만두어서 術數의 학문을 취하지 않았다. 鄭興이 몸소 明君을 만났으니, 마땅히 지극히 의논해서 군주의 의혹을 풀어 주어야 할 터인데 한 번 힐책을 당하자 갑자기 공손한 말을 내었으니, 군자가 이것을 그르다 하였다."

通鑑筆義曰 讖記之說이 果孰爲之初乎아 左氏傳春秋할새 雜取神怪卜筮[1]하야 論說禍福에 皆有據依로되 有童謠而無讖語[2]러니 至司馬遷作史記하야 言秦人築長城以備胡는 謂亡秦者胡也나 曾不知爲胡亥하고 陳涉起事에 託鬼以威衆[3]하고 取帛書하야 置魚腹中하니 世之姦人이 始假文書以惑衆矣라 漢宣帝未卽位時에 眭弘이 推說災異[4]하야 以爲漢當再受命이라하고 至成帝하야 齊人甘忠可 詐造天官等書하야 以授其徒하니 而後에 讖記[5]盛矣라 王莽因之하야 造作符命하야 代漢天下하니 殆勝廣之遺智也라 光武明智有餘하니 當懲莽欺罔하야 絶其端倪하야 勿使遺禍後世어늘 卽位之初에 首從事焉이라 彼其崎嶇南陽新野間할새 聞劉秀當爲天子舊矣[6]러니 一旦에 以赤伏符卽位하니 意者以謂天誠有是書하야 天人之秘를 眞不可誣邪아 王莽은 假符命以欺衆하고 光武는 信讖記以自欺하니 是孰爲愚智乎아 且王氏殘虐하야 百姓思漢이 久矣라 光武之爲民望也하니 向使無赤符說이면 當不有天下乎아 彼彊華者 果安從得此書오 是는 {以}不過哀章[7]之類耳어늘 舍人事而托符讖하니 是何不自信이 若此也오 三代之王이 固嘗受命이나 其符安在오 夫亦卜諸人心而已矣라 雖然이나 神器至重이라 一旦而得之가 誠非偶然者니 萬一有前世博物道術之士 察見興亡하고 形諸讖記를 或未可知也라 然亦不足盡信矣어늘 彼進用人材하고 興建禮樂이 何與讖記완대 而拳拳若此오 是殆蔽溺過甚하야 不自知義理所在乎인저 吾觀光武컨대 不特自信而已요 又將移之群臣하야 至附於聖人之經하고 以此明示百官하야 則而象之하야 妄說符命하니 其患이 何所不至哉아 流弊旣廣에 餘孽日深이라 以唐太宗之明智로도 猶以秘記로 殺功臣[8]하고 亂臣賊子 私自譔(撰)述하야 欺天罔人하야 行盜竊之計多矣니 孰謂光武之明智而慮不及此哉아

戴溪의 ≪通鑑筆義≫에 말하였다.

"圖讖說은 과연 누가 처음 만들었는가? 左丘明이 ≪春秋≫의 傳을 지을 때

에 신기하고 괴상한 말과 卜筮를 이것저것 취하여 禍福을 설명함에 모두 근거가 있었으나 童謠는 있고 讖語는 없었다. 그러다가 司馬遷이 ≪史記≫를 지음에 이르러서는 말하기를 '秦나라 사람들이 萬里長城을 쌓아 오랑캐를 대비한 것은 圖讖書에 「秦나라를 망칠 자가 胡이다.」라고 한 말 때문이었으나 일찍이 이것이 胡亥인 줄을 알지 못하였으며, 陳涉이 일을 일으키자 귀신에게 가탁하여 사람들을 위협하고 帛書를 취하여 물고기의 뱃속에 넣어 두어 세상의 간사한 사람들이 비로소 文書를 빌어 사람들을 의혹하게 했다.' 하였다.

漢나라 宣帝는 아직 즉위하지 않았을 때에 眭弘이 災異를 유추하여 말해서 漢나라가 마땅히 다시 天命을 받을 것이라 하였고, 成帝에 이르러서 齊나라 사람 甘忠可는 거짓으로 ≪天官≫ 등의 책을 만들어서 그 무리에게 전수하니 이후에 圖讖書가 성행하였다. 王莽이 이로 인하여 符命을 조작해서 漢나라의 천하를 대신하니, 아마도 陳勝과 吳廣의 남은 지혜인 것이다.

光武帝는 밝고 지혜로움이 有餘하였으니, 마땅히 王莽의 속임수를 징계해서 그 단서를 끊어 후세에 禍를 남기지 말았어야 했는데, 즉위 초에 첫 번째로 이에 종사하였다. 저 南陽과 新野 사이에서 逆境에 처했을 때에 '劉秀가 마땅히 천자가 된다.'는 말을 예전부터 들었다. 그러다가 하루아침에 赤伏符로 즉위하게 되자, 생각하기를 '하늘에 진실로 이러한 서책이 있어서 天人의 비밀을 참으로 속일 수 없다.'고 여겼을 것이다. 王莽은 符命을 빌어서 여러 사람들을 속이고 光武帝는 圖讖書를 믿어서 자신을 속였으니, 이는 누가 어리석고 지혜로움이 되는가?

또 王氏는 잔인하고 포학해서 백성들이 漢나라를 생각한 지가 오래였다. 그리하여 光武帝가 백성들이 바라는 바가 되었으니, 그때 만약 赤伏符의 말이 없었더라면 마땅히 천하를 소유하지 못했겠는가? 저 彊華라는 자는 과연 어디에서 이런 책을 얻었는가? 이는 哀章의 부류에 지나지 않는 것인데, 사람의 일을 버려두고 符書에 의탁하였으니, 스스로 믿지 않음이 어찌 이와 같단 말인가? 三代의 왕이 진실로 일찍이 天命을 받았으나 그 符書가 어디에 있었는가? 또한 사람의 마음에 점쳤을 뿐이었다.

그러나 神器(天子의 지위)는 지극히 소중하다. 하루아침에 이것을 얻은 것이 진실로 우연이 아니니, 만일 前代에 온갖 사물을 널리 알고 道術에 능한 선비가 있어서 興亡盛衰의 이치를 살펴보고 이것을 圖讖書에 나타냈는지는 혹 알 수 없다. 그러나 또한 다 믿을 것이 못 되는데, 저 人材를 등용하고 禮樂을 일으켜 세우는 것이 圖讖書와 무슨 상관이 있기에 이와 같이 연연해 한단 말인가? 이는 자못 가리고 빠짐이 너무 심해서 스스로 義理가 있는 바를 알지 못한 것이다.

내가 살펴보건대 光武帝는 스스로 믿었을 뿐만 아니라 또 이것을 여러 신하들에게 옮겨서 聖人의 經書에 붙이기까지 하였고, 이것을 百官들에게 분명히 보여서 본받아 따르게 하여 符命을 함부로 말하게 하였으니, 그 폐해가 어찌 이르지 못하는 바가 있겠는가. 폐해가 이미 넓어짐에 남은 싹이 날로 깊어졌다. 唐나라 太宗의 밝음과 지혜로도 오히려 秘記 때문에 功臣을 죽였고, 亂臣賊子들이 사사로이 스스로 글을 지어 하늘을 속이고 사람을 속여서 도적질하는 계책을 행한 자가 많으니, 누가 光武帝의 밝음과 지혜로도 사려가 여기에 미치지 못할 것이라고 생각했겠는가."

1) 〔附註〕 卜筮 : 龜曰卜이요 蓍曰筮니 〔蓍는〕 草名이니 用之以筮라 左僖四年에 筮短龜長이라한대 注에 物生而後有象하고 有象而後有數하니 龜는 象也요 筮는 數也니 象在先하고 數在後라 故以先爲長하고 以後爲短이라하니라
거북점을 卜이라 하고 시초점을 筮라 하니, 蓍는 풀 이름인데 이것을 사용하여 ≪周易≫점을 친다. ≪春秋左傳≫ 僖公 4年條에 "시초점은 짧고 거북점은 길다." 하였는데, 注에 "물건이 생겨난 뒤에 象이 있고 象이 있은 뒤에 數가 있으니, 거북점은 象이고 시초점은 數이니, 象은 앞에 있고 數는 뒤에 있다. 그러므로 앞의 것을 長이라 하고, 뒤의 것을 短이라 한다." 하였다.

2) 〔頭註〕 有童謠而無讖語 : 徒歌曰謠니 童穉未有念慮之感而會成嬉戱之言이 似若有憑者라
奏樂은 없이 노래만 부르는 것을 謠라고 하니, 어린아이는 생각하는 마음이 없이 마침 장난하고 희롱하는 말이 믿을 만한 예언이 되는 듯한 것이다.

3) 〔附註〕 託鬼以威衆 : 陳涉, 吳廣起事에 卜者曰 事皆成이나 然卜之鬼乎인저 勝, 廣喜曰 此教我先威衆耳라하고 乃以丹書帛十四卷하니라
陳涉과 吳廣이 거사할 때에 점치는 자가 말하기를 "일이 모두 이루어질 것이나

귀신에게 점을 쳐서 결정해야 할 것입니다." 하였다. 陳勝과 吳廣이 기뻐하며 말하기를 "이는 우리들로 하여금 먼저 군사들에게 위엄을 보이도록 가르쳐 준 것이다." 하고는 마침내 붉은 글씨로 帛書 14권을 써서 사람들에게 보였다.

4) 〔附註〕 推說災異 : 昭帝元鳳三年에 泰山石起하고 上林僵柳復起生하며 有蟲食葉成字曰 公孫病已立이라하니 病已는 宣帝少字也라 弘乃上言호되 當有匹庶爲天子라하니 弘坐說妖言惑衆伏誅하니라

昭帝 元鳳 3년에 泰山에 돌이 우뚝 일어나고, 上林苑에 쓰러졌던 버드나무가 다시 일어나 살아났으며, 벌레가 나뭇잎을 먹어 글자를 만들었는데, 그 내용에 "公孫인 病已가 즉위한다." 하였으니, 病已는 宣帝의 어렸을 적 字이다. 眭(휴)弘이 이에 上言하기를 "마땅히 庶人이 天子가 될 것이다." 하였는데, 眭弘은 요망한 말을 하여 무리를 미혹시킨 죄에 걸려 죽임을 당하였다.

5) 〔頭註〕 讖記 : 讖은 纖也니 其義纖微也라

讖은 섬세함이니, 그 뜻이 섬세하고 은미한 것이다.

6) 〔附註〕 爲天子舊矣 : 光武는 南陽蔡陽人이라 王莽時에 天下連歲災蝗하니 南陽尤飢라 光武避吏新野하야 因賣穀於宛이러니 宛人李通이 以圖讖說光武호되 劉氏復起라하니 乃市兵弩하야 起於宛하니라

光武는 南陽 蔡陽 사람이다. 王莽 때에 천하에 매년 蟲害가 있었는데, 南陽은 흉년이 더욱 심하였다. 光武帝가 新野로 관리를 피하여 宛에서 곡식을 팔았는데, 宛 땅 사람 李通이 圖讖說을 가지고 光武帝를 설득하기를 "劉氏가 다시 일어난다." 하니, 이에 兵器와 弓弩를 사서 宛에서 起兵하였다.

7) 〔附註〕 哀章 : 哀章이 作銅匱할새 爲兩檢하고 署其一曰 天帝行璽金匱圖라하고 其一署曰 赤帝璽니 邦傳與皇帝金策書라하다 日昏時에 衣黃衣하고 持匱至高廟하야 以付僕射한대 僕射以聞이어늘 莽至高廟하야 拜受金櫃하고 下書曰 皇天上帝降顯大祐하야 屬予以天下兆民이라 赤帝漢氏高皇帝之靈이 承天命하야 傳國金策之書하니 敢不欽受리오 乃御王冠하고 卽眞天子位하야 建有天下之號曰新이라하다 邦은 高帝名이니 廟有令僕射하니라

哀章이 구리궤짝을 만들 때에 두 개의 玉檢을 만들고, 그중 하나에는 "天帝行璽金匱圖"라 쓰고, 또 하나에는 "赤帝璽이니, 劉邦이 황제에게 金策書를 전해 준다." 고 썼다. 날이 저물 때에 哀章이 黃衣를 입고 궤짝을 가지고 高祖의 사당에 이르러서 僕射에게 주니, 僕射가 이것을 보고하였다. 王莽이 高祖의 사당에 이르러서 절하고 金櫃를 받고는 글을 내리기를 "皇天上帝가 큰 福을 내리시어 나에게

천하와 억조의 백성을 맡기셨다. 赤帝인 漢나라 高皇帝의 神靈이 天命을 받들어서 金策書로 傳國하니, 감히 공경히 받지 않겠는가." 하였다. 이에 王冠을 쓰고 진짜 天子에 즉위하여 천하를 소유한 國號를 新이라 하였다. 邦은 高帝의 이름이니, 사당에는 令과 僕射가 있었다.

8) 〔附註〕 殺功臣 : 左武衛將軍武連縣公 李君羨이 直玄武門時에 太白이 屢晝見하니 太史占云 女主昌이라하고 民間에 又傳秘記云 唐三世之後에 女主武王이 代有天下라하니 上惡之하다 會에 與諸武臣으로 宴宮中行酒할새 令實言少名하니 君羨自言 名五娘이라하야늘 上笑曰 何物女子 乃爾勇健고하다 又以君羨官稱邑封에 皆有武字라하야 深惡之하다 出爲華州刺史러니 有布衣員道信이 自言 能絶粟, 曉佛法이라하니 君羨이 深敬信之하야 數相從屛人語라 御史奏 君羨이 與妖人交通하야 謀不軌라하야 坐誅하니라

左武衛將軍 武連縣公 李君羨이 玄武門에서 숙직할 때에 太白星이 여러 번 낮에 나타나니, 太史가 점을 치기를 "女主가 창성할 조짐이다." 하였으며, 민간에 또 秘記를 전하기를 "唐나라는 3대가 지난 뒤에 女主인 武王이 대신하여 천하를 소유한다." 하니, 上(太宗)이 이를 싫어하였다. 마침 上이 여러 武臣들과 궁중에서 잔치하여 술잔을 돌릴 적에 신하들로 하여금 어렸을 때의 이름을 사실대로 말하게 하였는데, 李君羨이 자신의 이름이 五娘이라고 말하자, 上이 웃으며 말하기를 "무슨 놈의 여자가 이와 같이 용맹하고 건장하단 말인가." 하였으며, 또 李君羨의 官名과 食邑과 封號에 모두 武字가 들어있다 하여 매우 그를 미워하였다. 李君羨이 華州刺史로 나갔는데, 布衣인 員道信이 스스로 말하기를 "곡식을 먹지 않고 살 수 있고 佛法을 안다." 하니, 李君羨이 그를 깊이 존경하고 믿어 자주 따라서 놀며 사람을 물리치고 둘이서만 말하곤 하였다. 御史가 아뢰기를 "李君羨이 요망한 사람과 交通하여 不軌(반역)를 도모합니다."라고 하여 마침내 죄에 걸려 죽임을 당하였다.

南陽太守杜詩 政治淸平하니 **百姓**이 **便之**하고 **又修治陂池**하야 **廣拓**(탁)**土田**하니 **郡內比室殷足**하야 **時人**이 **以方召信臣**[1]이라 **南陽**이 **爲之語曰 前有召父**러니 **後有杜母**라하더라 〈出本傳〉

南陽太守 杜詩의 정치가 깨끗하고 공평하니 백성들이 편리하게 여겼고, 또 제방과 못을 다스려 田地를 널리 개척하니 郡 안에 즐비한 집들이 풍족하여

당시 사람들이 召信臣에게 비교하였다. 南陽 사람들이 이 때문에 말하기를 "전에는 召父(召信臣)가 있었는데, 뒤에는 杜母가 있다." 하였다. -≪後漢書 杜詩傳≫에 나옴 -

1)〔釋義〕召信臣：字翁卿이니 元帝時人이라
召信臣은 字가 翁卿이니, 元帝 때 사람이다.

【壬辰】八年이라

建武 8년(임진 32)

夏에 **帝自將征**隗囂하니 **光祿勳**[1]**郭憲**이 **諫曰 東方**이 **初定**하니 **車駕未可遠征**이니이다하고 **乃當車拔佩刀**하야 **以斷車靷**[2]호되 **帝不從**하고 **西至漆**[3]하다 **諸將**이 **多以王師之重**으로 **不宜遠入險阻**라하야 **猶豫未決**이러니 **帝召馬援問之**한대 **援**이 **因說**호되 隗囂**將帥 有土崩之勢**하니 **兵進**에 **有必破之狀**이라하고 **又於帝前**에 **聚米爲山谷**하야 **指畫形勢**하야 **開示衆軍所從道徑往來**하야 **分析昭然可曉**라 **帝曰 虜在吾目中矣**라하고 **明旦**에 **遂進軍**하다 〈出馬援傳〉 **數道上**隴할새 **使王遵**으로 **以書招牛邯**[4]**下之**하고 **拜邯太中大夫**한대 **於是**에 **囂**의 **大將十三人**과 **屬縣十六**과 **衆十餘萬**이 **皆降**하다 **囂將妻子**하고 **犇西城**[5]이어늘 〈出囂傳〉 **詔告**隗囂**曰 若束手自詣**면 **父子**[6]**相見**이요 **保無他也**니라 **囂終不降**하다

여름에 황제가 직접 군대를 거느리고 隗囂를 정벌하니, 光祿勳 郭憲이 간하기를 "東方이 처음 평정되었으니, 車駕가 멀리 정벌하러 가서는 안 됩니다." 하고는 마침내 수레 앞을 가로막고 佩刀를 꺼내어 수레의 고삐를 끊었으나 황제가 따르지 않고 서쪽으로 漆水에 이르렀다. 여러 장수들이 대부분 귀중한 王師(천자의 군대)로서 험한 곳에 멀리 들어가서는 안 된다고 하여 주저하고 결정하지 못하였는데, 황제가 馬援을 불러 물으니 馬援이 인하여 말하기를 "隗囂의 장수들이 배반하여 와해될 형세에 있으니, 우리 군대가 진격하면 반드시 격파될 상황입니다." 하였고, 또 황제의 앞에서 쌀을 모아 산

골짝 모양을 만들어 지형을 지적해 가면서 여러 군대가 따라갈 길의 오고 가며 경유할 곳을 보여 주어 분석해서 분명히 알 수 있게 하였다. 황제가 말하기를 "오랑캐가 일목요연하게 내 눈 안에 있다." 하고는 다음 날 마침내 진군하였다. - ≪後漢書 馬援傳≫에 나옴 -

여러 길을 따라 隴으로 올라갈 때에 王遵으로 하여금 편지로 〈隗囂의 장수인〉 牛邯을 招諭하여 항복하게 하고 牛邯을 太中大夫에 임명하니, 이에 隗囂의 大將 13명과 屬縣 16縣과 병사 10여만 명이 모두 항복하였다. 隗囂가 妻子를 거느리고 西城으로 달아나자, - ≪後漢書 隗囂傳≫에 나옴 - 조서를 내려 隗囂에게 고하기를 "만약 손을 묶고 스스로 오면 父子가 서로 만나 보게 할 것이요, 딴 일이 없음을 보장하겠다." 하였으나 隗囂가 끝내 항복하지 않았다.

1)〔頭註〕光祿勳 : 百官志에 勳은 猶閽也니 主殿門宮戶라
≪後漢書≫ 〈百官志〉에 "勳은 閽(문지기)과 같으니 宮殿의 門戶를 주관한다." 하였다.

2)〔釋義〕斷車靷 : 斷은 音短이니 截也요 靷은 音引이니 所以引軸이라 一云駕車靶니 在胸曰靷이라
斷은 음이 단이니 끊음이요, 靷은 음이 인이니 수레의 축을 끄는 끈이다. 一說에는 "靷은 멍에 하는 고삐이니, 가슴에 있는 것을 靷이라 한다." 하였다.

3)〔釋義〕漆 : 括地志에 漆水는 源出岐州普閏縣東南岐漆山漆溪하야 東入渭하니 今豳州新平縣이 古漆縣也라
≪括地志≫에 "漆水는 근원이 岐州 普閏縣 동남쪽 岐漆山 漆溪에서 나와 동쪽으로 渭水로 들어가니, 지금의 豳州 新平縣이 옛날 漆縣이다." 하였다.

4)〔頭註〕牛邯 : 隗囂將이라
牛邯은 隗囂의 장수이다.

5)〔釋義〕西城 : 西邑名이니 屬隴西郡이라 有嶓冢山하니 漢水所出이라
西城은 서쪽 고을 이름이니 隴西郡에 속하였다. 嶓冢山이 있으니 漢水가 발원하는 곳이다.

6)〔譯註〕父子 : 隗囂와 그 아들인 隗純을 가리킨다.

潁川盜賊이 群起하야 寇沒屬縣하고 河東守兵이 亦叛하야 京師騷動이라 〈出本紀〉 帝聞之하고 曰吾悔不用郭子橫之言[1)]이로다

潁川에 도적이 떼지어 일어나서 도적들이 屬縣을 함락하고, 河東의 수비병들이 또한 배반하여 京師가 소란하였다. - ≪後漢書 光武帝紀≫에 나옴 - 황제가 이 말을 듣고 말하기를 "내 郭子橫(郭憲)의 말을 따르지 않은 것을 뉘우친다." 하였다.

1) 〔釋義〕 吾悔不用郭子橫[*)]之言 : 先是에 郭憲嘗諫曰 東方初定하니 車駕未可遠征이라하니라

이보다 앞서 郭憲이 일찍이 간하기를 "東方이 처음 평정되었으니, 車駕가 멀리 정벌하러 가서는 안 됩니다." 하였다.

*) 郭子橫 : 子橫은 郭憲의 字이다.

秋八月에 帝自上邽[1)]로 晨夜東馳할새 賜岑彭等書曰 兩城이 若下면 便可將兵하야 南擊蜀虜하라니 人苦不知足[2)]이로라 旣平隴에 復望蜀이온여 每一發兵에 頭須(鬚)爲白이로라 九月에 車駕還宮이러니 帝謂執金吾寇恂曰 潁川이 迫近京師하니 當以時定이라 惟念獨卿이 能平之耳니 從九卿復出하야 以憂國이 可也[3)]아 對曰 潁川이 聞陛下有事隴, 蜀이라 故로 狂狡乘間하야 相詿(괘)誤耳니 如聞乘輿南向이면 賊必惶怖歸死하리니 臣은 願執銳[4)]前驅하노이다 帝從之하다 庚申에 車駕南征하니 潁川盜賊이 悉降이라 寇恂이 竟不拜郡한대 百姓이 遮道曰 願從陛下하야 復借寇君一年하노이다 乃留恂長社[5)]하야 鎭撫吏民하고 受納餘降하다 〈出恂傳〉 東郡, 濟陰[6)]에 盜賊이 亦起어늘 帝遣李通, 王常하야 擊之할새 以耿純이 嘗爲東郡太守하야 威信이 著於衛地[7)]라하야 遣使拜太中大夫하야 使與大兵會東郡하다 東郡이 聞純入界하고 盜賊九千餘人이 皆詣純降하니 大兵이 不戰而還이어늘 璽書復以純爲東郡太守하다 〈出純傳〉

가을 8월에 황제가 上邽로부터 이른 새벽부터 밤늦게까지 동쪽으로 달려

갈 때에 岑彭 등에게 글을 내리기를 "두 城이 만약 함락되면 곧바로 군대를 거느리고 남쪽으로 蜀 땅의 오랑캐(公孫述)를 공격할 것이니, 사람이 만족할 줄 모름이 심하도다. 이미 隴(隗囂)을 평정하고 또다시 蜀(公孫述)을 바라는구나. 한 번 군대를 일으킬 때마다 머리와 수염이 하얗게 센다." 하였다.

9월에 車駕가 궁중으로 돌아왔는데, 황제가 執金吾 寇恂에게 이르기를 "潁川 지방은 京師(洛陽)와 매우 가까우니, 마땅히 제때에 평정하여야 한다. 생각건대 오직 卿만이 평정할 수 있으니 九卿으로부터 다시 外職으로 나가서 國事에 매진하는 것이 가하겠는가?" 하였다. 寇恂이 대답하기를 "潁川의 도적들이 폐하께서 隴과 蜀을 정벌하시는 일이 있다는 말을 들었습니다. 이 때문에 미친 자들이 틈을 타고서 서로 속이고 그르친 것일 뿐이니, 〈굳이 병력을 동원하여 토벌하지 않아도〉 만일 乘輿가 남쪽을 향해 오신다는 말을 들으면 도적들이 반드시 두려워하여 명령을 따를 것이니, 신은 원컨대 예리한 병기를 잡고 선봉이 되겠습니다." 하니, 황제가 그 말을 따랐다.

庚申日에 車駕가 남쪽을 정벌하니, 潁川의 도적이 모두 항복하였다. 寇恂이 끝내 郡守에 임명되지 않자, 백성들이 길을 가로막고 말하기를 "원컨대 폐하로부터 寇君을 다시 1년 동안 빌리고자 합니다." 하였다. 이에 寇恂을 長社에 남겨 두어 관리와 백성들을 鎭撫하게 하고 나머지 항복하는 자들을 받아들이게 하였다. - ≪後漢書 寇恂傳≫에 나옴 -

東郡과 濟陰에도 도적이 일어났으므로 황제가 李通과 王常을 보내어 이들을 공격하게 하였는데, 耿純이 일찍이 東郡太守가 되어 위엄과 신의가 衛 지역(東郡)에 드러났다 해서 使者를 보내어 耿純을 太中大夫로 임명하여 大軍과 東郡에서 만나게 하였다. 東郡에서는 耿純이 경내로 들어온다는 말을 듣고는 도적 9천여 명이 모두 耿純에게 나아가 항복하니, 大軍이 싸우지 않고 돌아오자 親書를 내려 다시 耿純을 東郡太守로 임명하였다. - ≪後漢書 耿純傳≫에 나옴 -

1) 〔釋義〕 上邽 : 地理志에 隴西郡上邽縣이라 邽는 音圭라

上邽는 ≪漢書≫ 〈地理志〉에 "隴西郡 上邽縣이다." 하였다. 邽는 음이 규이다.

2) 〔通鑑要解〕 人苦不知足 : 苦는 甚也라

苦는 심함이다.

3)〔釋義〕從九卿復出……可也：按七制(註)〔解〕云 時에 寇恂이 爲執金吾하니 雖非九卿이나 亦陪卿也라 可也는 猶言可乎라

살펴보건대 ≪七制解≫에 이르기를 "이때 寇恂이 執金吾가 되었으니, 執金吾가 비록 九卿은 아니나 또한 卿에 해당한다." 하였다. '可也'는 '可乎'라고 말하는 것과 같다.

4)〔釋義〕執銳：銳는 謂利兵也라

銳는 예리한 병기를 이른다.

5)〔釋義〕長社：地理志에 潁川郡에 有長社縣이라 括地志〈云〉 故城이 在今許州長社縣西하니 其社中에 有樹暴長하야 因名焉이라하니 長如字*)라

≪漢書≫〈地理志〉에 "潁川郡에 長社縣이 있다." 하였다. ≪括地志≫에 "長社의 옛 城이 지금 許州 長社縣 서쪽에 있으니, 그 社 안에 나무가 갑자기 자랐으므로 인하여 長社라고 이름했다." 하였으니, 長은 본래의 글자대로 읽는다.

*) 長如字：長을 平聲으로 읽음을 이르는 바, 長短, 長久, 長盛이 이에 해당된다.

6)〔釋義〕東郡, 濟陰：東郡은 今東昌府是也라 濟陰은 括地志云 今曹州有濟陰縣이 是也라

東郡은 지금 東昌府가 이곳이다. 濟陰은 ≪括地志≫에 "지금 曹州에 있는 濟陰縣이 이곳이다." 하였다.

7)〔通鑑要解〕著於衛地：衛地는 亦東郡之別名이라

衛 지방은 또한 東郡의 別名이다.

【癸巳】 九年이라

建武 9년(계사 33)

祭(蔡)遵[1]이 薨하다 遵은 爲人이 廉約小心하야 克己奉公하고 賞賜를 盡與士卒하고 約束이 嚴整하니 所在에 吏民이 不知有軍이러라 取士에 皆用儒術하고 對酒設樂에 必雅歌投壺[2]하고 臨終에 遺戒薄葬하고 問以家事호되 終無所言이러라 其後朝會에 帝每歎曰 安得憂國奉公을 如祭征虜[3]者乎아 〈出遵本傳〉

祭遵이 죽었다. 祭遵은 사람됨이 청렴하고 검약하고 소심하여 사욕을 이기

고 公(국가)을 위해 봉직하며, 賞으로 하사한 것을 모두 士卒들에게 주고 約束(명령이나 법규)이 엄정하니, 그가 있는 곳에는 관리와 백성들이 군대가 있는 줄을 알지 못하였다. 선비를 뽑을 적에 모두 儒學한 자를 썼으며, 술자리를 대하고 풍악을 연주할 때에 반드시 雅詩를 노래하고 投壺를 하였으며, 임종할 때에는 薄葬하도록 유언하였고 家事를 물었으나 끝내 말한 바가 없었다. 그 후 조회할 때마다 황제가 탄식하며 말하기를 "어떻게 하면 국가를 걱정하고 公正하게 봉직하기를 祭征虜(祭遵)와 같이 하는 자를 얻을 수 있겠는가?" 하였다. - ≪後漢書 祭遵傳≫에 나옴 -

1)〔頭註〕祭遵 : 祭는 側界切이니 征虜將軍潁陽侯라
祭는 側界切(채)이니, 征虜將軍으로 潁陽侯에 봉해졌다.

2)〔釋義〕必雅歌投壺 : 雅歌는 謂歌詩(樂)〔雅〕*)하고 投壺爲樂也라 投壺는 詳見禮記하니라〔通鑑要解〕雅歌는 謂歌雅詩라 投壺는 禮記註曰 壺頸脩七寸이요 腹脩五寸이요 口徑二寸半이요 容斗五升하나니 壺中에 實小豆焉은 爲其矢之躍而出也라 矢以柘若棘호되 長二尺八寸이요 無去其皮하니 取其堅而重이라 投之하야 勝者飮不勝者하야 以爲優劣也라
〔釋義〕雅歌投壺는 ≪詩經≫의 〈大雅〉와 〈小雅〉를 노래하고 投壺를 하여 즐김을 이른다. 投壺는 ≪禮記≫ 〈投壺篇〉에 자세히 보인다.〔通鑑要解〕雅歌는 ≪詩經≫의 〈大雅〉와 〈小雅〉를 노래함을 이른다. 投壺는 ≪禮記≫ 註에 "병 목의 길이는 7寸, 복판의 길이는 5寸, 주둥이의 너비는 2寸 반이고, 한 말 다섯 되가 들어가니, 병 속에 팥을 채우는 것은 화살이 튀어나오는 것을 막기 위해서이다." 하였다. 화살은 산뽕나무와 가시나무로 하되 길이가 2尺 8寸이고 껍질을 벗기지 않으니, 견고하고 무거움을 취한 것이다. 이것을 병 속에 던져 넣어 이긴 자가 이기지 못한 자에게 罰酒를 먹여 優劣로 삼는다.

*) 歌詩雅 : 一說에는 "雅歌는 시를 노래함이 離騷와 ≪詩經≫의 〈大雅〉와 〈小雅〉의 취향에 맞는 것이다.〔雅歌者 歌詩得騷雅之趣也〕" 한다.

3)〔譯註〕祭征虜 : 祭遵이 征虜將軍이 되었으므로 이렇게 칭한 것이다.

○ 隗囂疾且餓하야 恚(에)憤[1]而卒하니 少子純이 立爲王하다 〈出囂傳〉 秋에 來歙이 率馮異等五將軍하고 討隗純於天水하다 〈出本紀〉

隗囂가 병들고 또 굶주려서 노여워하고 답답해하다가 죽으니, 작은아들인 隗純이 서서 王이 되었다. - ≪後漢書 隗囂傳≫에 나옴 -

가을에 來歙이 馮異 등 다섯 장군을 거느리고 隗純을 天水에서 토벌하였다. - ≪後漢書 光武帝紀≫에 나옴 -

1) 〔釋義〕 恚憤 : 恚는 怒恨也요 憤은 懣也라
恚는 노여워하고 한함이요, 憤은 답답해함이다.

【甲午】 十年이라

建武 10년(갑오 34)

十月에 隗純이 降하니 隴右遂安하다

10월에 隗純이 항복하니 隴右(隴西)가 마침내 편안하였다.

【乙未】 十一年이라

建武 11년(을미 35)

岑彭이 數攻田戎等하야 不克이어늘 帝遣吳漢하야 發荊州兵하야 與彭會荊門하다 彭이 裝戰船千艘(소)[1]하야 直衝浮橋[2]하야 順風並進하니 所向에 無前이라 蜀兵이 大亂하야 溺死者數千人이라 長驅入江關하야 令軍中無得虜掠하니 百姓이 大喜하야 爭開門降이러라

岑彭이 자주 田戎 등을 공격하여 승리하지 못하자, 황제가 吳漢을 보내어 荊州의 군대를 징발해서 岑彭과 함께 荊門에서 만나게 하였다. 岑彭이 戰船 1천 척을 정비해서 곧바로 浮橋를 충돌하여 순풍을 타고 함께 전진하니, 배가 향하는 곳에는 앞을 가로막는 자가 없었다. 蜀軍이 크게 혼란하여 물에 빠져 죽은 자가 수천 명이었다. 승승장구하여 江關(강가에 있는 관문)에 들어간 다음 군중에 명령하여 노략질하지 못하게 하니, 蜀 지방의 백성들이 크

게 기뻐하여 다투어 성문을 열고 항복하였다.

1) 〔釋義〕 千艘 : 艘는 蘇刀反이니 船之總名이라
艘는 蘇刀反(소)이니, 배의 총칭이다.

2) 〔頭註〕 浮橋 : 公孫述이 遣其將田戎任滿等하야 據荊門하고 起浮橋以絶水道하고 結營跨山以塞陸路하니라
公孫述이 그 장수인 田戎과 任滿 등을 보내서 荊門을 점거하고, 浮橋를 일으켜 水路를 끊고, 陣營을 설치하되 山을 넘어 陸路를 막았다.

○ **六月**에 **來歙**이 **與蓋延等**으로 **進攻元, 安**[1]하야 **大破之**하니 **蜀人**이 **大懼**하야 **使刺客**으로 **刺**(척)**歙中傷而絶**이라 **趙王良**[2]이 **從帝送歙喪**[3]할새 **還入夏城門**[4]하야 **與中郞將張邯爭道**하야 **叱邯旋車**하고 **又詰責門候**하야 **使前走數十步**어늘 **司隸校尉鮑永**이 **劾奏**호되 **良**이 **無藩臣禮**하니 **大不敬**이니이다 **良**이 **貴戚尊重**이어늘 **而永**이 **劾之**하니 **朝廷**이 **肅然**이러라 **永**이 **辟扶風鮑恢**[5]하야 **爲都官從事**하니 **恢亦抗直**[6]하야 **不避彊禦**[7]라 **帝常曰 貴戚**이 **且斂手**하야 **以避二鮑**라하더라

6월에 來歙이 蓋延 등과 함께 진격하여 王元과 環安을 공격하여 大破하니, 蜀 땅 사람들이 크게 두려워하여 자객을 시켜 來歙을 찔러 중상을 입혀 죽게 하였다. 趙王 劉良이 황제를 따라 來歙의 喪을 장송할 때에 돌아와 夏城門으로 들어가 中郞將 張邯과 길을 다투어서 張邯을 꾸짖어 수레를 되돌리게 하였고, 또 門候를 힐책하여 앞으로 수십 보를 달리게 하였다. 司隸校尉 鮑永이 劉良을 탄핵하여 아뢰기를 "劉良이 藩臣의 禮가 없으니, 크게 불경합니다." 하였다. 劉良은 貴戚으로 신분이 높고 귀중하였는데 鮑永이 그를 탄핵하니, 조정이 숙연해졌다. 鮑永이 扶風의 鮑恢를 불러 都官從事로 삼으니, 鮑恢 또한 성질이 꼿꼿하고 곧아서 권세가 있는 사람을 피하지 않았다. 황제가 항상 말하기를 "貴戚들도 두 손을 들고 二鮑(鮑永과 鮑恢)를 피한다." 하였다.

1) 〔頭註〕 進攻元, 安 : 元, 安은 述將王元及環安也라 王元初爲隗囂將이러니 今述以元爲將軍하야 與安拒河池也라

元과 安은 公孫述의 장수인 王元과 環安이다. 王元은 처음에 隗囂의 장수였는데, 지금 公孫述이 王元을 장수로 삼아 環安과 함께 河池縣을 막게 하였다.

2)〔頭註〕趙王良：帝叔也라
趙王 劉良은 황제의 叔父이다.

3)〔頭註〕送歙喪：歙喪還洛陽할새 乘輿縞素臨弔하고 送葬이라
來歙의 喪이 洛陽으로 돌아올 때에 乘輿(황제)가 喪服을 입고 친히 임하여 조문하고 장송하였다.

4)〔頭註〕夏城門：洛陽城十二門은 每一方三門이니 夏門在亥라
洛陽城의 열두 門은 매 방위마다 세 門이니, 夏門은 亥方에 있다.

5)〔頭註〕辟扶風鮑恢：辟은 召也라 一曰除也니 拜官曰除라
辟은 부름이다. 一說에는 除라고 하니, 관직에 임명하는 것을 除라고 한다.

6)〔頭註〕抗直：抗은 與亢同하니 上下相當하야 無所畢屈曰抗이라
抗은 亢과 같으니, 上下가 서로 맞서서 끝내 굽히는 바가 없음을 抗이라 한다.

7)〔頭註〕不避彊禦：彊禦는 彊梁禦善之人也라 又禦禁也니 言力强不可禁也니 詩注에 暴虐之臣이라하니라
彊禦는 세력이 강하여 善을 막는 사람이다. 또 禦는 禁하는 것이니 힘이 강하여 금할 수 없음을 이르는 바, 《詩經》의 注에는 포학한 신하라고 하였다.

○ 公孫述이 使其將延岑拒廣漢하고 侯丹拒黃石[1]이어늘 岑彭이 襲擊侯丹하야 大破之하고 因晨夜하야 倍道兼行二千餘里하야 徑拔武陽[2]하고 使精騎로 馳擊廣都할새 去成都數十里하야 勢若風雨하니 所至에 皆犇散이러라 初에 述이 聞漢兵在平曲이라 故로 遣大兵逆之러니 及彭至武陽하야 繞出延岑軍後하니 蜀地震駭라 述이 大驚하야 以杖擊地曰 是何神也오하고 〈出彭傳〉 乃使刺客으로 詐爲亡奴하야 降岑彭이라가 夜에 刺殺彭하다 〈出彭傳〉

公孫述이 그의 장수 延岑으로 하여금 廣漢을 막게 하고, 侯丹으로 하여금 黃石을 막게 하였다. 岑彭이 侯丹을 습격하여 대파하고 이른 새벽과 밤을 틈타 행군 속도를 배가하여 2천여 리를 가서 곧바로 武陽을 함락하고, 정예기병으로 하여금 달려가서 廣都를 공격하게 하였는데, 成都와의 거리가 수십 리에 불과하여 형세가 폭풍우와 같으니, 이르는 곳마다 적병들이 모두 도망

하여 흩어졌다.

처음에 公孫述은 漢나라 군대가 平曲에 있다는 말을 들었으므로 大兵을 보내어 맞아 싸우게 하였는데, 岑彭이 武陽에 이르러서 延岑의 군대 뒤를 빙 돌아 나오니, 蜀 지방이 진동하여 놀랐다. 公孫述이 크게 놀라 지팡이로 땅을 치며 말하기를 "어쩌면 이리도 신속한가?" 하고 - ≪後漢書 岑彭傳≫에 나옴 - 마침내 자객을 도망한 종인 것처럼 꾸며서, 岑彭에게 항복하였다가 밤에 岑彭을 찔러 죽이게 하였다. - ≪後漢書 岑彭傳≫에 나옴 -

1)〔通鑑要解〕延岑拒廣漢 侯丹拒黃石 : 廣漢, 黃石은 皆地名이라 黃石은 黃石灘也라
廣漢과 黃石은 모두 地名이다. 黃石은 黃石灘이다.

2)〔釋義〕武陽 : 武陽縣은 屬犍爲郡이라
武陽縣은 犍爲郡에 속하였다.

○ **馬成等**이 **破河池**하고 **遂平武都**하다

馬成 등이 河池縣을 격파하고 마침내 武都를 평정하였다.

○ **郭伋**[1]이 **爲幷州牧**하야 **過京師**할새 **帝問以得失**한대 **伋曰 選補衆職**인대 **當簡(揀)天下賢俊**이요 **不宜專用南陽人**[2]이니이다 **是時**에 **在位多鄕曲故舊**라 **故**로 **伋言及之**러라 〈出伋傳〉

郭伋이 幷州牧이 되어서 京師를 지날 적에 황제가 정사의 得失을 묻자, 郭伋이 대답하기를 "여러 직책을 선발하여 補任하려 한다면 천하의 어질고 준걸스러운 사람을 가려 써야 하고, 오로지 南陽 사람만을 써서는 안 됩니다." 하였다. 이때 지위에 있는 자들이 황제의 고향 사람과 옛 친구가 많았으므로 郭伋이 언급한 것이었다. - ≪後漢書 郭伋傳≫에 나옴 -

1)〔釋義〕郭伋 : 姓名이니 字細侯라
郭伋은 성명이니, 字가 細侯이다.

2)〔頭註〕不宜專用南陽人 : 帝南陽上蔡人也라
오로지 南陽 사람만을 써서는 안 된다는 것은 光武帝가 南陽의 上蔡 사람이기

때문이다.

【丙申】 十二年이라

建武 12년(병신 36)

吳漢이 **將步騎二萬**하고 **進逼成都**하야 **與公孫述**로 **戰於廣都, 成都之間**하야 **八戰八克**하다 〈出吳漢傳〉

吳漢이 步兵과 騎兵 2만 명을 거느리고 전진해서 成都를 압박하여 公孫述과 함께 廣都와 成都의 사이에서 싸웠는데, 여덟 번 싸워 여덟 번 승리하였다. - ≪後漢書 吳漢傳≫에 나옴 -

○ **十一月**에 **臧宮**이 **軍咸陽門**하니 **述**이 **自將數萬人**하야 **攻吳漢**하고 **使延岑**으로 **拒宮大戰**할새 **岑**이 **三合三勝**하다 **自旦及日中**에 **軍士不得食**하야 **竝疲**어늘 **漢**이 **因使護軍高午, 唐邯**으로 **將銳卒數萬**하야 **擊之**하니 **述兵**이 **大亂**이라 **高午**犇**陳**하야 **刺述洞**(통)**胸**[1]**墮馬**한대 **左右輿入城**이러니 **述**이 **以兵屬延岑**하고 **其夜**에 **死**하니 **明旦**에 **延岑**이 **以城降**하다 〈出述傳〉

11월에 臧宮이 咸陽門에 군대를 주둔시키니, 公孫述이 직접 수만 명을 거느리고 가서 吳漢을 공격하고, 延岑으로 하여금 臧宮을 막게 하여 크게 싸웠는데, 延岑이 세 번 會戰하여 세 번 승리하였다. 아침부터 점심 때까지 군사들이 밥을 먹지 못하여 모두 피로해하자, 漢나라가 이 틈을 타 護軍인 高午와 唐邯으로 하여금 정예기병 수만 명을 거느리고 가서 공격하게 하니, 公孫述의 군대가 크게 혼란하였다. 高午가 적진으로 달려가서 公孫述을 찔러 가슴을 관통하여 말에서 떨어뜨리니, 좌우의 측근들이 수레에 태워 城 안으로 들어갔다. 公孫述이 군대를 延岑에게 맡기고 그날 밤에 죽으니, 다음 날 아침에 延岑이 城을 가지고 항복하였다. - ≪後漢書 公孫述傳≫에 나옴 -

1) 〔釋義〕 洞胸 : 穿胸也라

洞胸은 가슴을 관통한 것이다.

○ 初에 述이 徵廣漢, 李業하야 爲博士한대 業이 固稱疾不起라 述이 羞不能致하야 賜以毒酒하니 業이 乃嘆曰 古人이 危邦不入하고 亂邦不居[1)]는 爲此故也로다 하고 遂飮毒而死[2)]하다 述이 又聘巴郡譙玄한대 玄이 不詣어늘 亦遣使者하야 以毒藥劫之하다 述이 徵蜀郡王皓, 王嘉할새 恐其不至하야 先繫其妻子하니 皓, 嘉皆自殺하고 犍爲費貽 不肯仕述하야 漆身爲癩(라)[3)]하야 陽(佯)狂以避之하고 同郡任永, 馮信이 皆托靑盲하야 以辭徵命하니라 帝旣平蜀에 譙玄이 已卒이어늘 祠以中牢[4)]하고 勅所在하야 還其家錢하고 而表李業之閭하고 徵費貽, 任永, 馮信하니 會에 永, 信은 病卒하고 獨貽仕하야 至合浦太守하니라 〈以上 竝出獨行傳〉

처음에 公孫述이 廣漢과 李業을 불러 博士로 삼았는데, 李業이 굳이 병을 핑계 대고 나오지 않았다. 公孫述은 그를 초치하지 못함을 부끄럽게 여겨 毒酒를 하사하니, 李業이 마침내 한탄하며 말하기를 "옛 사람이 위태로운 나라에 들어가지 않고 어지러운 나라에 거하지 않은 것은 이 때문이다." 하고는 마침내 독주를 마시고 죽었다.

公孫述이 또 巴郡의 譙玄을 초빙하였으나 譙玄이 오지 않자, 또한 使者를 보내어 독약으로 위협하였다. 公孫述이 蜀郡의 王皓와 王嘉를 부를 적에 그들이 오지 않을까 염려하여 먼저 그 妻子를 포박하자 王皓와 王嘉가 모두 자살하였고, 犍爲郡의 費貽는 公孫述에게 벼슬하려고 하지 아니하여 몸에 옻칠하여 문둥이가 되고 거짓으로 미친 체하여 피하였으며, 同郡의 任永과 馮信은 모두 靑盲(봉사)이 되었다고 칭탁하고 부르는 명령을 사절하였다.

황제가 蜀을 평정하자 譙玄이 이미 죽었으므로 中牢로써 제사하고 그가 살던 지방에 명령하여 집과 돈을 돌려주었으며 李業의 마을에 정표하고 費貽·任永·馮信을 불렀는데, 마침 任永과 馮信은 병으로 죽었고 오직 費貽만 벼슬하여 合浦太守에 이르렀다. - 이상은 모두 ≪後漢書 獨行傳≫에 나옴 -

1) 〔譯註〕 危邦不入 亂邦不居 : 이 내용은 ≪論語≫ 〈泰伯〉에 보인다.

2)〔通鑑要解〕遂飮毒而死：述聞之하고 恥有殺賢之名하여 遣使弔祠하고 賻繒百匹하니라

公孫述이 이 말을 듣고 賢者를 죽였다는 이름이 있음을 부끄러워하여 사신을 보내 조문하고 제사하였으며, 비단 100필을 부의하였다.

3)〔頭註〕漆身爲癩：漆有毒하야 近之則患瘡하야 若癩然이라

옻은 독이 있어서 가까이하면 상처가 생겨 문둥이와 같이 된다.

4)〔頭註〕中牢*)：牛羊豕曰太牢요 羊豕曰中牢라

소와 양과 돼지를 太牢라 하고, 양과 돼지를 中牢라 한다.

*) 中牢：牢는 제사 지낼 때에 올리는 희생으로, 中牢가 바로 小牢이다.

○ **帝以睢陽令任延**으로 **爲武威太守**하고 **親見戒之曰 善事上官**하야 **無失名譽**하라 **延對曰 臣聞忠臣**은 **不私**하고 **私臣**은 **不忠**[1]이라하니 **履正奉公**은 **臣子之節**이요 **上下雷同**[2]은 **非陛下之福**이니 **善事上官**은 **臣不敢奉詔**니이다 **帝歎息曰 卿言**이 **是也**로다 〈出循吏傳〉

황제가 睢陽令 任延을 武威太守로 삼고, 친히 만나 보고 당부하기를 "上官을 잘 섬겨서 명예를 잃지 말라." 하였다. 任延이 대답하기를 "신은 듣건대 忠臣은 사사롭지 않고 사사로운 신하는 충성하지 않는다고 하였으니, 正道를 행하고 公(국가)을 위해 봉직하는 것은 신하의 절개이고 상하가 附和雷同하는 것은 陛下의 福이 아니니, 上官을 잘 섬기라는 말씀은 신이 감히 명령을 받들 수가 없습니다." 하였다. 황제가 탄식하며 말하기를 "卿의 말이 옳다." 하였다. -≪後漢書 循吏傳≫에 나옴-

1)〔譯註〕忠臣不私 私臣不忠：≪資治通鑑考異≫에 "≪後漢書≫ 〈任延傳〉에는 "忠臣不私 私臣不忠"으로 되어 있다. 살펴보건대 高峻의 小史에는 '忠臣不和 和臣不忠〔충신은 附和雷同하지 않고 附和雷同하는 신하는 충성하지 않는다.〕'으로 되어 있는 바, 뜻이 더욱 좋고 또 윗말과 서로 어울리므로 이제 이것을 따른다." 하였다.

2)〔附註〕雷同：附利之義也라 震驚百里而百里一同이라 故事無可否而同之者를 謂之雷同이라 又雷之發聲에 物無不同時應者라

雷同은 이익에 붙는다는 뜻이다. 우레가 백 리에 진동하면 백 리 안이 똑같이

놀란다. 그러므로 일의 可否를 따지지 않고 똑같이 찬동하는 자를 雷同이라 이른다. 또 우레가 소리를 낼 때에 물건이 동시에 응하지 않는 것이 없으므로 雷同이라 한다.

【丁酉】 十三年이라

建武 13년(정유 37)

時에 **異國**이 **有獻名馬者**하니 **日行千里**하고 **又獻寶劍**하니 **價直(值)百金**이라 **詔以劍賜騎士**하고 **馬駕鼓車**[1]하다 **上**이 **雅不喜聽音樂**하고 **手不持珠玉**이러라 〈出循吏傳序〉 **嘗出獵**이라가 **車駕夜還**이러니 **上東門候**郅惲(질운)[2]이 **拒關不開**라 **上**이 **令從者**로 **見面於門間**한대 惲曰 **火明遼遠**이라하고 **遂不受詔**어늘 **上**이 **乃回**하야 **從中東門入**[3]하다 **明日**에 惲이 **上書諫曰 昔**에 **文王**이 **不敢盤(般)于游田**[4]하고 **以萬民惟正之供**이러시니 **而陛下遠獵山林**하야 **夜以繼晝**하시니 **如社稷宗廟**[5] **何**잇고 **書奏**에 **賜**惲**布百匹**하고 **貶中東門候**하야 **爲參封尉**[6]하다 〈出本傳〉

이때 異國에서 名馬를 올린 자가 있으니 하루에 천리 길을 갔고, 또 寶劍을 올리니 값어치가 百金이었다. 上이 명령하여 劍은 騎士에게 하사하고 말은 鼓車(북을 싣고 다니는 수레)에 멍에하게 하였다. 上은 평소에 음악을 듣는 것을 좋아하지 않고, 손에는 珠玉을 잡지 않았다. - ≪後漢書 循吏傳≫ 序에 나옴 -

上이 일찍이 사냥을 나갔다가 車駕가 밤에 돌아왔는데, 上東門의 門候(문지기)인 郅惲이 관문을 막고 열어 주지 않았다. 上이 從者로 하여금 문틈으로 얼굴을 보게 하였으나 郅惲은 말하기를 "불빛이 멀어 식별할 수가 없다." 하고는 마침내 명령을 받들지 않으므로 上이 마침내 돌아서 中東門으로 들어왔다.

다음 날 郅惲이 上書하여 간하기를 "옛날에 文王은 감히 유람과 사냥을 즐기지 않고 萬民들이 바르게 공양하는 것만 받으셨는데, 폐하께서는 멀리 山林에 사냥 나가서 밤으로써 낮을 이으시니, 社稷과 宗廟를 어찌하시렵니까?" 하였다. 글을 아뢰자, 郅惲에게 삼베 100匹을 하사하고 中東門의 候를 좌천

시켜 參封縣의 尉로 삼았다. -≪後漢書 郅惲傳≫에 나옴-

1) 〔釋義〕 馬駕鼓車：馬在軛中曰駕라 天子車駕出이면 後有黃門鼓車라 按鼓車는 (駕)〔載〕鼓之車也라

 말이 멍에 안에 있는 것을 駕라 한다. 天子의 車駕가 출행하면 黃門(宦官)의 鼓車가 뒤따라간다. 살펴보건대 鼓車는 북을 싣고 다니는 수레이다.

2) 〔釋義〕 上東門候郅惲：上東門은 雒陽十二門이라 按十二支니 每一方三門이니 上東者는 寅方門也라 每門候一人이니 秩六百石이라 屬城門校尉하니 司啓閉出入이라 郅惲은 其姓名이라

 上東門은 雒陽의 12門 중의 하나이다. 살펴보건대 12支가 있으니, 방위마다 세 개의 문이 있는데 上東門은 寅方의 문이다. 문마다 門候 한 사람이 있으니, 품계가 6백 석이다. 城門校尉에 속하니, 성문을 열고 닫으며 출입하는 것을 관장한다. 郅惲은 그의 성명이다.

3) 〔釋義〕 從中東門*) 入：中東門은 卯方也라

 中東門은 卯方이다.

*) ≪資治通鑑≫에는 中東門이 東中門으로 되어 있다. 12支 가운데 亥·子·丑은 북쪽, 寅·卯·辰은 동쪽, 巳·午·未는 남쪽, 申·酉·戌은 서쪽인 바, 子는 正北, 卯는 正東, 午는 正南, 酉는 正西이므로 이들 네 방위에는 中字를 붙이고 이들보다 앞에 있으면 上, 뒤에 있으면 下를 붙인 것이다.

4) 〔頭註〕 盤于游田：盤은 與般通하니 樂也라

 盤은 般과 통하니 즐거워하는 것이다.

5) 〔頭註〕 宗廟：宗은 尊也요 廟는 貌也니 尊先祖貌也라

 宗은 높이는 것이고 廟는 모습이니, 先祖의 모습을 높이는 것이다.

6) 〔釋義〕 參封尉：參封은 縣名이니 屬琅邪(야)郡이라 尉는 主盜賊이라

 參封은 縣의 이름이니, 琅邪郡에 속한다. 尉는 도적을 맡은 벼슬이다.

大饗將士功臣하고 **定封**할새 **鄧禹爲高密侯**[1)]하야 **食四縣**하고 **李通爲固始侯**[2)]하고 **賈復爲膠東侯**[3)]하야 **食六縣**하고 **餘皆有差**하다 **帝在兵間久**하야 **厭武事**하고 **且知天下疲耗**하야 **思樂息肩**하고 **自隴, 蜀平後**로 **非警急**이면 **未嘗復言軍旅**러라 **皇太子嘗問攻戰之事**한대 **帝曰 昔**에 **衛靈公問陳(陣)**에 **孔子不對**[4)]하시니

此는 **非爾所及**이라하니라 〈出本紀〉

將兵과 功臣들에게 크게 연향을 베풀고 封邑을 정할 때에 鄧禹가 高密侯가 되어 4縣을 식읍으로 하고, 李通이 固始侯가 되고 賈復이 膠東侯가 되어 6縣을 식읍으로 하고, 나머지는 모두 차등이 있었다.

황제가 전쟁터에 오래 있어서 전쟁하는 일을 싫어하고, 또 천하가 피폐하고 소모하여 어깨를 쉴 것(평화)을 생각하고 좋아한다는 것을 알고는 隴과 蜀이 평정된 이후로 급한 경보가 아니면 일찍이 다시 군대의 일을 말하지 않았다. 황태자가 일찍이 공격하고 전쟁하는 일을 묻자, 황제가 말하기를 "옛날 衛나라 靈公이 陣法을 묻자 孔子가 대답하지 않으셨으니, 이는 네가 미칠 바가 아니다." 하였다. - ≪後漢書 光武帝紀≫에 나옴 -

1) 〔釋義〕 高密侯 : 齊地北海郡高密縣이니 在臨淄之東하니 今密州是라
齊나라 땅 北海郡의 高密縣이니 臨淄의 동쪽에 있었으니, 지금의 密州가 이곳이다.

2) 〔釋義〕 固始侯 : 固始는 卽固陵이라 本屬陳州러니 後改固始하니 今屬光州라
固始는 바로 固陵이다. 본래 陳州에 속하였는데 뒤에 固始로 이름을 고쳤으니, 지금의 光州에 속한다.

3) 〔釋義〕 膠東侯 : 括地志에 卽墨故城은 在密州膠水縣東南六十里하니 卽膠東國이라
≪括地志≫에 "卽墨의 옛 城은 密州 膠水縣 동남쪽 60리에 있었으니, 바로 膠東國이다." 하였다.

4) 〔譯註〕 衛靈公問陳 孔子不對 : 이 내용은 ≪論語≫ 〈衛靈公〉에 보인다.

鄧禹, 賈復이 **知帝偃干戈, 修文德**하며 **不欲功臣擁衆京師**하고 **乃去甲兵**하고 **敦儒學**하니 **帝亦思念**하고 **欲完功臣爵土**하야 **不令以吏職爲過**[1]하야 **遂罷左右將軍官**하니 **耿弇等**이 **亦上大將軍印綬**하고 **皆以列侯就第**하니 **加位特進奉朝請**[2]이러라 〈出耿弇, 賈復傳〉 **鄧禹內行淳備**하야 **有子十三人**호되 **各使守一藝**[3]하야 **修整閨門**하고 **敎養子弟**하니 **皆可以爲後世法**이요 **資用國邑**하야 **不修産利**러라 〈出禹傳〉 **賈復**은 **爲人**이 **剛毅方直**하고 **多大節**이라 **旣還私第**에 **闔門養威重**

이러니 **朱祐等**이 **薦復宜爲宰相**이로되 **帝方以吏事責三公**[4)]이라 **故**로 **功臣**이 **竝不用**이라 **是時列侯**에 **唯高密, 固始, 膠東三侯 與公卿**으로 **參議國家大事**하야 **恩遇甚厚**러라 〈出復傳〉 **帝雖制御功臣**이나 **而每能回容**[5)]하야 **宥其少失**하고 **遠方貢珍甘**에 **必先徧賜諸侯**하야 **而太官**[6)]**無餘**라 **故**로 **皆保其福祿**하야 **無誅譴者**러라 〈出馬武傳〉

鄧禹와 賈復은 황제가 전쟁을 종식하고 文德을 닦으며, 功臣들이 京師에서 병력을 보유하는 것을 바라지 않음을 알고는 마침내 甲兵을 버리고 儒學을 돈독히 힘쓰니, 황제 또한 이것을 생각하고 功臣의 爵位와 土地를 완전히 보전하게 하고자 하여, 功臣들로 하여금 관리의 직책을 허물로 삼아 爵邑을 잃지 않게 하려고 하여 마침내 좌우 장군의 관직을 파하니, 耿弇 등이 또한 大將軍의 印綬를 올리고 모두 列侯로서 집에 나아가니 特進의 지위를 가하고 朝請을 받들게 하였다. – ≪後漢書≫ 〈耿弇傳〉과 〈賈復傳〉에 나옴 –

鄧禹는 內行(집안에서의 행실)이 순수하고 구비하여 아들 13명이 있었는데, 각각 한 가지 經書를 전공하게 하여 閨門을 닦고 정돈하며 子弟를 教養하니 모두 후세의 法이 될 만하였으며, 本國의 食邑에서 의뢰하여 쓰고 재산과 이익을 도모하지 않았다. – ≪後漢書 鄧禹傳≫에 나옴–

賈復은 사람됨이 剛毅(굳세고 강직)하고 方直(바르고 곧음)하였으며, 〈大義를 위해 목숨을 바치는〉 큰 절개가 많았다. 이미 私第로 돌아오자 문을 닫고 위엄과 후중함을 길렀는데, 朱祐 등이 賈復을 천거하여 재상으로 삼아야 한다고 하였으나 황제가 이때 막 관리의 일을 三公에게 책임지웠으므로 功臣들이 모두 등용되지 않았다. 이때 列侯 중에 오직 高密侯(鄧禹)·固始侯(李通)·膠東侯(賈復)만이 公卿들과 함께 국가의 大事에 참여하여 의논해서 은혜와 예우가 매우 후하였다. – ≪後漢書 賈復傳≫에 나옴 –

황제가 비록 功臣들을 제어하였으나 매번 너그러이 포용하여 작은 과실을 용서하였고, 먼 지방에서 진귀한 물건과 맛있는 음식을 바치면 반드시 먼저 제후들에게 두루 하사하여 太官에는 남은 것이 없었다. 그러므로 功臣들이 모두 福祿을 보전하여 죽임을 당하거나 견책을 받은 자가 없었다. – ≪後漢

書 馬武傳≫에 나옴 -

1)〔通鑑要解〕以吏職爲過：恐其以職事有過而失爵邑也라
 職事에 과실이 있어 爵邑을 잃을까 걱정한 것이다.
2)〔釋義〕奉朝請：春朝曰朝요 秋朝曰請이니 言奉朝會請召而已라
 봄에 조회하는 것을 朝라 하고, 가을에 조회하는 것을 請이라 하니, 〈실무는 보지 않고〉 조회할 때에 초청하여 부르는 명령만 받들 뿐임을 말한 것이다.
3)〔譯註〕各使守一藝：袁宏의 ≪後漢紀≫에 이르기를 "각각 한 가지 經書에 통달하도록 명한 것이다." 하였다.
4)〔釋義〕以吏事責三公：太尉公은 掌四方兵事하고 司徒公은 掌人民孝弟謙儉事하고 司空公은 掌水土營城起邑浚溝洫修墳坊事라
 太尉公은 사방의 군대에 관한 일을 관장하고, 司徒公은 人民들에게 孝悌와 겸양과 검소함을 가르치는 일을 관장하고, 司空公은 水土와 城을 경영하고 邑을 일으키며 도랑을 깊이 파고 堤防을 수리하는 일을 관장하였다.
5)〔通鑑要解〕回容：回는 曲也니 謂曲法以容也라
 回는 굽힘이니, 法을 굽혀 용납해 줌을 이른다.
6)〔頭註〕太官：百官志에 掌御膳, 具酒果라
 太官은 ≪後漢書≫ 〈百官志〉에 "임금에게 올리는 음식을 관장하고 酒果를 장만한다." 하였다.

朱黼曰 三公은 所與共天位, 治天職, 代天工者也니 惟其宜而已라 豈可以功臣而爲之區別也리오 太甲成康이 所與圖回庶政者는 皆鳴條牧野之士요 惠, 文, 景, 武之世에 所任爲執政者는 皆高帝之故臣也라 升陑(이)[1]鷹揚之相[2]은 固不敢以望後世나 然販繒織薄(箔)之徒[3]도 亦足以安社稷而重朝廷하니 功臣任事에 果亦何負於天下也哉아 雲臺諸將[4]이 平時專以健武自名者는 雖不足以緝熙帝載나 而寇鄧景賈之流는 文足以緯國하고 智足以謀王하니 固皆公輔之器요 經綸之才也어늘 乃以功臣이라하야 例擯不用은 謂之何哉오 夫天下權柄은 必有所歸요 人主聰明은 必有所寄라 光武不任大臣하야 而體統已失하니 所以後世托孤之際에 不免政歸房闥[5]이라 終漢之世토록 朝廷之權이 不在母后則在外戚[6]하고 不在外戚則在宦官[7]하고 不在宦官則在武將[8]하야 而漢隨以亡하니 豈非造端之不審耶아

朱黼가 말하였다.

"三公은 군주와 天位(지위)를 함께하고 天職(직책)을 다스리고 天工(일)을 대신하여 다스리는 자이니, 오직 마땅하게 할 뿐이다. 어찌 功臣이라고 하여 구별한단 말인가. 太甲·成王·康王이 더불어 庶政을 바로잡을 것을 도모한 것은 모두 鳴條와 牧野에서 싸운 용사였고, 惠帝·文帝·景帝·武帝의 세대에 맡겨서 執政大臣으로 삼은 자는 모두 高帝의 옛 신하였다. 〈光武帝가 天子의 지위에 오를 때에〉 湯王을 보좌한 伊尹과 武王을 보좌한 姜太公과 같은 정승은 진실로 감히 후세에 기대할 수가 없었다. 그러나 비단을 팔고 발을 짜는 무리들도 충분히 社稷을 편안히 하고 朝廷을 중하게 할 수 있으니, 功臣이 정사를 맡음에 과연 또한 어찌 천하를 저버리겠는가. 雲臺에 얼굴이 그려진 여러 장수가 평소에 오로지 굳세고 힘센 것으로 스스로 이름이 난 자는 비록 황제의 일을 계속하여 밝힐 수 없었으나 寇恂·鄧禹·景丹·賈復과 같은 무리들은 文은 충분히 나라를 경륜하고 지혜는 충분히 王者를 도모할 수 있었으니, 진실로 모두 公輔의 그릇이요 천하를 경륜할 수 있는 인재였다. 그런데 도리어 功臣이라 하여 으레 물리치고 쓰지 않음을 뭐라고 이르겠는가.

천하의 權柄은 반드시 돌아가는 곳이 있고 人主의 聰明은 반드시 맡기는 바가 있는 것이다. 光武帝가 大臣에게 맡기지 아니하여 體統을 이미 잃었으니, 이 때문에 후세에 孤兒(어린 군주)를 부탁할 때에 정사가 房闥(宮中의 內殿)에 돌아감을 면치 못한 것이다. 그리하여 漢나라 세대를 마치도록 조정의 권력이 母后에게 있지 않으면 外戚에게 있고 외척에게 있지 않으면 宦官에게 있고 환관에게 있지 않으면 武將에게 있어 漢나라가 따라서 망하였으니, 어찌 처음에 단서를 만듦에 살피지 않았기 때문이 아니겠는가."

1) 〔釋義〕 升陑 : 湯이 升自陑라 陑는 地名이니 湯伐桀所라
 湯王이 陑 땅에서 천자의 지위에 올랐다. 陑는 지명이니 湯王이 桀王을 정벌한 곳이다.

2) 〔譯註〕 鷹揚之相 : 姜太公 呂尙을 이른다. ≪詩經≫ 〈大雅 大明〉에 "太師인 尙父(姜太公)가 때로 매가 날듯 하였다.〔維師尙父 時維鷹揚〕" 하였다.

3)〔釋義〕販繒織薄之徒：謂周勃灌嬰也라
비단을 팔고 발을 짜는 무리는 周勃과 灌嬰을 이른다.

4)〔譯註〕雲臺諸將：雲臺는 後漢 때 洛陽의 南宮에 있는 臺閣으로, 明帝가 光武帝 때의 공신들을 추모하기 위하여 鄧禹 등 28명의 초상을 雲臺에 그려 놓았는 바, 이후로 功臣閣을 이르는 말로 쓰인다.

5)〔頭註〕政歸房闥：章帝后竇氏, 和帝母梁氏, 殤帝母鄧氏, 安帝后閻氏, 順帝后梁氏 皆以太后臨朝라
章帝의 后妃인 竇氏, 和帝의 母后인 梁氏, 殤帝의 母后인 鄧氏, 安帝의 后妃인 閻氏, 順帝의 后妃인 梁氏가 모두 太后로서 조정에 臨御하였다.

6)〔頭註〕在外戚：章帝時竇憲, 和帝時梁竦, 順帝時梁冀라
外戚은 章帝 때의 竇憲, 和帝 때의 梁竦, 順帝 때의 梁冀이다.

7)〔頭註〕在宦官：和帝時鄭衆, 順帝時孫程王康等이 皆爲列侯하니 是爲十九侯요 桓帝時單超, 徐璜, 具瑗, 左悺, 唐衡等이 是爲五侯라
宦官은 和帝 때의 鄭衆, 順帝 때의 孫程과 王康 등이 모두 列侯가 되었으니 바로 이들이 十九侯이고, 桓帝 때의 單超·徐璜·具瑗·左悺·唐衡 등이 바로 이들이 五侯이다.

8)〔頭註〕在武將：靈帝時董卓袁紹와 獻帝時山東曹操袁術等이라 起兵討卓하니 漢隨以亡이라
武將은 靈帝 때의 董卓과 袁紹, 獻帝 때에 山東의 曹操와 袁術 등이다. 이들이 군대를 일으켜 董卓을 토벌하였는데, 漢나라도 따라서 망하였다.

時에 **兵革**이 **旣息**하니 **天下少事**하야 **文書調役**[1)]에 **務從簡寡**하야 **至乃十存一焉**이러라 〈出本紀〉

이때 병란이 이미 종식되니, 천하에 일이 적어서 각종 문서와 調發하고 徭役할 때에 되도록 간략하고 적음을 따라서 마침내 열에 하나가 남는 데에 이르렀다. －≪後漢書 光武帝紀≫에 나옴－

1)〔譯註〕調役：군대와 군량을 징발하는 것과 徭役을 가리킨다.

【戊戌】 十四年이라

建武 14년(무술 38)

梁統이 **上疏曰 臣**이 **竊見元帝初元五年**에 **輕殊死刑**[1)]이 **三十四事**요 **哀帝建平元年**에 **輕殊死刑**이 **八十一事**라 **其四十二事**에 **手殺人者**는 **減死一等**하니 **自是以後**로 **著爲常準**이라 **故**로 **人輕犯法**하고 **吏易殺人**이니이다 **經曰**[2)] **爰制百姓于刑之衷**[3)]이라하니 **衷之爲言**은 **不輕不重之謂也**라 **自高祖**로 **至于孝宣**히 **海內稱治**러니 **至初元, 建平**하야 **而盜賊**이 **浸多**하니 **皆刑罰不衷**[4)]하야 **愚人易犯之所致也**라 **由此觀之**컨대 **則刑輕之作**이 **反生大患**하야 **惠加奸軌(宄)而害及良善也**니이다 **事寢不報**하다

梁統이 上疏하기를 "신이 삼가 보니, 元帝 初元 5년에 殊死刑(참수형)을 減刑한 것이 34가지 일이고, 哀帝 建平 元年에 殊死刑을 減刑한 것이 81가지 일이었습니다. 42가지 일 중에 직접 사람을 죽인 자는 사형에서 한 등급을 減刑하니, 이 뒤로부터 드러나 떳떳한 법이 되었습니다. 그러므로 사람들이 가볍게 법을 범하고 관리들은 쉽게 사람을 죽입니다. ≪書經≫에 이르기를 '이에 백성들을 형벌의 衷에 맞게 한다.' 하였으니, 衷이라는 말은 가볍지도 않고 무겁지도 않음을 이릅니다. 高祖로부터 孝宣帝에 이르기까지 海內가 잘 다스려졌다고 일컬어졌는데, 初元과 建平 연간에 이르러서 도적들이 점점 많아졌으니, 이는 모두 형벌이 알맞지 못하여 어리석은 사람들이 쉽게 법을 범하는 소치입니다. 이로 말미암아 살펴보건대 형벌을 가볍게 하는 일은 도리어 큰 병폐를 낳아서 은혜가 간사한 자들에게 가해지고 폐해가 선량한 사람에게 미치게 됩니다." 하였다. 그러나 이 일을 덮어두고 답하지 않았다.

1) 〔釋義〕 輕殊死刑 : 殊는 絶也, 異也니 言其身首離絶而異處也라 輕其殊死는 謂減死一等이라

殊는 끊음이고 다름이니, 몸통과 머리가 떨어지고 끊어져서 달리 처함을 말한다. 殊死刑을 가볍게 한다는 것은 사형에서 한 등급을 감형함을 이른다.

2) 〔通鑑要解〕 經曰 : 經曰下는 亦第二上疏也라

'經曰' 이하는 또한 梁統의 두 번째 上疏이다.

3)〔頭註〕刑之衷 : 衷은 與中通하니 去聲이라
衷은 中과 통하니 去聲이다.

4)〔頭註〕刑罰不衷 : 謂淫刑濫罰也라
刑罰이 알맞지 못하다는 것은 형벌을 남용함을 이른다.

【己亥】十五年이라

建武 15년(기해 39)

春에 大司徒韓歆이 免하다 歆이 好直言하고 無隱諱하야 帝每不能容이라 歆이 於上前에 證歲將饑凶할새 指天畫地[1]하고 言甚剛切이라 故로 坐免하야 歸田里러니 帝猶不釋하고 復遣使宣詔責之하니 歆及子嬰이 皆自殺하다 歆이 素有重名이러니 死非其罪하니 衆多不厭이라 帝乃追賜錢穀하야 以成禮葬之[2]하다

봄에 大司徒 韓歆이 면직되었다. 韓歆은 直言을 좋아하고 숨김이 없어서 황제가 매번 용납하지 못하였다. 韓歆이 上의 앞에서 年事(농사)가 장차 흉년이 들 것을 증명할 때에 〈태도가 격렬하여〉 하늘을 가리키고 땅을 그었으며 말이 매우 강직하고 간절하였다. 이 때문에 죄에 걸려 면직하고 田里로 돌아갔는데, 황제가 여전히 노여움을 풀지 않고 다시 使者를 보내어 敎書를 내려 꾸짖으니, 韓歆과 그의 아들 嬰이 모두 자살하였다. 韓歆은 평소 중한 명망이 있었는데, 죄가 아닌 것으로 죽으니 사람들이 대부분 승복하지 않았다. 황제가 마침내 뒤늦게 돈과 곡식을 하사하여 成禮로써 장례하였다.

1)〔譯註〕指天畫地 : 말할 때에 손짓을 하여 태도가 격렬하고 절실함을 이르는 바, 털끝만큼도 거리낌이 없음을 비유한 것이다.

2)〔釋義〕以成禮葬之 : 成禮는 具禮也니 言不以非命而降其葬禮라
成禮는 禮를 갖춘 것이니, 非命에 죽었다 하여 그 장례를 낮추지 않았음을 말한 것이다.

溫公曰 昔에 高宗命說(열)曰 若藥弗瞑眩(명현)[1]이면 厥疾弗瘳[2]라하니 夫

切直之言은 非人臣之利요 乃國家之福也라 是以로 人君이 夙夜求之하야 唯懼弗得聞하나니 惜乎라 以光武之世에 而韓歆이 用直諫死하니 豈不爲仁明之累哉아

溫公이 말하였다.

"옛날에 殷나라 高宗(武丁)이 傅說에게 명하기를 '만약 藥이 독하여 어지럽지 않으면 그 병이 낫지 않는다.' 하였으니, 간절하고 곧은 말은 신하의 이익이 아니고 바로 국가의 福인 것이다. 이 때문에 人君이 밤낮으로 直言을 구하여 행여 듣지 못할까 두려워하는 것이니, 애석하다. 光武帝의 시대에 韓歆이 直諫 때문에 죽었으니, 어찌 인자하고 현명한 군주의 累가 되지 않겠는가."

1)〔頭註〕若藥弗瞑眩 : 瞑眩은 憒亂也라 方言에 飮藥而毒을 海岱[*)]之間謂之瞑眩이라하니 方言은 書名이니 漢揚雄所著라 本書에 海岱之間이 作東齊라

瞑眩은 어지러운 것이다. ≪方言≫에 "약을 마셔서 독한 것을 海岱 사이에서는 이를 일러 瞑眩이라고 한다." 하였으니, 方言은 書名이니 漢나라 揚雄이 지은 것이다. 本書에는 海岱之間이 東齊로 되어 있다.

*) 海岱 : 東海와 岱宗(泰山)으로 옛날 齊나라의 동쪽 지역이다.

2)〔譯註〕若藥弗瞑眩 厥疾弗瘳 : 이 내용은 ≪書經≫ 〈說命〉에 보인다.

帝以天下墾田이 多不以實自占하고 又戶口年紀 互有增減이라하야 乃詔下州郡檢覈[1)]하니 於是에 刺史, 太守 多爲詐巧하야 苟以度(탁)田爲名하고 聚民田中하야 幷度廬屋里落하니 民이 遮道啼呼하며 或優饒豪右하고 侵刻羸弱[2)]이러라 時에 諸郡이 各遣使奏事할새 帝見陳留吏牘[3)]上有書라 視之하니 云 潁川, 弘農은 可問이어니와 河南, 南陽은 不可問[4)]이라하야늘 帝詰吏由[5)]한대 吏不肯服하고 抵言[6)]於長壽街[7)]上得之라하다 帝怒하니 時에 皇子東海公陽[8)]이 年十二라 在幄後라가 言曰 吏受郡勅하야 當欲以墾田相方[9)]耳니이다 帝曰 卽如此면 何故로 言河南, 南陽은 不可問고 對曰 河南은 帝城이라 多近臣하고 南陽은 帝鄕이라

多近親하니 **田宅**이 **踰制**하야 **不可爲準**이니이다 **帝令虎賁將**으로 **詰問吏**한대 **吏乃首服**[10)]하니 **如東海公對**라 **上**이 **由是**로 **益奇愛陽**하고 **遣謁者**하야 **考實二千石長吏阿枉**[11)]**不平者**하다

황제는 天下의 개간한 田地가 대부분 실제로 점유(등록)하지 않았고, 또 戶口와 年紀(연령)가 서로 增減이 있다 하여 마침내 州郡에 조서를 내려 실제를 조사하게 하니, 이에 刺史와 太守가 대부분 교묘하게 속임수를 써서 구차히 田地를 헤아린다는 명목으로 백성들을 田地 가운데에 모아 놓고 아울러 집과 村落을 헤아리게 하니 백성들이 길을 막고 울부짖었으며, 혹은 土豪들을 우대하고 가난한 자들을 침해하였다.

이때 여러 郡이 각각 使者를 보내어 일을 아뢸 때에 황제가 陳留의 아전이 올린 문서 위에 글이 적혀 있는 것을 보았는데, 내용을 살펴보니, 거기에 "潁川과 弘農은 물을 수 있으나 河南과 南陽은 물을 수 없다."고 씌어 있었다. 황제가 아전에게 그 이유를 詰問하자, 아전이 自服하려 하지 않고 長壽街 위에서 얻었다고 칭탁하여 말하니, 황제가 노하였다.

이때 皇子인 東海公 陽이 나이가 12세였는데, 장막 뒤에 있다가 말하기를 "아전이 郡의 신칙(당부)을 받고서 〈딴 郡縣의〉 개간한 토지의 숫자를 물어서 서로 비교하고자 하는 것입니다." 하였다. 황제가 말하기를 "만약 이와 같다면 무엇 때문에 河南과 南陽은 물을 수 없다고 했는가?" 하니, 대답하기를 "河南은 황제의 都城이라 가까운 신하가 많고 南陽은 황제의 고향이라 가까운 친척이 많으니, 밭과 집이 정해진 한도를 넘어서 기준을 삼을 수가 없기 때문입니다." 하였다. 황제가 虎賁將을 시켜 아전을 詰問하니 아전이 그제야 自服하였는데 東海公의 대답과 같았다. 上이 이로 말미암아 陽을 더욱 기특하게 여겨 사랑하였고, 謁者를 보내어 二千石의 長吏로서 아첨하고 굽혀 공평하지 않은 자들을 조사하게 하였다.

1)〔釋義〕檢覈 : 覈實也라
　檢覈은 실제를 조사하는 것이다.

2)〔釋義〕羸弱 : 謂貧民下戶라

羸弱은 貧民의 下戶를 이른다.

3) 〔釋義〕 陳留吏牘 : 牘은 音讀이니 書字也라 奏(剡)〔剡〕曰牘이라 〔通鑑要解〕 陳留吏는 陳留郡奏事之吏也라

〔釋義〕 牘은 音이 독이니, 글자를 쓰는 것이다. 奏剡(奏札)을 牘이라 한다. 〔通鑑要解〕 陳留吏는 陳留의 고을에 일을 아뢰는 아전이다.

4) 〔釋義〕 潁川, 弘農……不可問*) : 河南南陽不可問은 謂此二郡에 多有近臣近親하야 不可得而理問也라

河南과 南陽은 물을 수 없다는 것은 이 두 고을에 가까운 신하와 가까운 친척이 많이 있어서 다스려 물을 수가 없음을 말한 것이다.

*) 潁川, 弘農……不可問 : 河南과 南陽은 아예 물을 것이 없고 潁川과 弘農만 물어서 알아 오라고 隱語로 쓴 것이다.

5) 〔釋義〕 帝詰吏由 : 謂詰問吏之因由라

光武帝가 아전에게 그 연유를 詰問하였음을 이른 것이다.

6) 〔釋義〕 抵言 : 托辭也라

칭탁하여 말한 것이다.

7) 〔譯註〕 長壽街 : 洛陽城 안에 있는 길거리이다.

8) 〔譯註〕 東海公 陽 : 陰貴人의 아들로 光武帝의 넷째 아들이다.

9) 〔頭註〕 相方 : 求問其墾田之數以相比也라

相方은 딴 郡縣의 개간한 田地의 숫자를 물어서 서로 비교하는 것이다.

10) 〔釋義〕 首服 : 謂首陳其非而服其罪라

首服은 잘못을 자수하여 아뢰고, 그 죄에 굴복함을 이른다.

11) 〔釋義〕 阿枉 : 謂阿諛枉曲也라

阿枉은 아첨하여 굽힘을 이른다.

○ 張堪이 拜漁陽太守하다 堪이 視事八年에 匈奴不敢犯塞하고 勸民耕稼하야 以致殷富하니 百姓이 歌曰 桑無附枝[1]하고 麥穗兩岐[2]라 張君爲政에 樂不可支라하더라 〈出堪本傳〉

張堪이 漁陽太守에 임명되었다. 張堪이 정사를 본 지 8년에 흉노가 감히 변방을 침범하지 못하였고, 백성들에게 밭을 갈고 곡식을 심는 것을 권장하여 백성들이 부유함을 이루니, 백성들이 노래하기를 "뽕나무는 붙은 가지가

없고 보리 이삭은 두 갈래로 패었도다. 張君이 정사를 하니 즐거움을 주체할 수가 없다." 하였다. - ≪後漢書 張堪傳≫에 나옴 -

1) 〔頭註〕 桑無附枝 : 蠶月에 旣採桑하고 斫去繫枝하야 留其特長이면 則來年桑葉盛茂라
 누에 치는 달에 이미 뽕잎을 따고 난 뒤에 붙은 가지를 제거하고 특별히 긴 것만 남겨 두면 이듬해에 뽕잎이 무성하다.
2) 〔釋義〕 麥穗兩岐 : 穗는 苗(美)〔秀〕者요 岐는 旁出者니 謂一莖而兩穗也라
 穗는 이삭이 팬 것이고 岐는 옆에서 나온 것이니, 한 줄기에 이삭이 두 개가 나옴을 이른다.

【庚子】 十六年이라

建武 16년(경자 40)

郡國에 **群盜處處立起**하야 **郡縣**이 **追討**할새 **到則解散**하고 **去復屯結**호되 **青, 徐, 幽, 冀四州尤甚**이라 **冬十月**에 **遣使者**하야 **下郡國**하야 **聽群盜自相糾擿(摘)**하고 **五人**이 **共斬一人者**는 **除其罪**하니 **於是**에 **更**(경)**相追捕**하야 **賊竝解散**이라 **徙其魁帥於他郡**하고 **賦田受稟(廩)**[1]하야 **使安生業**하니 **自是**로 **牛馬**를 **放牧不收**하고 **邑門**을 **不閉**러라 〈出本紀〉

郡國에 여러 도적들이 곳곳에서 함께 일어나 郡縣에서 추격하여 토벌할 때에 군대가 도착하면 해산하고 군대가 떠나가면 다시 주둔하여 결집하였는데, 青州·徐州·幽州·冀州 네 고을이 더욱 심하였다.

겨울 10월에 使者를 郡國에 내려 보내어 여러 도적들이 스스로 규찰하여 적발하도록 허락하고 다섯 명이 함께 한 명을 목 베면 그 죄를 면제해 주니, 이에 번갈아 서로 추격하여 체포해서 도적들이 모두 해산되었다. 그 괴수를 다른 郡으로 옮기고, 백성들에게 토지를 주고 양식을 받아서 生業을 편안하게 하니, 이로부터 소와 말을 방목하여 거두지 않고 고을의 성문을 닫지 않았다. - ≪後漢書 光武帝紀≫에 나옴 -

1)〔釋義〕禀 : 讀曰廩이라 古者에 給人以食에 取諸倉廩이라 故稱廩給, 廩食이라
禀은 廩으로 읽는다. 옛날에 사람들에게 양식을 줄 때에 창고에서 취하였으므로 廩給, 廩食이라 칭하였다.

【辛丑】 十七年이라

建武 17년(신축 41)

郭后[1]**寵衰**하야 **數懷懟**(대)어늘 **上**이 **怒之**하야 **廢皇后郭氏**하고 **立貴人陰氏**[2]하야 **爲皇后**하다 〈出郭后紀〉

郭后의 은총이 쇠하여 자주 원망하는 마음을 품자, 上이 노하여 皇后 郭氏를 폐하고 貴人 陰氏를 세워 皇后로 삼았다. - ≪後漢書 光武帝紀≫에 나옴 -

1)〔頭註〕郭后 : 大鴻臚郭況之妹也라
郭后는 大鴻臚 郭況의 누이이다.
2)〔頭註〕陰氏 : 光武適新野하여 聞其美而悅之라
光武帝가 新野에 가서 그녀가 아름답다는 말을 듣고서 기뻐하였다.

○ **帝幸章陵**[1]하야 **修園廟**하고 **祠舊宅**하고 **觀田廬**하고 **置酒作樂賞賜**하니 **時**에 **宗室諸母**[2]**因酣悅**하야 **相與語曰 文叔**[3]이 **少時謹信**하야 **與人不款曲**[4]하고 **唯直柔耳**러니 **今乃能如此**로다 **帝聞之**하고 **大笑曰 吾治天下**에 **亦欲以柔道行之**로라 〈出本紀〉

황제가 章陵에 행차하여 園廟를 수리하고 옛집에 제사하였으며, 옛날 토지와 집을 구경하고 술자리를 베풀어 풍악을 울리고 賞을 내리니, 이때 宗室의 諸母들이 술에 취하여 기뻐하며 서로 말하기를 "文叔이 젊었을 때엔 근신하고 신실하여 남과 어울리지 않고 오직 다만 유순할 뿐이었는데, 지금 마침내 이와 같다." 하였다. 황제가 이 말을 듣고 크게 웃으며 말하기를 "내가 천하를 다스림에 또한 부드러운 道로 행하고자 한다." 하였다. - ≪後漢書 光武帝

紀≫에 나옴 -

1)〔通鑑要解〕章陵 : 六年에 以春陵鄕爲章陵縣이라
建武 6년에 春陵鄕을 章陵縣이라 하였다.
2)〔譯註〕諸母 : 아버지의 자매들을 이른다.
3)〔譯註〕文叔 : 光武帝 劉秀의 字이다.
4)〔釋義〕款曲 : 周旋貌라
款曲은 주선하는(남과 잘 어울리는) 모양이다.

〔史略 史評〕胡氏曰 君道는 則天而不可過於剛이라 故로 不耀威武하고 不峻刑誅하야 謙抑以受言하고 溫恭以接下하니 所以濟其剛也요 臣道는 則地而不可過於柔라 故로 不爲利回하고 不爲祿徙하야 君不義則必爭하고 道不合則必去하니 所以濟其柔也라 此所謂天道下濟(際)하고 地道上行[1)]하야 上下交而其志通[2)]이니 君臣之理 正光武之謂也로다

胡氏가 말하였다.

"군주의 道는 하늘을 본받으나 지나치게 강해서는 안 된다. 그러므로 위엄과 무력을 밝히지 않고 형벌을 준엄하게 하지 않아서, 겸손하고 억제하여 남의 말을 받아들이고 온화하고 공손하여 아랫사람을 접하는 것이니 이는 그 강함을 구제하는 것이요, 신하의 道는 땅을 본받으나 지나치게 유순해서는 안 된다. 그러므로 이익에 굽히지 않고 녹봉에 옮겨 가지 않아서 군주가 의롭지 않으면 반드시 간쟁하고 道가 합하지 않으면 반드시 떠나가는 것이니 이는 그 유순함을 구제하는 것이다. 이것이 이른바 '天道가 아래로 사귀고 地道가 위로 행해서 上下가 사귀어 그 뜻이 통한다.'는 것이니, 君臣의 이치는 바로 光武帝를 말함일 것이다."

1)〔譯註〕天道下濟 地道上行 : ≪周易≫ 謙卦 〈彖傳〉에 "天道는 아래로 交際하여 光明하고, 地道는 낮아 위로 행한다.〔天道下濟而光明 地道卑而上行〕"라고 보이는 바, 程伊川의 ≪易傳≫에 "濟는 마땅히 際가 되어야 한다." 하였다.
2)〔譯註〕上下交而其志通 : ≪周易≫ 泰卦 〈彖傳〉에 "天地가 사귀어 만물이 通泰하고, 上下가 사귀어 그 뜻이 같아진다.〔天地交而萬物通也 上下交而其志同也〕" 라고 보인다.

○ 交趾女子[1]反이어늘 拜馬援爲伏波將軍하야 以擊交趾하야 大破之하다

交趾의 여자가 배반하였으므로 馬援을 伏波將軍으로 임명해서 交趾를 공격하여 대파하였다.

1) 〔附註〕 交趾女子 : 交趾는 麊泠(미령)縣이라 雒將女子徵側은 朱鳶人詩索妻니 甚雄勇이라 交趾太守以法繩之한대 徵側이 怒하야 與妹徵貳叛하야 凡掠六十五城하고 自立爲王하니라 注에 麊는 音縻요 泠은 音零이라 雒將은 姓名也라 女弟曰妹라
交趾는 麊泠縣이다. 雒將의 딸인 徵側은 朱鳶 사람 詩索의 아내였는데, 매우 몸집이 크고 용감하였다. 交趾太守가 법으로 다스리자, 徵側이 노하여 여동생인 徵貳와 배반해서 모두 65개의 城을 노략질하고 스스로 서서 王이 되었다. 注에 "麊는 音이 미이고 泠은 音이 령이다. 雒將은 사람의 성명이다. 여동생을 妹라 한다." 하였다.

【癸卯】 十九年이라

建武 19년(계묘 43)

郭后旣廢에 太子彊이 意不自安이라 郅惲이 說太子曰 久處疑位면 上違孝道[1]요 下近危殆니 不如辭位하야 以奉養母氏라하야늘 太子從之하야 數因左右及諸王하야 陳其懇誠하고 願備藩國하니 上이 不忍遲回[2]者 數歲라 六月에 詔曰 春秋之義에 立子以貴[3]하니 東海王陽은 皇后之子라 宜承大統이요 皇太子彊은 崇執謙退하야 願備藩國하니 父子之情에 重[4]久違之라 其以彊爲東海王하고 立陽爲皇太子하고 改名莊하라 〈出本紀〉

郭后가 폐위되자 太子 彊은 마음이 스스로 편안하지 못하였다. 郅惲이 太子를 설득하기를 "오랫동안 의심스러운 자리에 있으면 위로는 효도에 어긋나고 아래로는 위태로움에 가까우니, 太子의 지위를 사양하여 어머니를 봉양하는 것만 못합니다." 하였다. 太子가 그의 말을 따라 자주 황제의 좌우 신하들과 諸王들을 통하여 자신의 간곡한 정성을 아뢰고 藩國에 갖추어지

기를 원하니, 上이 차마 太子를 폐위하지 못하여 머뭇거리고 지체한 지가 여러 해였다.

6월에 詔書를 내리기를 "≪春秋≫의 義理에 아들을 세울 때에는 신분의 귀함으로써 하였으니, 東海王 陽은 황후의 아들이어서 마땅히 大統을 이어야 할 것이요, 皇太子 彊은 겸손함을 높여 지켜서 藩國에 갖추어지기를 원하니, 父子의 情理上 오랫동안 그 뜻을 어기기가 어렵다. 彊을 東海王으로 삼고 陽을 세워 황태자로 삼고 이름을 莊으로 고친다." 하였다. - ≪後漢書 光武帝紀≫에 나옴 -

1)〔譯註〕上違孝道 : 母后인 郭后가 폐위되었는데 太子 彊이 그대로 태자의 지위에 있으면 이는 孝養의 도리에 어긋나는 것이다.

2)〔釋義〕遲回 : 不決意貌라 或遲待回避也라

遲回는 뜻을 결정하지 않는 모양이다. 혹은 늦춰 기다리고 회피하는 것이다.

3)〔釋義〕立子以貴 : 公羊傳云 隱元年에 立適以長이요 不以賢하며 立子以貴요 不以長이라한대 註云 適은 謂適夫人之子니 尊無與敵이라 故以齒요 子는 謂左右媵及姪娣之子니 位有貴賤하고 又防其同時而生이라 故以貴也라하니라

≪春秋公羊傳≫에 이르기를 "隱公 元年에 適子(嫡子)를 세울 때에는 연장자로써 하고 어진 자로써 하지 않으며, 아들(庶子)을 세울 때에는 귀함으로써 하고 연장자로써 하지 않는다." 하였는데, 註에 이르기를 "適은 適夫人의 아들을 이르니 높음이 대적할 자가 없으므로 年齒로써 하는 것이요, 아들은 좌우의 媵妾과 황후의 조카와 여동생의 아들을 이르니 지위에 귀천이 있고 또 동시에 태어났을 경우 발생하는 우환을 막으려 하기 때문에 귀함으로써 하는 것이다." 하였다.

4)〔釋義〕重 : 猶難也라

重은 難(어렵게 여김)과 같다.

袁宏論曰 夫建太子는 所以重宗統, 一民心也니 非有大惡於天下면 不可移也라 世祖中興漢業하니 宜遵正道하야 以爲後法이라 今太子之德이 未虧於外어늘 內寵旣多하야 嫡子遷位하니 可謂失矣라 然이나 東海歸藩에 謙恭之心彌亮하고 明帝承統에 友于之情愈篤하니 雖長幼易位하고 興廢不同이나 父子兄弟 至性無間이라 夫以三代之道處之라도 亦何以過乎아

袁宏의 ≪後漢紀≫〈光武皇帝紀〉論에 말하였다.

"太子를 세움은 宗統을 중히 여기고 民心을 통일하는 것이니, 천하에 큰 악행이 있지 않으면 바꿀 수가 없다. 世祖가 漢나라의 기업을 중흥하였으니, 正道를 따라서 후세의 법이 되어야 할 것이다. 그런데 이제 太子의 德이 밖에 훼손됨이 없는데 안에 총애받는 자가 이미 많아서 嫡子가 지위를 옮겼으니, 잘못이라고 이를 만하다. 그러나 東海王이 藩屛으로 돌아갈 때에 겸손하고 공손한 마음이 더욱 드러났고 明帝가 大統을 이을 때에 형제간에 우애하는 情이 더욱 돈독하였으니, 비록 長幼의 자리가 뒤바뀌고 興廢가 똑같지 않으나 부자간과 형제간의 지극한 성품이 間隙이 없었다. 三代의 道로써 대처한다 하더라도 또한 어찌 이보다 더하겠는가."

〔新增〕 胡氏曰 春秋之義에 立子以長하고 不以功하며 以德하고 不以貴하니 無立子以貴之說也라 借如立貴者라도 彊非后子乎아 蓋不得於義故로 不得於言하야 曰 春秋之義에 立子以貴하니 東海王陽은 皇后之子라 宜承大統이라하니 則是得失之分이 不待辨而自明矣니라

胡氏가 말하였다.

"≪春秋≫의 義理에 아들을 세울 때에는 年長으로써 하고 功으로써 하지 않으며 德으로써 하고 귀함으로써 하지 않으니, 아들을 세울 때에 귀함으로써 한다는 말이 없다. 가령 귀한 자를 세운다 하더라도 彊은 后妃의 아들이 아닌가. 義에 맞지 않기 때문에 말을 제대로 할 수가 없어서 말하기를 '≪春秋≫의 義理에 太子를 세울 때에는 신분의 귀함으로써 하였으니, 東海王 陽은 황후의 아들이어서 마땅히 大統을 이어야 한다.' 하였으니, 이는 잘잘못의 구분이 변론하기를 기다리지 않아도 저절로 분명해진다."

上이 **以桓榮爲議郞**[1]하야 **使授太子經**하고 **車駕幸太學**하니 **會**에 **諸博士 論難於前**할새 **榮**이 **辨明經義**하야 **儒者莫之及**이라 **特加賞賜**하다

上이 桓榮을 議郞으로 삼아서 太子에게 經書를 가르치게 하고 御駕가 太學에 행차하니, 마침 여러 博士들이 임금의 앞에서 論難하였는데 桓榮이 經書

의 뜻을 분명하게 밝혀서 학자들 중에 그를 따라갈 자가 없었다. 이에 특별히 그에게 賞賜를 가하였다.

1) 〔譯註〕 議郎 : 漢代에 설치한 官名으로 光祿勳에 소속된 郎官의 하나이다. 품계가 六百石에 이르렀는데, 賢良하고 方正한 선비를 뽑아 임용하였다.

○ 陳留董宣이 爲雒陽令이러니 湖陽公主蒼頭 白日殺人하고 因匿主家하니 吏不能得이라 及主出行에 以奴驂乘이어늘 宣이 於夏門亭에 候之라가 駐車叩馬[1]하고 以刀畫地하야 大言數[2]主之失하고 叱奴下車하야 因格殺[3]之하다 主卽還宮訴帝한대 帝大怒하야 召宣欲箠(추)殺之러니 宣이 叩頭曰 願乞一言而死하노이다 帝曰 欲何言고 宣曰 陛下聖德中興이어시늘 而縱奴殺人하시니 將何以治天下乎잇가 臣을 不須箠라 請得自殺하노이다하고 卽以頭擊楹하야 流血被面이라 帝令小黃門으로 持之하고 使宣叩頭謝主한대 宣이 不從이어늘 彊使頓之하니 宣이 兩手據地하고 終不肯俯라 主曰 文叔이 爲白衣時에 藏亡匿死호되 吏不敢至門이러니 今爲天子하야 威不能行一令乎아 帝笑曰 天子不與白衣同이라하고 因勅彊[4]項令出하고 賜錢三十萬하니 宣이 悉以班諸吏하다 由是로 能搏擊豪彊하니 京師莫不震慄이러라 〈出宣本傳〉

陳留의 董宣이 雒陽令이 되었는데, 湖陽公主의 종이 白晝에 사람을 죽이고는 인하여 공주의 집에 숨으니, 관리가 체포하지 못하였다. 공주가 出行할 때에 그 종으로 하여금 驂乘을 하게 하였는데, 董宣이 夏門亭에서 기다리고 있다가 수레를 멈추고 말고삐를 잡고는 칼로 땅을 그으며 큰 소리로 공주의 잘못을 數罪하고, 종을 꾸짖어 수레에서 내리게 한 다음 인하여 맨손으로 쳐서 죽였다.

공주가 즉시 궁중으로 돌아와 황제에게 하소연하자, 황제가 크게 노하여 董宣을 불러 매를 때려 죽이려고 하였는데, 董宣이 머리를 조아리며 아뢰기를 "한마디 말씀을 올리고 죽기를 원합니다." 하였다. 황제가 "무슨 말을 하고자 하는가?" 하니, 董宣이 아뢰기를 "폐하께서 聖德으로 중흥하셨는데 종을 풀어놓아 사람을 죽이시니, 장차 어떻게 천하를 다스리려 하십니까? 신은 굳이 매를 때리실 필요가 없습니다. 청컨대 스스로 죽겠습니다." 하고는 즉시 머리를 기둥에 부딪쳐서 피가 흘러 얼굴을 뒤덮었다.

황제가 小黃門(宦官)으로 하여금 그를 붙잡게 하고 董宣으로 하여금 머리를 조아려 공주에게 사죄하게 하였는데, 董宣이 따르지 않으므로 억지로 머리를 조아리게 하니, 董宣이 양손으로 땅을 짚고 버티어 끝내 고개를 숙이려 하지 않았다.

공주가 말하기를 "文叔(光武帝의 字)이 白衣(평민)로 있었을 때에는 도망온 자를 감추어 주고 죽을 죄를 지은 자를 숨겨 주었으나 관리들이 감히 집에 이르지 못하였는데, 지금 天子가 되어서는 위엄이 한 縣令에게도 행해지지 못한단 말인가?" 하였다. 황제가 웃으며 말하기를 "天子는 白衣와 같지 않다." 하고는 인하여 목을 뻣뻣이 펴고 나가도록 명하고 30만 錢을 하사하니, 董宣이 이것을 모두 여러 관리들에게 나누어 주었다. 이로 말미암아 호걸스럽고 강한 자들을 마음대로 공격하게 되니 京師에 두려워하지 않는 자가 없었다. - ≪後漢書 董宣傳≫에 나옴 -

1) 〔頭註〕 叩馬 : 叩는 牽馬也라 音口니 持也라
叩는 말을 끄는 것이다. 음이 구이니 붙잡는 것이다.

2) 〔釋義〕 數 : 計其失而一一責之라
數는 그 잘못을 따져서 하나하나 꾸짖는 것이다.

3) 〔釋義〕 格殺 : 謂不用器械而白手殺之라
格殺은 기구를 사용하지 않고 맨손으로 죽임을 이른다.

4) 〔釋義〕 彊 : 言不低屈也라
彊은 고개를 숙이지 않음을 말한다.

【甲辰】 二十年이라

建武 20년(갑진 44)

廣平忠侯[1]**吳漢**이 **病篤**이어늘 **車駕親臨**하야 **問所欲言**한대 **對曰 臣愚**는 **無所知**

識이요 **唯願陛下愼無赦**[2]**而已**라하더라

廣平忠侯 吳漢이 병이 위독하자, 車駕(大駕)가 친히 왕림하여 하고 싶은 말을 묻자, 대답하기를 "어리석은 신은 아는 바가 없고, 오직 폐하께서 부디 죄인을 사면하지 않기를 원할 뿐입니다." 하였다.

1)〔頭註〕廣平忠侯 : 忠은 諡也니 史氏追稱之라
　忠은 시호이니, 史官이 追尊하여 일컬은 것이다.
2)〔譯註〕無赦 : 죄 있는 자를 사면함으로써 선량한 자에게 폐해가 이르기 때문이다.

〔史略 史評〕唐太宗曰 赦者는 小人之幸이요 君子之不幸也니 夫養稂莠者는 害嘉穀하고 赦有罪者는 害良善이라 故로 朕不欲數赦는 恐小人恃之하야 輕犯憲章이라하니 吳漢諫光武無赦 亦此意也니라

唐 太宗이 말하기를 "赦免은 小人의 다행이고 君子의 불행이니, 잡초를 기르는 것은 아름다운 곡식을 해치고 죄 있는 자를 사면하는 것은 선량한 사람을 해친다. 그러므로 朕은 자주 사면하고자 하지 않으니, 이는 소인들이 이를 믿고서 憲章을 가벼이 범할까 두려워해서이다." 하였으니, 吳漢이 光武帝에게 사면하지 말 것을 간한 것도 이러한 뜻이다.

○ **以郭況爲大鴻臚**[1]하고 **帝數**(삭)**幸其第**하야 **賞賜金帛**하니 **豐盛**이 **莫比**라 **京師號況家**하야 **爲金穴**이라하니라

郭況을 大鴻臚로 삼고, 황제가 자주 그의 집에 행차하여 금과 비단을 賞으로 하사하니, 풍성함이 견줄 사람이 없었다. 京師에서는 郭況의 집을 이름하여 황금굴이라 하였다.

1)〔頭註〕以郭況爲大鴻臚 : 況은 郭皇后弟라 臚는 陵如反이요 鴻은 聲也요 又傳也니 序以傳聲하고 贊道九賓이라 漢武所置라
　郭況은 郭皇后의 아우이다. 臚는 陵如反(려)이고, 鴻은 소리이고 또 전하는 것이니, 차례로 소리를 전달하고 九賓을 도와 인도하는 것이다. 漢 武帝가 설치하였다.

○ **秋九月**에 **馬援**이 **自交趾還**이어늘 **孟冀迎勞之**한대 **援曰 方今匈奴, 烏桓**이 **尙擾北邊**하니 **欲自請擊之**하노라 **男兒要當死於邊野**하야 **以馬革裹尸還葬耳**니 **何能臥床上**하야 **在兒女子手中耶**아 **冀曰 諒爲烈士**인댄 **當如是矣**라하더라 〈出援本傳〉

가을 9월에 馬援이 交趾에서 돌아오자 孟冀가 맞이하여 위로하였는데, 馬援이 말하기를 "지금 匈奴와 烏桓이 아직도 북쪽 변경을 소란하게 하고 있으니, 자청하여 그를 공격하고자 한다. 男兒는 마땅히 변경의 들에서 죽어 말가죽으로 시신을 싸서 돌아와 장례해야 하니, 어찌 침상 위에 누워 아녀자의 손안에서 죽겠는가." 하였다. 孟冀가 말하기를 "진실로 烈士가 되려면 이와 같아야 한다." 하였다. - ≪後漢書 馬援傳≫에 나옴 -

【乙巳】 二十一年이라

建武 21년(을사 45)

莎車1)**王賢**이 **欲兼幷西域**하니 **諸國**이 **愁懼**하야 **車師**2)**等十八國**이 **俱遣子入侍**하고 **願得都護**어늘 **帝以中國初定**에 **北邊未服**이라하야 **皆還其侍子**3)하고 **厚賞賜之**하다

莎車王 賢이 西域을 겸병하고자 하니, 여러 나라가 걱정하고 두려워하여 車師 등 열여덟 나라가 모두 아들을 보내어 入侍하고 都護를 얻기를 원하였는데, 황제는 중국이 갓 평정되어 북쪽 변경이 복종하지 않는다 하여 侍子를 모두 돌려보내고 후하게 賞을 하사하였다.

1) 〔釋義〕 莎車 : 本城名이니 後因名國하니라
莎車는 본래 城의 이름인데, 뒤에 인하여 國名으로 삼았다.

2) 〔釋義〕 車師 : 卽姑師國也라
車師는 바로 姑師國이다.

3) 〔譯註〕 侍子 : 옛날 屬國의 왕이나 제후들이 아들을 보내어 天子를 모시고 文物

을 배우게 하였는 바, 이들을 侍子라 칭하였다.

【丙午】 二十二年이라

建武 22년(병오 46)

初에 **劉昆**이 **爲江陵令**이러니 **縣有火災**어늘 **昆**이 **向火叩頭**하니 **火尋滅**하고 **後爲弘農太守**러니 **虎皆負子渡河**[1]라 **帝聞而異之**하야 **徵昆爲光祿勳**[2]하고 **帝問昆曰 前在江陵**에 **反風滅火**하고 **後守弘農**에 **虎北渡河**하니 **行何德政而致是事**오 **對曰 偶然耳**니이다 **左右皆笑**하니 **帝嘆曰 此**는 **長者之言也**라하고 **顧命書諸策**[3]하다 〈出儒林昆本傳〉

처음에 劉昆이 江陵令이 되었는데 縣에 火災가 있자, 劉昆이 불을 향하여 머리를 조아리니 불이 얼마 후 꺼졌으며, 뒤에 弘農太守가 되었는데 호랑이가 모두 새끼를 업고 河水(黃河)를 건너갔다. 황제가 이 말을 듣고 기이하게 여겨 劉昆을 불러서 光祿勳을 삼았다.

황제가 劉昆에게 묻기를 "지난번 江陵에 있을 때에는 바람이 거꾸로(반대 방향으로) 불게 하여 불을 끄고, 뒤에 弘農을 맡았을 때에는 호랑이가 북쪽으로 河水를 건너갔으니, 어떤 德政을 행하였기에 이러한 일을 이루었는가?" 하니, 대답하기를 "우연일 뿐입니다." 하였다. 좌우의 신하들이 모두 웃으니, 황제가 감탄하기를 "이는 長者의 말이다." 하고, 史官을 돌아보며 史策에 쓰도록 명하였다. - ≪後漢書 儒林傳 劉昆≫에 나옴 -

1) 〔譯註〕 虎皆負子渡河 : 이보다 앞서 江陵 지방에 虎患이 많아 길 가는 자들이 다니지 못하였는데, 劉昆이 고을을 맡은 지 3년 만에 어진 정사를 베풀어 교화하니, 호랑이가 모두 새끼를 업고 黃河를 건너갔다 한다.

2) 〔釋義〕 光祿勳 : 百官表에 郎中令은 秦官이니 漢武改名光祿勳하니라
≪漢書≫ 〈百官表〉에 "郎中令은 秦나라 관명이니, 漢武帝가 光祿勳으로 이름을 고쳤다." 하였다.

3) 〔釋義〕 顧命書諸策 : 回視曰顧요 竹簡曰策이니 回顧史官하야 令寫入史策이라

돌아보는 것을 顧라 하고 竹簡을 策이라 하니, 史官을 돌아보고서 史策에 써넣게 한 것이다.

○ 西域諸國侍子 久留敦煌[1])하니 皆愁思亡歸라 莎車王賢이 知都護不至하고 擊破鄯善하고 攻殺龜(구)茲[2])王하니 鄯善王 安이 上書하야 願復遣子入侍하고 更請都護호되 都護不出이면 誠迫於匈奴라하야늘 帝報曰 今使者大兵이 未能得出이니 如諸國이 力不從心[3])이면 東西南北이 自在[4])也니라 於是에 鄯善, 車師 復附匈奴하다 〈出西域傳〉

西域의 여러 나라에서 보낸 侍子들이 오랫동안 敦煌에 머무르니, 모두 근심하여 도망쳐 돌아갈 것을 생각하였다. 莎車王 賢은 漢나라 都護가 오지 않을 것을 알고는 鄯善國을 격파하고 龜玆國의 王을 쳐서 죽이니, 鄯善王 安이 글을 올려 다시 아들을 보내어 입시하기를 원하고, 다시 都護가 와 주기를 청하되 都護가 나오지 않으면 진실로 흉노에게 핍박을 받을 것이라고 하였다.

황제가 답서를 보내기를 "지금 使者의 大兵이 나갈 수가 없으니, 만일 여러 나라가 힘이 마음을 따르지 못한다면 동서남북 따르고 싶은 대로 하라." 하였다. 이에 鄯善과 車師가 다시 匈奴에 붙었다. - ≪後漢書 西域傳≫에 나옴 -

1) 〔附註〕 侍子久留敦煌 : 都護不出而侍子皆還하니 大憂하야 乃與敦煌太守謀하야 留侍子하야 以示莎車하고 言 侍子見留하니 都護尋至라하야 冀且息其兵變이라한대 遵以聞하니 帝許之하니라

이보다 앞서 漢나라 都護가 나오지 않고 侍子가 모두 돌아오니, 西域의 여러 나라들이 크게 걱정하여 마침내 敦煌太守와 상의하고는 侍子를 머물게 하여 莎車王에게 보이고, "侍子가 머물고 있으니 都護가 얼마 후에 이른다고 말하여 莎車王의 공격을 우선 중지시키기를 바랍니다." 하였는데, 敦煌太守 王遵이 아뢰니 황제가 이를 허락하였다.

2) 〔釋義〕 龜玆 : 西域小國이니 在大宛國西天竺國東이라

龜玆는 西域의 작은 나라이니, 大宛國의 서쪽 天竺國의 동쪽에 있었다.

3) 〔譯註〕 力不從心 : 마음은 漢나라를 따르고자 하나 힘이 약하여 마음대로 하지 못함을 말한다.

4)〔頭註〕自在：任其所從이라

自在는 따르고 싶은 대로 따르는 것이다.

班固論曰 孝武之世에 圖制匈奴할새 患其兼從[1]西國하고 結黨南羌하야 乃表河曲, 列四郡[2]하고 開玉門, 通西域하야 以斷匈奴右臂하고 隔絶南羌月氏(지)하니 單于失援이라 由是遠遁하야 而幕南無王庭[3]이라 遭値文景玄默하야 養民五世[4]에 財力有餘하고 士馬彊盛이라 故로 能睹犀布瑇瑁則建珠厓七郡하고 感蒟醬竹杖則開牂牁越嶲(수)하고 聞天馬蒲萄則通大宛安息이라 自是로 殊方異物이 四面而至라 於是에 開苑囿[5], 廣宮室하고 盛帷帳, 美服玩하며 設酒池肉林하야 以饗四夷之客하고 作魚龍角抵(觝)之戲[6]하야 以觀視之하며 及賂遺贈送을 萬里相奉하야 師旅之費를 不可勝計라 至於用度不足하야 乃榷酒酤, 筦(管)鹽鐵하고 鑄白金, 造皮幣하며 算至車船하고 租及六畜하야 民力屈, 財用竭하고 因之以凶年하야 寇盜竝起하야 道路不通하니 直指之使가 衣繡杖斧하고 斷斬於郡國然後에 勝之라 是以로 末年에 遂棄輪臺之地하고 而下哀痛之詔하니 豈非仁聖之所悔哉아 建武以來로 西域이 思漢威德하고 咸樂內屬하야 數遣使置質于漢하고 願請都護어늘 聖上이 遠覽古今하고 因時之宜하야 辭而未許하니 雖大禹之序西戎[7]과 周公之讓白雉[8]와 太宗之郤(却)走馬[9]라도 義兼之矣니라〈出前西域傳贊〉

班固의 ≪漢書≫〈西域傳〉贊에 말하였다.

"孝武帝 때에 匈奴를 제어할 것을 도모할 때에 匈奴가 西域을 겸병하여 合從하고 南羌과 黨을 맺는 것을 염려하였다. 그리하여 河西의 九曲을 표하여 4郡을 나열하고 玉門關을 열어 西域을 통하여, 匈奴의 오른쪽 팔을 자르고 南羌과 月氏를 두절시키니, 單于가 원조를 잃게 되었다. 이 때문에 單于가 멀리 도망하여 沙漠의 남쪽에 王庭이 없게 되었다. 文帝와 景帝의 玄默을 만나서 백성을 기른 지 5대에 재력이 충분하고 군사와 말이 강성하였다. 그러므로 犀布와 瑇瑁를 보면 珠厓의 7郡을 세우고, 蒟醬과 竹杖에 감동되면 牂牁郡과 越嶲郡을 개통하고 天馬와 蒲萄가 있다는 말을 들으면 大宛郡과 安息郡을 개통하였다. 이로부터 먼 지방의 색다른 물건이 사면에서 이르렀다.

이에 苑囿를 열고 宮室을 넓히고 帷帳을 성대하게 하고 복식과 노리개를 아름답게 하며, 酒池肉林을 만들어서 사방 오랑캐의 손님에게 宴饗을 베풀고, 魚龍이 싸우는 놀이를 만들어서 보여 주고 구경시키며, 뇌물과 선물의 贈送을 만 리에 서로 받들어서 군대의 비용을 이루 계산할 수 없었다. 그리하여 用度가 부족함에 이르자 마침내 술의 판매를 독점하고 鹽鐵을 관장하며 白金을 주조하고 皮幣를 만들며 세금이 배와 수레에까지 미치고 조세가 六畜에까지 미쳐서 백성의 힘이 꺾이고 재용이 고갈되었으며 인하여 흉년이 들어서 도둑들이 함께 일어나 도로가 통하지 못하니, 直指使者(暗行御史)가 수놓은 옷을 입고 도끼를 잡고서 郡國에서 베고 끊은 뒤에야 이길 수 있었다. 이 때문에 말년에 마침내 輪臺의 땅을 버리고 애통해하는 詔書를 내린 것이니, 어찌 仁聖의 후회하는 바가 아니겠는가.

建武 이래로 西域이 漢나라의 위엄과 德을 사모하고 모두 內屬하는 것을 좋아해서 여러 번 使者를 보내어 인질을 漢나라에 두고 都護를 보내 줄 것을 청하였으나 聖上이 고금을 멀리 내다보고 때의 마땅함을 따라서 사양하고 허락하지 않았으니, 비록 大禹가 西戎을 차례로 펴지게 하고 周公이 흰 꿩을 사양하고 太宗(文帝)이 잘 달리는 말을 물리친 것이라도 〈光武帝는〉 이러한 뜻을 모두 겸하였다." - 앞의 ≪後漢書 西域傳≫ 贊에 나옴 -

1) 〔釋義〕 兼從 : 兼은 幷也요 從은 親也니 謂與西域諸國으로 兼幷合從也라
兼은 아우름이요 從은 친함이니, 西域의 여러 나라와 함께 兼幷하고 合從함을 말한 것이다.

2) 〔釋義〕 表河曲列四郡*) : 河西九曲은 本西戎地니 在河關縣西라 公羊傳云 河千里而一曲이라하니 按曲은 言其隈地也라 四郡은 謂酒泉, 武威, 張掖, 敦煌이라
河西의 九曲은 본래 西戎 땅이니, 河關縣의 서쪽에 있었다. ≪春秋公羊傳≫에 이르기를 "黃河는 천 리에 한 번 굽어진다.' 하였으니, 살펴보건대 曲은 그 굽이진 곳을 말한 것이다. 四郡은 酒泉郡·武威郡·張掖郡·敦煌郡을 이른다.

3) 〔釋義〕 王庭 : 單于無城郭하야 其穹廬前地 若庭이라 故云王庭也라
單于는 城郭이 없어서 높은 穹廬 앞의 땅이 뜰과 같았으므로 이를 王庭이라고 이른 것이다.

4) 〔頭註〕 養民五世 : 五世는 高惠及呂后文景이라

5世는 高帝, 惠帝 및 呂后, 文帝, 景帝이다.

5)〔頭註〕苑囿：古謂之囿요 漢謂之苑이라

옛날에는 囿라 하였고, 漢나라는 苑이라 하였다.

6)〔附註〕魚龍角抵之戲：魚龍者는 含利之獸니 先戲於庭이라가 乃入殿前激水하야 化成比目魚하고 躍水作霧하야 化黃龍하야 出水戲於庭이라 西京賦注에 角觝戲者는 兩兩相對하야 角力技藝射御라 故名角觝라 含利는 獸名이니 以其吐金이라 故名이라

魚龍은 含利라는 짐승이니, 먼저는 뜰에서 놀다가 마침내 궁전 앞의 세차게 흐르는 물속으로 들어가서 比目魚로 변하고, 물에서 뛰놀며 안개를 일으켜서 黃龍으로 변하여, 마침내 물에서 나와 宮庭에서 놀았다. 張衡의 西京賦 注에 "角觝戲는 둘이 상대하여 기예와 활쏘기와 말타기를 겨루는 것이다. 그러므로 角觝라고 이름한다." 하였다. 含利는 짐승의 이름이니, 金을 토해내기 때문에 이름한 것이다.

7)〔釋義〕大禹之序西戎：書禹貢에 西戎即敍라한대 註云 西方戎落이 皆就次序하니 美禹之功이 及戎狄也라하니라

≪書經≫〈禹貢〉에 "西戎이 차례로 펴짐에 나아갔다." 하였는데, 註에 "西方의 오랑캐 부락이 모두 차례로 펴짐에 나아간 것이니, 禹임금의 공이 戎狄에게까지 미침을 찬미한 것이다." 하였다.

8)〔釋義〕周公之讓白雉：越裳氏獻白雉曰 天之無烈風淫雨하고 海不揚波三年矣니 意者컨대 中國有聖人乎인저 盍往朝之리오한대 周公謙讓(之)〔而〕歸之成王하니 稱先王神致라하야 薦于宗廟하니라

越裳氏가 흰 꿩을 바치며 말하기를 "하늘에 세찬 바람과 지나친 비가 없고 바다에 파도가 일지 않은 지가 3년이니, 생각건대 中國에 聖人이 있을 것이다. 어찌 가서 조회하지 않겠는가." 하였는데, 周公이 겸양하여 이것을 成王에게 돌리니, 先王의 神이 이룬 것이라고 칭하여 宗廟에 제사를 올렸다.

9)〔釋義〕太宗之卻走馬：太宗은 文帝也라 時有獻千里馬者어늘 帝曰 鸞旗在前하고 屬車在後하니 朕乘千里馬하고 獨先安之리오하니라

太宗은 文帝이다. 당시에 千里馬를 올리는 자가 있었는데, 황제가 물리치며 말하기를 "鸞旗가 앞에 있고 屬車(뒤따라오는 수레)가 뒤에 있으니, 朕이 千里馬를 타고 홀로 먼저 어디를 가겠는가." 하였다.

【戊申】二十四年이라

建武 24년(무신 48)

匈奴八部大人이 **共議立日逐王**[1]**比**하야 **爲呼韓邪單于**[2]하고 **款五原塞**[3]하야 **願永爲藩蔽**하야 **扞禦北虜**라하야늘 〈出匈奴傳〉 **事下公卿**하니 **議者 皆以爲天下初定**에 **中國空虛**하고 **夷狄**은 **情僞難知**하니 **不可許**니이다 **五官中郞將耿國**이 **獨以爲宜如孝宣故事**[4]**受之**하야 **令東扞鮮卑**하고 **北拒匈奴**하고 **率厲四夷**하야 **完復邊郡**[5]케하소서 **帝從之**하다 〈出耿國傳〉

匈奴의 八部 大人이 함께 의논하고 日逐王 比를 세워서 呼韓邪單于를 삼고, 五原의 변방의 관문을 두드리고 와서 영원히 藩蔽(藩屛)가 되어 북쪽 오랑캐를 방어할 것을 원한다고 하였다. - ≪後漢書 匈奴傳≫에 나옴 -

이 일을 公卿에게 내려 의논하게 하니, 의논하는 자들이 모두 말하기를 "천하가 처음 평정됨에 중국이 텅 비었고 오랑캐들은 실정과 거짓을 알기 어려우니, 허락해서는 안 됩니다." 하였다. 五官中郞將 耿國이 홀로 아뢰기를 "마땅히 孝宣帝의 故事와 같이 이들을 받아 주어 동쪽으로는 鮮卑를 막고 북쪽으로는 匈奴를 막고 사방 오랑캐들을 인솔하고 장려해서 변방의 고을을 다시 완전하게 하소서." 하니, 황제가 그의 말을 따랐다. - ≪後漢書 耿國傳≫에 나옴 -

1) 〔頭註〕 日逐王 : 匈奴官號라

日逐王은 匈奴의 官號이다.

2) 〔附註〕 匈奴八部大人……爲呼韓邪單于 : 匈奴單于輿立하야 以從弟比로 爲日逐王하야 領南邊이러니 及輿死하고 弟左賢王蒲奴立하야 使兩骨都侯로 監領比所部한대 比遂斂所主南邊八部衆而叛하니 南邊八部共立比爲呼韓邪單于라 於是에 始分爲南北單于하니라

匈奴의 單于인 輿가 즉위하여 從弟인 比를 日逐王으로 삼아서 남쪽 변방을 관할하게 하였는데, 輿가 죽고 아우 左賢王 蒲奴가 즉위하여 兩骨都侯로 하여금 比가 거느리던 곳을 감독하여 관장하게 하자, 比가 마침내 주관하던 남쪽 변방 여덟 부족의 무리를 거느리고 배반하니, 남쪽 변방의 여덟 부족이 함께 比를 세워 呼韓邪單于라 하였다. 이에 匈奴가 비로소 南單于와 北單于로 나뉘게 되었다.

3) 〔釋義〕 款五原塞：謂叩塞門하야 來服從也니 款은 叩也라
五原에 있는 변방의 관문을 두드리고 와서 복종한 것이니, 款은 두드림이다.

4) 〔譯註〕 孝宣故事：宣帝 甘露 2년(B.C.52)에 呼韓邪單于가 조회하러 오자 황제가 그를 특별히 예우하여 지위가 제후왕의 위에 있게 하고 알현할 때에 臣이라고만 칭하고 이름을 부르지 않게 한 일을 가리킨다.

5) 〔通鑑要解〕 完復邊郡：時에 邊郡創(瘡)殘이어늘 有南匈奴爲扞弊면 則可以完復矣라
이 때에 변방의 고을이 해를 입어 잔폐하였는데, 南匈奴를 울타리로 삼는다면 다시 완전하게 할 수가 있는 것이다.

○ **秋七月**에 **武陵蠻**이 **寇臨沅**(원)[1]이어늘 **馬成**[2]이 **討之不克**하다 **馬援**이 **請行**이어늘 **帝愍其老**하야 **未許**러니 **援曰 臣**이 **尙能被甲上馬**니이다 **帝令試之**하니 **援**이 **據鞍顧眄**(면)하야 **以示可用**이라 **帝笑曰 矍鑠**(확삭)**哉**라 **是翁**[3]이여하고 **遂遣援**하야 **將四萬餘人**하야 **征五溪**[4]하다 **援**이 **謂友人杜愔曰 吾受國厚恩**하야 **年迫日索**(삭)[5]일새 **常恐不得死國事**러니 **今獲所願**하니 **甘心瞑目**이로라

가을 7월에 武陵의 蠻族이 臨沅을 침략하자, 馬成이 토벌하였으나 이기지 못하였다. 馬援이 出征할 것을 청하자, 황제가 그의 늙음을 딱하게 여겨 허락하지 않았는데, 馬援이 말하기를 "신이 아직 갑옷을 입고 말에 오를 수 있습니다." 하였다. 황제가 시험해 보게 하니, 馬援이 말안장에 걸터앉아 좌우를 돌아보면서 아직도 쓸 만함을 과시하였다. 황제가 웃으며 말하기를 "건장하다. 이 노인이여." 하고는 마침내 馬援을 보내어 4만여 명의 병력을 거느리고 가서 五溪를 정벌하게 하였다. 馬援이 친구인 杜愔에게 이르기를 "내가 국가의 두터운 은혜를 입고서 나이가 죽을 때에 가까워 살 날이 다하였으므로 항상 國事에 죽지 못할까 두려워하였는데, 이제 소원을 얻었으니 달가운 마음으로 눈을 감겠다." 하였다.

1) 〔釋義〕 武陵蠻寇臨沅：武陵은 禹貢荊州之域이니 秦爲黔中郡하고 光武改〈名〉光陵郡하니 今常德府是라 臨沅은 縣名이니 屬武陵하니 以南臨沅水라 故名焉하니 今〈常德府〉沅江縣이 是라 〔頭註〕 寇는 群行攻劫也라
〔釋義〕 武陵은 ≪書經≫ 〈禹貢〉의 荊州 지역이니, 秦나라는 黔中郡으로 삼았고

光武帝는 光陵郡으로 이름을 고쳤으니, 지금의 常德府가 이곳이다. 臨沅은 縣의 이름이니 武陵에 속하였는 바, 남쪽에 沅水가 있기 때문에 이름한 것이니, 지금 常德府 沅江縣이 이곳이다. 〔頭註〕 寇는 무리 지어 가서 공격하여 위협하는 것이다.

2)〔頭註〕 馬成：中山太守라

馬成은 中山太守이다.

3)〔釋義〕 矍鑠哉 是翁：矍鑠은 輕健貌라 東觀記에 作朦哉是翁하니라

矍鑠은 몸이 가볍고 건장한 모양이다. ≪東觀記≫에는 '朦哉是翁'으로 되어 있다.

4)〔釋義〕 五溪：謂雄溪, 樠溪, 西溪, 潕溪, 辰溪니 皆槃瓠子孫所居니 謂之五溪蠻也라 按水經註에 沅水는 出牂牁郡且蘭縣하야 去武陵界하야 分五溪하니 今在辰州라

五溪는 雄溪·樠溪·西溪·潕溪·辰溪를 이르니, 모두 槃瓠의 자손들이 사는 곳으로 이들을 五溪蠻이라 이른다. 살펴보건대 ≪水經註≫에 "沅水는 牂牁郡 且蘭縣에서 나와 武陵의 경계로 흘러가서 五溪로 나누어지니, 지금의 辰州에 있다." 하였다.

5)〔釋義〕 年迫日索：迫은 逼也요 索(삭)은 盡也니 謂歲月老也라

迫은 가까움이고 索은 다함이니, 세월이 다하여 늙음을 이른다.

○ 冬十月에 匈奴日逐王比 自立爲南單于하고 遣使詣闕하야 奉藩稱臣이어늘 上이 以問朗陵侯臧宮한대 宮曰 匈奴飢疫分爭하니 臣은 願得五千騎하야 以立功하노이다 帝笑曰 常勝之家는 難與慮敵이니 吾方自思之호리라 〈出宮傳〉

겨울 10월에 匈奴의 日逐王 比가 스스로 서서 南單于가 되고, 使臣을 보내어 궁궐에 나와 藩屛의 禮를 받들어 臣이라고 칭하였다. 上이 이 일을 가지고 朗陵侯 臧宮에게 묻자, 臧宮이 대답하기를 "匈奴가 기근이 들고 염병이 돌며 분열되어 다투고 있으니, 신은 원컨대 5천 명의 騎兵을 얻어 功을 세웠으면 합니다." 하였다. 황제가 웃으며 말하기를 "항상 승리한 사람과는 敵을 도모하기 어려우니, 내 바야흐로 스스로 생각해 보겠다." 하였다. - ≪後漢書 臧宮傳≫에 나옴 -

【己酉】 二十五年이라

建武 25년(기유 49)

馬援軍이 至臨鄕하야 擊破蠻兵하고 斬獲二千餘人하다 援의 兄子嚴, 敦이 竝喜譏議하고 通輕俠[1])이어늘 援이 前在交趾하야 遺書戒之曰 吾欲汝曹 聞人過失에 如聞父母之名하야 耳可得聞이언정 口不可得言也하노라 好議人長短하며 妄是非政法은 此吾所大惡也니 寧死언정 不願聞子孫有此行也하노라 龍伯高[2])는 敦厚周愼하야 口無擇言하며 謙約節儉하고 廉公有威하니 吾愛之重之하야 願汝曹效之하노라 杜季良[3])은 豪俠好義하야 憂人之憂하고 樂人之樂하야 父喪致客에 數郡이 畢至하니 吾愛之重之어니와 不願汝曹效也하노라 效伯高不得이라도 猶爲謹勅之士니 所謂刻鵠不成이라도 尙類鶩(목)[4])者也어니와 效季良不得이면 陷爲天下輕薄子하리니 所謂畫虎不成이면 反類狗者也니라

馬援의 군대가 臨鄕에 이르러서 蠻軍을 격파하고 2천여 명을 베거나 사로잡았다.

馬援의 형의 아들인 嚴과 敦이 모두 비판하고 논평하기를 좋아하고 경박한 俠客들과 교제하였는데, 馬援이 전에 交趾에 있으면서 글을 보내어 이들을 경계하였다.

"나는 너희 무리들이 남의 과실을 들으면 부모의 이름을 들은 것처럼 하여 귀로는 들을지언정 입으로는 말하지 않기를 바라노라. 남의 장단점을 논평하기를 좋아하며 政事와 法을 함부로 시비함은 내가 크게 싫어하는 바이니, 차라리 죽을지언정 자손 중에 이러한 행실이 있다는 말을 듣기를 원하지 않노라. 龍伯高는 돈후하고 치밀하고 삼가서 입에 가릴 말이 없으며 謙約하고 節儉하며 청렴하고 공정하고 위엄이 있으니, 나는 그를 애지중지하여 너희들이 본받기를 원하노라. 杜季良은 호협하여 義를 좋아해서 남의 근심을 근심하고 남의 즐거움을 즐거워하여 〈淸流(좋은 사람)에게나 濁流(나쁜 사람)에게나 잃은 바가 없어서〉 아버지의 초상에 조문객이 옴에 몇 고을이 모두 왔으니, 나는 그를 애지중지하지만 너희들이 본받기를 원하지는 않노라. 龍伯高를 본받다가 되지 못하더라도 오히려 삼가고 조심하는 선비가 될 것이니, 이른바 '고니를 조각하다가 이루지 못하더라도 오히려 오리를 닮는다.'는 것이다. 杜季良을 본받다가

되지 못하면 빠져서 천하의 경박한 사람이 될 것이니, 이른바 '호랑이를 그리다가 이루지 못하면 도리어 개를 닮는다.'는 것이다."

1)〔頭註〕 通輕俠 : 輕은 去聲이니 不持重也요 俠之言은 挾이니 以權力俠輔人者라
輕은 去聲이니 몸가짐이 진중하지 못한 것이요, 俠은 挾이니 권세와 힘으로써 사람을 도와주는 것이다.

2)〔頭註〕 龍伯高[*)] : 山都長龍述이라
龍伯高는 山都長 龍述이다.

*) 龍伯高 : 伯高는 龍述의 字이다.

3)〔頭註〕 杜季良 : 越騎司馬杜保라
杜季良은 越騎司馬 杜保이다.

4)〔通鑑要解〕 刻鵠不成 尙類鶩 : 鵠은 胡沃反이니 鳥名이라 鶩은 亡遇, 莫卜二切이니 可畜而不能高飛者鴨이요 野生而高飛者鶩也라
鵠은 胡沃反(혹)이니 새 이름이다. 鶩은 音이 亡遇切(무) 또는 莫卜切(목)이니, 집에서 기를 수 있고 높이 날지 못하는 것은 鴨이고, 야생이고 높이 날 수 있는 것은 鶩이다.

初에 援이 在交趾에 常餌薏苡[1)]實하야 能輕身勝瘴氣라 軍還에 載之一車러니 及卒後에 有上書譖之者[2)]하야 以爲前所載還이 皆明珠文犀[3)]라한대 帝怒하니 援의 妻孥[4)]惶懼하야 不敢以喪還舊塋하고 槀葬[5)]城西하다 〈以上出援本傳〉

처음에 馬援이 交趾에 있을 때에 항상 薏苡(율무) 열매를 먹어서 몸을 가볍게 하고 瘴氣를 이겨냈다. 군대가 돌아올 때에 이것을 한 수레에 가득히 싣고 왔는데, 그가 죽은 뒤에 글을 올려 참소하는 자가 있어서 이르기를 "지난번 수레에 가득히 싣고 온 것이 모두 明珠와 文犀(무늬있는 犀角)입니다."라고 하자, 황제가 노하였다. 馬援의 아내와 子孫들은 황송하여 감히 옛 고향의 先山으로 돌아가 장례하지 못하고 城 서쪽에 薄葬하였다. - 이상은 ≪後漢書 馬援傳≫에 나옴 -

1)〔釋義〕 薏苡 : 藥名이라 味甘微寒하고 主風濕瘴下氣하니 久服하면 輕身延年이라
薏苡는 약 이름이다. 맛이 달고 약간 차며 風濕과 瘴毒을 주로 치료하고 기운을

내리게 하니, 오랫동안 복용하면 몸을 가볍게 하고 수명을 연장한다.

2)〔附註〕譖之者：虎賁中郎將梁松이 拜床下어늘 援不答하니 松意不平하다 會에 杜保仇人이 上書訟保爲行浮薄하야 亂群惑衆일새 馬援이 萬里遺書하야 戒兄子라하니 而梁松以之交結이라 帝召松하야 以訟書及援戒書示之한대 松叩頭流血하야 得不罪하고 詔免保官하다 及援討武陵蠻할새 與耿舒爭道하야 譖之*)어늘 帝使梁松責問援하고 因代監軍이러니 會援卒이라 松遂構陷援하니 帝怒하야 追收援新息侯印綬하니라 又有譖其明珠文犀者한대 帝乃益怒러니 因朱勃之諫하야 稍解하니라

虎賁中郎將 梁松이 平床 아래에서 馬援에게 절하였으나 馬援이 답례하지 않으니, 梁松이 불평하는 마음이 있었다. 마침 杜保(杜季良)의 원수가 글을 올려 고발하기를 "杜保가 행실이 경박하여 사람들을 어지럽히고 무리를 미혹시키므로 馬援이 만 리 먼 곳에서 글을 보내어 형의 아들을 경계했다." 하였는데, 梁松이 杜保와 교분을 맺었다. 황제가 梁松을 불러 고발한 글과 馬援이 조카들을 경계한 편지를 보여 주었다. 梁松은 머리를 땅에 찧어 피가 흐르도록 사죄하여 죄를 받지 않게 되었고, 황제가 명하여 杜保의 벼슬을 면직하였다. 馬援이 武陵蠻을 토벌할 때에 耿舒와 공격로를 다투어 耿舒가 馬援을 참소하니, 황제가 梁松으로 하여금 馬援을 문책하게 하고 인하여 대신 監軍으로 삼았는데, 마침 馬援이 죽었다. 梁松이 마침내 馬援을 모함하니, 황제가 노하여 馬援의 봉호인 新息侯의 印綬를 뒤따라 환수하게 하였다. 또 馬援이 交阯에서 明珠와 文犀를 실어왔다고 참소하는 자가 있자, 황제가 이에 더욱 노여워하였는데, 朱勃의 간언으로 인하여 다소 노여움이 풀렸다.

*) 及援討武陵蠻……譖之：馬援이 武陵蠻을 토벌할 때에 공격로가 둘이 있었는데, 壺頭로 가면 거리는 가까우나 물길이 험하고, 充道로 가면 길은 평탄하나 멀어서 물자를 운반하기에 불편하였다. 耿舒가 充道로 가려고 하자, 馬援이 이르기를 "날짜를 허비하고 식량을 소모하니 壺頭로 진격하여 적의 목줄기를 조르는 것만 못하다." 하고 이 일을 上言하니, 황제가 馬援의 계책을 따랐다.

3)〔釋義〕文犀：犀는 南徼外獸라 爾雅註에 形似水牛하니 猪頭二角이니 一在頂하고 一在鼻라 文犀는 卽通天犀니 角上白縷 直至端이라

犀는 남쪽 변방 밖에 있는 짐승이다. ≪爾雅≫의 註에 "모습이 물소와 비슷하니, 돼지머리에 뿔이 둘인데 하나는 정수리에 있고 하나는 코에 있다." 하였다. 文犀는 바로 通天犀이니, 뿔 위에 있는 흰 선이 곧바로 끝에 이른다.

4)〔釋義〕妻孥：孥는 子孫也라

孥는 子孫이다.

5)〔釋義〕槀葬：猶言草葬이니 草草(言)〔其〕葬也라
　槀葬은 草葬이란 말과 같으니, 장례를 매우 간략히 치르는 것이다.

〔史略 史評〕胡氏曰 光武平日에 料敵制勝에 明見萬里之外러니 乃於此擧에 屢失事宜하니 得非春秋既高하야 智有所困邪아 不然이면 有臣如援而不保令終하니 其爲君德之累 豈小小哉아

胡氏가 말하였다.

"光武帝가 평소 적을 헤아려 勝機를 잡을 때에는 만 리 밖을 밝게 보았는데, 마침내 이 일에 있어서는 일의 마땅함을 여러 번 잃었으니, 春秋(연세)가 높아서 지혜가 곤궁한 바가 있기 때문이 아니겠는가? 그렇지 않다면 馬援과 같은 신하가 있었는데도 끝을 잘 마침을 보호하지 못하였으니, 군주의 德에 누가 됨이 어찌 작겠는가?"

【庚戌】二十六年이라

建武 26년(경술 50)

初作壽陵[1]할새 帝曰 古者帝王之葬에 皆陶人[2]瓦器하고 木車茅馬[3]하야 使後世之人으로 不知其處하니 今所制는 地不過二三頃하고 無爲山陵波(陂)池하야 裁(纔)令流水而已[4]하야 使迭興之後에 與丘隴同體[5]케하라 〈出本紀〉

처음에 壽陵을 만들 때에 황제가 말하기를 "옛날에 帝王을 장례할 때에 모두 진흙으로 사람을 만들고 질그릇을 쓰며 나무로 수레를 만들고 띠풀로 말을 만들어서 후세 사람으로 하여금 장례 지낸 곳을 알지 못하게 하였으니, 지금 만드는 陵은 땅은 2, 3頃을 넘지 않게 하고 山陵과 언덕을 만들지 말아서 겨우 물만 흘러가게 할 뿐이어서 〈易姓革命하여〉 다음 王朝가 일어난 뒤에 丘隴과 일체가 되게 하라." 하였다. - ≪後漢書 光武帝紀≫에 나옴 -

1)〔釋義〕作壽陵*)：壽陵은 卽原陵也니 去洛陽十五里라 帝生前에 豫作陵墓라 故曰壽陵이라하니라〔頭註〕初作陵하야 未有名故로 號壽陵이라하니 蓋取長久義라

壽陵은 始於文帝하니라

〔釋義〕 壽陵은 바로 原陵이니, 洛陽에서 15리 떨어져 있다. 황제가 생전에 미리 陵墓를 만들었으므로 壽陵이라 한 것이다. 〔頭註〕 처음 陵을 만들어 아직 명칭이 없으므로 壽陵이라 이름한 것이니, 壽는 장구하다는 뜻을 취한 것이다. 壽陵을 만든 것은 文帝 때에 비롯되었다.

*) 壽陵 : 漢나라는 文帝 이후로 황제가 살아 있을 때에 모두 미리 능을 만들었으니, 이제 옛 제도를 따른 것이다.

2) 〔釋義〕 陶人 : 謂陶瓦爲人之形也라

陶人은 진흙으로 사람의 형상을 만듦을 이른다.

3) 〔譯註〕 木車茅馬 : 木車는 옻칠이나 꾸밈을 가하지 않은 수레이고, 茅馬는 띠풀을 묶어서 말 모양을 만든 것으로 古代에 帝王을 殉葬할 때에 사용한 물건이다.

4) 〔釋義〕 無爲山陵波池 裁令流水而已 : 顔之推曰 波(陂)池는 當讀如坡陀*1)니 猶言靡迤*2)耳라 言不須高作山陵하고 但令小隆起坡陀然하야 裁得流泄水潦耳라 今讀者謂爲波(陂)池하야 令得流水라하니 誤矣라 裁令은 僅令也라

顔之推가 말하기를 "波池는 마땅히 坡陀와 같이 읽어야 하니, 靡迤라는 말과 같다. 굳이 높게 山陵을 만들지 말고 다만 조금 隆起하여 언덕과 같게 해서 겨우 장마물이 흘러 빠지게 할 뿐임을 말한 것이다. 지금 讀者들은 '波池를 만들어서 물이 그리로 흘러가게 한 것이다.'라고 하니, 잘못이다." 하였다. 裁令은 겨우 하여금이다.

*1) 坡陀 : 비스듬히 기울어져 평평하지 않음을 이른다.

*2) 靡迤 : 비스듬한 모양을 이른다.

5) 〔釋義〕 與丘隴同體 : 王氏曰 丘는 小山也요 隴은 大阪也니 謂異時易姓受命之後에 庶使陵墓與丘隴之形體無別也라

王氏가 말하였다. "丘는 작은 산이고 隴은 큰 언덕이니, 후일에 易姓하여 天命을 받은 뒤에 陵墓로 하여금 丘隴의 형체와 거의 구별이 없게 함을 이른다."

【辛亥】 二十七年이라

建武 27년(신해 51)

北匈奴遣使詣武威하야 求和親이어늘 帝召公卿하야 廷議호되 不決이러니 皇太子

言曰 南單于新附而反하야 交通北虜하니 臣은 恐南單于將有二心일까하노이다 帝然之하야 詔武威太守하야 勿受其使하다 〈出匈奴傳〉 臧宮, 馬武 上書曰 匈奴貪利하고 無有禮信하야 窮則稽首하고 安則侵盜라 今에 人畜이 疫死하고 旱蝗赤地[1]하야 疲困乏力하야 不當中國一郡이니 今命將臨塞하야 厚縣(懸)購賞이면 北虜之滅이 不過數年이리이다 詔報曰 黃石公記曰 柔能制剛하고 弱能制彊[2]하며 舍近謀遠者는 勞而無功하고 舍遠謀近者는 逸而有終이라 故曰 務廣地者는 荒하고 務廣德者는 彊이라하니 今國無善政하야 災變不息이어늘 而復欲遠事邊外乎아 誠能擧天下之半하야 以滅大寇 豈非至願이리오마는 苟非其時면 不如息民이라하니 自是로 諸將이 莫敢復言兵事者러라 〈出宮傳〉

北匈奴가 使臣을 보내어 武威郡에 와서 화친할 것을 구하자, 황제가 公卿들을 불러 조정에서 의논하였으나 결정하지 못하였다. 황태자가 말하기를 "南單于가 새로 歸附하였다가 배반하여 북쪽 오랑캐와 교통(왕래)하니, 신은 南單于가 장차 두 마음을 품을까 두렵습니다." 하였다. 황제가 그 말을 옳게 여겨서 武威太守에게 명하여 사신을 받아들이지 말게 하였다. - ≪後漢書 匈奴傳≫에 나옴 -

臧宮과 馬武가 글을 올려 아뢰기를 "匈奴는 이익을 탐하고 禮와 신의가 없어서 곤궁하면 머리를 조아려 복종하고 편안하면 침략하고 도둑질합니다. 지금 사람과 가축이 병들어 죽고 가뭄과 蟲害로 〈큰 흉년이 들어〉 거둘 만한 농작물이 하나도 없어서 지치고 기력이 다하여 중국의 한 郡을 당해내지 못하니, 이제 장수를 명하여 변방에 임해서 후하게 賞을 내건다면 북쪽 오랑캐의 멸망은 몇 년을 넘기지 않을 것입니다." 하였다.

조서를 내려 답하기를 "黃石公의 기록인 ≪素書≫에 '柔한 것이 剛한 것을 제압하고 弱한 것이 彊한 것을 제압하며, 가까운 것을 버리고 먼 것을 도모하는 자는 수고롭기만 하고 功이 없으며, 먼 것을 버리고 가까운 것을 도모하는 자는 편안하면서도 끝마침이 있다. 그러므로 땅을 넓히기를 힘쓰는 자는 황폐해지고 德을 넓히기를 힘쓰는 자는 강해진다.' 하였으니, 지금 우리나라에 좋은 정사가 없어서 災變이 그치지 않는데, 다시 변방 밖을 멀리 정벌하고자 하는가. 진실로 천하의 半을 들어서 큰 도적을 멸망하는 것이 어찌 나의 지극한 소원이 아니겠는가마는 만일 적당한 때가 아니면 백성을 쉬게 하는 것만 못하다.” 하니, 이로부터 여러 장수들이 감히 다시는 전쟁하는 일을 말하는 자가 없었다. - ≪後漢書 臧宮傳≫에 나옴 -

1)〔釋義〕赤地：空盡無物曰赤이니 言在地之物이 皆盡也라
비고 다하여 물건이 없는 것을 赤이라 하니, 赤地는 地面에 있는 물건이 모두 없음을 말한 것이다.

2)〔頭註〕柔能制剛 弱能制彊：柔者는 德也요 剛者는 賊也며 弱者는 仁之所助也요 强者는 惡之所歸也라
유순한 자는 덕이 있고 굳센 자는 해치며, 약한 자는 仁이 도와주는 바이고 강한 자는 惡이 돌아가는 바이다.

林之奇曰 光武以兵定天下로되 而用兵이 果光武之心乎아 觀其遣馮異入關에 必先告之曰 征伐은 非必略地屠城이라 要在平定安集之耳요 且平定之將은 不足以立威라하니 方群雄角逐之時하야도 猶不欲以威勝이어든 而況於匈奴乎아 方投戈講藝之餘하야 正欲與天下相安於無事어늘 而臧馬二子 必欲求逞於一劍하니 嗟呼라 一劍用而吾民之命이 殘矣라 求以殘匈奴는 適以殘吾民이니 光武之心이 豈忍爲之哉아 故로 不得不持黃石之說하야 以自戒而固却之也니라

林之奇가 말하였다.

“光武帝가 군대를 가지고 천하를 평정하였으나 군대를 사용함이 과연 光武帝의 마음이었겠는가. 살펴보건대 馮異를 보내 關中에 들어갈 때에 반드시 먼저 고하기를 ‘정벌은 굳이 땅을 공략하고 城을 도륙하는 것이 아니라 요점이 平定하고 安集하는 데에 있을 뿐이요, 또 平定하는 장수는 위엄을 세울 수 없다.’ 하였으니, 群雄이 角逐할 때를 당해서도 오히려 위엄으로써 이기고자 하지 않았는데 하물며 匈奴에 있어서겠는가. 막 창을 던지고 문예를 익힌 뒤에 바로 천하와 더불어 無事함을 서로 편안히 하고자 하였는데, 臧宮과 馬武 두 사람이 기필코 한 칼에 무찔러 쾌함을 구하고자 하였으니, 아! 슬프

다. 한 칼을 쓰면 우리 백성들의 목숨이 해를 입는다. 匈奴를 해치려는 것은 다만 우리 백성들을 해치는 것일 뿐이니, 光武帝의 마음이 어찌 차마 이것을 하려 하겠는가. 그러므로 黃石公의 말을 가져다가 스스로 경계하고 굳이 물리치지 않을 수 없었던 것이다."

【壬子】 二十八年이라

建武 28년(임자 52)

以博士桓榮[1)]으로 **爲太子少傅**하고 **賜以輜車乘馬**[2)]하니 **榮**이 **大會諸生**하야 **陳其車馬印綬**[3)]하고 **曰 今日所蒙**은 **稽古之力也**라하더라 〈出榮傳〉

博士 桓榮을 太子少傅로 삼고 輜車와 乘馬(4필의 말)를 하사하니, 桓榮이 諸生을 크게 모아 車馬와 印綬를 진열해 놓고 말하기를 "오늘날 이 상을 받은 것은 옛 經書를 상고한 덕분이다." 하였다. - ≪後漢書 桓榮傳≫에 나옴 -

1) 〔通鑑要解〕 桓榮 : 上이 大會群臣하고 問 誰可傅太子者오하니 群臣이 承望上意하야 皆言 太子舅執金吾陰識가 可니이다 博士張佚이 正色曰 今立太子 爲陰氏乎아 爲天下乎아 爲陰氏인댄 則陰識可矣어니와 爲天下인댄 宜用天下之賢才니이다 帝曰 今博士不難正朕이온 況太子乎아하고 拜佚爲太子太傅하고 桓榮爲少傅하니라

上이 신하들을 크게 모아 놓고 "누가 太子의 師傅로 삼을 만한 자인가?" 하고 물으니, 신하들이 上의 뜻에 영합하여 모두 말하기를 "太子의 外叔인 執金吾 陰識가 가합니다." 하였다. 博士 張佚이 正色하고 말하기를 "지금 太子를 세운 것은 陰氏를 위한 것입니까? 天下를 위한 것입니까? 陰氏를 위한 것이라면 陰識를 太子의 師傅로 삼는 것이 가하지만 天下를 위한 것이라면 마땅히 天下의 어진 이와 재능이 있는 자를 등용해야 합니다." 하였다. 황제가 말하기를 "지금 博士가 朕을 바로잡는 것도 어렵게 여기지 않는데, 더구나 太子에 있어서이겠는가." 하고는 張佚을 제수하여 太子太傅로 삼고 桓榮을 少傅로 삼았다.

2) 〔釋義〕 輜車乘馬 : 軿車[*)]에 有衣蔽하고 無後轅者를 謂之輜車也라 四馬曰乘이라

軿車에 옷의 가림이 있고 뒤의 끌채가 없는 것을 輜車라 이른다. 말 네 마리를 乘이라 한다.

*) 軿車 : 부인이 타는 수레로 사방에 휘장을 치고 소가 끈다.

3) 〔釋義〕 印綬 : 印은 雙印이니 長寸二分이요 方六分이라 黑犀爲文하니 有刻文光明章表하고 轉相結綬라 故로 謂之綬니 加以雙印之飾이라

印은 두 개의 印이니, 길이가 1촌 2푼이고 넓이가 6푼이다. 검은 犀角에 글을 짓는데, 글을 새겨 밖에 드러나 있고 돌려가며 서로 끈을 묶는다. 그러므로 綬라 이르니, 두 개의 印에 꾸밈을 가한 것이다.

【甲寅】 三十年이라

建武 30년(갑인 54)

車駕東巡하니 **群臣**이 **上言**호되 **卽位三十年**이니 **宜封禪泰山**이라하야늘 **詔曰 卽位三十年**에 **百姓怨氣滿腹**하니 **吾誰欺**오 **欺天乎**아 **曾謂泰山**이 **不如林放乎**[1)]아 **何事汚七十二代之編錄**[2)]이리오 **於是**에 **群臣**이 **不敢復言**이러라 〈出祭祀志〉

車駕가 동쪽으로 순행하니, 여러 신하들이 上言하기를 "즉위하신 지가 30년이니, 마땅히 泰山에 封禪해야 합니다." 하였다.

조서를 내리기를 "즉위한 지 30년에 백성들의 怨氣가 뱃속에 가득하니, 내 누구를 속이겠는가? 하늘을 속인단 말인가. 일찍이 泰山의 산신령이 林放만 못하단 말인가? 어찌 72代의 編錄을 더럽힐 것이 있겠는가." 하였다. 이에 여러 신하들이 감히 다시 말하지 못하였다. - ≪後漢書 祭祀志≫에 나옴 -

1) 〔釋義〕 曾謂泰山不如林放[*)]乎 : 王氏曰 禮에 諸侯祭山川在其封內者라 泰山은 在魯地하니 魯公所當祭어늘 今季氏祭之는 非禮也라 孔子意謂 神不享非禮라 林放도 尙知問禮어든 誰道泰山之神이 反不如林放耶아하야 欲誣而祭之라 今光武擧此語者는 謂泰山不可欺也라

王氏가 말하였다. "禮에 제후는 자기 封內에 있는 山川에 제사한다. 泰山은 魯나라 땅에 있으니, 魯나라 군주가 마땅히 제사해야 하는데 지금 季氏가 제사함은 禮가 아니다. 孔子의 뜻은 '泰山의 神은 禮가 아닌 제사를 흠향하지 않는다. 林放도 오히려 禮를 물을 줄 알았는데, 누가 泰山의 神이 도리어 林放만 못하다고 생각하여 속여서 제사 지내려고 하느냐.'고 하신 것이다. 이제 光武帝가 이 말을 거론한 것은 泰山을 속일 수 없음을 이른 것이다."

＊) 林放 : 林放은 魯나라 사람으로 孔子의 제자이다. 일찍이 禮의 근본에 대해 물었는데 공자께서 칭찬하셨는 바, 이 내용이 ≪論語≫ 〈八佾〉에 보인다.

2) 〔釋義〕 何事汚七十二代之編錄 : 封禪書에 管仲曰 古者封泰山, 禪梁父者 七十二君이나 而夷吾所記者는 十有二焉이니 昔無懷氏, 伏羲, 神農, 炎帝, 黃帝, 顓頊, 帝嚳, 堯, 舜, 禹, 湯, 成王이 皆受命然後得封禪이라 正義曰 〈管〉仲所記는 十二家요 其六十家는 無記錄이라 今光武言何事汚者는 猶言何必汚涴也라

≪史記≫ 〈封禪書〉에 管仲이 말하기를 "옛날에 泰山을 封하고 梁父에 禪한 자가 72명의 군주이다." 하였다. 그런데 管夷吾(管仲)가 기록한 것은 12명뿐이니, 옛날 無懷氏・伏羲・神農・炎帝・黃帝・顓頊・帝嚳・堯・舜・禹王・湯王・成王이 모두 天命을 받은 뒤에 封禪을 하였다. ≪史記正義≫에 이르기를 "管仲이 기록한 것은 12명이고 60명은 기록이 없다." 하였다. 지금 光武帝가 '何事汚'라고 말한 것은 '하필 더럽힐 것이 있겠는가?'라고 말한 것과 같다.

〔新增〕 通鑑筆義曰 封禪은 其秦漢之侈心乎인저 雖聖人復起라도 不易斯言矣시리라 人之好自侈大가 何所不至哉아 極其侈大之意하야 施於人하야 無以加矣요 而復飾說以誣上天하야 盛禮樂하고 侈儀衛하야 張大功德하야 升中喬嶽[1]하고 告成于天하니 若此면 可以明布天下하고 誇示群臣하며 跨越前王하고 傳誦來世라하니 此秦始皇之初心也라 後之人君이 曷爲而效之오 有言亡秦之政於太平之時면 則聞者莫不惡之하고 又從而罪之어늘 獨乃何效秦始皇之侈하야 以爲帝王之盛事乎아 吾觀漢光武, 唐太宗은 皆明智有餘로되 而執德不堅하야 始之所行이 未嘗不善이나 終之所行은 乃大不然하니 余是以로 知侈心之難忘也라 光武之言曰 吾誰欺오 欺天乎인저 曾謂泰山不如林放乎아하니 其自知甚明이요 自處甚謙이라 然이나 未嘗以封禪爲非是也러니 他日感會昌之符[2]하야 欣然從之하야 固亦不待勸請矣라 太宗之論은 又異於光武矣라 若曰 天下乂安하고 家給人足이면 雖不封禪이나 庸何傷乎아 秦始皇封禪하고 而漢文帝不封禪하니 後世豈以文帝之賢이 爲不及始皇耶아하더니 群臣猶固請不已한대 帝意欲從之나 獨魏鄭公[3]이 以爲時不可耳라 貞觀之末에 屢欲東封이라가 以事而止[4]하니 由此言之하면 太宗은 非眞知封禪之不足爲요 魏鄭公은 非眞知封禪之不可爲요 意有所欲爲로되 事有所未可行하야 待時而後動爾라 夫王者는 父事天하고 母

事地하야 兆南郊而就陽[5]하고 因吉土[6]以升中하며 巡狩而告祭柴望[7]하야 對越上天이 可也요 燔燎於山下면 則固已畢祭矣라 登封於山上하야 金泥玉檢之藏하야 秘而不得宣이 果何爲說이리오 是亦不過秘祝之意耳니 果何與於事天哉아 勞民費財하야 上不足以格天而下無補於民이요 徒事外虛名하야 以驚世俗이니 此三代聖人所決不爲者라 後之儒者 事至治之君하고 當太平之時인댄 其毋曰封禪云이면 則善矣니라

戴溪의 ≪通鑑筆義≫에 말하였다.

"封禪은 秦나라와 漢나라의 사치한(과시하는) 마음에서 나온 것일 것이니, 비록 聖人이 다시 나오신다 해도 이 말을 바꾸지 않으실 것이다. 사람들이 스스로 과시하고 큰 체함을 좋아하는 것이 어찌 이르지 않는 바가 있겠는가. 과시하고 큰 체하는 뜻을 지극히 하여 사람을 남에게 베풀어서 이보다 더할 수가 없고, 다시 말을 꾸며 上天을 속여서 禮樂을 성대하게 갖추고 儀仗과 護衛를 많이 하여 功德을 과장해서 喬嶽에 성공을 올리고 하늘에 성공을 알렸다. 그리하여 이와 같이 하면 천하에 분명히 포고하고 군신들에게 과시하며 前王을 뛰어넘고 來世에 傳誦될 수 있다고 여겼으니, 이는 秦始皇의 처음 마음이었다. 후세의 人君이 어찌 이것을 본받는단 말인가.

태평할 때에 망한 秦나라의 정사를 말하는 자가 있으면 듣는 자가 미워하지 않음이 없고 또 따라서 죄주는데, 홀로 어찌하여 秦始皇의 사치한 마음을 본받아서 帝王의 성대한 일이라고 여긴단 말인가. 내가 살펴보건대 漢나라 光武帝와 唐나라 太宗은 모두 밝음과 지혜가 有餘하였으나 德을 잡아지킴이 견고하지 못해서 처음에 행한 바는 일찍이 善하지 않은 적이 없었으나 종말에 행한 바는 도리어 크게 옳지 못하였으니, 나는 이 때문에 사치한 마음을 잊기 어려움을 알게 되었다.

光武帝의 말에 이르기를 '내 누구를 속이겠는가. 하늘을 속인단 말인가. 일찍이 泰山의 산신령이 林放만 못하단 말인가?'라고 하였으니, 스스로 앎이 매우 분명하고 스스로 처함이 매우 겸손하였다. 그러나 일찍이 封禪을 나쁘다고 하지 않았는데, 후일에 會昌符에 감동되어서 欣然히 이것을 따라 진실로 또한 권고하고 청원하기를 기다리지 않았다.

太宗의 말은 또 光武帝와 다르다. 대략 이르기를 '천하가 다스려져 편안하고 집집마다 여유롭고 사람마다 풍족하면 비록 封禪을 하지 않으나 어찌 해롭겠는가. 秦始皇은 封禪을 하였고 漢나라 文帝는 封禪을 하지 않았는데 후세에 어찌 文帝의 어짊이 始皇에게 미치지 못한다고 여기는가.' 하였는데, 여러 신하들이 오히려 굳이 청하고 그치지 않자 황제가 마음속에 이것을 따르고자 하였으나 오직 魏鄭公(魏徵)만이 때가 不可하다고 말하였다.

貞觀 말년에 여러 번 동쪽으로 가서 封禪을 하려다가 일 때문에 중지하였으니, 이것을 가지고 말한다면 太宗은 封禪이 할 만한 일이 못 됨을 참으로 안 것이 아니고, 魏鄭公은 封禪이 불가하다는 것을 참으로 알았던 것이 아니요, 마음에 하고자 하는 바가 있었으나 일이 행할 수 없는 바가 있어서 때를 기다린 뒤에 움직이려고 했을 뿐이다.

王者는 하늘을 아버지로 섬기고 땅을 어머니로 섬겨서 남쪽 郊外에서 陽에 나아가고 길한 땅을 인하여 하늘에 제사하여 成功을 고하며, 巡狩하여 고하고 祈雨祭를 지내고 나무를 불태워 望제사를 지내서 上天을 대하는 것이 가하고 산 아래에서 불태우면 진실로 이미 제사가 끝나는 것이다. 산 위에 올라가 封禪하여 金泥로 써서 玉檢에 보관하여 숨기고 드러내지 않는 것이 과연 무슨 말인가. 이 또한 은밀히 축원하는 뜻에 지나지 않을 뿐이니, 이것이 과연 하늘을 섬기는 것과 무슨 상관이 있는가. 백성을 수고롭게 하고 재물을 허비하여 위로는 하늘을 감동시키지 못하고 아래로는 백성에게 도움됨이 없고 다만 밖으로 虛名을 일삼아서 세속을 놀라게 할 뿐이니, 이는 三代의 聖人이 결코 하지 않은 것이다. 후세의 儒者들이 지극히 다스리는 군주를 섬기고 태평한 때를 당한다면 封禪을 하지 말라고 하는 것이 좋을 것이다."

1) 〔附註〕 升中喬嶽：升은 上也요 中은 猶成也니 謂巡狩至於方岳하야 燔柴祭天하고 告以諸侯之成功也라 記禮器篇注에 中은 平也, 成也니 巡狩而至方岳之下하야 升進此方諸侯治功平成之事하야 以告於天이라

升은 오름이고 中은 成과 같으니, 巡狩하여 方岳에 이르러서 나무섶을 태워 하늘에 제사하고 諸侯의 成功을 고함을 이른다. ≪禮記≫ 〈禮器篇〉 注에 "中은 평함이고 이룸이니, 巡狩하여 方岳의 아래에 이르러서 해당 方位의 제후가 均平하

게 다스린 功績의 일을 올려 하늘에 고하는 것이다." 하였다.

2)〔頭註〕會昌之符：見下丙辰年이라

會昌符는 아래 光武帝 中元元年 丙辰年條에 보인다.

3)〔頭註〕魏鄭公：魏徵封鄭公이라

魏徵을 鄭公에 봉하였다.

4)〔頭註〕以事而止*)：三十七卷壬辰年에 會大水하야 事寢이라

本書 37권 太宗 貞觀 6년 壬辰年條에 〈唐나라 太宗이 封禪을 하려고 하였으나〉 큰 홍수를 만나 일이 중지되었다.

*) 以事而止：≪十先生奧論註≫를 살펴보면 魏徵이 때가 불가하다고 말한 것이 바로 홍수의 폐해 때문이었고, 또 '以事而止' 아래에 ≪唐書≫ 〈禮樂志〉를 인용하여 貞觀 15년에 太宗이 封禪하기 위하여 동쪽으로 洛陽에 이르렀다가 때마침 災異로 알려진 彗星이 나타나자, 封禪 儀式을 거행하지 않았다 하였다.

5)〔頭註〕兆南郊而就陽：十六卷丙戌年에 所謂立郊兆於城南者라 兆는 與垗通하니 爲畤界하야 祭其中也라 南은 卽陽也라

本書 16권 光武帝 建武 2년 丙戌年條에 이른바 '郊兆를 城의 남쪽에 세웠다.'는 것이다. 兆는 垗와 통하니, 祭壇의 경계를 만들고 그 가운데에서 제사 지내는 것이다. 南은 곧 陽이다.

6)〔頭註〕吉土：通典曰 神州는 謂王者所居吉土니 五千里內地名이라 記禮器注에 吉土王者所卜而建都之地라하니라

≪通典≫에 이르기를 "神州는 王者가 거처하는 吉土를 이르니 5천 리 안의 地名이다." 하였다. ≪禮記≫ 〈禮器〉 注에 "吉土는 王者가 점쳐서 도읍을 세운 곳이다." 하였다.

7)〔附註〕柴望：柴는 燔柴以祭天이요 望은 謂名山大川五岳四瀆을 望而祭之也라 燔柴는 加牲其上而焚之라 或云 但取烟上升하니 祭祀求諸陽之義也라

柴는 나무섶을 태워 하늘에 제사하는 것이고, 望은 名山·大川과 五岳·四瀆을 바라보고 제사함을 이른다. 燔柴는 나무섶 위에 희생을 올려놓고 태우는 것이다. 或者는 이르기를 "다만 연기가 올라가는 것만을 취하니, 제사 지낼 때에 陽에서 魂을 구하는 뜻이다." 한다.

【乙卯】 三十一年이라

建武 31년(을묘 55)

京兆掾(연)**第五倫**[1]이 **領長安市**[2]하야 **公平廉介**하니 **市無奸枉**이라 **每讀詔書**에 **常嘆息曰 此**는 **聖主也**라 **一見決矣**[3]라하더라

京兆掾 第五倫이 長安의 시장을 맡아 공평하고 청렴하니, 시장에 간사하고 부정함이 없었다. 그는 언제나 조서를 읽을 때마다 항상 감탄하기를 "이는 聖主이다. 한 번만 보면 결단한다." 하였다.

1) 〔釋義〕 第五倫 : 第五는 複姓也요 倫은 其名也라 本出於齊諸田之後하니 田氏徙園陵者多라 故以次第爲氏하니라
第五는 複姓이고, 倫은 그의 이름이다. 본래 齊나라 여러 田氏의 후예에서 나왔으니, 田氏가 園陵으로 옮겨 간 자가 많았으므로 차례를 가지고 氏를 삼은 것이다.
2) 〔釋義〕 領長安市 : 長安縣司市也
長安縣에서 시장을 맡은 것이다.
3) 〔譯註〕 一見決矣 : ≪通鑑要解≫에는 '一見知其爲聖主'라 하여 한 번만 보면 光武帝가 聖君임을 알 수 있다고 해석하였으나 光武帝가 한 번만 보면 즉시 판단하여 결정한 것으로 보는 것이 타당할 듯하다.

【丙辰】 **中元元年**[1]이라

中元 元年(병진 56)

1) 〔頭註〕 中元元年 : 綱目에 冠以建武中元元年이라 梁武帝大同大通에 俱有中字하니 是亦憲章於此라 只書中元者는 從簡易耳라
≪資治通鑑綱目≫에는 앞에 建武中元元年이라고 되어 있다. 梁武帝의 大同과 大通에도 모두 〈中大同元年, 中大通元年이라 하여〉 中字가 있으니, 이 또한 이것을 본받은 것인데 다만 中元이라고 쓴 것은 간략함을 따른 것이다.

上이 **讀河圖會昌符**[1]하니 **曰赤劉之九**[2]에 **會命岱宗**[3]이라하야늘 **上**이 **感此文**하야 **乃詔梁松等**하야 **按索河雒讖文**[4]하니 **言九世**에 **當封禪者 三十六事**라 **於是**에 **張純等**이 **復奏請封禪**한대 **上**이 **乃許焉**하고 **登山**하야 **以璽**로 **親封玉牒檢**[5]하다 〈出郊祀志〉

上이 河圖의 會昌符를 읽어보니, 그 내용에 이르기를 "赤劉의 九에 岱宗에 會命한다." 하였다. 上이 이 글에 감동되어 마침내 梁松 등에게 명해서 河雒의 圖讖文을 상고하고 찾게 하니, 이르기를 "9世에 마땅히 封禪해야 할 것이 36가지 일이다." 하였다. 이에 張純 등이 다시 封禪할 것을 奏請하니, 上이 마침내 허락하고 泰山에 올라 玉璽로써 친히 玉牒의 檢(뚜껑)을 봉함하였다. - ≪後漢書 郊祀志≫에 나옴 -

1) 〔釋義〕 會昌符 : 符者는 讖記之書也요 會昌은 其書之名也라
 符는 圖讖을 기록한 글이고, 會昌은 그 글의 이름이다.

2) 〔釋義〕 赤劉之九 : 赤은 火色이니 漢姓劉요 以火德王이라 故尙赤하니 赤劉는 猶言炎正也라 九는 世數也니 光武는 高帝九世孫故로 云이라
 赤은 火色이니, 漢나라 國姓이 劉氏이고 火德으로 왕 노릇 하였기 때문에 赤色을 숭상하였으니, 赤劉는 炎正이라고 말하는 것과 같다. 9는 代數이니, 光武帝가 高帝의 9대손이므로 말한 것이다.

3) 〔通鑑要解〕 會命岱宗 : 岱宗은 泰山也라 岱宗은 宗長也니 東岳爲泰山이니 衆山之宗이요 五嶽之長也라
 岱宗은 泰山이다. 岱宗은 宗長이란 뜻이니, 東岳을 泰山이라 하니, 모든 산의 宗主이고 五嶽의 으뜸인 것이다.

4) 〔釋義〕 河雒讖文 : 易繫辭曰 河出圖하고 洛出書어늘 聖人則之라한대 孔安國曰 河圖者는 伏羲氏王에 龍馬出河어늘 遂則其文하야 以畫八卦하고 洛書者는 禹治水時에 神龜負文而列於背호되 有數至九어늘 禹遂因而(敍)〔第〕之하야 以成九疇也라하니라 讖은 符命之書也라
 ≪周易≫ 〈繫辭傳〉에 이르기를 "河水에서 그림이 나오고 洛水에서 글이 나오자, 聖人이 이를 본받았다." 하였는데, 孔安國이 말하기를 "河圖는 伏羲氏가 왕 노릇 할 때에 龍馬가 河水에서 나오자 마침내 그 무늬를 본받아서 八卦를 그었고, 洛書는 禹임금이 홍수를 다스릴 때에 神龜가 등에 무늬가 나열된 것을 지고 나왔는데, 數가 1부터 9까지 있으므로 禹임금이 마침내 이것을 따라 차례로 진열하여 洪範 九疇를 이루었다." 하였다. 讖은 符命을 적은 책이다.

5) 〔附註〕 玉牒檢 : 凡封禪에 用玉牒書하야 藏方石하니 有玉檢하고 又用石檢十枚하야 列於石旁이라 檢用金繩으로 纏以五〈周〉하고 以水銀和金爲泥하야 封之하고 印以受命之璽라 又有玉匱一하니 長一尺三寸이니 以藏上帝之冊이라 韻書에 檢者

는 書函之蓋也니 玉檢은 謂以玉爲檢(冊)〔束〕也라 〔頭註〕 見元封故事(武帝封禪故事也)하니 則用方石하야 置壇中호되 皆方五尺, 厚一尺이요 用玉牒書하야 藏方石하니 牒은 厚五寸, 長尺三寸, 廣五寸이라 有玉檢하고 又有石檢十枚를 列於石旁하니 東西各三이요 南北各二니 皆長五尺, 廣三尺, 厚七寸이라 檢中刻三處하니 深四寸, 方五寸이요 有蓋檢하니 用金縷五周하야 以水銀和金以爲泥라

〔附註〕 무릇 封禪할 때에 玉牒에 封禪書를 써서 이를 네모난 돌 안에 보관하니, 여기에 玉檢이 있고 또 石檢 10枚를 돌 옆에 늘어놓는다. 옥검과 석검은 쇠줄로 다섯 번 두르며, 水銀에다가 金을 섞어 진흙처럼 개어서 봉함하고 受命之璽를 찍는다. 또 玉匱 하나가 있는데, 길이가 1尺 3寸이니, 上帝의 玉冊을 보관한다. ≪古今韻會擧要≫에 "檢은 봉선서를 넣는 함의 뚜껑이다." 하였으니, 玉檢은 玉으로 檢束함을 이른다. 〔頭註〕 武帝의 元封 年間에 행한 封禪의 故事에 보이니, "네모난 돌을 壇 가운데에 넣어 두되 모두 사방 5尺, 두께 1尺이다. 玉牒에 封禪書를 써서 이를 네모난 돌 안에 보관하니, 牒은 두께가 5寸, 길이 1尺 3寸, 너비가 5寸이다. 玉檢이 있고 또 石檢 10枚를 돌 옆에 늘어놓되 동서에는 각각 3개, 남북에는 각각 2개씩 하니 모두 길이가 5尺, 너비가 3尺, 두께가 7寸이다. 檢 가운데에 세 곳을 새기되 깊이가 4寸, 사방 5寸으로 하며, 뚜껑이 있으니 金絲로 다섯 번 두르고 水銀과 金을 합하여 개어서 봉함한다." 하였다.

〔新增〕 胡氏曰 七十二君之編錄은 詩書禮典에 略不經見하니 審有是事인댄 乃天下國家之盛擧라 堯舜禹湯周武成康昭宣이 皆身致太平하니 安得闕而不講이리오 故로 前世論登封者 莫善於許懋[1]어늘 惜乎라 世祖[2]之臣이 智不及此하야 陷其君於過擧而不得聞也여

胡氏가 말하였다.

"封禪한 72명의 군주의 編錄은 詩書와 禮典에 조금도 보이지 않으니, 참으로 이런 일이 있었다면 바로 천하와 국가의 거룩한 일이다. 堯·舜과 禹王과 湯王과 周나라의 武王·成王·康王·昭王·宣王이 모두 몸소 태평을 이루었으니, 어찌 이것을 빼놓고 講하지 않았겠는가. 그러므로 前代에 泰山에 올라 封禪함을 논한 것은 許懋보다 더 훌륭한 자가 없는데, 애석하다! 世祖(光武帝)의 신하들이 지혜가 여기에 미치지 못하여 군주를 지나친 행동에 빠지게 하고 아뢰지 못하였다."

1)〔原註〕前世論登封者 莫善於許懋：按梁武帝時에 有請封會稽禪國山者러니 許懋諫之而止하니라
 살펴보건대 梁나라 武帝 때에 會稽山에 封하고 國山에서 禪할 것을 청한 자가 있었는데, 許懋가 간하여 저지하였다.
2)〔頭註〕世祖：光武也라
 世祖는 光武帝이다.

延平陳氏曰 三十年에 群臣이 請封禪한대 詔引欺天林放之語하야 以止之라 然而信聖人之言이 不如信圖讖之篤也로다

延平陳氏가 말하였다.

"建武 30년에 신하들이 封禪할 것을 청하자, 황제가 詔書를 내려 '하늘을 속인단 말인가. 林放만 못하겠는가.'라는 말을 인용하여 저지하였다. 그러나 聖人의 말씀을 믿음이 圖讖說을 믿는 것처럼 돈독하지 못하였다."

京師에 **醴泉**[1)]이 **涌出**하고 **又有赤草**[2)]**生於水涯**하며 **郡國**이 **頻上甘露**라 **群臣**이 **奏言**호되 **靈物**이 **仍降**하니 **宜令太史撰集**하야 **以傳來世**라하야늘 **帝不納**하고 **常自謙無德**[3)]하고 **郡國所上**을 **輒抑而不當**이라 **故**로 **史官**이 **罕得記焉**이러라 〈出本紀〉

京師에 醴泉이 솟아나오고 또 상서로운 풀인 赤草가 물가에서 자랐으며, 郡國에서 甘露水가 자주 나온 사실을 올렸다. 여러 신하들이 上奏하기를 "신령스러운 물건이 거듭 내려오니, 마땅히 太史로 하여금 이것을 撰集해서 來世에 전해야 합니다." 하였으나 황제는 받아들이지 않고 항상 스스로 德이 없다고 겸손해 하고, 郡國에서 올린 상서로운 일을 번번이 억제하고 자신에게 해당시키지 않았다. 그러므로 史官이 기록한 것이 드물다. - ≪後漢書 光武帝紀≫에 나옴 -

1)〔釋義〕醴泉：言泉之味甘如醴라
 醴泉은 샘물의 맛이 단술처럼 닮을 말한 것이다.
2)〔釋義〕赤草：朱草也라〔通鑑要解〕日生一葉이라가 至十五日以後엔 日落一葉하야 周以復始하니라

〔釋義〕 赤草는 朱草이다. 〔通鑑要解〕 하루에 한 잎씩 나오다가 보름이 지난 뒤에는 하루에 한 잎씩 떨어져서, 한 바퀴 돌면 다시 시작된다.

3) 〔譯註〕 常自謙無德 : 底本과 ≪資治通鑑≫ 및 ≪後漢書≫에는 常字가 帝字로 표기되었으나 春坊本에는 常字로 되었고, 딴 本에도 常字로 표기된 곳이 있으며, 또한 해석에 편리하므로 春坊本을 따랐음을 밝혀 둔다.

○ **是歲**에 **起靈臺, 明堂, 辟雍**[1]하고 **宣布圖讖於天下**하다 〈出本紀〉 **帝以赤伏符**로 **卽位**라하야 **由是**로 **信用讖文**하고 **多以決定嫌疑**라 **桓譚**이 **上疏**하야 **極言讖之非經**[2]하니 **帝大怒曰 桓譚**이 **非聖無法**하니 **將下斬之**하라 **譚**이 **叩頭流血**이어늘 **良久**에 **乃得解**하야 **出爲六安丞**하다 〈出本紀〉

이 해에 靈臺·明堂·辟雍을 일으키고, 圖讖說을 천하에 선포하였다. - ≪後漢書 光武帝紀≫에 나옴 -

황제가 赤伏符로 즉위했다고 하여 이로 말미암아 圖讖의 내용을 신용하고 대부분 이로써 의심스러운 일을 결정하였다. 桓譚이 글을 올려 圖讖이 經典의 뜻에 부합하지 않음을 지극히 말하니, 황제가 크게 노하여 말하기를 "桓譚이 聖人을 비난하여 법도가 없으니, 장차 끌어내려서 목을 베라." 하였다. 桓譚이 머리를 찧어 피가 흐르자, 한참이 지난 뒤에야 비로소 풀려나서 외직으로 나가 六安縣의 丞이 되었다. - ≪後漢書 光武帝紀≫에 나옴 -

1) 〔譯註〕 靈臺明堂辟雍 : 靈臺는 天氣의 요망함과 상서로움을 관찰하는 樓臺이고, 明堂은 古代에 帝王이 政敎를 펴던 곳으로 朝會·祭祀·慶賞·選士·養老·敎學 등의 의식을 모두 여기에서 거행하였으며, 辟雍은 天子國에 설치한 太學이다.

2) 〔釋義〕 讖之非經 : 言讖文이 不合經典이라

圖讖의 내용이 經典에 부합하지 않음을 말한 것이다.

【丁巳】 二年이라

中元 2년(정사 57)

二月에 **帝崩**하니 **年**이 **六十二**라 **帝每旦視朝**하고 **日仄(昃)**[1]**乃罷**하며 **數引公卿郎將**하야 **講論經理**[2]하고 **夜分乃寐**하니 **皇太子見帝勤勞不怠**하고 **乘間諫曰 陛下有禹湯之明**이시어늘 **而失黃老養性之福**하시니 **願頤愛**[3]**精神**하야 **優游自寧**하노이다 **帝曰 我自樂此**하니 **不爲疲也**로라 **雖以征伐濟大業**이나 **及天下旣定**에 **乃退功臣而進文吏**하야 **明愼政體**하고 **總攬權綱**하며 **量時度力**하야 **擧無過事**라 **故**로 **能恢復前烈**하야 **身致太平**이러라 〈出本紀〉

2월에 황제가 승하하니, 나이가 62세였다. 황제가 매일 아침 일찍 조회를 보고 해가 기울어야 비로소 파하였으며, 자주 公卿과 郎將들을 인견하여 經傳의 의리를 강론하고 밤이 깊어서야 비로소 잠을 자니, 황태자는 황제가 근로하여 게을리 하지 않음을 보고는 틈을 타서 간하기를 "폐하께서는 禹王과 湯王의 총명함이 있으신데 黃帝와 老子의 養性(養生)하는 福을 잃으시니, 원컨대 정신을 기르고 아껴서 한가롭게 지내어 스스로 편안하시기를 바랍니다." 하였다. 황제가 말하기를 "나는 본래 이것을 즐거워하니, 피곤하지 않다." 하였다.

황제가 비록 정벌로 大業을 이루었으나 천하가 이미 평정되자, 마침내 功臣을 물리치고 文官을 등용해서 정사하는 체통을 밝게 알고 삼가며, 권세와 紀綱을 총괄하고 때를 헤아리고 힘을 헤아려서 조처함에 잘못된 일이 없었다. 그러므로 前代의 功烈을 회복하여 몸소 太平을 이룩할 수 있었다. - ≪後漢書 光武帝紀≫에 나옴 -

1)〔釋義〕日仄 : 仄은 古側字니 與昃同이라 日向西曰昃이라
仄은 側의 古字이니, 昃과 같다. 해가 서쪽을 향함을 昃이라 한다.

2)〔釋義〕經理 : 謂五經之義理라
經理는 五經의 義理를 이른다.

3)〔頭註〕頤愛 : 頤는 養也라
頤는 기름이다.

〔史略 史評〕史斷曰 光武膺受命之符하야 起兵舂陵하야 興復帝室할새 鏖(오)

戰昆陽에 人服其武하고 司隷入洛에 人服其度하고 持節渡河에 人服其德하니 此三者는 中興之本也라 故로 能克復宗社하야 不改舊物이라 卽位之後에 首以卓茂爲太傅하야 封褒德侯하야 而當世多循吏하고 天下略定에 卽起太學하야 親臨視之하야 而東都盛儒學하고 徵三處士하야 而末造多節義之士하니 其所以祀漢配天하야 以垂二百年之基者 實在於此라 然이나 以私愛로 廢皇后太子하고 聽讒言하야 收新息侯印綬하고 信圖讖하야 竟事封禪하니 此三者는 不能不爲盛德之累어니와 至其加恩廢后母子親黨하야는 則又後世人主所難能也니라

≪史斷≫에 말하였다.

"光武帝가 天命을 받는다는 符書에 응하여 春陵에서 군대를 일으켜 皇室을 다시 일으켰는데, 昆陽에서 싸울 때에는 사람들이 그 武勇에 감복하였고, 司隷로 洛陽에 들어갔을 때에는 사람들이 그 度量에 감복하였고, 符節을 잡고 黃河를 건널 때에는 사람들이 그 德에 탄복하였으니, 이 세 가지는 중흥의 근본이다. 그러므로 宗廟 社稷을 다시 수복하여 옛 물건을 고치지 않은 것이다. 즉위한 뒤에는 맨 먼저 卓茂를 太傅로 삼아 褒德侯에 봉해서 당대에 循吏가 많았고, 천하가 대략 평정되자 즉시 太學을 일으키고 친히 왕림하여 시찰해서 東都(洛陽)에 儒學이 성하였고, 세 處士(周黨, 王良, 王成)를 불러 말년에 節義의 선비가 많았으니, 漢나라를 제사하여 하늘에 配享해서 2백 년의 기업을 드리운 것이 실로 여기에 있었다. 그러나 사사로운 사랑으로 皇后와 太子를 폐하고, 참소하는 말을 따라서 新息侯(馬援)의 印綬를 거두고, 圖讖說을 믿어서 끝내 封禪을 일삼았으니, 이 세 가지는 盛德의 누가 되지 않을 수 없다. 그러나 폐출한 皇后의 母子와 親黨에 은혜를 가함에 이르러서는 또 후세의 임금이 하기 어려운 바였다."

○ 太子卽皇帝位하다

태자가 황제에 즉위하였다.

贊曰 炎正[1]中微에 大盜移國하니 九縣飇回[2]에 三精[3]霧塞이라 人厭淫祚하고 神思反德하니 光武誕命하야 靈貺自甄(진)[4]이라 沈幾先物하고 深略緯文이라

尋邑百萬이 貔虎爲群하야 長轂雷野하고 高鋒彗雲[5]이러니 英威旣振에 新都[6]自焚이라 虔劉庸代[7]하고 紛紜梁趙[8]하며 三河未澄[9]하고 四關重擾[10]러니 神旌乃顧하야 遞行天討라 金湯失險[11]하고 車書共道하니 靈慶[12]旣啓에 人謀咸贊이라 明明廟謨요 赳赳雄斷이라 於(오)赫有命이여 系隆我漢이라

范曄의 ≪後漢書≫ 〈光武帝紀〉 贊에 말하였다.

"炎正이 중간에 쇠하자 大盜가 國統을 차지하니, 九縣이 어지러워 三精이 안개 속에 가려졌다. 사람들은 淫祚를 싫어하고 神은 德을 돌이킬 것을 생각하니, 光武帝가 크게 天命을 받아 신령을 내려 주어 스스로 밝혔다. 침착한 幾微는 남보다 먼저 알고 깊은 智略은 文으로 다스렸다. 王尋과 王邑의 백만 군대가 貔虎처럼 떼를 이루어서 兵車의 바퀴소리는 들에서 천둥처럼 울리고 높은 칼날은 구름(하늘)을 뒤덮었는데, 英威를 이미 떨치자 新都侯(王莽)가 스스로 불타 죽었다. 庸(公孫述)과 代(盧芳)를 죽이고 梁(劉永)과 趙(王郎) 두 지방이 어지러웠으며 三河가 맑지 못하고 四關(長安)이 거듭 소요하였는데, 신명스런 깃발로 돌아보아 급히 천벌을 행하였다. 金城湯池가 험함을 잃고 수레의 궤도와 문서의 글자가 道를 함께하니, 신령스러운 경사의 符讖이 이미 나오자 사람들의 계책이 모두 도왔다. 廟堂의 계책이 분명하고 영웅다운 결단이 씩씩하였다. 아! 빛나는 天命이여. 우리 漢나라를 다시 일으켰다.

1) 〔頭註〕 炎正 : 漢以火德故로 曰炎正이라
漢나라는 火德으로 왕 노릇 하였기 때문에 炎正이라고 한 것이다.

2) 〔頭註〕 九縣飂回 : 九縣은 九州[*]也라 飂回는 謂亂也라
九縣은 九州이다. 飂回는 어지러움을 이른다.

*) 九州 : 中國 天下를 가리킨다.

3) 〔頭註〕 三精 : 日月星也라
三精은 해와 달과 별이다.

4) 〔頭註〕 靈貺自甄 : 甄은 音眞이니 明也라
甄은 음이 진이니, 밝음이다.

5) 〔頭註〕 長轂雷野 高鋒彗雲 : 長轂은 兵車라 雷野는 言聲盛이라 彗는 掃也라
長轂(수레바퀴 통이 긴 것)은 兵車이다. 천둥처럼 울린다는 것은 소리가 성대함을 말한 것이다. 彗는 비로 쓰는 것이다.

6) 〔頭註〕 新都 : 莽初封新都侯라
王莽이 처음에 新都侯에 봉해졌다.

7) 〔頭註〕 虔劉庸代 : 虔, 劉는 皆殺也라 庸, 代는 公孫述稱帝於庸蜀하고 盧芳據代都라
虔과 劉는 모두 죽이는 것이다. 庸과 代는 〈公孫述과 盧芳을 이르니〉 公孫述은 庸蜀에서 皇帝를 칭하였고 盧芳은 代都에 웅거하였다.

8) 〔頭註〕 梁趙 : 梁은 謂劉永이요 趙는 謂王郎이라
梁은 劉永을 이르고, 趙는 王郞을 이른다.

9) 〔頭註〕 三河未澄 : 三河는 河南河北河東이니 朱鮪據洛州하야 未附也라
三河는 河南・河北・河東이니, 朱鮪가 洛州에 웅거하여 따르지 않았다.

10) 〔頭註〕 四關重擾 : 四關은 謂長安四塞之國이라 更始已定關中이어늘 劉盆子入關하야 殺更始하고 發掘諸陵也라
四關은 長安이 사방으로 요새인 지방임을 이른다. 更始가 이미 關中(長安)을 평정하자, 劉盆子가 關中에 들어가 更始를 죽이고 諸陵을 파내었다.

11) 〔頭註〕 金湯失險 : 金湯은 金城湯池니 喩城池之堅固也라
金湯은 쇠로 만든 성과 그 둘레에 파놓은 뜨거운 물로 가득 찬 못이니, 성과 못의 견고함을 비유한 것이다.

12) 〔頭註〕 靈慶 : 符讖*)也라
신령스러운 경사는 符讖을 가리킨 것이다.

*) 符讖 : 王業이 일어날 것을 미리 알리는 징조인데, 하늘이 祥瑞를 내려 人君이 天命을 받는 정표로 삼은 것이다.

漢書循吏傳敍에 曰光武長於民間하야 頗達情僞하고 見稼穡艱難과 百姓病害라 至天下已定하야 務用安靜하야 解王莽之繁密하고 還漢世之輕法[1]하며 身衣大練[2]하고 色無重綵하며 耳不聽鄭衛之音하고 手不持珠玉之玩하며 宮房에 無私愛하고 左右에 無偏恩하며 其以手迹으로 賜方國者 皆一札十行에 細書成文하니 勤約之風이 行於上下라 故로 能內外匪懈하고 百姓寬息이라 然이나 建武, 永平之間[3]에 吏事刻深하야 亟(기)以謠言單辭[4]로 轉易守長이라 故로 朱浮數上書諫하고 而鍾離意亦規諷하야 殷勤以長者爲言호되 而不能得也라 所以中

興之美 蓋未盡焉이러라

≪漢書≫〈循吏傳〉序에 말하였다.

“光武帝는 민간에서 생장하여 자못 실정과 거짓을 알았고, 농사의 어려움과 백성들의 괴로움을 알았다. 그러므로 천하가 이미 안정되자, 〈천하를 다스림에〉 되도록 편안하고 고요함을 써서 王莽의 번거롭고 치밀함을 풀어 주고 漢代의 간략한 법을 회복하였으며, 몸소 大練을 입고 색깔은 채색을 이중으로 함이 없었으며, 귀로는 鄭나라와 衛나라의 음탕한 음악을 듣지 않고 손으로는 珠玉 등의 玩好하는 물건을 잡지 않았으며, 宮房(後宮)에는 사사로이 사랑하는 이가 없고 좌우에는 편벽되이 은혜를 받은 자가 없으며, 직접 쓴 간찰을 사방의 나라에 하사할 때에는 모두 한 장에 열 줄을 써서 작은 글씨로 글을 적으니, 부지런하고 검약한 풍속이 상하에 행해졌다. 이 때문에 內外가 게으르지 않고 백성들이 편안히 쉴 수가 있었다. 그러나 建武와 永平 연간에는 獄吏들이 까다롭고 가혹함을 일삼아 자주 謠言(떠도는 말)과 신빙성 없는 말 때문에 수령들을 바꾸었다. 그러므로 朱浮가 자주 글을 올려 간하였고 鍾離意 또한 諷諫하여 은근하게 너그러운 長者여야 한다고 말하였으나 바로잡을 수가 없었다. 이 때문에 中興의 아름다움이 미진하였다.

1)〔譯註〕解王莽之繁密 還漢世之輕法 : 예전에는 봄과 여름에는 사람을 죽이지 않았으나 王莽은 봄과 여름에도 사람을 시장에서 죽였으며 법조문을 까다롭게 하고 죄수들을 가혹하게 대하였다. 漢代의 가벼운 법이란 것은 高祖가 법을 三章만 사용하고 文帝가 肉刑을 없앤 일을 가리킨다.

2)〔譯註〕大練 : 거친 명주 베를 이른다.

3)〔譯註〕建武, 永平之間 : 建武는 光武帝의 연호이고, 永平은 明帝의 연호이다.

4)〔譯註〕謠言單辭 : 謠言은 근거할 만한 사실이 없이 전하는 말이고 單辭는 소송할 때에 대질을 하거나 증빙할 만한 내용이 없이 하는 한쪽의 말을 이른다.

蘇東坡曰 世祖旣立에 上懲韓彭之難하고 中鑑七國之變하고 下悼王氏之禍라 於是에 盡侯諸將하고 而不任以事하며 裁減同姓之封하고 而黜三公之權하야 以爲前世之弊를 盡去矣러니 及其衰也엔 宦官之權盛而黨錮之難起라 士大夫相

與搤腕而游談者 以爲天子一日誅宦官而解黨錮면 則天下猶可以無事라하니 於是에 外召諸將[1]而內脅其君하야 宦官旣誅에 而董卓曹操之徒亦因以亡漢이라 漢之所憂者 凡六變[2]이로되 而其亂與亡은 輒出於其所不憂하야 而終不可備하니 由此觀之하면 治亂存亡之勢 其皆有以取之歟아 抑將不可推하야 如江河之推移하야 其勢自有以相激而不可救歟아 其亦可以理推力救而莫之爲也니라

蘇東坡가 말하였다.

"世祖가 이미 즉위한 뒤에 위로는 韓信·彭越의 난리를 징계하고 중간에는 吳楚七國의 變亂을 거울로 삼고 아래로는 王氏의 禍를 서글퍼하였다. 이에 여러 장수들을 모두 侯로 삼고 정사를 맡기지 않았으며 同姓의 봉함을 줄이고 三公의 권한을 축소해서 前代의 폐단을 모두 제거하였다고 생각했는데, 쇠할 때에 미쳐서는 환관의 권력이 성해져서 黨錮의 난이 일어나게 되었다. 士大夫로서 서로 팔뚝을 걷어붙이고 유세하는 자가 이르기를 '天子가 단 하루 환관을 죽이고 黨錮를 풀면 천하가 오히려 무사할 수 있다.'라고 하니, 이에 밖으로 여러 장수들을 부르고 안으로 그 군주를 위협하여 환관들을 죽였는데, 董卓과 曹操의 무리가 또한 인하여 漢나라를 망쳤다. 漢나라가 걱정한 것은 모두 여섯 번의 변란이었는데 혼란과 멸망은 번번이 걱정하지 않은 데에서 나와 끝내 대비할 수 없었으니, 이로 말미암아 관찰한다면 治亂과 存亡의 형세는 다 自取함이 있는 것인가. 아니면 장차 추측할 수 없어서 江河가 옮겨가듯 하여 그 형세가 서로 격해져서 구원할 수 없는 것인가. 또한 이치로 미루고 힘으로 구원할 수 있으나 하지 않은 것이다.

1) 〔頭註〕 外召諸將 : 在二十一卷己巳年이라
밖으로 장수들을 부른 일은 本書 21권 靈帝 中平6년 己巳年條에 있다.

2) 〔頭註〕 凡六變 : 六變은 謂韓彭, 七國, 王氏, 黨錮, 宦官, 召外將이라
여섯 번의 변란은 韓信과 彭越의 난, 吳楚七國의 반란, 王氏의 화, 黨錮의 화, 宦官의 화, 外地의 장수(董卓)를 부른 일 등을 이른다.

東萊呂氏曰 高祖創西漢하고 光武創東漢하니 皆是創業垂統하야 以爲一代之規模體統이나 以大要論之하면 高祖는 識大體로되 其間條目品節은 有疏漏處요

光武는 條目品節이 甚詳悉이나 然於大體에 却遺하니 所以兩漢의 風聲氣習寬狹厚薄緩急이 大抵不同이라 光武는 不任三公하야 事歸臺閣[1)]하야 以人主로 下親簿書期會之事하니 此最是失政事體統이니라

東萊呂氏가 말하였다.

"高祖는 西漢을 창건하고 光武帝는 東漢을 창건하였으니, 다 창업하여 전통을 드리워서 한 왕조의 規模와 體統으로 삼았으나 大要를 가지고 논하면 高祖는 大體를 알았지만 그 사이의 조목과 품절은 소략한 부분이 있었고, 光武帝는 조목과 품절은 매우 상세하고 다하였으나 大體에 있어서는 도리어 빠뜨렸으니, 이 때문에 兩漢의 風聲과 氣習의 관대함과 좁음, 후함과 박함, 느림과 급함이 대체로 똑같지 않은 것이다. 光武帝는 三公에게 정사를 맡기지 않아서 일이 臺閣으로 돌아가 군주로서 아래로 문서와 期會를 따지는 일을 직접 다스렸으니, 이는 政事의 體統을 가장 잃은 것이다."

1) 〔頭註〕 臺閣 : 尙書諸司라

臺閣은 尙書와 여러 官司이다.

故事成語・熟語

通鑑節要 卷之十二

○ 連體根據 : 11
어떤 집단이나 가문이 권력을 모두 차지하고 있어 동요하기 어려움을 이른다.

○ 虛己斂容 : 11
겸손하고 공손한 자세를 이른다.

○ 朝聞道 夕死可矣 : 14
진리를 통달하면 당장 죽어도 여한이 없음을 이르는 바, ≪論語≫ 〈里仁〉에 보인다.

○ 一日深丈餘 : 15
눈이 하루 동안에 한 길이 넘을 정도로 많이 쌓임을 이른다.

○ 不能什一 : 15
전멸하여 생존자가 열에 하나도 못 됨을 이른다.

○ 終不敢取當 : 15
손실이 매우 커서 끝내 보복할 수 없음을 이른다.

○ 發姦擿(摘)伏如神 : 16
죄인의 간악한 죄상을 귀신과 같이 용케 적발함을 이른다.

○ 稱之不容口 : 16
입이 닳도록 칭찬함을 이른다.

○ 天下無寃民 民自以不寃 : 18
법 적용을 관대하고 공정하게 하여 천하에 억울한 백성이 없음을 이른다.

○ 驕奢放縱 : 19
교만 방자하고 사치함을 이른다. 〔同義語〕 驕奢淫逸, 驕奢放逸

○ 厲精爲治 : 21

정사에 온 힘을 쏟음을 이른다.〔同義語〕厲精圖治, 厲精求治

○ 莫有苟且之意 : 21
형식적으로 구차하게 하는 뜻이 없음을 이른다.

○ 名實不相應 : 22
名과 實이 서로 부응하지 않는 것이다.〔同義語〕名實不符〔反意語〕名實相符

○ 有功不賞 有罪不誅 : 24
상벌이 제대로 시행되지 않음을 이른다.

○ 僞自增加 : 25
허위로 숫자를 늘려 부풀림을 이른다.

○ 轉相比況 : 28
나쁜 준례를 돌려 가며 서로 따름을 이른다.

○ 或罪同而論異 : 28
법 적용에 원칙이 없어서 무질서하여 똑같은 죄를 범하였는데도 처벌이 다름을 이른다.

○ 姦吏因緣爲市 : 28
간악한 獄吏들이 돈을 받고서 죄의 경중을 홍정함을 이른다.

○ 畫地爲獄議不入 刻木爲吏期不對 : 30
감옥과 獄吏들을 백성들이 몹시 두려워하여 기피함을 이른다.〔同義語〕畫地作獄, 畫地刻木

○ 太平之風 可興於世 : 30
태평성대의 유풍이 다시 세상에 일어날 수 있음을 이른다.

○ 任輕祿薄 : 32
관리들의 임무가 가볍고 녹봉이 적음을 이른다.

○ 曲突徙薪無恩澤 燋頭爛額爲上客 : 34
禍의 근원을 예견하고 이를 막을 계책을 말해 준 자는 은택이 없고, 화가 일어난 뒤에 수습하느라 수고한 자만 우대함을 이른다.〔同義語〕曲突移薪, 報賞燋頭, 曲突不見賓

○ 盜弄陛下之兵於潢池中 : 40
무지한 백성들의 작은 민란이어서 크게 다스릴 것이 없음을 이른다.〔同義語〕潢池弄兵, 潢池盜弄

○ 治亂民 猶治亂繩 : 40
민란을 다스림은 사태를 확대시키지 말고 엉킨 실타래를 풀듯 조리에 따라 서서히 해야 함을 이른다.

○ 一切便宜從事 : 40
법률이나 규칙에 구애받지 않고 현장의 상황에 따라 자유롭게 처리함을 이른다.

○ 賣劍買牛 賣刀買犢 何爲帶牛佩犢 : 42
민란을 일으켜 刀劍을 차고 다니는 백성들을 무마한 지방관의 고사로 사용한다.

○ 見事風生 無所回避 : 42
어떤 일을 망설임 없이 신속히 처리함을 이른다.

○ 莫爲持難 終以此敗 : 43
일을 신중히 처리하지 아니하여 실패함을 이른다.

○ 治郡高第 : 45
고을을 다스림에 있어서 최고의 성적을 거둠을 이른다.

○ 披籍取人 : 45
유능한 사람을 장부에 기재해 두었다가 인물이 필요할 때에 장부를 펴 보고 등용함을 이른다.

○ 以一警百 : 45
한 사람으로 백 사람을 경계하는 것으로, 一罰百戒와 같은 뜻이다. 〔同義語〕 懲一警百

○ 改行自新 : 45
개과천선하여 새 사람이 됨을 이른다. 〔同義語〕 改過自新

○ 接待以禮 : 45
예로 접대하여 높임을 이른다.

○ 漸不可長 : 45
나쁜 버릇을 조장해서는 안 됨을 이른다.

○ 爭恨小故 : 46
하찮은 일로 다투고 싸움을 이른다.

○ 同心輔政 : 49
합심하여 군주를 보필함을 이른다.

○ 深厚不伐善 : 50

속내가 깊어 자신의 은혜나 공로를 자랑하지 않음을 이른다.

○ 絶口不道前恩 : 50
과거의 은혜를 일체 말하지 않음을 이른다.

○ 論議有餘 : 51
지식과 언변이 뛰어나 정사를 잘 논함을 이른다.

○ 在位大(太)盛 : 53
一族이 너무 번성하여 높은 지위를 독차지함을 이른다.

○ 知足不辱 知止不殆 : 54
만족함을 알아야 함을 경계하는 말로, ≪老子≫에 보인다.

○ 懼有後悔 : 54
후회가 있을까 염려됨을 이른다.

○ 賢而多財則損其志 愚而多財則益其過 : 54
재물이 많으면 賢者와 愚者에게 모두 폐해가 됨을 이른다.

○ 黃霸 : 57
漢나라 武帝 때에는 河南太守丞으로, 宣帝 때에는 潁川太守로 있으면서 獄事를 관대하게 처리하고 백성을 잘 보살폈으므로, 漢代에 治民吏를 말할 때는 반드시 황패를 먼저 꼽았다. ≪漢書≫ 〈循吏傳〉에 보인다.

○ 重聽何傷 : 57
重은 難과 같은 바, 重聽은 귀가 어두워서 소리를 잘 듣지 못하는 것을 이른다. 許丞은 청렴한 관리였는데, 늙고 귀가 어둡다 하여 축출하려 하니, 黃霸가 이르기를 "許丞이 비록 늙어서 귀가 어두우나 관리 노릇 하는 데에 아무 문제도 없다." 하였다.

○ 皆出於民 : 57
모든 경비가 백성의 세금으로 이루어짐을 이른다.

○ 外寬內明 : 57
겉으로는 寬厚하면서도 속내는 총명함을 이른다.

○ 虎嘯而風洌 龍興而致雲 : 59
기회를 만나 재능을 십분 발휘함을 이른다.

○ 蟋蟀俟秋唫(吟) 蜉蝣出以陰 : 59
귀뚜라미는 가을이 되어야 울고 하루살이는 날씨가 흐려야 나오듯 훌륭한 군주가 있어야 어진 신하가 나옴을 비유한 말이다.

○ 明明在朝 穆穆布列 聚精會神 : 61
훌륭한 군주와 어진 신하가 서로 마음을 다하여 화목하게 정사함을 이른다.

○ 上下俱欲 驩然交欣 : 61
윗사람과 아랫사람이 모두 좋아하여 서로 기뻐함을 이른다.

○ 皆不稱職 : 63
모두 직책을 제대로 수행하지 못함을 이른다.

○ 方略耳目 : 63
계책을 세우거나 정보를 수집함을 이른다.

○ 欣然若更生 : 64
죽었다가 다시 살아난 것처럼 기뻐함을 이른다.

○ 不世出 : 64
좀처럼 세상에 나타나지 않는 뛰어난 재주나 인물을 가리킨다.

○ 仁壽之域 : 64
인수는 仁德이 있고 수명이 긴 것으로 仁壽之域은 곧 태평한 세상을 이른다.

○ 趙充國自薦 : 65
漢나라 宣帝 때 西羌이 반란을 일으키자, 宣帝는 이때 趙充國의 나이가 70세가 넘었으므로 늙었다 하여 그의 후임자를 물었는데, 趙充國은 自薦하기를 "老臣을 능가할 이가 없습니다. 젊은이로부터 늙은이에 이르기까지 대소의 군신이 다만 번다한 일에만 종사하고 도무지 농사가 근본임을 모릅니다." 하고는 출정을 자원하여 金城에 이른 뒤 난리를 평정하고 장기간 屯田하면서 안정을 도모하였다.

○ 以全取勝 : 69
萬全의 계책을 세워 승리함을 이른다.

○ 百戰而百勝 非計之善者 : 69
싸워 승리하는 것보다는 싸우지 않고 적을 굴복시키는 것이 더욱 좋다는 뜻으로, ≪孫子≫ 〈始計篇〉에 보인다.

通鑑節要 卷之十三

○ 以刑餘爲周召 以法律爲詩書 : 71
宦官을 周公과 召公 같은 훌륭한 신하로 여기고, 법률을 ≪詩經≫과 ≪書經≫처럼 높임을 비판하는 말이다.

○ 五帝官天下 三王家天下 家以傳子孫 官以傳賢聖 : 71
堯舜의 禪讓과 三王의 世襲을 가리키는 말이다.

○ 以爲知大體 : 73
大體를 안다고 칭찬함을 이른다.

○ 令行禁止 : 74
명령에 따라 움직이고 멈추는 것으로, 사람들이 법령을 잘 따르고 지킴을 이른다.

○ 幸得備位 : 74
덕망이나 재능이 없이 단지 벼슬자리를 채울 뿐이라는 뜻의 겸사이다. 〔同義語〕 備位而已, 備位充數

○ 天道神明 人不可獨殺 : 77
天道가 神明하여 남을 죽이면 자신도 따라서 죽게 됨을 이른다.

○ 常平倉 : 82
창고를 지어서 풍년이 들어 곡식 값이 쌀 때에는 값을 올려서 곡식을 사들여 농민들을 이롭게 하고, 흉년이 들어 곡식 값이 비쌀 때에는 값을 내려서 곡식을 내어, 곡식이 천하여도 농사를 해치지 않게 하고, 곡식이 귀하여도 백성을 상하지 않게 하고는 이름하기를 常平倉이라 하였으니, 漢나라 耿壽昌이 만든 제도이다.

○ 廉潔無私 : 83
청렴결백하여 사사로움이 없음을 이른다.

○ 好發人陰伏 : 83
남의 비밀이나 숨겨진 잘못을 들추어내기를 좋아함을 이른다.

○ 過大行虧 : 83
잘못된 행실이 많음을 이른다.

○ 田家作苦 : 83
농가의 고달픈 농사일을 이른다.

○ 歲時伏臘 : 83
설 또는 복날과 臘享의 명절을 이른다.

○ 酒後耳熱 : 83
술을 마셔 얼굴이 붉어짐을 이른다.

○ 人生行樂耳 須富貴何時 : 83

부귀를 얻기 어려우니, 좋은 시절에 行樂이나 해야 함을 이른다.

○ 五日京兆 : 88
오래 못 갈 官吏를 이른다. 〔同義語〕 五日悤悤守, 五日尹, 五日張京兆

○ 背恩忘義 : 89
背恩忘德과 같은 말로, 남에게 입은 은덕을 저버리고 배신함을 이른다. 〔同義語〕 背義忘恩

○ 死無所恨 : 89
죽어도 여한이 없다는 말이다.

○ 自有制度 : 90
예로부터 내려온 제도가 있음을 이른다.

○ 是古非今 : 90
옛것을 옳다 하고 지금 것을 그르다 함을 이른다.

通鑑節要 卷之十四

○ 人命至重 : 119
사람의 목숨이 가장 귀중함을 이른다.

○ 主聖臣直 : 124
군주가 聖明하면 신하가 直言하는 것으로 君明臣直이라는 말과 같다. 〔同義語〕 君仁臣直

○ 曉人不當如是耶 : 124
사람을 깨우칠 때에는 이와 같이 해야 함을 이른다.

○ 和氣致祥 乖氣致異 : 125
和氣의 吉祥을 강조하는 말이다.

○ 天地之常經 古今之通義 : 125
천지에 변할 수 없는 윤리도덕과 예로부터 행해 오는 규칙을 이른다.

○ 執狐疑之心者 來讒賊之口 持不斷之意者 開群枉之門 : 125
의심하는 마음을 갖거나 우유부단하면 실패하게 마련임을 이르는 말이다.

○ 賢者在位 能者布職 : 127
어진 자가 높은 지위에 있고 유능한 자가 직책을 맡는 것으로, 賢者在職으로도 쓴다. 〔同義語〕 忠賢布職

○ 最所信任 : 128
가장 신임하는 사람을 이르는 말이다.

○ 治行常第一 : 132
언제나 治績이 제일임을 이른다.

○ 視民如子 : 132
백성들을 자식처럼 아끼는 것으로 위정자가 백성을 매우 사랑함을 이른다.

○ 號曰召父 : 132
召父는 召信臣으로 杜母라고 일컬어지는 杜詩와 병칭하는 말이다. 召信臣은 南陽太守가 되어 백성들을 잘 다스렸는 바, 지방 고을 백성들이 太守의 善政을 칭송하여 太守를 父母에 비유한 말이다.

○ 洞洞屬屬 小心畏忌 : 137
공경하고 삼가며 매우 조심스러움을 이른다.

○ 君且休矣 吾將思之 : 144
그대는 우선 쉬고 있어라. 내 장차 생각하겠다는 뜻으로, 상대방이 어떠한 계책을 끈질기게 주장할 경우 자신이 생각할 시간을 달라고 할 때에 쓰는 말이다.

○ 曲有禮意 : 145
곡진히 예의를 차림을 이른다.

○ 納善若不及 從諫若轉圜 : 146
남의 善言이나 忠告를 잘 받아들임을 이른다.

○ 倒持泰阿 : 146
권력을 남에게 맡겨 줌을 비유하는 말이다.

○ 去後常見思 : 147
해임하고 떠나간 뒤에 사람들이 항상 그를 사모함을 이른다.

○ 尸位素餐 : 149
재덕이나 공로가 없어 직책을 다하지 못하면서 자리만 차지하고 祿을 받아먹음을 이른다. 〔同義語〕 朝臣素餐, 竊位素餐

○ 願賜尙方斬馬劍 斷佞臣一人頭 : 149
잘 드는 검을 하사하면 간신 한 명을 목 베어 그 나머지를 독려하겠다는 뜻이다.

○ 罪死不赦 : 149
죄가 무거워 죽어도 용서받지 못함을 이른다.

○ 不甚親信 : 150
그다지 친애하거나 신임하지 않음을 이른다.

○ 富者田連阡陌 貧者亡(無)立錐之地 : 157
부자는 전답이 많아 널리 이어져 있고, 가난한 자는 한 치의 땅도 없음을 이른다.

○ 貴震朝廷 : 160
귀함이 조정에서 지극함을 이른다.

○ 六經之治 貴於未亂 兵家之勝 貴於未戰 : 161
六經에서는 혼란하기 전에 다스림을 최고로 여기고, 兵家들은 전투하기 전에 적을 제압함을 최고로 여김을 이른다.

○ 大化神明 : 163
교화가 잘 베풀어짐을 이른다.

○ 逢萌浮海 : 170
逢萌이 亂世를 만나 바닷가에 은둔한 일을 가리킨다.

○ 願以身代 : 173
자신이 病者를 대신하여 죽을 것을 기원하는 말이다.

通鑑節要 卷之十五

○ 投諸四裔 以禦魑魅 : 181
죄인을 멀리 유배 보낼 때에 사용하는 말이다.

○ 龔勝死節 : 185
節義 있는 사람을 가리킨다. 龔勝은 王莽에게 부름을 받았으나 그의 不義함을 보고는 끝내 벼슬에 나아가지 않았다. 〔同義語〕 龔勝不屈, 龔勝恥事新

○ 豈以一身事二姓 : 185
두 임금(왕조)을 섬기지 않는 忠節을 뜻한다. 〔同義語〕 不事二姓, 不事二姓之義

○ 堯舜在上 下有巢由 : 186
堯舜시대에도 隱士가 있었음을 이른다.

○ 不能無爲 : 188
조용히 있지 못함을 이른다.

○ 動欲慕古 : 188

걸핏하면 옛 제도를 흠모하여 그대로 따르려 함을 이른다.

○ 吏緣爲姦 : 188
관리들이 기회를 틈타 부정한 행위를 자행함을 이른다.

○ 搖手觸禁 : 188
어떤 일을 조금만 하면 법망에 저촉됨을 이른다.

○ 隆準日角 : 189
帝王의 相을 이르는 말이다.

○ 汎愛容衆 : 189
사람들을 두루 사랑하고 포용함을 이른다.

○ 謹厚者亦復爲之 : 190
조심성 있는 자도 그 일을 함을 이른다.

○ 銳氣益壯 : 190
날카롭고 굳세며 적극적인 기운이 더욱 성함을 이르는 바, 銳氣方張과 같은 말이다.

○ 羞愧流汗 : 193
부끄러워 땀이 흐름을 이른다.

○ 見小敵怯 見大敵勇 : 194
적이 많을수록 더욱 용맹스럽게 싸움을 이른다.

○ 膽氣益壯 無不一當百 : 194
용기백배하여 일당백의 기세로 싸움을 이른다.

○ 中外合勢 : 194
內外合勢와 같은 말이다.

○ 雨下如注 : 194
폭우가 내림을 이르는 말이다.

○ 水爲不流 : 194
시신이나 장애물 때문에 물이 막혀 흐르지 않음을 이른다.

○ 威名益盛 : 195
위엄과 명성이 더욱 떨쳐짐을 이른다.

○ 不圖今日 復見漢官威儀 : 202
자신들이 고대하던 예전의 모습을 다시 보게 되어 기뻐함을 이르는 말이다.

○ 垂功名於竹帛 : 204
성공하여 이름을 靑史에 남김을 이른다.

○ 動以萬數 : 204
숫자가 많아서 걸핏하면 萬數로 셀 만함을 이른다.

○ 庸人屈(崛)起 : 204
평범한 사람이 하루아침에 출세함을 이른다.

○ 延攬英雄 務悅民心 : 204
영웅호걸을 초치하고 민심에 순응함을 이른다.

○ 天下不足定 : 204
천하를 쉽게 평정할 수 있음을 이른다.

○ 俛首刮席 : 209
부끄러워 고개도 못 들고 자리만 만지작거리는 모습으로 못난 사람을 가리킨다. 〔同義語〕 劉玄刮席, 更始刮席, 羞愧刮席

○ 竈下養中郎將 爛羊胃騎都尉 爛羊頭關內侯 : 209
못난 인물을 重用함을 기롱하는 말이다.

○ 王霸冰合 : 210
王霸가 渡河할 수 없는 처지에서 강물이 얼었다고 거짓으로 보고하여 光武帝와 군사들을 격려했는데, 실제 도착하니 강물이 얼어 있었던 일에서 유래하였는 바, 어려운 상황에서 奇智를 발휘하여 위급함을 모면하는 말로 쓰인다. 〔同義語〕 以合冰濟

○ 假名因勢 : 213
거짓으로 이름을 빌려 세력을 확장함을 이른다.

○ 無有根本之固 : 213
견고한 기반이 없음을 이른다.

○ 非計之得 : 213
좋은 계책이 아님을 이른다.

○ 令反側子自安 : 215
反側子는 잘못을 저지르고 두려워서 제대로 잠을 못 자는 사람을 이르는 바, 이들을 편안하게 해 줌을 이른다.

○ 大樹將軍 : 216

장군을 달리 이르는 말로, 馮異가 겸손하여 功을 논하지 않고 늘 큰 나무 밑에 물러가 있었던 데에서 유래하였다. 〔同義語〕 馮異大樹, 公孫大樹, 大樹之功

○ 謙退不伐 : 216
겸양하여 자신의 공로를 자랑하지 않음을 이른다.

○ 推赤心 置人腹中 : 217
진심으로 사람들을 대하여 서로 신임함을 이른다.

○ 難其人 : 219
적임자를 신중히 가림을 이른다.

通鑑節要 卷之十六

○ 果然失吾名將 : 223
과연 나의 名將을 잃었다는 뜻으로, 훌륭한 장수가 죽었음을 몹시 애석해하는 말이다.

○ 生女耶 我子娶之 生男耶 我女嫁之 : 223
딸을 낳는다면 나의 아들을 장가보내고, 아들을 낳는다면 나의 딸을 시집보내겠다는 뜻으로, 매우 아끼던 사람이 자녀가 없이 죽고 遺腹子가 있을 경우 그와 사돈을 맺어 그의 처자식을 끝까지 돌봄을 나타내는 말이다.

○ 相見甚讙 : 223
서로 만나 보고 매우 기뻐하였다는 뜻이다.

○ 攀龍鱗 附鳳翼 以成其志 : 223
용의 비늘을 붙잡고 봉황의 날개에 붙어서 자신의 소원을 이루기를 바란다는 뜻으로, 용이나 봉황은 모두 帝王을 상징하기 때문에 帝王이 될 사람에게 의지하여 功業을 세움을 이른다. 〔同義語〕 攀鱗附翼

○ 望絶計窮 : 223
희망이 끊어지고 계책이 궁해진다는 뜻이다.

○ 大衆一散 難可復合 : 223
큰 무리가 한 번 흩어지면 다시 모으기가 어렵다는 뜻으로, 사람들의 바람을 저버려서는 안 됨을 이른다.

○ 吾將思之 : 223
내 장차 생각해 보겠다는 뜻으로, 상대방의 의견에 동조하는 반응을 나타내는 말이다.

○ 四夷雲集龍鬪野 四七之際火爲主 : 223
사방 오랑캐들이 구름처럼 모여 龍이 들에서 싸우는데 四七의 즈음에 火가 주인이 된다는 뜻으로, 光武帝 劉秀가 위로 天命에 응하여 漢나라 國統을 이어 황제가 될 것임을 가리키는 符書이다.

○ 改元大赦 : 223
연호를 바꾸고 크게 赦免令을 내리는 것으로, 국가에 중대한 換局이 있을 때에 베푸는 의식이다.

○ 行己在於淸濁之間 : 229
몸가짐이 淸濁의 사이에 있다는 뜻으로, 몸가짐이 너무 결백하지도 않고 너무 혼탁하지도 않아 中庸의 道를 지킴을 이르는 바, 不夷不惠란 말과 유사하다. 不夷는 伯夷처럼 너무 깨끗하지 않은 것이고, 不惠는 柳下惠처럼 너무 和하지 않은 것이다.

○ 口無惡言 : 229
입으로 나쁜 말을 하지 않음을 이른다.

○ 寧能高飛遠走 不在人間耶 : 230
어찌 높이 날고 멀리 달아나서 인간에 있지 않을 수 있겠는가라는 뜻으로, 사람은 인간과 어울려 살아야 함을 강조하는 말이다.

○ 律設大法 禮順人情 : 230
법률은 큰 강령을 베풀어 놓은 것이고 禮는 人情을 따르는 것이라는 뜻으로, 법보다는 예의를 중시하는 말이다.

○ 名冠天下 當受天下重賞 : 231
이름이 천하에 으뜸이면 마땅히 천하의 중한 상을 받아야 한다는 뜻으로, 명망이 높은 사람을 예우해야 한다는 말이다.

○ 父老童穉 垂髮戴白 : 233
垂髮은 머리를 땋아서 늘어뜨린 小兒이고, 戴白은 머리에 백발을 이고 있는 老人으로, 어린아이와 노인을 가리킨다.

○ 無終日之計 : 233
하루의 계책도 없다는 뜻으로, 장구한 계책이 없음을 이른다.

○ 布衣交 : 235

布衣는 벼슬이 없는 사람을 가리키는 바, 벼슬이 없거나 가난할 때의 사귐, 또는 利慾을 떠난 사귐을 布衣之交라 한다.

○ 大才當晚成 : 236

큰 재목은 늦게 이루어진다는 뜻으로, 장래에 크게 될 사람은 늦게 이루어짐을 비유하는 말이다. 〔同義語〕 大器晚成

○ 窮當益堅 老當益壯 : 236

곤궁한 지경에 처해도 뜻과 절개가 더욱 견고하고, 나이가 늙었어도 의욕이나 기력은 더욱 건장해야 한다는 뜻이다. 〔同義語〕 老益壯

○ 守錢虜 : 236

돈을 모을 줄만 알아 한번 손에 들어간 것은 도무지 쓰지 않는 사람을 낮잡아 이르는 말이다.

○ 托屬掖庭 : 236

掖庭은 궁전 곁에 딸린 집으로 妃嬪들이 거처하는 곳인 바, 掖庭에 친족을 의탁했다는 것은 친족이 임금의 妃嬪이 되었음을 이른다.

○ 貴易交 富易妻 : 239

귀해지면 사귀던 친구를 바꾸고 부유해지면 아내를 바꾼다는 뜻으로, 형편이나 사정이 전에 비하여 나아진 사람이 지난날 어렵게 지내던 때를 잊어버리고 오만한 행동을 함을 이른다.

○ 貧賤之知不可忘 糟糠之妻不下堂 : 239

빈천할 때 알았던 친구는 잊을 수 없고, 술지게미와 겨로 끼니를 이으며 함께 고생한 아내는 집 밖으로 내쫓거나 내보내지 않는다는 뜻이다.

○ 事不諧矣 : 239

일이 뜻대로 잘 되지 않음을 이른다.

○ 前後不絶 : 240

전후로 끊어지지 않음을 이른다.

○ 自負其功 : 240

스스로 자신의 공로를 자신함을 이른다.

○ 足以相當 : 241

충분히 당해낼 수 있다는 뜻으로, 상대방과 一戰을 不辭하는 말이다.

○ 天下未定 兩虎安得私鬪 : 241

천하가 아직 평정되지 않았는데 두 마리 범이 어찌 사사로이 싸우겠는가라는 뜻으로, 다사다난할 때에 국가의 중요 인물이 개인적인 원한으로 다투어서는 안 됨을 강조하는 말이다.

○ 元元塗炭 無所依訴 : 243

백성들이 도탄에 빠져 의지하고 하소연할 곳이 없음을 이른다.

○ 愼毋與窮寇爭鋒 : 245

窮寇는 궁지에 몰린 적을 이르는 바, 兵法에 "궁지에 몰린 賊은 쫓지 말라." 하였다. 〔同義語〕 窮寇勿迫, 窮寇勿追

○ 以飽待飢 以逸待勞 : 245

배불리 먹으면서 적이 굶주리기를 기다리고, 편안하게 있으면서 적이 피로하기를 기다린다는 뜻으로, 孫武子의 말이다.

○ 始雖垂翅(시)回谿 終能奮翼澠池 : 246

처음에는 비록 回谿에서 失意하였으나 끝에는 澠池에서 得意하였으니, 지난날의 잘못을 충분히 만회할 수 있음을 이른다.

○ 可謂失之東隅 收之桑榆 : 246

東隅에서는 잃고 桑榆에서 거두었다고 이를 만하다는 뜻으로, 처음은 실수하였으나 종말에는 성공함을 비유하며, 소년 시절에는 허송세월하였으나 노년에는 보람있는 일을 함을 비유하기도 한다. 〔同義語〕 東隅有失, 桑榆收拾

○ 且戰且行 : 250

한편으로는 전쟁하고 한편으로는 행군한다는 뜻으로, 전투와 행군을 계속함을 이른다.

○ 明習故事 : 251

故事를 밝게 앎을 이른다.

○ 握手歡如平生 : 252

손을 잡고 평소처럼 반가워한다는 뜻으로, 신분이 높아진 뒤에도 옛 친구를 만나 악수하고 평소처럼 반가워함을 이른다.

○ 修飾邊幅 : 252

邊幅(위의와 용모)을 수식한다는 뜻으로, 겉치레만을 일삼음을 이르는 말이다.

○ 井底蛙 : 252

개구리가 우물 안에 앉아 있는 것과 같아서 見聞이 좁음을 말한 것이다. 〔同義

語〕井底之見, 井底鳴蛙, 坐井蛙

○ 妄自尊大 : 252

망령되이 스스로 높은 체하고 큰 체한다는 뜻으로, 과대망상에 빠져 있음을 비판하는 말이다.

○ 非但君擇臣 臣亦擇君 : 252

단지 군주가 신하를 가려서 쓸 뿐만 아니라 신하 또한 군주를 가려서 섬긴다는 뜻으로, 난세에 群雄이 割據하고 있을 때에는 신하도 군주를 가려서 섬겨야 함을 이른다.

○ 無可無不可 : 256

가함도 없고 불가함도 없다는 뜻으로, 미리 가와 불가를 정하지 않고 오직 義를 따라 시의적절하게 하는 것으로 聖人의 경지를 이른다.

○ 可以托六尺之孤 寄百里之命 : 260

키가 6척 정도밖에 되지 않는 어린 군주를 맡길 수 있고, 百里(諸侯國)의 명령(國政)을 부탁할 수 있다는 뜻으로, 재주와 지혜가 있고 또한 믿을 만한 인물을 가리킨다. 옛날 周尺은 길이가 짧아 六尺之孤는 키가 작은 동자를 이르는 말로 쓰였다.

○ 窮達有命 吉凶由人 : 265

곤궁하고 영달함은 天命이 있고, 길하고 흉함은 사람에게 말미암는다는 뜻으로, 부귀영달은 하늘에 달려 있어 인력으로 구할 수 없으나 길흉은 사람의 행위에 따라 결정됨을 이른다.

○ 嬰母知廢 陵母知興 : 265

嬰은 陳嬰이고 陵은 王陵으로, 陳嬰의 어머니는 陳嬰이 王이 되면 망할 줄을 알았고 王陵의 어머니는 漢나라가 흥할 줄을 알았다는 말이다. 〔同義語〕知廢知興

○ 高可爲六國 下不失尉佗 : 267

잘되면 六國의 王처럼 될 수 있고 못되도(최소한) 南海尉 趙佗가 될 수 있다는 뜻으로, 남에게 굴복하지 말고 독립할 것을 권하는 말이다.

○ 權在將軍 : 268

결정권은 장군에게 달려 있음을 이른다.

○ 三分鼎足 : 268

셋으로 나누어 솥발처럼 서 있다는 뜻으로, 세 사람 또는 세 세력이 솥발과 같이 벌여 서있는 것이다.

○ 明見萬里之外 : 269
萬里 밖까지 밝게 내다본다는 뜻으로, 관찰력이나 판단력이 매우 정확하고 뛰어남을 이르는 말이다.

○ 僵尸相屬 : 271
죽은 시체가 서로 이어짐을 이른다.

○ 有志者事竟成 : 271
뜻이 있는 자는 일이 끝내 이루어진다는 뜻으로, 신념이 철저하면 끝내 목표를 달성하게 됨을 이른다.

○ 煥然文物可觀 : 275
文物이 찬란하여 볼 만함을 이른다.

○ 義爲君臣 恩猶父子 : 276
의리는 군신간이요 은혜는 부자간과 같다는 뜻으로, 군신간이 부자간처럼 친함을 이른다.

○ 一丸泥 東封函谷關 : 277
한 줌의 진흙을 가지고 국가를 위해서 동쪽으로 函谷關을 봉함한다는 뜻으로, 소수의 병력을 가지고 국가의 要害處를 철통같이 지킴을 비유하는 말이다. 〔同義語〕 丸泥封谷, 丸泥封函關, 丸泥封

○ 文不能演義 武不能死君 : 278
文은 義理를 부연하지 못하고 武는 군주를 위하여 죽지 못한다는 뜻으로, 文章이나 武勇이 모두 뛰어나지 못함을 나타내는 말이다.

○ 物色訪之 : 278
그 생김새와 얼굴 모습을 그려서 널리 찾음을 이른다.

○ 唐堯著德 巢父洗耳 : 281
唐堯가 德을 드러냄에 巢父가 귀를 씻었다는 뜻으로, 堯임금 때의 隱士인 許由와 巢父가 潁水 부근에 살았는데 요임금이 허유에게 천하를 물려주려 하자 허유는 추한 소리를 들었다 하여 영수에서 귀를 씻었으며, 소부는 소에게 영수의 냇물을 먹이려 하다가 허유가 귀를 씻었다는 말을 듣고는 물이 더러워졌다 하여 소를 상류로 끌고 가서 물을 먹였다는 고사를 인용한 것인 바, 聖君이 정치를 잘하여도 끝내 벼슬하지 않는 隱士가 있음을 이른다.

通鑑節要 卷之十七

○ 蕪蔞(무려)亭豆粥 滹沱河麥飯厚意 久不報 : 288

蕪蔞亭의 팥죽과 滹沱河의 보리밥을 올린 厚意를 오랫동안 갚지 못하였다는 뜻으로, 光武帝 劉秀가 蕪蔞亭에 이르렀는데 날씨는 춥고 먹을 것이 없자 馮異가 팥죽을 올렸으며, 南宮에 이르러 큰 바람을 만나서 劉秀가 수레를 이끌고 길가의 빈집에 들어가자, 馮異는 나무를 해 오고 鄧禹는 불을 때어 다시 보리밥을 올린 일이 있었다. 光武帝가 처음 나라를 건국할 때에 馮異가 정성과 힘을 다한 일이 많았는데 후에 그 공로를 표창하고 그 상을 후하게 내렸으니, 이는 자못 빈천했을 때에 입은 후의를 잊지 않는다는 뜻이다.

○ 願君無忘射鉤 臣無忘檻車 : 288

'띠의 갈고리에 화살을 맞았던 것을 잊지 말라'는 것은 죽음에 빠졌던 어려움을 잊지 말고 경계하라는 말로, 魯나라에서 군대를 동원하여 子糾를 齊나라로 들여보냈을 적에 管仲이 군사를 거느리고 莒나라의 길목을 막고는 小白(뒤의 桓公)의 허리띠 갈고리를 쏘아 맞혔던 일을 이른다. '檻車에 갇혔던 것을 잊지 않겠다.'는 것 역시 곤경에 처했던 지난날을 잊지 않겠다는 뜻으로, 魯나라에서는 齊나라의 보복을 염려하여 마침내 子糾를 죽이고 管仲을 수레에 가두어 齊나라로 보냈는데, 齊나라 국경에 이르자 鮑叔이 그의 형틀을 벗겨 주고 桓公을 뵙게 하였다. 이에 管仲은 국정을 맡아 諸侯들을 糾合하여 천하를 바로잡았다.

○ 臣亦願國家無忘河北之難 小臣不敢忘巾車之恩 : 288

馮異가 "신 또한 天子께서 河北의 고난을 잊지 않으시기를 바랍니다. 이 小臣은 巾車에서 사로잡았다가 용서해 주신 은혜를 감히 잊지 않겠습니다." 하였으니, 이는 편안할 때에도 위태로움을 잊지 말고 경계하라는 뜻이다.

○ 高明柔克 : 294

高明한 사람은 柔로 이겨야 한다는 뜻으로, 유순함으로써 강함을 다스려야 함을 이른다.

○ 師臣者帝 賓臣者霸 : 295

신하를 스승으로 삼는 자는 皇帝가 되고 신하를 손님으로 예우하는 자는 霸者가 된다는 뜻으로, 스승을 높일수록 더욱 훌륭한 군주가 됨을 이른다.

○ 前有召父 後有杜母 : 301

지방 고을 백성들이 太守의 善政을 칭송하여 太守를 父母에 비유한 말이다. 前漢 때 召信臣이 일찍이 南陽太守가 되어 많은 선정을 베풀었으므로 吏民들이 召父

라 호칭했는데, 後漢 때 杜詩가 또 남양태수가 되어 선정을 베풀자, 남양의 백성들이 말하기를 "전에는 召父가 있었는데, 뒤에는 杜母가 있도다."라고 한 데서 유래한 말이다. 〔同義語〕 召父杜母

○ 猶豫未決 : 302
주저하고 결정하지 못함을 이른다. 〔同義語〕 猶豫不決

○ 聚米爲山谷 指畫形勢 : 302
황제의 앞에서 쌀을 모아 산골짝의 모양을 만들어서 지형을 지적해 가면서 여러 군대가 경유할 곳을 보여 주어 분명히 알 수 있게 함을 이른다. 〔同義語〕 聚米識陣形, 山形米聚, 聚米披圖, 聚米爲山

○ 人苦不知足 旣平隴 復望蜀 : 304
사람의 욕심은 끝이 없어 만족할 줄 모름을 비유한 것으로, 後漢 光武帝가 隴西의 隗囂를 평정한 뒤에 다시 蜀의 公孫述까지 격파하기를 바란 데서 유래한 말이다. 〔同義語〕 得隴望蜀

○ 復借寇君一年 : 304
백성들이 지방관의 留任을 간절히 바라는 것을 이른다. 寇恂이 光武帝를 따라 潁川의 賊들을 평정하고 돌아오려 할 때에 백성들이 광무제의 수레 앞을 가로막고 寇君을 1년 동안만 더 유임시켜 달라고 청원했던 데서 유래한 말이다. 〔同義語〕 寇恂借一, 借寇

○ 克己奉公 : 306
사욕을 이기고 公(국가)을 위해 봉직함을 이른다.

○ 安得憂國奉公 如祭征虜者乎 : 306
征虜將軍이었던 祭遵이 죽자 光武帝가 매양 그를 생각하며 한탄한 말이다. 祭遵은 '祭遵布被'의 고사가 있을 정도로 검약하였다. 집이 부유했어도 항상 허름한 옷을 입고, 모친상을 당했을 때에도 자신이 직접 흙을 날라 분묘를 만들었으며, 그의 부인 역시 깃이 달린 옷을 입지 않았고, 임금에게서 상으로 받은 것도 모두 士卒들에게 나누어 주어 집에는 私財가 없었다고 한다.

○ 順風竝進 所向無前 : 308
순풍을 타고 함께 전진하니, 배가 향하는 곳에는 앞을 가로막는 자가 없다는 뜻이다.

○ 貴戚且斂手 以避二鮑 : 309
後漢 光武帝 때 鮑永이 司隷校尉가 되고 鮑恢가 都官從事가 되었는데, 이들

은 성질이 꼿꼿하고 곧아서 권세가 있는 사람을 피하지 않으니, 황제가 항상 말하기를 "貴戚도 두 손을 들고 두 鮑氏(鮑永과 鮑恢)를 피한다." 하였다. 〔同義語〕 二鮑糾慝

○ 勢若風雨 : 310
형세가 폭풍우와 같음을 이르는 바, 疾風怒濤처럼 달려가 맹공을 가함을 이른다.

○ 是何神也 : 310
어쩌면 이리도 신속한가라는 뜻으로, 몹시 신속함을 감탄하는 말이다.

○ 選補衆職 當簡(揀)天下賢俊 不宜專用南陽人 : 311
여러 직책을 선발하여 補任할 때에는 천하의 어질고 준걸스러운 사람을 가려 써야 하고, 오로지 황제의 故鄕(南陽) 사람만을 써서는 안 된다는 뜻으로, 光武帝가 南陽의 上蔡 사람이었는데, 이때 지위에 있는 자들이 光武帝의 고향 사람과 옛 친구가 많았으므로 말한 것이다.

○ 危邦不入 亂邦不居 : 313
위태로운 나라에 들어가지 않고 어지러운 나라에 살지 않는다는 뜻으로, ≪論語≫ 〈泰伯篇〉에 보인다.

○ 忠臣不私 私臣不忠 : 314
忠臣은 사사롭지 않고 사사로운 신하는 충성하지 않는다는 뜻이다.

○ 夜以繼晝 : 315
어떤 일에 몰두하여 조금도 쉴 사이 없이 밤낮을 가리지 않음을 이른다. 〔同義語〕 晝以繼夜, 不撤晝夜

○ 指天畫地 : 323
韓歆이 황제의 앞에서 年事(농사)가 장차 흉년이 들 것을 증명할 때에 손으로 하늘을 가리키고 땅을 그어 태도가 격렬하고 절실하였는 바, 털끝만큼도 거리낌이 없음을 비유하는 말이다.

○ 潁川弘農可問 河南南陽不可問 : 324
潁川과 弘農은 물을 수 있으나 河南과 南陽은 물을 수 없다는 뜻으로, 河南은 황제의 都城이라 가까운 신하가 많고 南陽은 황제의 고향이라 가까운 친척이 많아서 다스려 물을 수가 없음을 말한 것이다.

○ 桑無附枝 麥穗兩岐 : 326
太守가 善政을 베풀자, 상서로운 징조가 나타남을 이른다. 後漢 때 張堪이 漁陽太守로 있으면서 善政을 베풀어 백성들이 잘살게 되자, 백성들이 노래하기를 "뽕나무는 붙은 가지가 없고 보리 이삭은 두 갈래로 패었도다. 張君이 정사를 하니 즐거움을 주체할 수가 없다."라고 한 데서 유래한 말인데, 보리 이삭이 두 갈래로 패는 것은 풍년의 징조라고 한다.

○ 男兒要當死於邊野 以馬革裹尸還葬 : 336
後漢의 伏波將軍 馬援이 "男兒는 마땅히 변경의 들에서 죽어 말가죽으로 시신을 싸서 돌아와 장례해야 한다."고 말한 데서 유래한 것으로, 武將이 전쟁터에서 싸우다가 죽는 것을 영광스럽게 여김을 이른다. 〔同義語〕 馬革裹屍, 馬革盛尸

○ 東西南北自在 : 338
동서남북 중 따르고 싶은 대로 따르라는 뜻이다.

○ 矍鑠(확삭)哉 是翁 : 343
늙은 나이에도 젊은이처럼 원기가 왕성하여 용맹스러운 사람을 가리킨다. 後漢의 伏波將軍 馬援이 62세의 나이에도 불구하고 말 위에 뛰어올라 武威를 과시하자, 光武帝가 그를 '矍鑠哉 是翁'이라 하며 칭찬했던 데서 유래한 말이다. 〔同義語〕 矍鑠翁, 馬援據鞍

○ 甘心瞑目 : 343
달가운 마음으로 눈을 감는다는 뜻으로, 죽어도 여한이 없음을 이른다. 〔同義語〕 死而無怨

○ 常勝之家 難與慮敵 : 344
항상 승리한 사람과는 敵을 도모하기 어렵다는 뜻으로, 승리에 도취되어 항상 好戰的임을 이른다.

○ 馬援惡議 : 345
남의 장단점을 논평하는 것을 매우 미워함을 말한다. 馬援이 조카인 嚴과 敦이 남의 장단점을 말하길 좋아하자 이들을 훈계하여 "남의 장단점을 논평하기를 좋아하며 政事와 法을 함부로 시비함은 내가 크게 미워하는 바이니, 차라리 죽을지언정 자손 중에 이러한 행실이 있다는 말을 듣기를 원하지 않노라." 라고 한 데서 유래되었다. 〔同義語〕 馬援敎子, 馬援垂誡

○ 刻鵠不成 尙類鶩(목) : 345
고니를 조각하다가 이루지 못하더라도 오히려 오리를 닮는다는 뜻으로, 모양을 따라 본받은 것이 비록 逼眞하지는 않으나 그래도 서로 비슷함을 비유하는 말이다. 〔同義語〕 刻鵠類鶩, 刻鵠成鶩, 刻鵠

○ 畫虎不成 反類狗 : 345

범을 그리려다가 이루지 못하면 도리어 개를 닮는다는 뜻으로, 잘되면 좋지만 잘못되면 패가망신함을 비유하며, 소양이 없는 사람이 호걸인 체하다가 도리어 망신을 당함을 비유하기도 한다. 〔同義語〕 畫虎類狗, 畫虎

○ 前所載還 皆明珠文犀 : 346
억울하게 참소를 당함을 말한다. 馬援이 남쪽의 交趾에 있을 때 풍토병을 이겨내기 위해 율무를 먹다가 귀국할 때에 수레에 가득 싣고 왔는데, 馬援이 죽은 뒤에 참소하기를 "明珠와 文犀를 수레에 싣고 왔다."고 한 데에서 유래하였다. 明珠는 투명한 眞珠이고 文犀는 문채가 빛나는 犀角으로 모두 진귀한 보물인데, 율무의 모양이 투명하고 광채가 있으므로 明珠라 하여 馬援을 모함한 것이다. 〔同義語〕 馬援薏苡, 薏苡之謗

○ 柔能制剛 弱能制彊 : 350
부드러운 것이 오히려 굳센 것을, 약한 것이 오히려 강한 것을 제압한다는 뜻이다. 〔同義語〕 柔能勝剛

○ 務廣地者荒 務廣德者彊 : 350
땅을 넓히기를 힘쓰는 자는 땅이 황폐해지고 德을 넓히기를 힘쓰는 자는 강해진다는 뜻이다.

○ 今日所蒙 稽古之力 : 352
桓榮이 상으로 하사받은 車馬와 印綬를 진열해 놓고 "오늘날 이 상을 받은 것은 옛 經書를 상고한 덕분이다."라고 한 데서 나온 말로, 옛 經書를 열심히 공부하면 좋은 결과가 있음을 이른다.

○ 非聖無法 : 362
聖人을 비난하여 법도가 없음을 이르는 바, ≪孝經≫에 "군주를 협박하는 것은 윗사람을 업신여기는 것이고 聖人을 비난하는 것은 法을 무시하는 것이고 孝를 비난하는 것은 어버이를 업신여기는 것이니, 이는 大亂의 길이다.〔要君者無上 非聖人者無法 非孝者無親 此大亂之道也〕"라고 보인다.

○ 夜分乃寐 : 363
夜分은 夜半과 같은 말로 한밤중을 이르는 바, 밤이 깊어서야 비로소 잠을 자는 것이다.

○ 一札十行 細書成文 : 366
한 장의 종이에 열 줄의 글을 써서 작은 글씨로 적음을 이른다.

漢王室 世系圖(劉氏)

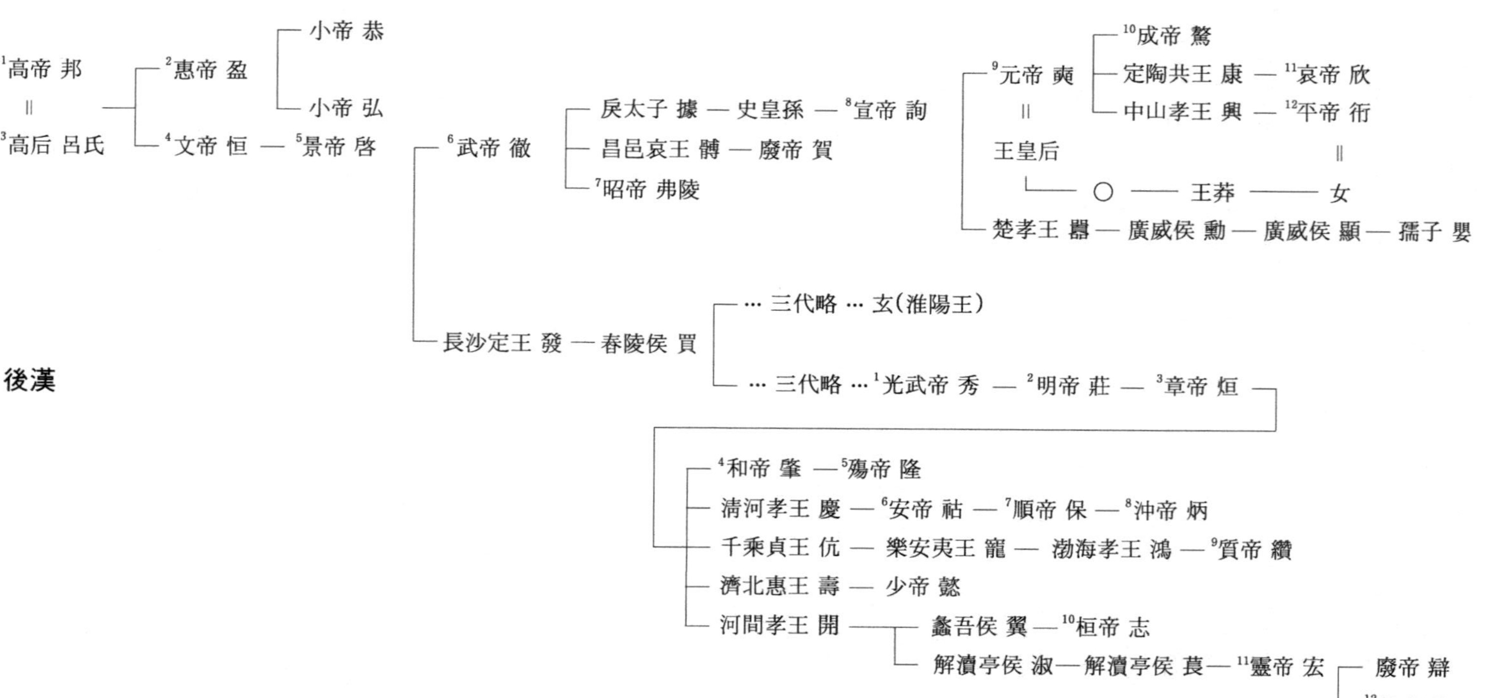
前漢
[1]高帝 邦
‖
[3]高后 呂氏
[2]惠帝 盈
小帝 恭
小帝 弘
[4]文帝 恒 — [5]景帝 啓
[6]武帝 徹
戾太子 據 — 史皇孫 — [8]宣帝 詢
昌邑哀王 髆 — 廢帝 賀
[7]昭帝 弗陵
[9]元帝 奭
‖
王皇后
[10]成帝 驁
定陶共王 康 — [11]哀帝 欣
中山孝王 興 — [12]平帝 衎
‖
○ —— 王莽 —— 女
楚孝王 囂 — 廣威侯 勳 — 廣威侯 顯 — 孺子 嬰
長沙定王 發 — 春陵侯 買
… 三代略 … 玄(淮陽王)
後漢
… 三代略 … [1]光武帝 秀 — [2]明帝 莊 — [3]章帝 炟
[4]和帝 肇 — [5]殤帝 隆
清河孝王 慶 — [6]安帝 祜 — [7]順帝 保 — [8]沖帝 炳
千乘貞王 伉 — 樂安夷王 寵 — 渤海孝王 鴻 — [9]質帝 纘
濟北惠王 壽 — 少帝 懿
河間孝王 開
蠡吾侯 翼 — [10]桓帝 志
解瀆亭侯 淑 — 解瀆亭侯 萇 — [11]靈帝 宏
廢帝 辯
[12]獻帝 協

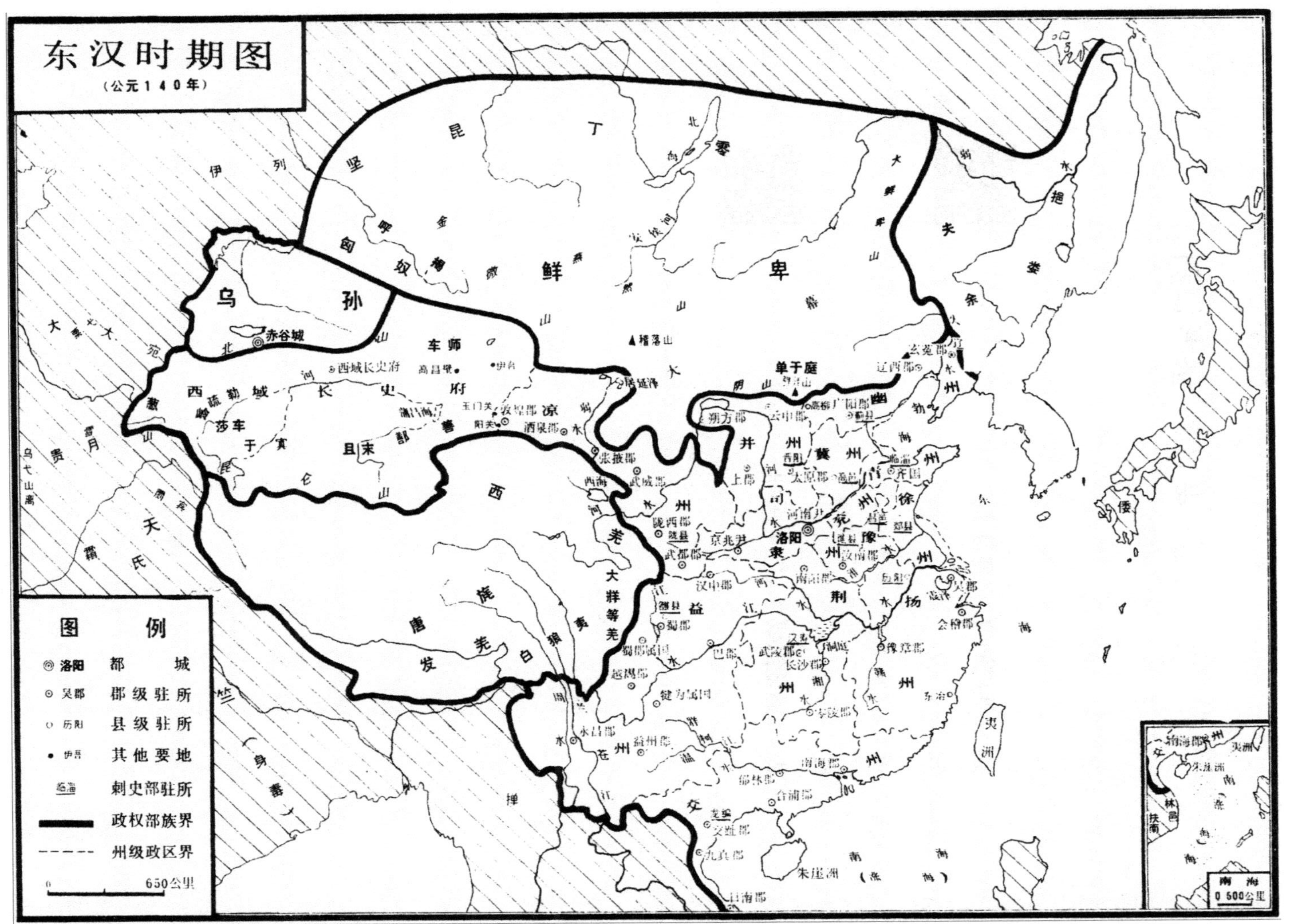
东汉时期图
（公元140年）
鲜卑
匈奴
乌孙
赤谷城
车师
西域长史府
单于庭
洛阳
图例
◎洛阳 都城
⊙吴郡 郡级驻所
○历阳 县级驻所
• 伊吾 其他要地
临淄 刺史部驻所
政权部族界
州级政区界
0 650公里
南海
0 500公里

≪通鑑節要 3≫ 參考資料

1. ≪通鑑節要≫ 總目次

2. ≪通鑑節要≫ 강의 안내

譯者 略歷

忠南 禮山 出生
家庭에서 父親 月山公으로부터 漢文 修學
月谷 黃璟淵, 瑞巖 金熙鎭 先生 師事
民族文化推進會 國譯硏修院 修了
高麗大學校 敎育大學院 漢文敎育科 修了
한국고전번역원 부설 고전번역교육원 名譽漢學敎授(現)
傳統文化硏究會 副會長(前) 해동경사연구소 소장(現)
古典國譯賞 受賞

論文 및 譯書

〈艮齋의 性理說小考〉〈燕岩의 學問思想硏究〉
四書集註 ≪詩經集傳≫ ≪書經集傳≫ ≪周易傳義≫
≪古文眞寶≫ ≪牛溪集≫ 등 數十種 國譯
≪宣祖實錄≫ ≪宋子大全≫ ≪茶山集≫ ≪退溪集≫ 등 共譯

東洋古典譯註叢書 28

譯註 通鑑節要 3　　36,000원

2006년 12월 10일 초판 발행
2024년 01월 10일 초판 8쇄

譯 註 成百曉
編 輯 古典國譯編輯委員會
發行人 郭成文
發行處 社團法人 傳統文化硏究會

등록 : 1989. 7. 3. 제1-936호
서울시 종로구 삼일대로 428 낙원빌딩 411호
전화 : (02)762-8401 전송 : (02)747-0083
전자우편 : juntong@juntong.or.kr
홈페이지 : juntong.or.kr
사이버書堂 : cyberseodang.or.kr
온라인서점 : book.cyberseodang.or.kr

인쇄처 : 한국법령정보주식회사(02-462-3860)
총 판 : 한국출판협동조합(070-7119-1750)

ISBN 978-89-91720-12-1 94910
978-89-85395-71-7(세트)

전통문화연구회 도서목록

新編 基礎漢文教材·漢文讀解捷徑

新編 四字小學·推句	고전교육연구실 編譯	11,000원
新編 啓蒙篇·童蒙先習	고전교육연구실 編譯	11,000원
新編 明心寶鑑	李祉坤·元周用 譯註	15,000원
新編 擊蒙要訣	咸賢贊 譯註	12,000원
新編 註解千字文	李忠九 譯註	13,000원
新編 原文으로 읽는 故事成語	元周用 編譯	15,000원
新編 唐音註解選	權卿相 譯註	22,000원
漢文독해 기본패턴	고전교육연구실 著	15,000원
四書독해첩경	고전교육연구실 著	20,000원
한문독해첩경 文學篇	朴相水 李和春 李祉坤 元周用 著	15,000원
한문독해첩경 史學篇	朴相水 李和春 李祉坤 元周用 著	15,000원
한문독해첩경 哲學篇	朴相水 李和春 李祉坤 元周用 著	15,000원

東洋古典國譯叢書

大學·中庸集註 - 개정증보판	成百曉 譯註	10,000원
論語集註 - 개정증보판	成百曉 譯註	27,000원
孟子集註 - 개정증보판	成百曉 譯註	30,000원
詩經集傳 上·下	成百曉 譯註	各 35,000원
書經集傳 上·下	成百曉 譯註	各 35,000원
周易傳義 上·下	成百曉 譯註	各 40,000원
小學集註	成百曉 譯註	30,000원
古文眞寶 後集	成百曉 譯註	32,000원

五書五經讀本

論語集註 上·下	鄭太鉉 譯註	各 25,000원
孟子集註 上·下	田炳秀·金東柱 譯註	各 30,000원
大學·中庸集註	李光虎·田炳秀 譯註	15,000원
小學集註 上·下	李忠九 外 譯註	各 25,000원
詩經集傳 上·中·下	朴小東 譯註	各 30,000원
書經集傳 上·中·下	金東柱 譯註	各 30,000원
周易傳義 元·亨·利·貞	崔英辰 外 譯註	各 30,000원
詳說古文眞寶大全後集 上·下	李相夏 外 譯註	各 32,000원
春秋左氏傳 上·中·下	許鎬九 外 譯註	各 36,000원~38,000원
禮記 上·中·下	成百曉 外 譯註	各 30,000원

東洋古典譯註叢書

〈經部〉

十三經注疏		
周易正義 1~4	成百曉·申相厚 譯註	各 30,000원~40,000원
尙書正義 1~7	金東柱 譯註	各 25,000원~36,000원
毛詩正義 1~8	朴小東 外 譯註	各 32,000원~37,000원
禮記正義 1~3, 中庸·大學	李光虎 外 譯註	各 20,000원~30,000원
論語注疏 1~3	鄭太鉉·李聖敏 譯註	各 25,000원~40,000원
孟子注疏 1~4	崔彩基·梁基正 譯註	各 29,000원~30,000원
孝經注疏	鄭太鉉·姜珉廷 譯註	35,000원
周禮注疏 1~4	金容天·朴禮慶 譯註	各 27,000원~34,000원
春秋左傳正義 1~2	許鎬九 外 譯註	各 27,000원~32,000원
春秋公羊傳注疏 1	宋基采 外 譯註	37,000원
春秋左氏傳 1~8	鄭太鉉 譯註	各 18,000원~35,000원
禮記集說大全 1~6	辛承云 外 譯註	各 25,000원~40,000원
東萊博議 1~5	鄭太鉉·金炳愛 譯註	各 25,000원~35,000원
韓詩外傳 1~2	許敬震 外 譯註	各 29,000원~33,000원
說文解字注 1~5	李忠九 外 譯註	各 32,000원~38,000원

〈史部〉

思政殿訓義 資治通鑑綱目 1~23	辛承云 外 譯註	各 18,000원~35,000원
通鑑節要 1~9	成百曉 譯註	各 18,000원~40,000원
唐陸宣公奏議 1~2	沈慶昊·金愚政 譯註	各 35,000원~45,000원
貞觀政要集論 1~4	李忠九 外 譯註	各 25,000원~32,000원
列女傳補注 1~2	崔秉準·孔勤植 譯註	各 30,000원~38,000원
歷代君鑑 1~4	洪起殷·全百燦 譯註	各 32,000원~35,000원

〈子部〉

孔子家語 1~2	許敬震 外 譯註	各 35,000원/36,000원
管子 1~4	李錫明·金帝蘭 譯註	各 30,000원~32,000원
近思錄集解 1~3	成百曉 譯註	各 25,000원/35,000원
老子道德經注	金是天 譯註	30,000원
大學衍義 1~5	辛承云 外 譯註	各 26,000원~30,000원
墨子閒詁 1~6	李相夏 外 譯註	各 32,000원~38,000원
說苑 1~2	許鎬九 譯註	各 25,000원
世說新語補 1~5	金鎭玉 外 譯註	各 29,000원~40,000원
荀子集解 1~7	宋基采 譯註	各 25,000원~38,000원
心經附註	成百曉 譯註	35,000원
顔氏家訓 1~2	鄭在書·盧暻熙 譯註	各 22,000원/25,000원
揚子法言 1	朴勝珠 譯註	24,000원
列子鬳齋口義	崔秉準·孔勤植·權憲俊 共譯	34,000원
二程全書 1~6	崔錫起·姜導顯 譯註	各 30,000원~38,000원
莊子 1~4	安炳周·田好根 共譯	各 25,000원~30,000원
政經·牧民心鑑	洪起殷·全百燦 譯註	27,000원
韓非子集解 1~5	許鎬九 外 譯註	各 32,000원~38,000원
武經七書直解		
孫武子直解·吳子直解	成百曉·李蘭洙 譯註	35,000원
六韜直解·三略直解	成百曉·李鍾德 譯註	26,000원
尉繚子直解·李衛公問對直解	成百曉·李蘭洙 譯註	26,000원
司馬法直解	成百曉·李蘭洙 譯註	26,000원

〈集部〉

古文眞寶 前集	成百曉 譯註	30,000원
唐詩三百首 1~3	宋載卲 外 譯註	各 25,000원~36,000원
唐宋八大家文抄 韓愈 1~3	鄭太鉉 譯註	各 22,000원/28,000원
〃 歐陽脩 1~7	李相夏 譯註	各 25,000원~35,000원
〃 王安石 1~2	申用浩·許鎬九 共譯	各 20,000원/25,000원
〃 蘇洵	李章佑 外 譯註	25,000원
〃 蘇軾 1~5	成百曉 譯註	各 22,000원
〃 蘇轍 1~3	金東柱 譯註	各 20,000원~22,000원
〃 曾鞏	宋基采 譯註	25,000원
〃 柳宗元 1~2	宋基采 譯註	各 22,000원
明淸八大家文鈔 1 歸有光·方苞	李相夏 外 譯註	35,000원
〃 2 劉大櫆·姚鼐	李相夏 外 譯註	35,000원
〃 3 梅曾亮·曾國藩	李相夏 外 譯註	38,000원
〃 4 張裕釗·吳汝綸	李相夏 外 譯註	근간

東洋古典新譯

당시선	송재소·최경렬·김영죽 편역	22,000원
손자병법	성백효 역주	14,000원
장자	안병주·전호근·김형석 역주	13,000원
고문진보 후집	신용호 번역	28,000원
노자도덕경	김시천 역주	15,000원
고문진보 전집 上·下	신용호 번역	각 22,000원
신식 비문척독	박상수 번역	25,000원
안씨가훈	김창진 번역	근간

동양문화총서

동양사상 해설과 원전	정규훈 外 저	22,000원
화합의 길 《중용》 읽기	금장태 저	20,000원
호설과 시장	신용호 저	20,000원
어느 노학자의 젊은 시절 -《고문진보》 選譯	심재기 저	22,000원

문화문고

경전으로 본 세계종교 그리스도교	이정배 편저	10,000원
〃 도교	이강수 편역	10,000원
〃 천도교	윤석산·홍성엽 편저	10,000원
〃 힌두교	길희성 편역	10,000원
〃 유교	이기동 편저	10,000원
〃 불교	김용표 편저	10,000원
〃 이슬람	김영경 편역	10,000원
논어·대학·중용 / 맹자	조수익·박승주 공역	각 10,000원
소학	박승주·조수익 공역	10,000원
십구사략 1~2	정광호 저	각 12,000원
무경칠서 손자병법·오자병법	성백효 역	10,000원
〃 육도·삼략	성백효 역	10,000원
〃 사마법·울료자·이위공문대	성백효 역	10,000원
당시선	송재소·최경렬·김영죽 편역	10,000원
한문문법	이상진 저	10,000원
한자한문전통교재	조수익·이성민 공역	10,000원
士小節 선비 집안의 작은 예절	이동희 편역	12,000원
儒學이란 무엇인가	이동희 저	10,000원
동아시아의 유교와 전통문화	이동희 저	13,000원
현대인, 동양고전에서 길을 찾다	이동희 저	10,000원
100자에 담긴 한자문화 이야기	김경수 저	12,000원
우리 설화 1~2	김동주 편역	각 10,000원
대한민국 국무총리	이재원 저	10,000원
백운거사 이규보의 문학인생	신용호 저	14,000원